山　海　为　伴

——考古随想录

郭大顺　著

文物出版社

图书在版编目（CIP）数据

山海为伴：考古随想录／郭大顺著．--北京：文
物出版社，2020.12

ISBN 978 - 7 - 5010 - 6825 - 8

Ⅰ.①山…　Ⅱ.①郭…　Ⅲ.①考古学 - 文集　Ⅳ.
①K870.4 - 53

中国版本图书馆 CIP 数据核字（2020）第 190742 号

山海为伴
——考古随想录

著　　者：郭大顺

封面设计：程星涛
责任编辑：黄　曲
责任印制：苏　林

出版发行：文物出版社
社　　址：北京市东直门内北小街 2 号楼
邮　　编：100007
网　　址：http://www.wenwu.com
邮　　箱：web@wenwu.com
经　　销：新华书店
印　　刷：北京京都六环印刷厂
开　　本：710mm×1000mm　1/16
印　　张：23
版　　次：2020 年 12 月第 1 版
印　　次：2020 年 12 月第 1 次印刷
书　　号：ISBN 978 - 7 - 5010 - 6825 - 8
定　　价：98.00 元

2018 年 10 月 25 日于成都（李贺 摄）

目　录

从考古实习想到的

1957～1968 年我在北京大学读书，值得回忆的事很多，几次考古实习就很难忘。

都说我们 1962 届比较幸运，学习期间干扰相对较少，生产实习和专题实习都安排得比较正规。我在大学的两次实习都被分配到洛阳，1960 年春季参加王湾遗址发掘，1961 年秋冬整理王湾遗址新石器部分材料；研究生期间先在济南学习整理大汶口墓地和姚官庄龙山文化遗址材料，后又到江浙，观摩了上海崧泽、苏州越城和杭州湾吴兴邱城等地的新石器时代墓地材料。王湾实习因有邹衡先生率 1959 届同学建立起的分期标尺和粘对了各阶段的一整套完整器物群，我们班又得到李仰松先生、严文明先生和夏超雄先生的辅导，所以比较顺利地掌握了早晚区别及演变规律，特别是对王湾二期那几个典型单位，如 H215、H168、H149、H194 及各自一组特征鲜明的陶器群，至今仍记忆犹新。它们所具有的彩陶与黑陶共存，出现"鼎豆壶"组合的新面貌和仰韶文化因素递减、龙山文化因素渐增的演变趋势，将中原地区仰韶文化与龙山文化衔接起来，是研究仰韶文化向龙山文化过渡的一批难得的完整资料。对此，苏秉琦先生当时已有新想法。记得 1961 年夏鼐先生和苏秉琦先生一起到洛阳考古所工作站，一进我们的整理室，苏先生就一边摸架子上的器物一边说了一句"四面八方"，当时我们似懂非懂。第二年五月回学校考研究生，一门中国通史就出了一道题：从文献记载关于夏商周（灭商前）的重要史实说明：1. 他们的主要活动地区；2. 夏商之际、商周之际他们的接触地带。现在理解，考题与实习的要求，思路是一致的。当时怎么答的，记不准了，只记得准备了半年的内容都没有用上，文史楼前课间操的喇叭还没响就交了卷。

对这方面的问题慢慢有了一点理解，是后来在研究生实习期间。1964 年整理大汶口墓地材料，133 座墓的上千件陶器，几乎每一种器物（鼎、鬶、豆、背壶、尊、杯）的主要部位都有比较敏感的时代差别，变化节奏极快，尤其是"鼎豆壶"的序列完整、典型性强，江浙地区也有类似现象。这时，苏秉琦先生的《关于仰韶文化的若干问题》在《考古学报》（1965 年第 1期）上发表。文中提到，以大汶口文化为代表的东南沿海地区新石器文化与中原地区仰韶文化之间，前后期的发展阶段大致同步，互有联系，但东南沿海地区的发展水平似渐高于中原地区，在东西方文化交流中，东南沿海地区对中原地区的影响，也渐大于中原地区对东南沿海地区的影响，中原仰韶文化后期与江汉地区的屈家岭文化之间也有类似的文化关系。豫西地区王湾二期文化的"鼎豆壶"序列就是受了东南地区的影响而出现的。文中还绘有一幅中原地区后期仰韶文化与鲁南苏北青莲岗—大汶口诸文化、江汉间屈家岭文化这三大区的文化主导关系示意图。后来，苏先生在论述考古学文化区系类型理论形成过程时，对此作过这样一段回忆：

"还在（20 世纪）30 年代初，我国老一辈考古学者根据山东省章丘县龙山镇城子崖及其他同类遗址的发掘材料，结合河南安阳后冈遗址发掘的'仰韶龙山与小屯'的三层文化遗存叠压关系，不是简单地把它们看作类似三代人那样的垂直关系，而是把它们区别开，分立'户头'，这就意味着把以往位于山东的'城子崖'、位于河南的'仰韶村'和'小屯'为代表的三种文化遗存并列起来，这和同时代我国一些史学家提出的'夷夏东西'或'三集团'诸学说的思想脉络是大体相似的。我还记得当 1945 年抗日战争胜利后，我从昆明回到北京看望梁思永先生时，他曾同我谈起，他读了徐旭生先生的《中国古史的传说时代》，他说徐先生提出了'三集团'一说，他也有他的'三集团'想法。很遗憾，他当时没有同我再深入地说出它的具体内容如何。1965 年我在《关于仰韶文化的若干问题》一文中，曾用图解形式试图说明包括江、淮、河、汉四大流域地区几个不同方面史前文化之间在一个时期内相互接触所起的作用的论点，这同前辈诸先生的启发不能说没有关系。"

可见，学科理论的建立尽管道路漫长而艰辛，由于老一辈考古学家的不懈追求，在一些实质性问题上，在大一统观念的改变方面，已有所进展，到我们在校学习的 20 世纪 60 年代，考古学文化区系类型理论虽仍在酝酿过程中，但在北大已经有了以这一理论的一些基本思想指导的教学实践，我们有幸成为受益者。我分配到辽宁后，20 世纪 70 年代初开始接触专业，先碰到的是辽西喀左县一带连续出土的窖藏商周青铜器，又参加了北票县丰下、敖汉旗大甸子等夏家店下层文化遗址和墓地的发掘、整理工作，后又发现和发掘了喀左东山嘴、朝阳牛河梁、翁牛特旗大南沟等地的红山文化、后红山文化的遗址和墓地，在建立当地自身文化发展阶段前提下，看到与周邻的交流中，影响是相互而不是单方面的，对某些先进因素最先在北方出现而影响中原的一些现象，能较快理解和接受，这同在学校期间老师们的指教，特别是几次选点准确、材料系统有代表性的教学实习是分不开的。

在百年校庆之际，谨向培育了代代学人的母校和各位师长表示深深的敬意，也愿同好学深思、勇于探索的青年考古学家们共勉。

（原载于北京大学文物爱好者学会会刊《青年考古学家》总第十期，1998 年）

探索古辽西

辽宁西部地区，主要是朝阳市及相邻地区。这里，是全国有名的干旱区和贫困区，却又是古文明发达较早的地区。这与世界诸文明古国的状况倒有些相似。

我于1968年由学校分配到辽宁省博物馆后，就一头扎在这里。

一　魏营子类型提出的前前后后

我对辽西古文化的研究是从调查魏营子遗址开始的，这也是我到辽宁工作后参加的首次田野考古工作。

寻迹老龙湾

1971年3月的一天，我和许玉林（1965年北京大学历史系考古专业本科毕业，主要从事辽东地区考古）从铁岭炼铜厂抬回一麻袋拣选出来的古代铜器。

之前两三年，省博物馆不断派业务人员从这个厂由全国各地运来的废铜中拣选出古代铜器。这次是厂里工人自己拣出来的。麻袋放在四班办公室的一角。

当时还在实行军代表制，省博物馆只有少部分业务人员回馆，与省图书馆一起组成图博组，博物馆被编为四班。

孙守道（1948年起就从事考古工作，辽宁省文物考古研究所研究员）对这种事情是最认真的，他蹲在麻袋前扒拉来扒拉去，突然手里举起一件小铜器惊叫一声："銮铃!"

　　找来资料一对比,与西安张家坡西周早期车马坑所出銮铃十分相近。同袋还有大量方圆形铜泡、两件甲形饰、一件车軎和一些不知名的铜饰件。车軎上虽没有花纹,但管体细长不起棱,也是西周早期形制。这些铜器上面都粘着黄泥土,像是刚出土不久,而且可能是一起出土的。从铜器的种类看,最可能是墓葬的随葬品。

　　正好那年年中,省里在开一个有关外贸方面的会议,有来自全省各公社供销社的收购员参加。因为那几年公社供销社经常从当地老乡手中收购到古文物,主要是铜器,馆里临时摆了一个"文化大革命"期间拣选文物的展览供会议人员参观,把这批铜器也摆上了。一位来自朝阳县六家子公社供销社名叫纪永福的老供销员一眼就看到从铁岭新拣选的这批铜器,说这是他去年冬天刚收购上来的。

　　这是一个十分重要的线索,因为不仅可能确定这批铜器的出土地点,而且有可能由此在辽西第一次找到西周早期墓葬。

　　西周时期青铜器在辽西地区多次出土,并集中在喀左县(全称为喀喇沁左翼蒙古族自治县,县城所在地叫大城子)境内的大凌河上游一带。最早是在1941年,在喀左县城西小城子洞上村咕噜沟出过一件西周早期大铜鼎,重150斤,为日伪政府所得,先在当地县城展出,辗转运到沈阳(当时叫奉天),曾在《盛京时报》和《顾乡屯》杂志上发过消息和照片,说器底内壁满是铭文,以后就不知下落了。陈梦家先生在《西周铜器断代》(二)(《考古学报》第十册)一文中曾引用过这个材料,并发表了铜鼎照片的摹本,他认为这件大铜鼎的时代早于大盂鼎,为周成王时期器物。

　　1955年,小城子以南的喀左县海岛营子马厂沟(当时属凌源县,今属凌源市)一位名叫康兴民的农民在村北小转山自家的一块耕地里也挖出了西周青铜器。这次不是一件,而是一群,仅完整器就有18件。1974年我们曾到马厂沟村拜访过康兴民,据他回忆,当时把这一件件青铜器搬回家时,就摆了满满一炕。他还记得有一件"铜鸭子",站在炕上,比窗台还高。后来这批铜器往凌源县城运送时,也是装了整整一马车。这批铜器的种类,有鼎、甗、簋、盂、罍、卣、壶、盘、盘、尊等,另有方彝等的残片,最有特点的可举出蝉纹三足盘、鸟纹圈足盘、圜底"十"字纹壶、鸭形尊等，都是个体较大的炊器类和盛储器类，唯缺少觚、爵等个体较小的饮酒器。5件铸有铭文。其中的燕侯盂，体饰大鸟纹，腹壁铸铭5字："匽侯作馈盂"，系燕侯所作盛食器，最为重要。这批铜器先由热河省博物馆筹备处征得，藏于承德，并由热河省博物馆筹备处李廷俭在《文物参考资料》1955年第8期上发表了发现的简报。后随省区划分的变化（热河省被撤销），这批铜器先后转藏于河北省博物馆和辽宁省博物馆。

马厂沟这批铜器出土的当年在北京午门内举办的"五省出土文物展览"中展出，引起很多学者关注。唐兰、陈梦家和高明等先生都曾撰文，认为西周早期燕国势力已越过燕山，到达辽西。以后燕侯盂和鸭形尊就一直陈列在中国历史博物馆（现更名为中国国家博物馆）西周展区部分。

但咕噜沟、马厂沟青铜器都是窖藏，有怀疑可能是西周以后埋藏的，或与此后的某个重大事件有关，最有可能是战国晚期燕王避秦携宝逃往辽东时，仓促之中埋藏于此地的（喀左一带是必经之地）。如确与西周早期的燕国历史有关，那就需找到同时期的典型遗存，如西周早期的遗址，特别是墓葬，才能最终解决问题。但从20世纪50年代初算起，快二十年过去了，并没有找到任何线索。铁岭拣选的这批铜器给大家带来了一线希望，这是关系到辽宁乃至东北地区上古历史的一件大事。一定要追踪到它的出土地。

任务落到我和方殿春身上。

出发时已是初冬，临行前徐秉琨（20世纪50年代初从事考古工作，辽宁省博物馆研究员）赠诗鼓励：踏破铁鞋无觅处，得来全不费功夫。不过我却有点信心不足：在铁岭拣了十几吨古代铜器，大部分是外省货，已几经转运，谁也没有去想还要找它们的出土地点，这次可能吗？带着满腹疑惑，我们背着几件样品出发了。

六家子公社在朝阳县南部，靠近渤海湾北岸的辽西走廊，属小凌河流域。需要先坐火车到朝阳再转汽车，到达公社天已黄昏了。我们先到公社供销社找老纪头再核实一遍，他说他记得很清楚，当时仅那种铜圆泡就收了满满一脸盆，但是是哪个村子什么人来卖的，记不清了。看老纪头虽然年纪较大，记忆力却很好，我们增强了信心，于是赶紧找公社主管文教的于主任汇报了情况。为了引起重视，我们还特别强调了这件事与"反修"有关。于主任立刻意识到这是"政治任务"，而且具破案性质，临时决定在正在中学操场举办的群众演唱大会上动员，并吩咐晚上各大队干部"拉练"回到公社集中时再动员，明天公社赶集时也向群众广泛宣传。不过，没等于主任在学校操场群众大会上动员完，就有社员前来报告，说铜器是出在这个公社，具体地点叫魏营子。已有好事的社员蹬自行车前往报信去了。事情发展如此之快出乎意料，事不宜迟，在于主任亲自带领下，我们踏着月光，连夜徒步走山路赶往魏营子。

魏营子大队在朝阳县以南90千米处、六家子公社西北15千米的山坳里，共有3个自然村，分别叫前魏营子、腰魏营子和后魏营子。从公社到这里需翻一座较大的山梁。当夜天上飘起了清雪，路上有点滑，不过，大家心中有事，并没有放慢脚步，不知不觉就赶到目的地了。当晚，我们就住在与事情有关的前魏营子村。

刚在土炕上坐下，老乡们就围了上来，并告诉我们，这批铜器是去年秋天在村东北老龙湾修梯田时挖出来的。房东随手又拿来邻居家从老龙湾捡来的一件青铜羊头饰（图一）。这件羊头饰虽然不大，但睁目、盘角，有须，口微微张开，其造型与商周青铜器上的羊首酷似，颈后为管

图一　魏营子墓地出土羊首铜套件

状柄，大概也是车上的饰件一类，柄内还有木痕，肯定也是与那批铁岭拣选铜器一起出土的。我们真有些坐不住了，一夜未好好睡觉，第二天天刚刚放亮，大家就赶到了现场。

老龙湾是一块半月形的黄土台地，小凌河的一条支流由南向北流经这里。河流在村东北回折，环绕台地一周再向北流，使这块台地成为一处三面环水的半岛形状。河水清澈，四周群山环抱，形成一个相对独立的小环境，十分幽静。在辽西地区，大山到处可见，河流大都少水甚至干涸，这种有山又有水的地方，十分少见。现在虽已进入冬季，这里的景色也很值得品味。尤其是隔岸甚为陡直的山崖上，突出一窄长的石阶，如挂起的梯子，直插天空，当地人称"天梯"，还多少增加了一点神秘色彩。

整个台地都已修成梯田。在台地靠东部的一级梯田的田埂下，有一片土颜色明显发黑，地表经过扰动，仍可见到散布的碎铜片，偶尔还可捡到绿松石珠。看来这批铜器真的是不久前从这里挖出来的。

经清理，一座墓葬的轮廓出来了。可惜墓的上半部分都已被挖掉，只能从保留的部分木椁板分析墓葬的四边和结构。墓为土坑式，坑长3.25米，宽2.76米，墓底距地表1.1米。因填土中有大量密度很高的灰膏泥，木椁从而得以保留。在椁底板上还拨露出大片的丝绢，东端散见有绿松石珠。人骨已朽蚀，只在东端找到一个人臼齿的齿冠。木椁结构是先在墓底横放两根圆枕木，上竖铺椁底板，立板插入底板四周的凹槽中。据当时在现场的社员告知，随葬铜器出在墓的东北部，但已被全部挖毁。意外的收获是，在墓葬上坡的梯田土埂上，找到一件金臂钏，这显然是从这座墓葬翻土翻上去的。在场的人议论，想来当时挖得急促，把"更值钱的"漏掉了。至此可以确定，这确实是一座西周早期的墓葬。编号为7101号墓。

此后，又在同一山坡发掘到同时代的墓葬7座，较大的有木椁，填土中也有灰膏泥，但未再发现成组的青铜器，位置也都在7101号墓以下。看来，被扰乱的这座墓是这群墓中最大的一座。

西周早期墓是确定下来了，但新的问题也提了出来。因为墓内未见任何随葬陶器的迹象，也不见典型的中原式青铜礼器，虽然墓葬木椁的结构、以灰膏泥填土以及銮铃、车軎等随葬铜器可以与中原文化挂上钩，但有些铜器以前并未见过，如长方形甲、铃形饰等，它们属于哪种考古学文化，是典型的燕文化，还是土著文化，一时无法判断。

这时，墓葬填土中出土的几块陶片引起了我们的注意。这些陶片都是红色或红褐色的，夹砂，表面都饰有绳纹，绳纹只隐约可见，这一方面是由于陶器的火候较低，陶片表面易脱落磨损所致，另一方面却与制作有关，是拍印绳纹后又经抹平处理，我们称这种做法为"绳纹抹平"。器形可判断的有一种鬲的口沿，这种鬲的特殊之处在于口沿饰有细细的一周附加堆纹。附近也采集到同样性质的红陶绳纹陶片，还有红烧土残块，从而可以确定，这块台地是一处古遗址，东部是墓葬区。墓葬填土出遗址的陶片，说明墓葬是遗址的下限。可惜遗址堆积很薄，这些陶片都很细碎，一时找不到完整器物。但可以肯定的是，这些陶片与中原地区的商周陶器有别，也不是燕式的，而是具有很浓厚的地方特点。由于它的时代在西周早期以前，这就为了解当地商周时期的青铜文化提供了一些很重要的线索。

当时所知辽西地区的青铜时代考古学文化为夏家店下层文化和夏家店上层文化。在野外调查时，辨别夏家店下层文化与夏家店上层文化最简捷的办法是：夏家店下层文化的陶器为饰绳纹、火候较高、有轮旋痕迹的灰陶或灰褐陶，而夏家店上层文化为素面不饰绳纹、火候较低、完全手制的红陶或红褐陶。魏营子发现的这类陶片，红褐色的陶胎近于夏家店上层文化，而饰绳纹的作风又接近于夏家店下层文化，具有介于这两类青铜文化之间的特点。

当时学术界正在讨论夏家店下层文化与夏家店上层文化的关系。一种意见认为，夏家店下层文化与殷商文化有较密切的关系，而夏家店上层文化则与东北某些青铜文化相接近，是两种属于不同系统的考古学文化，它们之间的关系，是夏家店上层文化在辽西地区对夏家店下层文化的取代关系；另一种意见则相反，认为这两种文化有一些共同文化因素，可能有一定承袭关系。但夏家店下层文化年代下限在商代中期，而夏家店上层文化年代在西周晚期以后，两个文化之间有一段不短的空白。魏营子发现的这类陶器，具有这两种文化各自的一些特征，年代上也介于其间，看来，魏营子这类遗存首先解决的问题，是补充了辽西地区青铜时代考古文化编年和拉近了夏家店下层文化与夏家店上层文化这两个青铜文化之间的关系。为此，在以后的田野工作中，我们十分留意这类遗存在辽西一带的分布。

事有凑巧，就在当年的 9 月，我们在喀左县文化馆又看到了这类陶器。这是该馆刚刚从乡下收集上来的一批陶器，出土地点叫后坟，在出土西周青铜器窖藏坑的马厂沟西北仅 2 千米处，是这个村子在打井时，在一座古泉眼的泉底发现的。

这批陶器共 20 件，个体都较小，但特征突出。也都是红陶或红褐陶，大多饰有不明显的绳纹，鬲的口沿上大都有一周附加堆纹，特征与魏营子墓葬填土及遗址采集的陶片完全相同但又补充了不少新内容。这批陶器以鬲为主，也多杯、碗类，还有罐和壶。鬲除了口沿饰附加堆纹以外，腹部圆鼓，体长大于口宽，有短短的实足跟，特征有些近似于商代中、晚期的陶鬲；杯、碗大都有一个平平的口沿，沿面上也饰绳纹；还有一种压印很深的三角窝纹带，饰于壶、罐的肩部，都极具特点。由于这批陶器都是完整器，这就在我们的脑海里对这类遗存逐渐有了一个比较完整的轮廓。

在以后的文物普查中，在喀左、义县、锦州又发现这类遗存 100 多个地点。分布范围偏于辽西靠南近于沿海的一侧，向北到老哈河流域则基本不见。虽然已发现的遗址堆积都很薄，但从陶器形制及花纹看，特征都十分一致。在以后的喀左县南沟门遗址的发掘中，还找到了魏营子类型叠压在夏家店下层文化之上而被春秋时期曲刃青铜短剑墓葬打破的地层关系。于是，我们倾向于将这类遗存确定为一种新的文化类型。

不过，当时辽西地区的青铜文化年代序列，夏家店下层文化和夏家店上层文化已成定式，在其间插入一个魏营子，又缺少遗址的正式考古发掘和系统资料，是否能立得住，仍需要观察和验证。

这时，又有几座有关的墓葬被发现了。其中有的还出土了商周青铜礼器。

1978 年，在喀左县和尚沟发现一座墓葬，发现两件青铜器和一件金臂饰，海贝若干。青铜器为一卣一壶，时代都可断为商周之际。它们的体型都较大，铸造工艺也很精，都可与马厂沟等地的窖藏商周青铜器相比。经清理，墓内又发现陶器两件，都为饰绳纹的红褐陶钵，器形和纹饰都具有魏营子文化特征。以后，又在四周发掘到几座墓，只出有铜耳环，都未见青铜礼器，但所出陶器都为具魏营子类型特征的钵和罐，可知这是一处属于魏营子类型的墓葬区。而且这是第一次在魏营子一类墓葬中发现与当地窖藏青铜器有关的青铜礼器。这大大增强了我将魏营子一类遗存确立为一种新文化类型的信心。可惜，随葬青铜礼器的这座墓不是正式发掘。清理时墓葬的东北角已被破坏，两件青铜器、金臂饰、海贝都是老乡挖出来由县文化馆收集的。好在墓葬保存部分较多，两件陶器和人骨都保持了原位。

同样的情况隔年又出现了。1979 年，一个叫高家洞的村子也挖出一件青铜器。这是一件瓿，体型较小，但束颈、鼓腹的形制和勾连雷纹都十分

标准，圈足上有镂孔。后经清理，墓内
也出土了两件具魏营子类型特征的绳纹
陶钵，还有两件绿松石珠，证明也是一
座魏营子类型墓葬。铜瓿是安阳殷墟早
期多见的铜器，是商代晚期出现较早的
器物。高家洞墓葬的发现，一方面说明
魏营子类型墓葬随葬商周青铜器不是个
别现象，另一方面也表明魏营子一类墓
葬的时代上限可以提早到商代晚期。高
家洞这座墓出在老乡家的院子里，是房
东挖菜窖时发现的。在紧靠这座墓的东
北侧又发现一座小墓，看来这里也可能
是一处魏营子类型墓地。只可惜周围都
是房子，不能再扩大发掘范围了。

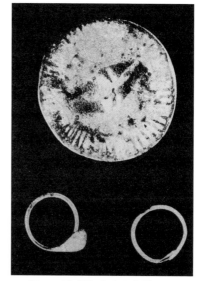

图二　道虎沟墓出土铜镜、
　　　耳环、指环

　　另外，在附近一个叫道虎沟的地方也发现了同时代的墓葬。这座墓虽
然未出大件青铜器，却出土了一件典型的魏营子类型绳纹红陶钵，同出一
件一端作扇面形的耳环和一件小铜镜（图二）。一端作扇面形的耳环，在辽
西地区夏家店下层文化及其以后的青铜文化中常可见到；铜镜上饰有放射
线状几何纹，近似于齐家文化和商代妇好墓所出铜镜；据此估计这座墓的
时代也应较西周早期为早。

　　和尚沟、高家洞、道虎沟的墓葬与魏营子遗址的墓葬相比，虽然在结
构和随葬器物上有些差别，但它们都出土具有魏营子类型特征的陶器，时
代也都相近，应属于同一文化类型的墓葬。这就大大丰富了这类文化遗存
的内容。

　　于是，我们就以最早发现的魏营子遗址为主，将主要分布在辽西地区
南部的这一类遗存，命名为“魏营子类型”。研究文章最初以提要形式提交
给1981年召开的辽宁省考古、博物馆学会成立大会，次年在会刊上发表。
虽然是内部刊物刊登的文章提要，但已得到研究北方青铜文化的同行们的
广泛注意和引用。

　　在此前后，天津市李经汉、韩嘉谷通过对天津蓟县张家园遗址和围坊

遗址的发掘，确认了当地商周之际也有一种青铜文化，最初命名为"围坊三期文化"，后又称"张家园上层文化"或"张家园文化"。巧合的是，张家园文化与魏营子类型有不少相同之处，最显著的就是都有口沿饰花边的鬲。墓葬也有商周青铜器随葬。以至有学者建议将这两类相邻的青铜文化通称为一种考古文化，视为同一考古文化的两种类型。

魏营子类型以及张家园文化确立后，学者们都提到它们的学术意义，主要是涉及周初封燕的历史背景。过去，有学者对文献所载周初将功勋显赫的同宗贵族召公奭封于偏远北方的燕地有所不解，或以为召公原封的燕在中原一带。后多有学者以为，燕原本不是由中原迁来的，而是在当地自然生长的。从考古上则有提出寻找"先燕"或"土燕"文化的认识。当然，周初封燕最终从考古上得以解决是 20 世纪 70 年代以后北京琉璃河燕都和燕国公墓的发掘，但魏营子文化类型和张家园文化的发现，都证明了周初封燕之前，当地并非荒蛮之地，而是已有较为发达的青铜文化存在，它们或即"先燕"或"土燕"文化。

谁是埋藏者？

魏营子西周早期墓发现的初衷，是想解决辽西窖藏商周青铜器与辽西历史的关系，但结果是确认了一种新的地方青铜文化，这就把问题复杂化了。因为魏营子类型与窖藏商周青铜器这两者之间，虽然年代相近，有些相互联系的共同文化因素，但魏营子类型地方特点较多，文化显得不够发达，而窖藏铜器中中原式青铜器多，重器多，铸造精，两者显得并不相称，它们是否是同一种文化，一时还理不出头绪。如果是同一文化，其背后可能还有别的更特殊的历史文化背景。也许窖藏铜器本身能提供更多的信息。

其实就在魏营子遗址发现之初，我们就一直盼望着在辽西地区能有新的窖藏商周青铜器发现。因为从 1955 年马厂沟窖藏青铜器发现后，已过去近二十年了。而这一时期，农村到处修梯田，挖水渠，经常有零散的古代青铜器出现。虽然多是春秋战国前后的青铜剑之类，但魏营子西周早期墓有随葬铜器的露头，也许在预示着我们的想法并非不着边际。

这一天终于等来了。

1973 年春，朝阳地区宣传馆打来电话，说喀左县又有商周青铜器出土，地点是在马厂沟以西大凌河东岸的北洞。北洞与出土燕侯盂的马厂沟都属于平房子公社。当地群众在村南一土岗上挖石头时挖出了一批青铜器，为五罍一瓿。一罍颈内有铭文 6 字"父丁🔲🔲亚微"。由于报告及时，文物得以完整保存。

同年 5 月，又在同一地点发现一个窖藏坑，出土的青铜器为方鼎一、圆鼎二、罍一、方座簋一、钵一，共 6 件。这次是我们在北洞调查时，在铜器出土的土岗上试掘发现的，是迄今为止辽西唯一的经正式发掘的窖藏坑（图三）。这批铜器虽然数量不多，但件件为重器。最引人注意的是一件方鼎和

图三　北洞二号窖藏坑出土商周青铜器群

一件罍。方鼎通高在 50 厘米以上，在诸多商周时期方鼎之中属大型方鼎之列，鼎腹内壁铸铭 24 字，内底铸铭 4 字，是辽西已出土的有铭商周青铜器中字数最多的一件，字体特近于北京故宫博物院所藏的著名的商末"邲其"卣，尤其是内底铭文"冀侯亚矣"，为商代青铜器中多见的一个著名的族徽铭文。罍的体形和纹饰都不同于马厂沟和北洞一号坑的罍，有盖，盖面做成一只盘龙形，龙首就是器盖的捉手。罍通体满饰花纹，腹部是两组对称的凤鸟纹，与盖上的盘龙相对，是名副其实的一件"龙凤罍"。相近的形制不见于中原，却同遥远的西南地区的四川彭县（今彭州市）竹瓦街窖藏商代青铜器中的铜罍在器形和花纹上酷似。

这两批铜器发现地点在一座当地人称为"孤山"的山脚下。名以孤山，确与周围东、西、北部的大山不相连，而且山体结构及颜色都与周围山体有所不同，呈现一种暗红色。山形对称，也较为规整，位于大凌河东岸的平川上，有拔地而起的气势，显得雄伟。第二批铜器埋藏有序，大方鼎位置在最前面，其后是一鼎一罍，再后是一鼎一簋，簋内置一小钵，而且高

平低垫，坑壁以石垒砌，显然是有意摆放，而不似仓促埋藏的，坑内多见烧灰土，方鼎和其他铜器上也多火烧的烟炱，似举行某种祭祀活动而为。雄伟而独特的孤山，也许就是祭祀的对象。

此后的发现接二连三，有的也是一个地点连出两批铜器。

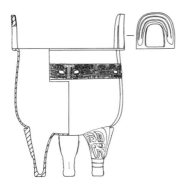

图四　小波汰沟商代二里冈期大铜鼎

1974 年 12 月，在北洞以南仅 5 千米左右一个叫山湾子的村庄，发现了一窖商周青铜器。这次的发现，虽然器物无大件，无长篇铭文，制作的精细程度也比不上北洞的两批，但发现的铜器数量多，共达 22 件，种类也多，仅簋就有 7 件，其他还有甗三、鼎一、鬲一、尊一、卣一、罍三、盂一、盘状器一，13 件铸有铭文，一件甗上铭"伯矩"，较为重要。

事隔三年，在马厂沟以北的大凌河西岸小波汰沟同一地点出土了两个窖藏商周青铜器坑，出土青铜器共 12 件。这次出土的青铜器以一件大鼎最为瞩目（图四）。这件大鼎不仅高大，而且时代早。它通高 86 厘米，大立耳内有槽沟，深腹下垂，上腹有花纹带，为无地纹的平雕兽面纹。无论器物形制还是花纹，都具商代二里冈期特点。这是已知辽西出土窖藏商周青铜器中最大也是时代最早的一件青铜器。小波汰沟窖藏青铜器中，除了典型的中原式鼎、罍、簋等以外，还有具北方式铜器特点的一批器物，如饰铃首的匕形勺、饰粟点纹的器盖，方座簋内底挂悬铃也被视为是北方式青铜器作风。

而且，商周青铜器出土地点在辽西地区的分布已不限于喀左县境内。沿大凌河向西，在朝阳县木头城子出土一件铜簋；又查到 20 世纪 50 年代在朝阳县大庙发现过一件铜罍，现藏河北省博物馆。特别是靠近辽西与辽东交界处的医巫闾山西麓也有商周青铜器发现，地点叫花儿楼，共出 5 件，为一俎二鼎二甗。其中的俎形盘，周边起沿，体饰平雕的兽面纹，具商代特点。内底也悬铃，铃甚大，且为双铃。这件俎形器在已知商代铜器中是一种十分罕见的造型。

除了沿大凌河谷商周青铜器的分布超出喀左县境以外，再向北的老哈河到西拉木伦河流域也不断有商周青铜器发现的消息传来。20世纪60年代，曾在赤峰县的西牛波罗出过一件商代晚期的弦纹铜甗。20世纪70年代，在克什克腾旗的天宝同也出土一件形制、花纹与西牛波罗甗相近的商代铜甗。天宝同紧靠西拉木伦河南岸，是目前所知商代青铜器发现最北的一个地点。特别是在翁牛特旗的头牌子，出土了3件商代青铜器，为一甗二鼎，个体都较大。甗高达66厘米，内壁有铭文2字"埔宁"，且都为阳文，最大一个铭文"埔"，长、宽都达9厘米。研究古文字的先生们都说，这样大的单体铭文，以前还极少见到。出土地点正好面对一座叫敖包山的大山，形势有些近似于北洞，应也与祭祀有关。这批铜器的制作显得粗糙，铭文的铸造特殊，器内装有矿砂，且有大片修补痕迹，当地铸造的可能性最大。

这些新的发现，大大开阔了我们对辽西地区商周时期历史的认识。

我有幸参加了北洞的调查发掘、小波汰沟调查清理和这两个地点的资料整理与编写简报工作。

在此以前，我对商周青铜器的认识，只有在学校听邹衡先生讲商周考古课时的一些书本知识。面对这一批批新出青铜器，虽然并不感到陌生，但细致的研究，如准确的断代、铭文的释读等，仍然力不从心。为此，我于北洞两批铜器出土后的1973年4月和8月，曾两次带着有关材料到北京，遍访能见到的先生，当面请教。

我先后到故宫博物院拜访了唐兰、王人聪先生，到文物局（当时叫文化部图博口业务组）拜访了罗福颐、顾铁符先生，到中华书局拜访了张政烺先生，到中国社会科学院历史研究所拜访了李学勤先生，到中国社会科学院考古研究所拜访了夏鼐、苏秉琦、郑振香、王世民诸先生，到北京大学拜访了邹衡、孙贯文、俞伟超、高明、李伯谦诸先生，还到郭沫若同志寓所投送了材料。于省吾先生特意从长春到沈阳观摩过北洞铜器。各位先生都发表了观点，有的还写了书面意见。郭老也委托他的秘书王廷芳同志打电话到王府井考古所转达他的意见。一时间喀左新出青铜器的消息在京城文博界流传开来。近年在京见到一位老先生，他说对我印象特别深刻的就是那年在北京带着铜器材料"到处活动"，我想，可能是那时还在"文化大革命"后期，政治运动还在继续，文博部门虽然业务开始稍早，也还远远没有恢复正常，我却背着材料到处跑，多少有点特殊吧。可以想象，那次的收获对我来说，是打开了一片新天地。不过，苏秉琦先生告诫我，既要虚心倾听各家的意见，也要有自己的看法，不要就铜器论铜器，要同当地的考古文化联系。

谈起这几批窖藏商周青铜器与当地文化的关系，20 世纪五六十年代时提出的是不是商周时期当时埋藏的老问题，这时似乎已不再有人提起了。因为这方面已有了可靠的新证据：一是魏营子类型的墓葬随葬有与窖藏坑相近甚至相同的青铜器；二是这几批新出土的青铜器中，还都不同程度地表现出更多地方性特征。

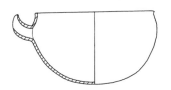

图五　北洞二号窖藏坑小铜钵

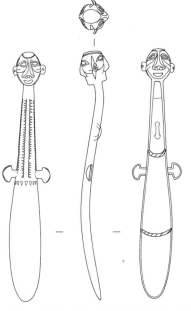

图六　建平八家农场人头形铃首匕形匙

地方性特征表现最明确的，应首推北洞二号坑出土的那件小铜钵（图五）。这件并不起眼的铜钵，体形小而简单，通体光素无纹饰，造型、作风与同坑其他器物完全不同，如果说有什么特点的话那就是底部是圜形的，口下有一小嘴，而附近青铜文化遗址中也出土有形制近似的带嘴陶钵，可以肯定，这是一件地地道道的当地产品。这件小铜钵位置排在铜器群的尾部，放在一件方座簋内，这座窖藏坑发现时，最先露出来的就是这件小铜钵的嘴部。

还有几件具有北方式铜器特点的铜器很引人注意。其中最典型的，是小波汰沟窖藏坑出的一件器盖。这件器盖的形状为覆钵形，其北方式青铜器特点主要表现于沿下呈带状分布的花纹，为粟点纹和锯齿纹组成，同时，器壁甚薄，质地也远不如同坑所出其他商周青铜重器。从口径的尺寸看，它可能是为铜罍另配的器盖。具北方式特点的，还有一批带铃器，如小波汰沟的一件方座簋下悬铃，花儿楼的俎形盘更在内底悬两个大铃。小波汰沟的一件匕的首部也做成铃首形。以后还在建平县八家农场发现一件铃首两面都作成人首的匕形匙，人首颇具北方蒙古人种特征，这是北方式青铜器中迄今所知唯——件有人首装饰的青铜工具（图六）。

具北方式铜器特征的，还要特别提到的是小波汰沟出土的一件铜簋。这件簋有方座，腹部和方座上都饰有兽面纹，圈足部分饰夔龙纹带，内底铸有"王卟于成周"等14字铭文，应该是一件典型的西周早期器。但就是在这件铜簋的耳部，在常见的牺首下，铸有虎噬猪的形象，而且虎头和猪头都为圆雕，造型十分写实而又极富动感，是一件不可多得的青铜艺术品。虎噬动物是北方草原文化喜用的题材。所以，这应该是燕文化吸收北方草原文化的一个十分重要的实例。西周时期的方座簋甚为多见，出土和传世品几百件，但在耳部饰三个兽的，特别是饰有虎噬猪这种具浓厚北方草原文化作风的，大概仅此一件。而且，这件反映周初燕文化融合北方草原文化的作品，还记录了作器者与周王朝的往来，其间以燕国为纽带的多向交流关系，十分耐人寻味。自然，这件器物在燕国北疆埋藏，就是理所当然的了。

有学者还从一些商周式器物中，分析出这几批青铜器的一些地域特点。这方面有较细致研究的，是日本京都泉屋博古馆的广川守。1990～1992年，广川守先生借参加辽宁省文物考古研究所与日本中国考古学研究会合作研究项目的机会，曾仔细观摩过喀左、义县出土的几批青铜器，在一篇《辽宁大凌河流域的殷周青铜器》（载《东北亚考古学研究——中日合作研究报告书》，文物出版社，1997年）的研究文章中，他将这些铜器分为中原式的、当地仿中原式的、中原式经当地改造或修补的、商周工匠迁居到辽西制造的等数个种类。虽然他的观点不乏可以商榷之处，但这些青铜器有的是在当地制造的，似无疑问。

看来，这些窖藏商周青铜器是当时埋藏，已不是什么问题了。现在的问题是，这大批窖藏埋藏的历史背景是什么？埋藏的目的是什么？它们与时间相同、分布地域相近的魏营子文化的关系是什么？从北洞所在地理形势和埋藏方式看，这些窖藏青铜器的目的是祭祀的可能性较大，那么，它们祭祀的对象是谁呢？

当时我们首先想到的，是这几批新出的铜器中，有没有明确的商代器物，如果有，那就不仅是关系到辽西地区西周早期燕国历史的问题，而且有可能涉及商代辽西的历史，这当然是更为深入的问题了。因为初看这几批青铜器，虽然以西周早期为主，但有不少是介于商末周初之间的，有的可以明确断为商代晚期器，如北洞的瓿、头牌子的鼎和甗，都是安阳殷墟早期的形制；小波汰沟的大圆鼎，更具二里冈期特征。但器物的年代与它们埋藏时代还不是一回事，窖藏尤其如此。与这些商代器物共存的，大都有西周器物。如小波汰沟与二里冈期大圆鼎共出的，就有典型的西周早期方座簋等；北洞二号坑则有几件器物在商周之间，如方鼎、圆鼎，但也出西周早期的方座簋和龙凤纹罍。所以，从埋藏的年代看，它们都应为西周早期埋藏。不过，也确实发现有商代器物单独出土的，如北洞一号坑的五罍一瓿，都可断为商代晚期器；头牌子的一甗二鼎，形制都具殷墟早期特征，说明它们在商代埋藏的可能性很大。但也有的先生以为，它们虽然都是商代器，但出在长城以北的辽西，还是要考虑它们时间偏晚的可能。

其实，早在马厂沟铜器坑发现后，唐兰、郭宝钧、陈梦家等先生就注意到其中有些铜器具浓厚的商文化作风，明显的如饰鸟纹的三足盘和饰蝉纹的无耳盘。郭宝钧先生并做过多方面推测，以为这些具浓厚商文化作风的铜器，或为殷遗风的流传，或为殷遗民所作，或为殷器物所遗留。这次在北京，各位先生大都肯定了北洞所出有商代器。记得当时唐兰先生得知辽西青铜器新发现的消息时特别兴奋，几次与我通信，在他正在写的一篇《从河南郑州出土的商代前期青铜器谈起》（载《文物》1973年第7期）的文章中，特意引用了北洞一号坑"微亚"罍的铭文拓片，断定其为商代后期器，并认为这一发现说明，文献所载辽西喀左一带是商代分封的同姓诸侯国孤竹国，可以从实物上得到证明。以后，李学勤先生以"晏琬"的笔名，进一步释此罍铭文中的"𣪘𠆎"二字就是"孤竹"。由我执笔编写的北洞第一号坑和第二号坑铜器发掘简报（分别载《考古》1973年第4期和1974年第6期），也都强调了商人族属在这一带的活动。在写作这两篇简报时，我主要参考了陈梦家先生的《西周铜器断代》。陈先生在文中较详细地论述了燕地出土的有商族族徽的西周青铜器，如清末京郊卢沟桥曾出有与燕侯有关的商代钜族"亚夨"器，并联系马厂沟的发现，以为这些与燕国有关的铸有商人族徽铭文的青铜器，是属于商人后遗即所谓"殷遗"的器物。文中对"殷遗"的论述，给我以很大启发。因为这十分有助于解决为什么辽西窖藏商周青铜器中总包含了浓厚的商文化因素。合理的解释是，窖藏即使是西周时期，其中的商代器物或有商代族徽的器物，也应反映商人在燕地的活动，他们属于服事于燕侯的殷遗。至于居住于燕地的这些殷遗的来历，一般以为是由中原迁移而来。不过，陈梦家先生以为："'全燕'之地与殷的关系，颇为密切。""殷末周初，这一区域为所谓'戎''翟'的殷人所居"，似认为这些殷遗是原住民，从而燕地可能与商文化起源有关，这也使我对由辽西窖藏商周青铜器所涉及的燕地历史，特别是与商文化起源的关系，有了进一步的思考。

就在北洞等地窖藏青铜器发现后不久，中国社会科学院考古研究所与北京市文物研究所合作，对琉璃河西周燕国都城遗址和墓地进行了发掘。正式出土了一大批燕侯器，还有一批与燕侯有关的属于殷人的青铜器。尤其是琉璃河燕国公墓中，可以分出南、北两区，南区为燕王及燕贵族墓地，北区的墓则有所不同，有殉人、腰坑和腰坑中殉狗等，这些都是商人习俗。主持发掘的北京市文物研究所郭仁、田敬东两位先生据此以为，北区应是殷遗民的墓地。琉璃河还出土了有"冀""夨"等商族徽、受燕侯赏赐的有铭铜器。这些燕地的商遗民，死后可与燕侯共处一墓地，又自设一区，墓主人大都随葬有成组的铜礼器和铜兵器，有的还附设以车马坑，不仅等级较高，而且可以领兵打仗。谈到周灭商后对商人的统治，史学界多引用《左传·定公四年》中封康叔以七族于殷墟"启以商政，疆以周索"和封唐叔于夏墟"启以夏政，疆以戎索"的记载，看来燕国对当地强大的商人集团，可能采取了较中原地区商人更为宽松的统治方法，从而使陈梦家等先生的观点，不断得到新发现的支持。

喀左新出的西周早期器与燕国的关系，由于琉璃河的新发现，也多了新证据。虽然北洞、山湾子、小波汰沟等地窖藏青铜器中，未能再出燕侯器，但山湾子出有一件"伯矩"甗，小波汰沟出有一件"圉"器，在琉璃河燕国公墓中都出土有同铭器，琉璃河的伯矩器和圉器都记载了器物主人伯矩、圉接受燕侯赏赐的事。有这两个族名的铜器连续在辽西出土，进一步证明了辽西与西周早期燕国的关系。小波汰沟的圉簋内底铭文与琉璃河的圉器盖器铭文及格式完全相同，还可能证明燕山南北出土的青铜器，是同一个作器人制作的。

　　至于窖藏青铜器与魏营子文化之间，肯定是有密切关系的。魏营子文化堆积薄，陶器较粗简，与这些典型的商周青铜重器并不相称的现象，可能说明这些青铜重器在辽西地区的埋藏，并不限于当地文化。对此，苏秉琦先生有更深入的思考，他在东山嘴、牛河梁等红山文化祭祀性遗址发现后，把这些在大凌河两岸连续埋藏的窖藏商周青铜器与早于它们两千多年的红山文化祭祀遗址联系起来进行考察，认为牛河梁遗址的发现"丰富了我们对当年在这一带几百平方公里内存在的大建筑群的社会历史意义的认识"。"值得注意的一个现象是：在它们之间的广阔地带没有发现过和它们属于同一时期的古遗址和墓群，却连续发现过相当殷周之际的青铜器群窖藏达六处之多。我们有理由推测，这里还有可能发现与窖藏同一时期的、具有特殊意义的建筑物或建筑群遗迹。这里的'坛'（东山嘴）、'庙'（牛河梁）、'冢'（积石冢）和窖藏坑，我们是否可以理解为四组有机联系着的建筑群体和活动遗迹？远在距今五千年到三千年间，生活在大凌河上游广大地域的人们，是否曾经利用它们举行重大的仪式，即类似古人传说的'郊'、'燎'、'禘'等祭祀活动？这是值得深入研究的。"（见苏秉琦：《笔谈东山嘴遗址》，载《文物》1984 年第 11 期）把 3000 年前的商周窖藏青铜器与 5000 年前牛河梁红山文化祭祀礼仪性遗址相联系，这确实是一个非常大胆的设想，无疑，这也为辽西地区窖藏商周青铜器的研究开拓了一个新的思路。看来，对窖藏商周青铜器埋藏的背景还要继续研究下去。

二　走进"与夏为伍"的方国大门

　　与魏营子类型遗址在辽西地区分布稀、遗存堆积薄、遗物不丰富相比，早于它的夏家店下层文化却完全是另外一种面貌。在我对古辽西文明的探索中，夏家店下层文化占有很重的分量。

丰下的遗憾

我第一次接触夏家店下层文化是刚分配到辽宁工作时在辽宁省博物馆的库房里，那是 1955 年东北文物工作队在马厂沟小转山子窖藏商周青铜器坑所在地发掘时所得，是被西周铜器窖藏坑打破的一座夏家店下层文化灰坑出土的陶片。为灰褐陶，饰绳纹，或加划纹和附加堆纹，陶胎较厚，手触之有粗糙感，给我的直觉是，这些陶片都十分接近于二里头文化特点，而我 1962 年在洛阳实习整理王湾新石器时代材料时，经常也要就近摸一摸洛阳工作站库房里东干沟和二里头遗址的陶片。

1972 年丰下遗址的发掘使我有机会第一次深入了解这类文化。

1971 年冬，调查魏营子遗址的工作告一段落后，我又到北票县东官营子丰富台沟调查。这次调查的目的是为隔年春天即将举办的考古培训班选一个发掘点。丰富台沟是通往大凌河支流东官营子河的一条季节性小河沟，我们走了这条河沟从丰上村经丰中村到丰下村长不到 3 千米的一段，就一下子发现了 4 处夏家店下层文化遗址。以后在周围不到 50 平方千米范围内又发现 9 处。

这 4 处遗址规模都不大，面积在 5000～8000 平方米之间，文化堆积却不薄，厚度都在 2～3 米以上。文化层多灰土，所含陶片多，石器更多，在地表就可采集到完整的磨制石铲，陶器中鬲、甗等三袋足器特别多见。夏家店下层文化的三袋足器，在大袋足下都另安一个实足跟，与商代早期和二里冈时期陶鬲的做法非常相似。这种实足跟，由于是实心，很容易保存下来，却极易从器体上脱离，往往单独散落在地表或文化层内。当地老乡在种地或放牧时，经常遇到这种实足跟，还给它起了个名字，叫"牛犄角"。在辽西一带做考古调查时，如果老乡说哪里有"牛犄角"，就十有八九是一个夏家店下层文化遗址。

丰下等 4 处遗址不仅遗物到处可见，而且遗迹也很丰富，在遗址断崖上清清楚楚地挂着一个个房屋断面。房屋的居住面有烧土面，也有白灰面，墙壁有土墙，还有用石块砌筑的石墙，同时还发现有一种用土坯砌筑的墙，竟然与现在当地老乡家所用的土坯规格和砌法差不了多少，一时很难分辨。无论遗物还是遗迹，许多方面都同中原地区的龙山文化和商文化相当接近。这大大改变了我刚从学校分配到辽宁时，认为包括辽宁在内的东北地区缺少堆积丰富的遗址的看法，更诱发了我探索夏家店下层文化的欲望。

丰下遗址的发掘从 1973 年春开始，历时三个月。参加人员 40 多名（包括辽宁大学历史系工农兵学员 30 余名），发掘面积 650 平方米。这是辽宁省考古发掘规模较大的一次。此前，辽宁省规模较大的考古工作只有 20 世纪 50 年代配合第一个五年计划基本建设在辽阳、鞍山进行的汉到魏晋时期墓葬和辽阳三道壕西汉遗址的发掘。辽西地区虽然文化遗址多而丰富，却一直没有进行大规模发掘的机会，发表的资料自然大都较为零散，缺少系统资料。丰下遗址的发掘算是辽西地区大规模考古发掘的第一次。消息传到北京，大家都寄予厚望。记得宿白先生听到此消息时还特意捎来口信，希望这次发掘有助于长城以北考古面貌的改变。

那是一个特殊的年代。参加发掘的学生多，业务辅导人员少，干扰自然也不少。好在当时贯彻的是"文科要把整个社会作为自己的工厂"的方针，考古发掘就是一个实践的工厂，所以，不管学习开会劳动有多少，工地的发掘可以保持不停工，挖的面积也就较大。我当时意识到，在人员多头绪乱的情况下，要想完全按考古规章制度办事是不可能的，如工地发掘以外，不能安排时间及时粘对陶片就是一个很大的缺憾，致使丰下遗址出土陶片很丰富，但拼对出来的完整陶器的资料较少。但有一个环节必须把握住，那就是层位关系。而恰恰这个遗址的层位关系很难把握，因为丰下遗址成单位的窖穴很少，大多数陶片都出在地层里。而且，一揭开表土就发现了多座完整的房址，这些房址的居住面有铺白灰面的，白灰面洁白而平整，而且居住面往往不只一层。有的房址有七八层居住面叠罗。房址有土墙，有的土墙是土坯砌的，土墙外围石墙，有的石墙与房址土墙间有一定间隔，可显示出院落一类的设施。还发现了一座双间式房址。这些都是十分难得的重要资料。而辽宁又是第一次遇到这类完整的遗迹，就更显得珍贵。为了保存这些房址，往下挖的面积就大为减少。不过，还是可以清楚地将遗址统一分出四个文化层，房址都是属于第二层的。在局部探方挖到第三层和第四层，第五层只在个别探方露头，以下就是生土了。

我注意到，越早的地层里，灰黑陶越多，磨光黑陶越多，陶器上磨光部分越多，有快轮修整痕迹的陶片也越多。尤其是第五层，经常可以见到典型的黑陶片，很具龙山文化特征。这促使我考虑，夏家店下层文化的年代上限，是不是可以提早到龙山文化时期呢？

当时学术界对夏家店下层文化年代的看法，一般认为，其延续时间较长，与殷商文化大体相当，它的时代下限不晚于西周早期，并以马厂沟西周铜器窖藏坑打破夏家店下层文化遗址为证。还有将夏家店下层文化与当地出土的商周青铜器相联系的。夏鼐先生曾注意到夏家店下层文化陶器所具有的龙山文化因素，在 20 世纪 60 年代夏家店下层文化定名之初提出过该文化是龙山文化变种的观点，但夏先生也并不认为夏家店下层文化的时代就可以早到龙山文化时期。在他后来有关的文章中，根据碳十四测定的年代数据，将夏家店下层文化的年代断在相当于二里头文化的年代范围内。

夏家店下层文化的时代上限，能不能早到龙山文化时期，这是关系到燕山南北地区上古历史一个很重大的问题。因为辽西地区从未发现过典型的龙山文化遗存，如果夏家店下层文化的上限可以早到龙山文化，那么，夏家店下层文化的早期，就是辽西地区的龙山时代。一种考古文化，能经历从距今 4000 年到距今 3500 年这样一段较长的时间，而且跨越的又是夏商及夏商以前这样一个重要的历史阶段，其在夏商时期的重要性是不言而喻的，更何况是在远离夏商活动中心的燕山以北的辽西地区。

以后在整理丰下遗址材料时，发现第五层发现的陶器对说明夏家店下层文化年代的上限是最有说服力的。可惜能挖到第五层的探方太少了。在工地发掘快结束时，我们特意在一个探方选择了一块面积较大的地方，下挖到第五层。想不到这里的第五层堆积特别厚，达 3 米以上，挖到生土时，已距地表达 6 米。包含陶片也较多，黑陶片明显增多，而且比较典型，如火候高，外表黑漆光亮，有的还可清楚地看到快轮制作的旋痕。看来，丰下遗址第五层的堆积相当丰富，而且很具时代特点，可惜已经没有时间再挖了。整理和编写丰下遗址发掘简报时，第五层能用上的标本全都用上了，但仍捉襟见肘，还不能完全说明问题。这对于认识夏家店下层文化的分期、发展演变，特别是它的早期面貌，都留下了遗憾。

不过，我们还是根据已有的有限资料，在发掘简报中提到，从丰下遗址的地层关系看，夏家店下层文化的年代上限要早到龙山时期。

当然，夏家店下层文化年代最终得到公认，还是根据陆续公布的碳十四测年数据和大甸子墓地发掘到的多组陶鬲和陶爵。

所测年代最早的是赤峰蜘蛛山遗址，年代为距今 3965±90 年（树轮校正 2466BC~2147BC），有人认为这个年代数据有些偏早。丰下遗址测定的年代数据为距今 3550±80 年（树轮校正 1886BC~1661BC），但标本是第三层的，第五层应在距今 4000 年前后，与蜘蛛山的年代是大体相当的。大甸子所测两个墓的数据较晚，为距今 3390±90 年（树轮校正 1685BC~1463BC）和距今 3420±85 年（树轮校正 1735BC~1517BC），但这两座墓都为晚期墓，说明夏家店下层文化的年代上限，当超过距今 4000 年。

大甸子墓地发现的鬲和爵，是说明夏家店下层文化年代最直接的实物证据，因为它们形制极其别致却又与二里头遗址所出陶鬲、陶爵十分相近。记得大甸子鬲、爵刚发现，就由刘晋祥先生送到北京请中国社会科学院考古研究所各位专家过目。看过的先生们都认为可与二里头文化的陶爵相比较，时代也应相近。这样，就打消了对夏家店下层文化时代能不能提早的疑虑。从此，夏家店下层文化作为夏代在北方的一支青铜文化被肯定下来，被称为北方地区的"早期青铜文化"。把夏家店下层文化放在夏代范围内进行考察，这对辽西地区考古和上古历史的研究，无疑是一个很大的突破。而它的早期又可能早于二里头文化，那又意味着什么呢？

陶范的联想

丰下遗址虽然不能再去发掘，好在弥补的机会很多。此后的几年中，我又参加了赤峰四分地、香炉山、敖汉大甸子等几个夏家店下层文化遗址的发掘，每次发掘都有新的收获。其中四分地遗址出土的一件小陶范和由此反映的夏家店下层文化的冶炼铜的技术，对我认识夏家店下层文化的总体发展水平，留下很深的印象。

四分地东山嘴遗址是 1974 年配合沙通铁路进行的发掘。一起参加发掘的，有辽宁省博物馆走"五七道路"在昭乌达盟文物工作站工作的李恭笃，还有敖汉旗文化馆的邵国田和喀喇沁旗文化馆的郑瑞峰。这个遗址位于阴河流域，中国科学院考古研究所内蒙古工作队的徐光冀曾在阴河流域调查过 40 多处夏家店下层文化的石城址，它们都位于较高的山岗和山坡上。四分地东山嘴遗址同该流域诸多的石城址有所不同，它的位置不在高岗，而是在低台地，除局部有石墙外，也没有完整的村砦石围墙，只有遗址上下坡度较大的地形与邻近的石城址有些相似。最为特殊的是，这处遗址没有像其他夏家店下层文化遗址那样厚的堆积，而是只有直接打入生土中的房址及其堆积，以后就再未有人类居住干扰，比较单纯。而且房址也不都是半地穴式的，有的地下部分深达 2 米以上，应为地穴式房屋。共发掘了 5 座房址，10 座窖穴。出土的陶器中，有较多龙山式陶器。从陶器形制和房址结构判断，这是一处夏家店下层文化早期遗址。丰下遗址没能挖掘到底的遗憾在这里多少得到一点弥补。

就是在这个夏家店下层文化早期遗址里，出土了一件铸铜的陶范（图七）。陶范出在一座窖穴中。个体较小，范面近于椭圆形，通长只有 3.4 厘米，宽 2.4 厘米，厚 0.7 厘米。为泥质灰陶，表面隐约可见绳纹。范面中部凹下的铸型，是一个喇叭状的铸口与长管状的铸体相连的形状，特别是范面的右下方有一个很规整的圆洞，当为合范时用的子母榫中的母榫。陶范的两侧边也有对范时用的记号，是几道斜行的刻划线。可知，这是一件比较标准的铸铜合范中的一扇。这扇陶范虽然个体甚小，却五脏俱全，说明夏家店下层文

图七　赤峰四分地夏家店下层文化早期房址陶范（现藏中国国家博物馆）

化在它的早期，铸铜业已不原始了。有学者听到这一发现后说，仅这件小陶范就可以写一篇大文章。1975 年中国历史博物馆要搞夏代展览，向有关地区征集文物，在我的建议下，昭乌达盟文物工作站（赤峰市博物馆前身）把这件陶范送去了。此后不知什么原因，这件陶范一直没有展出的机会，存在库房里渐渐被淡忘了。

此前所知夏家店下层文化的铜器，无非是一些小件装饰品，如耳环和指环之类，它们造型非常单一，只是很有地域特点，如通体弯成椭圆状，

一端做成扇面形。从铸造技术上讲，也很简单，而且可能用的是单范。所以，最初将夏家店下层文化与夏家店上层文化从地层和陶器上区分开来，正式定名并划归为青铜时代时，仅以地层中出现的铜渣为主要证据，似乎这些小铜饰是可以被忽略的。四分地这件小陶范则不同，它的发现暗示我们，对夏家店下层文化的冶铜技术应重新评价。

果然，此后不久，在大甸子墓地的发掘中，一次就发现了3件作为石玉钺柄首或杖首的铜套件。用作石玉钺柄首的两件，发掘报告称为铜帽，分别高3.9厘米和4厘米，形状近于鸟首，中部有凸起的眼睛，都有椭圆形的銎口，沿銎口边每面都有三个钉孔，个别钉孔内还插着铜铆钉，这是用以将铜帽固定在木柄上用的。其中属于第715号墓的一件铜帽，出土时因为石钺整体包括木柄痕迹都仍保持着原位，可以看出铜帽的鸟首是朝向外部一侧的。被称为杖首的一件，做成弯角状，高5.4厘米，也为椭圆形銎口，不过銎口外沿不再用铆钉固定，而是饰有三个象征铜铆钉的凸起的乳丁，还有四条平行的棱线。这三件铜套件最为重要的是，体中都有空腔，器壁较薄而薄厚也很均匀，它们的铸造，不仅要用两块外范，还必须用一块内芯，也就是内范，那件杖首还可看到范缝的痕迹。可知当时已能熟练地将内外范结合起来使用了。

有关夏家店下层文化冶铜技术还有一个重要发现，那是在锦州水手营子出土的一件柄身连铸的铜柄戈（图八）。我是1986年4月在锦州市博物馆看到这件戈的，听现场清理的人员介绍发现情况，得知这件铜柄戈出在一个夏家店下层文化晚期的墓葬里，通长80.2厘米，同出有夏家店下层文化晚期的折腹鬲、盂形盆和一件石钺。

当时令我惊讶的是，夏家店下层文化终于出戈了，这当然是一件大事，因为这使该文化与中原夏商文化关系的密切程度又大大进了一步。更令我惊讶的是，这件铜柄戈，它的时代特征竟如此标准：戈的援部甚细长而薄，内则甚短而窄，并有明显下垂，无上下栏的表现。仔细观察，还发现援体中部不起棱脊，戈的上刃前锋部分有弧度，到中后部趋平直，戈的下刃则甚为平直，不显内弯的弧度，且与柄部呈90°，援与内的比例约为5：1。这与二里头第三期所出铜戈和玉戈的形制特点，从总体到细部都非常一致，具有现知最早青铜戈的特点，是一件典型的早期戈。然而，这件铜戈并不是

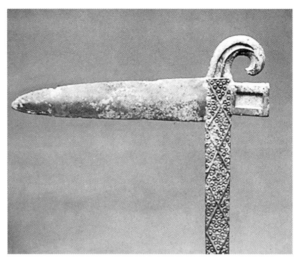

图八　锦县水手营子铜柄戈及其细部

由中原地区流传过来的，因为中原地区商代戈的出土数以百计，但只有戈身是铜质的，戈柄则都是木质的，而水手营子出土的这件，是中原地区从未见过的铜柄戈，而且铜柄是与戈体连铸在一起的。中原戈由于发现时木柄多已腐朽无存，大多只知道戈体本身，只能从安阳殷墟第 1004 号大墓留有木柄痕迹的戈，大致了解戈的全貌，如估计商代戈的长度在 1 米左右。

水手营子这件铜柄戈，使我们第一次看到了早期戈的完整形象，而且它还透露了铜戈形制上一些前所未知的情况，如戈的柄首有一个弯月形的上端，弯度甚大，由宽而尖，而且是与戈援背向，是弯向戈的外部一侧的，这与大甸子第 715 号墓玉石钺柄首上作鸟首状铜帽的插置方向是一致的。由钺而戈，它们可能代表着这类武器或仪仗器不同的演化阶段。有趣的是，这种戈柄端外弯的形象，也见于甲骨文和金文上象形的“戈”字，可知，这是铜戈形制的一个普遍特点。

这件铜柄戈所能反映的夏家店下层文化的冶铜技术水平在于：戈的铜柄为实心，从而使整个戈的重量达到 1105 克，说明当时已能一次熔化和浇铸 1000 克以上的铜液，那正好相当于一件小型铜容器的重量。戈柄表面还铸出花纹，两面纹饰对称，以斜“十”字形中填圆圈纹为一组，每面从上到下共 16 组。这种圆圈纹，又名连珠纹，是商代从早期起就出现的一种花纹。花纹较细密而清晰，有均匀连续的分组布局，说明当时已掌握了浇铸精细花纹的技术，而不只是简单的弦纹之类。

还要提到的是，这件铜柄戈的出土地点在渤海湾北岸的辽西走廊，已经偏离了夏家店下层文化分布的中心区，由此推测，水手营子这件铜柄戈不会是孤例。果然，在这件铜柄戈报道后不久，就传来了日本京都齐成有邻馆收藏的一件形制、花纹基本相同的铜柄戈的消息，那大概是早年从中国北方地区收集上来的。

这样，把四分地陶范所反映的合范技术、大甸子铜套件的内外范的使用，和水手营子铜柄戈的熔铜量和花纹结合起来，都在暗示一个大家都在关心的问题，那就是，夏家店下层文化已经掌握了铸造青铜容器的全部技术。

其实，大甸子陶鬶和陶爵也透露出一些夏家店下层文化铸造铜容器的信息。这种鬶和爵不仅造型特别，而且制作方法也完全不同于其他陶器。它们的壁都很薄，陶胎纯，火候高，制作十分精细，有点类似于山东龙山文化的蛋壳陶，只是陶胎夹细砂，不如蛋壳黑陶那么细腻。尤其是鬶、爵都有成排的乳丁纹装饰。陶鬶的乳丁，见于口沿下、腹中部、鋬与腹壁的衔接处和流的两侧；陶爵的乳丁，除下腹中部外，主要见于腹壁的相交处。由于陶爵腹体不是圆形的，而是扁圆形的，其制作是用两片泥片相叠压而成型的，泥片叠压相交处做成用铆钉加固的样子。这一鬶一爵，给人的直觉是，它们无论是器物的特殊形制，还是制作技术，都具有仿铜器的效果。恰恰大甸子的铜套件上所见固定在套接的柄部上的圆头铆钉，与陶鬶、陶爵上的仿铆钉不仅做法完全相同，铆钉钉帽的形状也很相近。

种种迹象表明，发现夏家店下层文化的铜容器，已是指日可待的事了。

大甸子找"眼睛"

大甸子墓地是1973年发现的，次年开始发掘。我参加了1976年以后几年的发掘和在承德避暑山庄工作站的资料整理与编写报告工作。

大甸子是第一次找到的夏家店下层文化墓地。这处墓地规模相当大，出土物也十分丰富，所以也是全面反映夏家店下层文化面貌的一处遗址。不过，它的发现，倒没有什么传奇色彩。

记得从 20 世纪 70 年代初开始，辽西和昭盟地区各市县旗都配备了专职文物干部，田野工作也普遍开展起来。那几年发现最多的就是夏家店下层文化遗址，分布面遍及北从西辽河流域南到渤海湾北岸的广大地域，登记数量已达数百处，但发现的都是居住遗址，就是找不到墓葬线索。

从 20 世纪 60 年代初起就在内蒙古东南部从事田野考古工作的刘观民等先生一直在苦苦追寻墓葬线索，并经常与我们讨论如何突破这一难题。初由教师转到敖汉旗文化馆做文物工作的邵国田十分好学，他参加过 1973 年在赤峰市举办的文物干部短训班，对我们平时这方面的讨论早留意在心，回馆后到该旗大甸子公社做考古调查，听说公社中学在大甸子村南盖房时挖出了不少完整陶器，现场调查又发现有人骨，马上与夏家店下层文化墓地发生联想。当年秋配合沙通铁路的考古发掘时，他就将消息告诉了我，第二年刘观民先生闻讯派刘晋祥赶到现场。于是就有了对大甸子遗址和墓地从 1974 年秋季开始连续数年的发掘。

大甸子遗址的发掘是由中国社会科学院考古研究所和辽宁省博物馆合作进行的，断断续续进行了 4 个年头，以后转入整理阶段。1983 年还进行了一次补充发掘。

这是一处保存十分理想的夏家店下层文化遗址，居住址和墓地的布局和范围都非常明确。居住址的周边现在还在地面保存着夯土石块混筑的城砦墙体，砦墙外是 8 米宽的围壕。砦墙东北方向紧贴围壕以外就是墓地。

墓地所在现地表平坦，低于遗址约 4 米，黄土堆积。墓葬全为土坑墓，距现地表深仅 20～50 厘米，没有任何后期扰动，墓的边框很容易寻找判断。墓地范围东西长 170 米，南北宽 100 米。我们在 1 万多平方米范围内发掘了 802 座土坑墓，平均每 12 平方米就有一座墓，而且都是同一文化的。如此大规模且墓葬分布密集的墓地，过去在辽西地区是连想都不敢想的，而且这 800 多座墓的墓与墓间，两端间隔大都不到 1 米，却无任何打破和叠压关系，仅有两座墓的壁龛碰到了邻墓的边框，说明这个墓地的形成和使用是不间断的，表现出极强的连续性。这同丰下等许多夏家店下层文化居住址中房址的多层居住面或几座房址在同一地点连续叠压的情况是完全对应的。

尤其是这处墓地发现的一批大型墓，大都有深达 5 米左右的墓坑，最深的第 726 号墓，墓葬深度竟达到 8.9 米。记得我们在清理这座墓时，在墓口架起一个三脚支架，坐着带滑轮的绳索上下，多少体会到一点在中原和江南地区发掘大墓时的工作环境和气氛。

大甸子墓葬结构上一个很具特点的现象，那就是在墓主人脚下一方的墓壁上都设置一个壁龛。墓里的随葬器物，除了随身佩戴的装饰品，全部都放置在壁龛内，所以，这类壁龛营造的都较为讲究：有一个弧形的龛顶、直直的龛壁和平平的龛底。一般的墓，壁龛的宽度大约与墓短壁的宽度相等或短于墓壁，大墓则由两侧墓壁向外扩展，个别特大的壁龛，发掘人员可以蹲在里面作业。一墓一龛，只第726号大墓有三个龛。大甸子墓葬的木质葬具也很有特点，是用4根立柱作支架，以卯榫连接木板做成箱式木椁，由于填土经夯实，发掘时可以轻而易举地找到木椁腐蚀后留出的空隙，从而了解木椁的整体结构。

大甸子墓葬还有殉猪和殉狗的习俗。猪和狗都整齐摆放在墓室的填土内。有趣的是，殉猪与殉狗的方式不同：猪将四趾切去，只葬猪身，猪的四趾放置在壁龛里，有的还将猪身的下肋部分切去不葬，专葬猪身上肉质最好的也就是"里脊"部分；狗则相反，只将狗头、狗尾和狗足随葬，且摆放如一只卧狗，狗身则不葬入。这种奇特做法的一再出现，曾令我们对夏家店下层文化人的习俗有所猜测：从对死者的葬礼看，夏家店下层文化人当然更重视猪，而从实用看，他们似乎把狗留给了生者，莫非夏家店下层文化人是一个喜食狗肉的部族？

随葬器物还值得提到的有，男性成年大墓随葬有石钺和玉钺，有镶嵌绿松石的饰件，有镶贝的陶器、漆木器，还有小件铜器、玉器等等。从墓葬规模、埋藏方式、随葬品种类和丰富程度来看，夏家店下层文化都俨然与中原地区的夏商时期墓葬可以一比。

不过，大甸子墓地最精彩的部分是彩绘陶。

夏家店下层文化最早发现和报道的彩绘陶器，是赤峰市郊的蜘蛛山遗址。这个遗址发现了14件彩绘陶片，它们都是在磨光的黑陶表面，用朱、白两种颜色绘出，形成以黑色为地和黑、红、白三种颜色相间组成的各种勾连图案。发掘者认为"可辨认的花纹有动物形象的图案"。

我第一次接触到夏家店下层文化的彩绘陶是在丰下遗址，共发现了20多件残片。虽然图案都不完整，但它透露出的那种特殊的神秘感，既让人感到新鲜，又似曾相识，其作风与仰韶文化和红山文化的彩陶迥异，也与20世纪30年代在辽东地区的大连貔子窝发现的绘几何形图案的彩绘圈足陶罐不同，却与商代青铜器花纹存在某种内在联系。以后又在赤峰四分地、建平水泉等多个遗址发现这类彩绘陶片。可惜发现的都是碎片，图案的全貌搞不清楚。而且它们都是烧后所绘，十分容易脱落，不像彩陶那样彩绘与陶器已融为一体。

大甸子墓葬的发掘终于使我们有机会看到了完整的彩绘陶器。据统计，在大甸子802座墓葬里，共有223座墓葬中随葬有彩绘陶器，共达420件。它们不仅全部是完整器，而且大多数都可看到完整图案。有些大型墓随葬的彩绘陶器，可能是因为颜料精、绘制佳和埋藏深的缘故，花纹有的竟鲜明如初。自然，繁复而完整的图案已令我们目不暇接。其中有的母题单元独立，可以看出主次，但也有一部分图案，线条曲折勾连，变化无穷，连续性极强，既分不出单元，更分不出主次，这就更显神秘（图九）。

这些彩绘的绘法也很耐人琢磨。陶器的黑色表面是十分光滑而又不吸水的，陶器的形状如罐类是半球状，鬲的三个袋足部分更是有凹有凸，在这上面作画，既要求彩液有较高的浓度和黏合度，又要掌握好不是在平面而在各种变化的曲面上作画的分寸，在这种情况下却能达到线条流畅，图案复杂多变，其绘画工艺技法之高，令当年在承德工作站为大甸

图九　大甸子 M444 壁龛及兽面纹彩绘陶器

子发掘材料绘图的考古所技术室诸位绘画高手们也惊叹不已。大家议论，没有很长时期经验的积累，没有当时社会发展的特殊需求，是不可能达到这种水平的。也说明这种特殊工艺只能为世代相传的专业艺匠所掌握，他们应该是中国最早的一批绘画大师吧。

　　写到这里，不能不提到当时也在中国社会科学院考古研究所技术室工作的王㐨先生。王㐨不仅在服饰史研究方面有很深造诣，对文物保护技术也有全面掌握，且有理论有实践，对马王堆汉墓、法门寺地宫等地点出土丝织品以及金牛山人骨等的成功处理，说明他特别能因地制宜地用一些"土办法"来对付那些难以处理和保护的文物。这些"土办法"在考古工地对各种易损文物进行现场保护和提取，是最实用的。

　　1976年，当大甸子彩绘陶以及其他一些现场难以处理的文物不断出土，大家有点一筹莫展时，王㐨与王振江、郑文兰等几位考古所技术专家先后赶到工地。刘观民在向大家介绍他们几位的"本事"时说，除了人头掉了安不上以外，其余都不在话下。果然，几件难缠的文物，像附着在头部和下腿部已零落的串贝，只有薄薄一层红皮的漆瓢，镶嵌在陶器上的贝片，经他们的巧手，很快都被驯服了。甚至只有印痕留在墓壁的用竹片编织的"筸筒"，也用石膏托出了整体形状。彩绘陶是需要保护的量最大也最难对付的一类，过去还从未处理过。因为它们不同于此前所出的战国和汉代彩绘陶，所用矿物颜色成分不明，却有一定厚度；陶胎相对较软，且含大量碱性物质，出土不久，陶器表面就开始泛白，彩绘也随之模糊不清了。几经实验，王㐨大胆采用了将陶器整体放进装满已配好的药水液的容器中长时间浸泡的办法，浸泡后，既将含在陶胎内的碱性物质还原出来，又将彩绘渗入陶器表面，浸泡过的彩绘，牢牢固定在陶器上，碰都碰不掉，证明效果很好。这不仅为以后的整理研究提供了方便，更有利于这批珍贵文物的长期保护。

　　王㐨学过美术，也爱好音乐，他对彩绘图案也极有兴趣，认为有的图案在感觉上有节奏感。他还仔细捉摸过彩绘的画法，认为那种白色边框中间填朱色的做法，往往白色线条流畅，朱色则显得拙笨，那大概是水平不同的工匠所为，可能还有师傅带徒弟的情况。这些对我通过这批彩绘陶器研究背后的"人"，很有启发。

　　对大甸子彩绘陶的观察，最有意思的，是在彩绘图案中找"眼睛"，也就是兽目。因为既然夏家店下层文化的彩绘陶与商代青铜器花纹有关，而且有的很像动物纹，兽面形象也已呼之欲出，如果能找到眼睛，那问题就迎刃而解了。

　　1976年是大甸子发掘墓葬最多的一个年度，那也是个多事之年。唐山地震和社会思潮的动荡都曾波及这个偏远的山村。好在大甸子开工早，上半年已发掘300多座墓。彩绘陶自然也越出越多。

　　一天，编号为317号的墓出了一件彩陶罐。陶罐腹部的彩绘中，白色大多脱落，但红色大部分保存，像是兽面。我和孙守道、邵国田如获至宝，把这件陶罐小心翼翼地搬到住地老乡家的土炕上，将粘在罐上的土一点一点地剥离下去，居然露出了一只完整的眼睛。再剥，是三个完整的兽面，呈三分法均匀地分布在陶罐的腹面上。对称的两只眼睛，眼眶为横长的方圆形，眼角有上翘，眼珠也是方圆形，十分近似于商代青铜器上饕餮纹的眼睛。当时大家都很兴奋，因为能最终证明夏家店下层文化的彩绘陶图案与商代青铜器花纹有密切关系，这是关系夏家店下层文化的一些深层次问题如族属问题的一个大发现。商文化的起源是不是与北方的燕地有关，我现在心里更有些底数了。

　　不久，又发现了第371号墓。这是大甸子墓地中一个特大型墓葬，有一个面积与墓葬面积相近的特大的壁龛，龛内放置了7件陶器，个体都较大，花纹保存都较好。它们分为三组放置，其中个体最大、花纹保存最好的一组，为一件鬲下扣一件罍，是大甸子墓地中同类器物中个体最大的两件器物。陶鬲上有多组一首双身的龙纹图案；陶罍通身被花纹覆盖，肩上绘有对称的两个兽面纹，兽的眼睛也有横长、方圆形、眼角上翘的眼眶，腹部也绘有兽面纹，为三个，并不对称。这件彩绘陶罍，朱彩的红色较淡，朱白两种彩色所占面积又较大，黑地留在花纹的缝隙之间则很窄，通体呈现一种白色效果，加上其端庄典雅而标准的罍形，总使人联想起那件安阳出土、现藏于美国华盛顿弗利尔美术馆的著名的白陶罍，而大甸子彩陶罍的时代却远远早于安阳白陶罍。

　　夏家店下层文化彩绘与商代青铜器花纹有关系的不只兽面纹一种，还有近似于青铜器花纹中目雷纹、斜方雷纹、圆涡纹（或称囧纹）、龙纹等的图案。其中在第453号墓发现一件绘有圆涡纹图案的陶罍。圆涡纹有7个花瓣，圆涡纹的位置在肩部，腹部则绘多组兽面纹，与商代铜罍相比，不仅图案结构布局，而且主要母题所绘的位置，都完全一样。这是夏家店下层文化与商文化关系密切的又一重要例证。而7个圆涡的圆涡纹，在商代青铜器上只见于二里冈期以前。可惜这件陶罍彩绘脱落较多，白色颜料已基本不见，红色颜料也大多模糊不清，而且整个墓地，保存有这种圆涡纹的，仅获此一件，好在保留了一些关键部位。另一件双首盘龙形器盖，盖面所绘盘蜷的龙身，通体鳞纹，似蛇的龙头一在盖面边缘，为彩绘，一从盖的中心伸出，立雕为盖的捉手，与北洞所出龙凤纹罍盖那种平雕与圆雕相结合的艺术表现方式完全一致，而北洞龙凤纹罍制作精工，不似当地制作。其间的传承过程虽然错综复杂，但夏家店下层文化肯定是当中的一个源头。

大甸子共发现随葬带兽目的彩绘的陶器 28 件。其中兽面纹 13 件。它们都出在随葬器物丰富、规模较大的墓葬中，表明有资格随葬兽面纹图案彩绘陶的，都是身份较高的上层人物。

自从夏家店下层文化彩绘陶发现之后，我经常思考、与同事们讨论的一个问题是：这些彩绘陶肯定与商代青铜器花纹有密切关系，但，到底是陶仿铜，还是铜仿陶呢？一般认为，是中原商代青铜器花纹影响了夏家店下层文化的彩绘陶，但是不是也可以从另一方面去思考呢？

这就是一个十分敏感的问题了。不过也不是没有这种可能。因为：第一，夏家店下层文化的年代比商代早，夏家店下层文化的早期就已有发达的彩绘陶，而那时的中原地区，还没有明确的青铜容器发现，直到二里头文化后期才有少量青铜容器，只个别器物上饰有简单的兽面纹饰；第二，当地红山文化已有兽面和龙鳞纹形象出现，有学者已将红山文化玉雕龙的展开视为最早的兽面纹对待；第三，红山文化已有在陶器上涂朱的现象，早于夏家店下层文化的小河沿文化在陶器上涂朱已较为普遍，且发现了绘彩陶器，从而使辽西地区与海岱地区同为中国史前文化朱绘出现最早的地区。看来，夏家店下层文化的彩绘陶花纹，在当地是有传统的，是以当地为主发展起来的。

刘观民先生在对大甸子彩绘陶的研究过程中，也有同样的感觉。在他发表的《中国青铜时代早期彩绘纹饰试析》（载《考古》1996 年第 8 期）一文中，对大甸子的彩绘陶与商代青铜器花纹，从构成纹饰的因素和结构、器物画面的分割等方面，做过详细的比较。得出的结论是："以两者相对年代早晚关系推断商代铜器是模仿夏家店下层文化的陶器彩绘。这种设想虽有其合理的一面，唯于模仿过程是怎样发生在两种考古学文化之间的，却是耐人寻思的问题。""提出彩绘纹饰是仿自彼时铜器难免令人感到冒失。"刘观民先生是一位治学十分严谨的学者，他在论述夏家店下层文化彩绘陶以及青铜器花纹的起源时，经常引用梁思永先生早年在谈到中国青铜器的起源时的名言，梁先生当年有"一方面盼望原始形制的青铜器的发现，一方面对商代这种羽毛丰满的青铜文化的似乎突然出现仍有待阐释"的思考。随着夏家店下层文化彩绘陶的发现和研究，离梁先生所预言的目标又靠近了一大步。

大山处处城堡群

我对夏家店下层文化的材料接触越多，越是感到，这真是一支充满了神奇色彩的考古学文化。从居住和埋葬所表现出的当时人们活动的极强的连续性，到发达而神秘的彩绘陶，柄身连铸的铜戈，处处都在向今人显示这一点。

夏家店下层文化遗址分布于从西辽河到渤海湾北岸并越过燕山山脉的广大地区，文化面貌却保持着高度的统一性，其凝聚力之强，也与辽东地区分散多类型的青铜文化形成鲜明对比。而更显神奇的是，坐落在山岗上的诸多夏家店下层文化遗址，经历四千年风雨剥蚀，仍在地表上保留着大量完整的砦墙甚至成群的房址等遗迹，向后人叙说当年的辉煌。当地群众称"城子山""等子山""椅子圈""龟盖子"的，大都是对坐落在山岗上的这类夏家店下层文化遗址的形象称谓，它们已成为辽西山区的一大景观。

最早报道夏家店下层文化遗址这种良好保存状况的，是佟柱臣先生。佟先生于半个多世纪以前的 1943 年，对赤峰县东八家遗址的调查与测量，不用一铲一镐，就将一座完整的聚落布局呈现给考古学界。

这处坐落在西北高、东南低的小台地上的石城址，东西宽 140 米，南北长 160 米，地表可辨认的有 57 座房址，集中分布于城址的南半部，都为石块围成的圆形。其中位于遗址南部中央的第 57 号房址，外围直径达 40 米，其余的多在 3～5 米之间。这是研究夏家店下层文化聚落形态十分难得的珍贵资料，可惜这处遗址在 20 世纪 70 年代以后地表已被严重扰动。

1964 年中国科学院考古研究所内蒙古工作队的徐光冀先生在赤峰市英金河及其支流阴河流域专题调查夏家店下层文化，在沿河东西 100 千米范围内，共发现了石城址 43 座，大多数也都在地表保存了石砌的城墙和房址等遗迹。这些石城址在沿河海拔高度 700～900 米之间的山岗上分布，彼此间相距在 300 米左右，而且有成群组合的趋势。1986 年调查报告发表时，公布了新店和西山根这两个石城址的地形实测图。从图上可以清清楚楚地看到这两个遗址地表保存的沿山坡建筑的城墙轮廓和城内的房屋布局。其中的西山根城址在面积 1 万多平方米内，就分布有房址 72 座；新店石城址面积也为 1 万多平方米，除在城内分布有 60 座房址以外，在城外还有石砌建筑址 18 座。而这次调查发现的最大的迟家营子石城址，面积近 10 万平方米，城内三分之二的房址已被毁坏，尚存的房址 216 座。据徐光翼先生估计，如将被毁坏的计算在内，整个城址的房址可达 600 座以上。

我对夏家店下层文化遗址虽然没有做过专题调查，但每次在辽西地区的考古调查，夏家店下层文化遗址总是遇到最多的遗址。所以，对夏家店下层文化遗址在辽西分布的密集情况和独特的分布规律，也深有体会。

在喀左县调查时，我注意到：在大凌河及其支流的沟沟岔岔，夏家店下层文化遗址随处可见。不仅沿河台地，就是远离河川的山岗和大山，也随时可以遇到。我曾经走到喀左县与建昌县交界处的十二德堡公社一个极为偏僻的山沟里，那里的一个山坡上居然也有一个夏家店下层文化遗址，而且堆积很丰富。可以说，夏家店下层文化在辽西地区已经是无处不在了，而且向南越过松岭山脉，沿河一直分布到渤海湾北岸，又可能沿海向华北平原传播。

我曾根据在喀左县发现 200 余处夏家店下层文化遗址，对当时遗址分布的密集程度做过推测，认为在夏家店下层文化分布中心区的老哈河与大凌河中上游，这类遗址分布的密度"要高于近代村落"，当时觉得这已经是很高的估计了。但从以后敖汉旗和喀喇沁旗半支箭河中游的普查情况看，这一估计还是过于保守了点。2002 年发表的半支箭河中游考古调查成果，从分布图上计算，所标现代居民点约 50 处，而夏家店下层文化遗址约为 150 处，几乎是 1∶3 的比率。

为什么夏家店下层文化遗址在辽西山区分布如此密集？这还要从它们的分布规律中去寻求答案。

说到寻找夏家店下层文化遗址的分布规律，这肯定是一个很吸引人的题目，因为辽西地区还基本保持着当时的原始地貌，加上密集分布的遗址，已为探索这一题目提供了难得的良好条件，而一旦找到分布的规律性，那对了解该文化的社会结构、遗址功能等，无疑是找到了一把钥匙。

然而，夏家店下层文化遗址所处地形十分复杂，分布面又大，要真正掌握其中的规律性，难度也是很大的。我曾根据自己的实践，提出过夏家店下层文化"遗址群"的概念。这一概念包括两方面的内容，一是遗址类型，一是遗址组合。

谈到划分夏家店下层文化遗址的类型，先要提到日本学者秋山进午教授。1990 年到 1992 年，以他为首的日本中国考古学研究会与辽宁省文物考古研究所在进行以"东北亚考古学研究"为题的合作研究过程中，曾测量过凌源三官甸子城子山和阜新县南梁遗址。这两个遗址都坐落在高于河床近 50 米的山岗上，有土石混筑的城墙。在此前后，他还考察过大甸子和水泉遗址。这两处遗址在河旁低台地，且有土筑的城墙。两类遗址所处地势对比显明。他在为合作报告书所写的调查报告中，主要依据遗址所处地势的这种区别，将夏家店下层文化遗址分为"平地城"与"高山城"两大类型，我以为是比较符合当时人类活动的实际情况的。

当然，对夏家店下层文化的诸多遗址还可以做更细的划分。根据我掌握的材料，还可以将平地城分为低台地型和高台地型，将山上城分为高岗型、山坡型和高山型。它们可能有着不同的功能。

从我接触的水泉、大甸子等遗址观察，低台地型遗址一般面积较大，堆积较厚。夏家店下层文化早期遗存多出在这些低台地遗址中，它们应该是该文化最早也是最主要的居民点。山上城发现数量很多，但一直没有机会进行全面发掘。很长一段时间里，我以为这些石城址处于高岗甚至高山之上，生活不方便，应该是当时人临时活动的场所或哨所一类。1997 年以来，配合白石水库淹没区的考古，辽宁省文物考古研究所的辛岩对北票市的康家屯石城址进行了全面解剖，才使我对这类石城址并通过这类石城址对夏家店下层文化有了更深的认识。

这个石城址规模不大，面积 15000 平方米，文化堆积却并不薄，厚达 2米。出土了大量完整的生活用具和生产工具。尤其是这座石城的砌石建筑遗迹非常丰富。揭露出长度分别为 135 米和 85 米、厚度在 2 米以上的南城墙和东城墙。虽然现保存的城墙高度只有下部 1 米多的墙体，仍然使我第一次领略到夏家店下层文化城墙的全貌。墙体的砌筑全部不用黏合剂，石墙外壁垒砌得十分整齐，而且有内外护坡，还有距离相近的多个"马面"和城墙转角处的角台。城外是宽近 10 米、存深 3 米的城壕。城门自然砌筑的也很讲究。城内建筑更是错综复杂，有石砌的主墙和附墙，沿墙有石板路和具排水功能的土路沟，它们纵横交错，相隔而形成若干不同层次的院区和院落，有石砌的排水孔通院内外。院区和院落内除以房址为主外，还相间分布有大量具祭祀功能的地下和地上石穴址和石壁匣。

面对这些复杂的建筑设施和布局，我曾联想，康家屯在夏家店下层文化诸多石城址中，只是一个一般等级的石城址，比它规模大的石城址将会是什么面貌？看来夏家店下层文化不仅以山地作为重要的生活和生产基地，而且这些山地居民一直保持着相当严密的社会结构。这不能不使我对夏家店下层文化再一次刮目相看。

然而，问题的探索并未到此为止。因为夏家店下层文化的社会结构，除了在每个遗址表现出来以外，在遗址中的反映也十分突出。我曾留意过其间的组合关系，以为有些线索。

前面谈到的丰下遗址群的那种沿季节性小河沟的连续分布，是夏家店下层文化遗址中最常见到的组合情况，在喀左县调查时经常可以遇到。半支箭河中游所见这种分布情况也最多。因为是在较小的流域，所以一般遗址规模都不大，但遗址相距都较近，应该是关系比较密切的社会单元组合。

还有比这种小流域更密切的组合，那是一种多个遗址连接在一起的情况。同事们早就向我介绍过辽西地区这样的实例，但我没有切身体会。近年听说在建平马场乡有一个夏家店下层文化遗址群，当地俗称为"九连城"，初听有些不大相信，哪有 9 个夏家店下层文化城址连接在一起的？大概时代要晚吧？因为在辽宁，只有明代长城沿线的城址才有这种叫法。实地调查的结果是，它们的确都是夏家店下层文化城址，不过不是 9 座，而是5 座。5 座夏家店下层文化城址连在一起也是十分罕见的，终于吸引我于2002 年前往实地调查。这一带属于老哈河支流的蚌河流域，遗址群在蚌河支流的一条小河沟旁的山岗上，从坡下到岗顶，5 个规模相近的城址紧紧相靠，它们都不是文化层堆积较厚的台地型遗址，而是属于山坡型和高岗型的遗址组合。城址的石砌城墙都完整保存，由岗下逶迤向上，在岗顶层层排开，很有些气势。这座"五连城"，现已被公布为辽宁省的省级文物保护单位。

在敖汉旗的上石匠沟，我们还调查到"两两相对"的夏家店下层文化遗址组合。这两处遗址，它们所处地理形势完全相同，都在一小河沟沟口伸出的台地上，规模也相近，中间隔着一条河沟，两相对望。以后，在喀左县调查时，又在九佛堂遇到相同的情况。半支箭河流域的调查，从分布图看，这种沿沟口隔沟两两相对的情况也不在少数。它们也应是夏家店下层文化一种社会结构的反映。

在喀左县调查时，还发现地势完全不同的遗址之间，相距很近，一高一低，呈相互守望之势，我称它们为"高低相望"。1974年冬天，我在邵国田引导下，曾登上大甸子遗址附近群山的最高峰——海拔近1000米的佛爷岭山顶，发现山顶上竟然也有石砌基址，且散布有夏家店下层文化陶片。它与山下的大甸子遗址群，肯定也是一种高低相望的关系。当时给我印象深刻的是，如此高的山顶，显然不适合人长期居住，应该是哨所一类性质，看来当时人们已经有在高处设防的意识了。

其实，夏家店下层文化遗址处处都在体现它的防御功能。如遗址的立体式选址、城墙和城壕的营造、房址外的院落和院区等等。西山根石城址是体现夏家店下层文化防御意识的又一个典型例证。我曾到西山根城址做过考察。这座城址的选址，完全不是平地，而是坡度甚为陡峭的山坡。从坡上到坡下的200多米距离内，遗迹分布高差竟达30多米，而石砌城墙向地下深入也达到2米左右。其地势之险要，城墙砌筑之费工，给人留下更为强烈的防御意识的印象。

是什么背景需要当时人们如此注重设防呢？当时比较喜欢引用恩格斯《家庭、私有制与国家的起源》中的著名论断："在新的设防城市的周围屹立着高峻的墙壁并非无故：它们的壕沟深陷为氏族制度的墓穴，而它们的城楼已经耸入文明时代了。"这句话用在夏家店下层文化时期石城址纷纭出现也是再恰当不过了。但实际情况可能还要复杂得多。

从大范围考察夏家店下层文化遗址的分布规律，也许能找到比较圆满的答案。

英金河及其支流沿河川成群分布的石城址是了解夏家店下层文化防御功能的重要实例。在从阴河到英金河长 100 多千米的河川两岸的岗地上，主要是北岸，分布有 43 座城址。徐光冀先生认为，这 43 座城址又可依分布密度分为三组。每组以一二座较大的城址为中心。三组又以一座最大的城址为主要中心。苏秉琦先生形象地称这类沿河流大范围分布的遗址为"链锁式"分布。巧合的是，英金河夏家店下层文化链锁式遗址群的走向，也是一千多年以后燕秦长城经过的线路。对于这种大范围的防御体系，苏秉琦先生称之为"长城原型"，意味深长。

大甸子遗址群是又一种大范围立体分布的类型。这一带是群山环绕的小平原，大甸子遗址紧靠山麓，附近高岗有几个小型遗址，再向外，沿群山山岗上，都有遗址分布。前面提到的佛爷岭山顶是其中最高的一处，而以大甸子遗址规模最大。这是以大甸子遗址为中心，有中心与外围，层层防御的大规模的遗址群。苏秉琦先生称之为"棋盘式"分布。

半支箭河中游则有相邻的两个地势完全不同的遗址群。大山前遗址群位于河旁台地，架子山遗址群位于高岗的坡地、岗顶甚至高山顶部。两个遗址群隔半支箭河相望，应是山上聚落群与平地聚落群高低相望、立体分布的关系。

夏家店下层文化遗址数量之众多，文化堆积之丰厚，在辽西以至整个东北地区的诸多古文化中，都是首屈一指的。从遗址内部结构到遗址群的分布规律，更反映出夏家店下层文化社会组织的多层次和严密的防御体系。这是夏商时期雄踞燕山南北的一个强盛方国。然而，这样一支与夏为伍的强大部落集团，在文献中却缺乏明确的记载。他们是谁呢？这是我经常思考的一个问题。

邹衡先生以为是肃慎，张忠培先生以为是有易氏，俞伟超先生以为与东夷有关。不过，从夏家店下层文化与夏商文化关系的密切程度和影响看，它更有可能是先商文化的一支。老一辈史学家傅斯年、顾颉刚、翦伯赞都曾有商文化起源于渤海湾或东北之说，但却来不及看到考古实证。1976 年我曾有机会拜访过吉林大学的金景芳先生，金先生谈起他的新作《商起源于北方说》发表时的曲折，以及最后终于在《中华文史论丛》上刊登的过程。他力主商文化起源于辽西，并以那几年不断报道的夏家店下层文化遗址出土商代文物为证据。

商文化起源与辽西地区有关，还得到人种学的支持。潘其风先生在鉴定和比较了殷墟和大甸子人骨后，得出过这样的结论：殷墟王陵以外氏族墓地中有一定规模的中型墓葬，均有成组的礼器或奴隶陪葬。墓主人的身份应区别于一般小型墓葬的平民，他们可能是受封的贵族，与王族关系密切，甚或本身就是王族的成员。他们的颅骨测定结果，呈现出具有北亚蒙古人种和东亚蒙古人种相混合的形态。这说明，商族的祖先很可能与北方地区的古代居民有更多的关联。因为像这种兼有东亚和北亚两种类型相混合的人种特征，并不是黄河流域中下游原始居民所固有的。

苏秉琦先生在论述辽西古文化、古城、古国时，曾寄希望于比大甸子规格更高的古城遗址的发现，这指出了夏家店下层文化今后工作的重点。也许那时我们提出的问题会有进一步解答吧。

现在最为忧虑的，是夏家店下层文化遗址的保护问题。因为像夏家店下层文化这样将几乎整个文化的原貌保存到现在的情况，不仅同时代诸考古文化，就是以后各个时代也很难找到，何况它对研究夏商文化还有那么重要的价值。但我亲眼看到的是，这批遗址正在迅速消失。如果说中国文物保护的任务繁重，那么对夏家店下层文化遗址的保护就更迫在眉睫。眼下马上要做的，是能抢救的要尽量赶在前面抢救下来。近年，张忠培先生策划并率队选择半支箭河中游开展以保护为第一目的的高密度的考古调查，并在调查后迅速将整个区域公布为文物保护单位的做法，是一个创举。但愿这一做法能推广下去，并再坚持几年、十几年。2001 年，我应中国社会科学院考古研究所刘国祥之邀，曾在《中国文物报》为敖汉旗城子山遗址所写的评论中表达过类似的心愿：

> 遍布辽西山区数以千计的夏家店下层文化遗址，类型分化显著，地面可辨认出城墙遗迹和房址的不在少数，从而在聚落分布方面透露出多种信息，现在这些遗址保存状况虽已大不如几十年前，但地面遗迹保留之普遍仍然是独一无二的，这是一批研究夏商时代聚落形态的绝好资料。应抓紧时机多地区多部门协作，按田野调查规则对遗址逐个逐群作尽可能详尽的记录。近年有关地区进行的"拉网式"调查结

合现代科技手段分析，十分适用于地表显示良好的辽西地区，表现出其在完成这方面任务的良好前景。

三　从东山嘴到牛河梁

1979 年 5 月，辽宁省全省文物普查工作开始。东山嘴遗址与牛河梁遗址都是在这次文物普查中被发现的。

走到自然村

辽宁省的文物普查是从 20 世纪 70 年代末全国启动的文物普查中开始较早的省份。这次普查与以往考古调查不同的是，不是专题调查，也不是区域调查，而是按行政区划进行全面调查。这是一项大工程。辽宁计划四年搞完，先从文物分布较多的朝阳市的朝阳、凌源、喀左三县开始，并召集全省各市、县、区派学员参加培训。

我被任命为喀左队队长。普查开始时我正在西安参加中国考古学会成立大会，会议结束，连家都没来得及回，就直接奔到县里。当我坐了一天一夜火车赶到被选为试点的平房子公社时，面对 17 名来自全省各地整装待发的学员们渴望学习的面孔时，真是感到责任重大。

当时布置的任务是，一个半月时间跑完全县。喀左县 21 个公社共 220 个生产大队，每天要跑 5 个大队。17 个学员绝大多数都是新手，以老带新，按每组 3 个人计算，只能分 5 个小组，每组每天就得走完一个大队。考虑到这些实际情况，所以当时要求，调查到生产大队就可以完成任务了。但遗址分布在沟沟岔岔，只走到生产大队会漏掉不少。怎么办？好在每个县都先选择了一个公社作为试点，还有调整的可能。当时正好在省文化局社会文化处工作的辛占山同志在场，我就动员他一起走走看。果然，我们刚走上平房子公社不远的一个山头，就发现了一处遗址。这里不仅离大队所在村子很远，就是距最近的自然屯也不近。此后的两天，在远离大队所在村的各个自然屯周围发现遗址的情况多次出现。于是我建议，可不限于大队，必要时可走到自然村。老辛和普查领导小组支持了我的想法。以后根据工作的进展，我们又及时强调：一定要走到自然屯。我当时的想法是，宁可落下几个公社，也不能每个公社都跑得不彻底。好在队员们都很努力，到普查结束时，全县 21 个公社都跑了一遍，至于是不是每个自然屯都跑到了，没有把握。

调查范围扩大了，工作难度也增加了。困难不仅有业务上的，还有生活上的。学员们每天要徒步走几十里路，吃饭是到各家各户吃派饭，晚上常常住在大队部。那年"四人帮"已被打倒，拨乱反正已开始，但辽宁前几年是极"左"路线的重灾区，朝阳又是"学朝农"的发源地，搞假大空，割资本主义尾巴分外积极，一般农家被剥夺得很苦，家里没有什么储备。联产承包制当时已开始在全国推行，但辽宁还迟迟未动，社员们还在挣工分。一天三顿饭，几乎是千篇一律又硬又涩的"晋杂五"高粱米，菜就是葱蘸酱。老乡们想招待我们一下，也是无能为力，偶然能碰上一顿小米干饭或熬白菜，那就是改善伙食了。这些对于城里来的大部分都是二三十岁的年轻人来说，真有点受不了。个别学员有提前回家的。有的学员也想到一些克服困难的窍门。

记得我们在喀左南部几个公社调查时，每天中午 11 点到 1 点，正好有锦州到叶柏寿的火车经过那一带。那是一趟特慢车，不仅逢站必停，还在一些不设站的叫作"乘降所"的地点停车，这给我们这些"游击队"随时上车提供了许多方便。于是每天接近中午，大家就到铁路附近一带调查，卡准时刻表，时间一到，就赶到火车站，从这一站或乘降所上车，正好赶上火车上餐车营业，于是在餐车饱餐一顿，有肉有大米饭，也就四五角钱，然后在下面的站或乘降所下车，再继续调查，并不耽误事。

不过，我作为队长，还是尽量从业务上激发大家的兴趣。

试点过后，我提出了普查的几个重点，红山文化被列为重点中的重点。我举着刚采集到的彩陶片向大家介绍：包括朝阳地区在内的辽宁西部号称是红山文化分布区，但到 20 世纪 70 年代初，红山文化遗址在朝阳地区还是凤毛麟角。见于文献的，只有 20 世纪 40 年代日本人调查的零星记录。总数量不过五六处，号称文物大县的喀左县，就连一处明确的红山文化遗址也说不清。

其实，当时我心里还存有一些关于红山文化的疑点，没有说出来，因为学员们毕竟还是新手。这些疑点主要是，当时已掌握的红山文化线索，有许多以前史前文化从来没有接触过的东西。其中最为不解的，是在喀左县一个叫瓦房的地方和阜新县胡头沟，都遇到了一种没有底部的筒形器，形制和出土情况都极为特殊。

第一次遇到这种无底筒形器是在瓦房。那是1973年发掘鸽子洞旧石器洞穴遗址时发现的。这个洞穴遗址位于大凌河西岸陡峭的悬崖上，为了了解古人类活动的环境，大家顺便到洞顶和悬崖以上进行调查。这是一个平整的高岗地，黄土堆积较厚，地表散布有不少石灰岩质的白色石片，偶然可捡到陶片，运气好时，还能捡到彩陶片。

当时在喀左县以至辽西地区，能在野外看到红山文化彩陶片，是极少有的机会，一时视为珍奇，于是大家争相捡拾。这些陶片，一律都是泥质红陶，胎质较粗，胎壁较厚，有的外表绘有黑彩，可以肯定属于红山文化。陶片的形制都很单一，大多是平直的腹片。奇怪的是，陶器的口沿特多，口沿的种类也不少：一种是圆唇或卷唇，较为常见；另一种近似于方唇，却有一个"倒钩"，很像是做成陶胎烧制前被切削的样子，这在以前的红山文化中尚未发现过。更为奇怪的是，一件器底都未发现，有的陶片已经到了底边，但却只显露出一道做陶胎时的抹痕，而完全不见底部或底部残破的痕迹。瓦房遗址从平整的地面看，似是居住址，但暴露出一具人骨，当时我们还没有敢往墓地上想，那有点过于奢望了。因为当时红山文化墓地一直还没有明确发现。

就在当年，在阜新县胡头沟也发现了同样的陶片。不过，胡头沟发现的这些陶器都较为完整，而且有原始出土状态。发现时，共有10多件，它们并排直立，被压在一堵石墙底下，形制与瓦房所见完全相同。那种边缘似切削的样子，原来并不是器口，而是器物的底缘，是有意做出的。可以明确，这是一种没有底部的筒形陶器。当然，胡头沟还出了玉器、墓葬、石圈，它们之间都是什么关系？是不是一个时代的？这些问题都被带到这次普查里来了。

我如此强调红山文化在这次普查中的重要地位，并不只是兴趣所致。除了希望这些难点在这次普查中有所解决以外，还有当时全国考古发展形势的驱使。

从 20 世纪 70 年代初全国文物考古工作重新恢复以来，史前考古在中原和长江流域进展迅速，特别是提出了前仰韶文化等新课题。就是新石器时代遗址甚少的辽东地区，随着沈阳新乐遗址和大连长海小珠山遗址的发掘，也建立起比较系统的年代序列。唯辽西区，仍显得沉默。当时新发现的材料，如河南的裴李岗、河北的磁山以及辽东诸遗址，都发现了饰压印"之"字纹陶器、石磨盘和石磨棒等遗物，而这些正是辽西地区史前文化的主要特点。南、东夹攻之势，迫切要求在辽西地区尽快拿出材料来，才能连成一片，相互比较。而且红山文化遗址又不像夏家店下层文化遗址那样容易发现，在调查中若不特别留意，是很难发现的。

也许是我的鼓动起了作用。那年在喀左的普查，全县共发现遗址点 609 处。当时估计详细程度占到 60%，根据与后来在邻县（主要是敖汉旗）调查结果的比较，发现到不了 50%。不过，这已是前所未有的成就了。共在 24 个点采集到红山文化陶片，8 处较为单纯。其中有几处遗址采集的陶片较为丰富，且多彩陶，东山嘴就是其中之一。

"等了三十年的新发现"

普查后期，安排一段时间试掘，以便对一些重点遗址有更多了解，也是希望发掘到一些精彩的考古资料，使全年的工作有个满意的结尾。对这样的安排，我当然是积极拥护的，因为可以趁此机会了解一下已发现的红山文化遗址的详细情况。

东山嘴自然在首选之列，还选择了另外一处——草场公社南沟门遗址。南沟门遗址文化堆积很厚，取得材料比较有把握。我们先将大部分人马集中在南沟门，那里发现了从红山文化、小河沿文化、夏家店下层文化、魏营子文化、曲刃青铜短剑文化到战国时期的文化层。虽然也有一些重要发现，如春秋时期出不同类型青铜短剑和共存陶器的墓群，但地层比较复杂，很难取得系统资料或有大的突破。于是，决定先调部分人员开辟东山嘴工地。

东山嘴是兴隆庄章京营子大队的一个自然村，在南沟门遗址以北 20 多千米，中间隔一条大凌河。那段时间，我需要两头照顾。或骑自行车，或坐公共汽车，更多的是徒步。那年，辽西地区是难得一遇的风调雨顺，进入秋季，田野里一派丰收景象，我在往返于两个遗址间的路上，一边沐浴着阵阵凉风，观察大凌河畔在金秋景色和硕壮庄稼衬托下的地理形势，一边思考眼下瞬息万变的发掘工地和今后的打算，有时也不免憧憬有新的重大考古发现的突然出现。

巧的是，东山嘴遗址刚一开工动土，就真的发现了一些奇特现象。先是在遗址的北部，揭露出一条南北走向的石墙，是用加过工的砂岩或石灰岩石块砌筑的，向外一侧砌筑得十分整齐。石墙虽只有一层，却延长达七八米，这是当时所知中国所有的史前遗址从来都没有遇到过的。而且石墙内外出土的陶器，也有不少是以前红山文化遗址没有见过或少见的新器类，有的造型奇特，有的用途不清，后来我们称它们为"特异性陶器"。这些陶器中，除了那种无底的筒形器占大宗以外，还有内外壁满绘彩画的彩陶盆、带流罐、黑陶器等。红山文化常见的陶钵碗、"之"字纹筒形罐反而不见。特别是有一件瓶形器，口小，口形如仰韶文化小口尖底瓶的口部，颈部以下到腹部可以分出几个层次，有如塔形，下部还有方形的镂孔，而且也未见底部，只有表面装饰的锥刺纹在红山文化和仰韶文化半坡类型见到过，具有时代特点。总体看来，它更像是一种祭器。

一个石头墙，一个祭器，这意味着什么？我隐约感觉到，这个遗址不仅很特殊，而且很不一般，它可能正是我们在辽西地区多年来要寻找的具有突破性价值的对象，也许我在路上的憧憬有实现的可能？当时，天已渐渐冷起来了，距离普查全部结束的时间也日渐临近，学员们有的已在做回家的准备。事不宜迟，于是马上布置，将南沟门遗址的工作收尾，全部人马集中到东山嘴。

东山嘴遗址面积并不大，中心区南北不到 60 米，东西不过 40 米，发掘人员增多了，遗址全部都布了探方。凑巧的是，虽然继续扩大发掘面积，但整个遗址并不见任何晚期地层叠压，时代很单纯，发掘的速度也可以加快些。于是，不几天，遗址就被全面揭开，一片全新的史前时期的石头建筑遗迹展现在大家面前。

原来，这些石砌建筑并不是只有一个单元的建筑址，而是一个建筑组合。我们把它分为中心部分、两翼部分和前端部分。中心部分偏于遗址的北部，是一个近于方形的建筑址，东西长 11.8 米，南北宽 9.5 米，石墙不只一层，有的是仍保存着三四层石头的石墙。在方形建筑址内的靠南一侧，还有一片立石。两翼部分指的是方形建筑址以外的东西两侧，又各保留有一段石墙，距离方形建筑址东西墙各 6 米，显示出以方形建筑址为中心，东西是对称的。尤其是在这个方形台址的南部 15 米处，揭露出一个圆形台址，这就是建筑址的前端部分。这个圆形台址直径虽然只有 2 米余，规模很小，但四周用石片砌筑，近于正圆形，台面上铺了一层大小均匀的小鹅卵石，显然，这就是一个圆形的坛。圆坛的位置在方形台址的正南方向，它们之间形成了一条南北的中轴线。看来整个遗址的石砌建筑，有北方南圆、东西对称的规律，这不仅同已知同时期的仰韶文化向心式的房屋布局完全不同，而且还有点中国古代传统建筑的布局特点。可这是 5000 年前的原始社会，中国传统建筑布局怎么一下子提前了几千年，有许多问题真的是要重新思考。

台址附近出土了不少小型陶杯。这些小陶杯，很近似于现代的小酒杯，只是底部还安了三个短短的实足。它们大多数制作精细，有的还是磨光的黑陶质。联系此前出现的那件"塔"形器和其他特异型陶器，就更增加了这个遗址的祭祀性色彩。方形台址附近还发现了两件小型玉器，一是绿松石片做的鸟形饰件，另一件是璜形玉器，璜的两端刻出的形象居然像是龙头。

不等我仔细思考，又有重要文物出土。其中最引人注目的，是人体陶塑像。

先是在圆形坛址的东部一侧，同时出土了两件较大的人体塑像残块。一块是人体上部，为双臂交叉于腹前，左手握右手腕；另一块是人体下部，是正盘坐式，左腿盘于右腿之上。从比例看，这两块大致都相当于真人的三分之一，应是属于一个个体的。它们都塑造得十分逼真细腻，不仅手臂、腿脚的各个部位比例准确，而且攥拳、握腕、盘膝等动作都塑造得自然流畅，很有动感。这与我们以前所知道的中国史前时期人物塑像那种原始笨拙的形象相比，完全是两种作风，塑造技法自然要进步得多。但它们出土的地层是明确的，又都为红泥陶质，底部还印有清楚的席纹，这些都是红山文化的特点，时代是没有问题的。

这时，遗址已发掘到文化层出东西最多的位置。两个人物塑件的出土，预示着可能会有更多的重要发现露头。我在一次照相课后提醒学员们发掘要更仔细些，特别提到要留意有没有"妇女小雕像"出现。因为我在学校时，笔译过苏联考古学家 T. C. 帕谢克的《特列波里文化分期》一书，对史前时期的妇女小雕像，有较深刻的印象。

没想到话音刚落，刚从工地归来的公社文化站站长小周手里拿着一个刚发掘出来的塑件，这正是一件"妇女小雕像"。这件陶塑小雕像为红陶质，高只有 5.8 厘米，似站立状，头部残缺，左手臂抚于胸前，腹部圆鼓，具孕妇特征。隔天，又有一件陶塑小雕像出土，这一件也为红陶质，高 5 厘米，较前一件稍小，但表面打磨光滑，制作更精，腹部圆鼓更为明显，而且臀部也鼓起，大腿部较粗，孕妇特点更加突出。

提起孕妇小雕像，在欧亚大陆的旧石器时代晚期到新石器时代出土很多，一般被视作母系氏族社会象征物。东山嘴遗址包含了如此复杂的文化现象，还能用母系氏族社会去衡量它吗？这是我在现场反复思考的一个问题。

我多次站在遗址南端，遥望大凌河川和河对岸的大山。东山嘴遗址位于南大凌河西岸东山嘴村北的一个山梁上，高出河床 50 余米。山梁为长弧形，环抱着东山嘴村的东、西、北三面，山梁的正中为一缓平突出的台地，遗址就占据了台地向南伸展的前端部分，四周为开阔的平川地带，一望无际。遗址的东南方向，隔宽阔的大凌河川，正对一座名叫马架子山的大山和山口，遗址选择的地形独特而壮观。红山人选择这样一块地方，营造这样一组左右对称、南圆北方、有中轴线布局的石头建筑，他们的思维观念肯定已不是原始氏族社会所能容纳的了。遗址所出特异型陶器、各种陶塑像都是与祭祀有关的，而且在东山嘴遗址已有龙的形象出现，我们在这里捕捉到的，分明是文明的信息！于是，在这年年底普查总结汇报会上，我试探性地提出了东山嘴遗址的发现与史前祭祀和文明起源的关系，这也是我第一次将红山文化与文明起源联系起来思考问题。

这一发现惊动了北京，也惊动了正在考虑如何从北方寻找中国古史突破口的苏秉琦先生。在 1982 年河北蔚县西合营工地现场会上，我介绍了刚刚发掘完的东山嘴遗址的情况。苏先生马上意识到这是找到了"三岔口"（桑干河上游为中原、内蒙古岱海与辽西三支古文化交汇处，苏先生称之为"三岔口"）背后的结果，当场决定，明年到东山嘴实地考察并在朝阳开会。

　　1983 年 7 月 20 日，北京来的 19 位专家在苏秉琦先生率领下来到东山嘴遗址现场。在座谈中大家一致认为，这是全国首次发现的一处史前祭祀遗址。

　　俞伟超先生的发言语出惊人。他说：

　　　　留学生们经常问起，世界各地的新石器文化到青铜文化，到处都有妇女小雕像发现，为什么中国没有？有了这两天的见闻，才知道大家终于找到了一种全国考古界等了三十多年才被发现的重要材料。这就是一些新石器时代的妇女陶塑像以及同这种塑像有关的一片祭祀遗迹。

　　苏先生则将这一发现直接与中国文明起源相联系。会前他就谈到，四五千年前有分量的材料，从全国看，能拿得出来的为数不多，东山嘴是一个，这比大汶口文化的文字更能说明问题，对研究燕山南北长城地带古文化，具有"里程碑"的意义。在喀左会上，他鼓励我们在喀左、凌源、建平三县交界处下更大功夫，并称这三县交界地带为"金三角"。当时牛河梁遗址已在普查中发现，地点正在凌源与建平两县交界处。会后不久，我们就打道牛河梁，几天内就发现了积石冢和女神庙这两大类型的遗迹，以后还确认了祭坛。辽西考古从此进入了一个新阶段。也是从这时起，我对辽西地区古文化的研究重点，也由商周青铜器和夏家店下层文化，转到红山文化上来。

好玉多磨

　　都说考古发现有很大偶然性，其实偶然中总蕴含着必然。东山嘴遗址是如此，牛河梁遗址更是如此。

　　谈起牛河梁遗址的发现，还要从寻找红山文化玉器的出土地谈起。

　　红山文化玉器早有发现，从 20 世纪初起，就在海内外一些收藏家和著名博物馆中有所收藏，不过，都将其年代定得过晚。

　　其实，红山文化玉器的特点很容易掌握。斜口的筒形玉器（当时称马蹄形玉箍），板状的勾云形玉件（当时称勾云形佩），近于玦形的玉雕龙，造型和刻纹都极具特色。所以，当我们将红山文化玉器研究的最初成果于 1984 年公布后不久，海内外各博物馆很快就公布了他们旧藏的红山文化玉器。甚至流传到夏家店下层文化、殷墟妇好墓、琉璃河西周燕国墓中的红山文化玉器，也轻而易举地被辨别出来，并迅速取得共识。一些古代玉器因为显示出某些红山文化的特点，也被归入红山文化范畴，似乎都要从红山文化得到一点光环。

为什么红山文化玉器经近百年时间未被辨认出来，而一旦被我们识别，就如此一发不可收拾呢？我们在寻找辨别红山文化玉器的漫长过程中对此有深刻体会。

那是一段很特殊的学术经历。

我最早接触到这类玉器，是1973年在胡头沟。那一年春季，阜新市新成立的文物组刘葆华同志前来报告，说在阜新县发现一批玉器，出土地在化石戈乡胡头沟村。

这是一个十分偏远的地方。地点在阜新县最西边牤牛河的东岸，隔河就是朝阳市的北票县（今北票市，下同）。从公社到村里，没有正式的路，一下雨就不通车。先去的徐秉琨等几位，刚进发掘点没有油做烧菜的锅底，是赶着毛驴蹚水过牤牛河从河对岸的北票县四合城村供销点买回两瓶罐头才算开了伙。可就是在这样一个十分偏远的地方，却出土了前所未见的玉璧、玉珠、勾云形玉佩、玉龟、玉鸟、玉棒等精美古玉器。我是参加完北洞铜器奖励会后赶到这里来参加发掘的。

出土地在牤牛河东岸的一座黄土山岗上。经河水多年冲刷，这个土岗已被冲毁近半，形成黄土断崖。在岗顶下的断崖深4米多处，露出一座石棺墓。玉器就是当地群众从石棺中掏出来的。从断崖上观察，在玉器墓的上面，还挂着几座土坑墓，墓内出青铜短剑，时代为春秋时期。土坑墓里也有石棺，不过下面出玉器的石棺用的是石板，上面出青铜短剑的石棺用的是砾石，显然是不同时代的墓葬，下面的石棺时代自然应较春秋时代为早。

为了多了解些情况，我们选择在岗顶进行了试掘。刚揭开地表，就显露出一道石墙，继续挖下去，石墙呈现环形走向，正好围绕在岗顶中央。石墙下压着一排陶筒形器。陶筒形器为泥质红陶，有黑彩。虽然对这种无底筒形器的用途还不清楚，但可以肯定是属于红山文化的。石墙压在筒形器上面，石墙与筒形器是什么关系，石墙与断崖露出的墓是什么关系，按一般遗址的打破和叠压的地层学原理，一时也解释不清。尤其是下面石棺墓所出玉器，有龟，有鸟，在辽西，这样的玉器还是第一次见到，它们是什么时代的，一时也无法判断。于是在《阜新日报》刊登这次考古发现的消息时，暂将这批玉器的年代定为西周到春秋。虽然这次工作留下了不少疑问，但这是辽西地区第一次发现的有明确出土地点却不明时代的玉器，这当然会引起大家的兴趣，我自然也不例外。

也许是特殊留意的缘故，此后连续几年都得到发现这类玉器的消息。玉器大多数出在赤峰市及所属各旗县。

先是当年秋天，我在赤峰参加配合沙通铁路的考古发掘，听翁牛特旗文化馆王志富馆长谈起他们馆收集到一件大玉龙。当时没有机会到旗里观摩实物，回馆后听说下放到那里走"五七道路"的朱贵同志曾见到这件大玉龙，并写信给李文信先生反映情况。这更引起了我们的兴趣。

两年后的 1975 年 7 月 3 日，我和孙守道在翁牛特旗文化馆终于看到了这件大玉龙。当工作人员从橱柜里将它拿出来时，我们不由得为之一震，觉得这件玉龙大不寻常。大玉龙高达 26 厘米，墨绿色玉，长吻前伸，龙体内卷，长鬣飘举，体态雄健。从头部刻划简洁看，时代不会很晚。这种玉龙不仅辽西地区从未见过，据我们所知，中原等地所出古代玉器中还没有见到过类似造型，可能具有地方特点，遂暂将它的时代定为战国以前，并觉得它与商周时期青铜器花纹有些相近似的风格。当时曾到出土现场的三星他拉调查，希望能发现一点与大玉龙有关的遗迹，最好有墓葬的迹象，但只发现附近散布有零星红山文化陶片和石器遗存。

三星他拉在翁牛特旗旗政府所在地的乌丹镇以北近 20 千米处，出土地现在是一片黄沙土带，古代的环境可能要好些，但这里已接近蒙古高原。当时想到的是，为什么在这样一个接近蒙古大草原的地区，会出现这样一件精美绝伦、大不寻常的大玉龙呢？它是当地文化的吗？或者它有一段什么不寻常的遭遇，曲折辗转，埋到这里的？当时并没有将它与当地的史前文化产生联想。

1975 年这一年，又在赤峰几个旗县连续见到从当地收集到的玉器。有昭盟文物站由乌丹收购的玉佩，翁牛特旗从海金山遗址采集的玉牌，林西文化馆从城南郊锅撑子山遗址采集的玉戈，翁牛特旗从巴林右旗收集的玉雕龙。从这些玉器的出土地点看，有向北移的趋势，而且在西拉木伦河以北有较多的发现，但仍然不知道把它们放在哪个时代合适。因为这一带春秋以前的地方文化已可大致排出年代序列，似都与玉器的特征不合。把玉器放在战国时代以后，又觉得它们不可能那么晚。当时只有克什克腾旗文化馆有好鲁库农场出土的一批玉器与大批细石器共出，时代可能要早到史前时期。但好鲁库这批玉器大都为玉凿、玉斧一类玉工具，装饰品类只有玉环，并不能解决那批形制特殊的玉器的年代。

这时，大甸子墓地的发掘已经开始。1976 和 1977 两个年度，在大甸子墓地连续发现玉器，种类居然也有马蹄形玉箍和勾云形玉佩。辽西地区这些玉器是属于夏家店下层文化的吗？一时更使人理不出头绪，真是"剪不断，理还乱"。不过，有一点已可确定，这类玉器都出在辽西地区。分布范围比已知的诸考古文化要广，时代也肯定不会晚。

转机是在 1979 年。当年秋天在东山嘴发掘出一件绿松石鸟和一件龙首玉璜的同时，在三官甸子城子山一座墓（后编为牛河梁第十六地点 79M2）中也出了 9 件玉器，其中的勾云形玉佩、方圆形玉璧、玉鸟都与胡头沟墓的种类完全相同，马蹄状玉箍也在赤峰地区见过。由于这处遗址的红山文化层上叠压有夏家店下层文化遗存，夏家店下层文化又大量利用了红山文化的积石，还有夏家店下层文化陶片混到红山文化层中。尽管墓葬本身比较单一，但大家面对如此进步的玉器和复杂的地层关系，仍然议论纷纷。孙守道先生对近年连续出土的这类玉器早已留意在心，在考察胡头沟遗址时，就曾注意到石头圈与压在下面的红山文化陶筒形器排列的走向是一致的，而出玉器的墓正在这个圆圈的中心部位，从而开始将玉器墓、石圈与陶筒形器联系起来思考问题。这次在三官甸子城子山墓葬发现的现场，他似乎更有把握，于是首先提出，这座墓可能是红山文化的。老孙的这句话像是捅破了一层窗户纸，于是大家纷纷开始将其与红山文化发生联想。

这是一个很大的转变。这一转变很不容易，因为这些玉器有太多进步特征，无论造型还是花纹，都同商代及其以后的玉器有关，而当时在我的思想里，新石器时代的艺术品都是比较原始的，辽西更应如此，能想到与新石器时代联系，特别是能想到与被认为偏远的长城以北的新石器文化联系，这是"要向全国考古界做出交代"的天大的事，一点也马虎不得。

正因为如此，当时以为，还是谨慎为好。因为东山嘴的玉器出在地层，三官甸子的玉器虽然出在墓葬，但上面被夏家店下层文化扰乱，而大甸子夏家店下层文化墓葬里也出这类玉器，还是要从考古上寻找更确切的证据为妥。不过这时眼光已瞄准红山文化，要在红山文化遗址里寻找这类玉器更为明确的出土关系。

目标集中了，速度也加快了。

1981年，辽宁省文物普查继续进行，那年安排普查的地区有建平县，我是业务负责人。建平是朝阳市面积最大的县，南部是大凌河流域，北部已进入西辽河的老哈河流域。这个县不仅遗址点多，而且地域特点多，理应下更多的力量进行普查。但在普查开始时，却发生了点过节。因为这点过节与牛河梁遗址的发现有直接关系，有必要写出来。

前几年建平县的有关部门发现，古遗址主要是夏家店下层文化遗址的堆积土中，含钾的成分高，当地叫它"磷灰土"，而当时农田由于长期少施肥甚至不施肥已甚为贫瘠，于是县里有关部门竟号召各公社都去挖古遗址积肥，致使大批古遗址在这种有组织的乱挖下迅速遭到破坏。我们曾将此事上报，并在《辽宁日报》上发过点名批评的消息。为此，在文物工作上与县里多少有些不够协调。这次在建平县搞普查，多主张不必大张旗鼓，悄悄下去调查算了。时任朝阳市文化局局长的宫殿东同志，是位有工作经验的老干部，他对此不以为然，认为既然建平县的文物普查如此重要，就一定要按部就班地进行。为此，他亲自到县里坐镇指挥，并让县文化局立即通知全县32个公社文化站站长集中到县城进行普查前的培训。

没想到，这次培训班的举办，为牛河梁的发现提供了机会。我在讲课时，再一次强调了发现红山文化遗址的重要性，特别是强调了寻找红山文化玉器出土地点的重要性。课堂休息时，富山乡文化站站长赵文彦前来反映情况，说附近马家沟老乡家藏有玉器，是一个"玉笔筒"。当时我的直觉是，红山文化玉器更直接的考古证据可能要露头了，这个线索必须抓住不放。

第二天培训班刚一结束，我就同县文物干部李殿福和老赵一起借了自行车赶到马家沟。马家沟在县城以西15千米处。收藏玉器的是一位名叫马龙图的生产队长。一进他家，就看到柜面上立着一个玉筒状器，里面真的插了几支笔。这哪是什么笔筒？正是我们要找的红山文化玉器中最重要的一类——马蹄状玉箍。

顺藤摸瓜，找到了出土玉器的地点，是在建平与凌源两县交界处的一座山岗上。地表散布不少红山文化的泥质红陶和彩陶片，大多数都是与胡头沟、东山嘴相同的筒形陶器，还有典型的红山文化石斧，未见其他时代遗物。我暗暗高兴，这是一处单纯的红山文化遗址，就从这里下手解决问题。正好在一条沟边有当地群众起石头的地方，露出了人骨，遂做了简单的清理，居然清理出一座墓葬。墓为石棺，东西向，长2米，宽0.8米，人骨保存较为完好，单人仰身直肢葬，没有发现陶器等随葬品。十分幸运的是，在墓主人头顶部的左侧，放置有一件玉环。玉环为白色，直径12厘米，体形较大，穿单孔，横断面呈三角形，与红山文化遗址常见的石环特征相同。我特别留意了这座石棺墓的地层关系，发现墓上面压有一层厚0.2～0.3米的深灰土层，灰土层内出彩陶筒形器残片。

图一〇　牛河梁遗址第二地点
第1号冢第1号墓

看到这座墓葬的层位确凿，我心头上的一块石头总算落了地。这是第一次明确发现的红山文化墓葬，也是红山文化玉器的第一次正式发掘。那天是4月8日。这个地点后来编号为牛河梁第二地点。这座墓编为第1号冢第1号墓（图一〇）。

在牛河梁调查的两天里，我们又从老乡家里收集到两件玉器，一件也是马蹄状玉箍，一件是双连玉璧。承包出红山文化玉器这块地的老大爷还说，他曾在种地时捡到过一件有弯勾的"万"字形玉器，因为过于零碎，就扔掉了。根据以后的发现，这件"万"字形玉器，多半是一件勾云形玉佩。几天后由建平回到朝阳，又从朝阳博物馆的库房里找到一件过去收集的白色玉雕龙，这就是以后经常见著于刊物上的那件大玉雕龙，说也出在建平县。

至此，玉器的时代确定了，材料也收集了不少，时正值中国考古学会要在杭州召开第二次年会，馆里要我和孙守道参加。我和老孙商定，就将这次红山文化玉器的初步发现和研究成果向杭州考古学会提交。这篇论文虽然以器物考证为主，辅以考古发现，但当时手头有东山嘴和牛河梁发现的初步材料，我们是胸有成竹的。

由于红山文化玉龙的确定，这篇文章自然引出许多新鲜观点。特别是从龙的起源引申出文明起源。在这方面，我们注意到，这批玉器具有高度抽象化的特点，却在从大凌河流域到西拉木伦河流域的广大地区保持着很强的同一性。这种规范性现象，一定是有一个统一的思想在制约着人们，这应该就是"礼"的雏形。这些现象同东山嘴遗址的建筑址一样，都早已不是原始氏族社会所能拥有的了。于是在文章中明确提出了龙的起源与辽河流域的原始文明问题，并干脆将文章的题目就起名叫《论辽河流域的原始文明与龙的起源》。

一个龙的起源，一个文明起源，这是两个关系中国史前考古和上古史的大课题。当时，在学术界这还是十分敏感的，现在由地处偏远的山海关外的辽西一项考古发现去闯这个"禁区"，而且是以前很少有人碰过的5000年前的禁区深处，大家一时感到意外是完全可以理解的。虽然学会论文集没有将这篇文章收入，我们想还是把这批材料和研究成果尽快公布出去。于是将胡头沟和三星他拉玉龙的材料也整理出来，与提交学会的论文一并寄送《文物》杂志。因为不久后就有"燕山南北长城地带"学术会议的召开，从辽西的发现讨论文明起源，已渐有水到渠成之势，于是这篇文章终于在1984年第8期的《文物》上发表。同年8月，牛河梁遗址发掘正式开始，在第二地点发掘到一座墓葬，出土3件玉器，这次不是玉环一类，而是更为典型的两件玉雕龙和一件马蹄形玉箍，是这类玉器的第一次正式的出土。于是，红山文化玉器终于"一锤定音"。

回顾这一段红山文化玉器的探索过程，从寻找出土地点，到确定出土关系，再到反复验证，时间并不是很长，不过八年，却十分艰难。究其原因，我总结了两个方面：

一是红山文化玉器本身及其埋藏的一些特殊情况。红山文化墓葬一般不出陶器，尤其是出玉器的一些大中型墓，出陶器的机会更少。按通常的类型学一时很难判断墓葬及随葬玉器的年代。二是积石冢的结构具有很大的特殊性。按通常的地层叠压或打破的判断标准，在石头与石头之间运用起来有时也不那么得心应手。同时，晚期墓出过同类玉器，如夏家店下层文化和商文化，很容易干扰思路。

然而，最重要的一点，是对中国史前文化的发展水平估计不足，对红山文化发展水平的估计就更加不足。尤其是对古人思维观念复杂程度的认识，可以说更是所知甚少。长期以来，对中国史前文化的认识，就是它们的原始和单一：使用效率不那么高的石器砍树刨土，住在阴暗的半地穴的房子里，制作很粗糙简陋的艺术品等等，而红山文化是被作为受仰韶文化影响的一支边远文化来对待的，应较中原史前文化更为原始，以致玉器明明已在红山文化地层里出土，也疑虑重重。原来固定的思维模式居然能左右田野考古的实践。

苏秉琦先生说，发现了不等于认识了。红山文化玉器的研究过程，再一次证明了这一认识规律的真谛所在。

海内孤本

对于牛河梁遗址来说，玉器的确认仅仅是工作的开始，更大更重要的发现陆续在牛河梁遗址出现。那就是祭坛、女神庙和积石冢。简称为"坛庙冢"。

先说祭坛。红山文化的祭坛最初指的是东山嘴。东山嘴遗址的圆坛比较小，但保存比较完整，而且位置在南部中央。牛河梁则是冢间有坛。在第二地点和第五地点都有发现。其中第二地点的祭坛，编号为第三号单元，位在岗的顶部，与有中心大墓的第二号单元紧邻。这座坛处处都显示它的与众不同。坛的构成，不是积石冢大量使用的白色石灰岩，而是用一种红色的安山岩石砌筑，而且砌法也不是如积石冢石界墙那样的平砌法，而是并列的立石，有如石栅，又如环状列石，立石三圈，且层层高起，由外向内，使用的石块层层变小一个规格。我们做了局部解剖，没有发现任何墓葬的迹象，遂确定为坛。这座圆坛外圈直径 22 米，比东山嘴的要大得多，是一座更加名副其实的祭坛。

1992 年初，郑孝燮、于倬云、朱希元三位古建筑专家来牛河梁考察，在这座坛前久久伫立凝视，对坛的由外向内起三层台的做法，颇多感触。他们议论说，此前所知中国古建筑起三台的最早实例是燕下都，现在看来要提早两千多年了。不久，于倬云先生在一篇论述北京故宫建筑制度的文章中，称牛河梁这座圆坛的做法，为中国古建筑三台的"鼻祖"。

再说冢。冢就是墓葬。

红山文化从20世纪二三十年代发现以来，已有半个多世纪的历史了，但墓葬一直未有明确发现。红山文化墓葬是什么样子，也像其他史前文化那样的土坑墓，还是另有新制？在辽西地区工作的考古学家们苦苦追寻而不得。

牛河梁的发现证明，红山文化墓葬原来是积石冢。积石冢过去在辽东半岛的新石器时代晚期和青铜时代发现过，所以，对于长期在辽宁工作的我们来说，并不感到陌生。但牛河梁的积石冢，有石块砌筑的冢界，形状有方有圆，有双冢相叠相套，尤其是有封顶堆石和堆土压在墓上，结构和地层都较为特殊和复杂。

我们这次面临的，是与石头打交道，这还是头一回。尤其是在刚发掘不久，就发现石头与石头之间可能有叠压和打破关系，而且当时已意识到发掘后还有个如何复原保护的问题，于是从哪里下手，就成了很费脑筋的事，所以牛河梁遗址的发掘进度一直较为缓慢。在牛河梁工作过的各位都有这样的体会，与在石头上下的苦功夫相比，在积石冢中发现玉器的喜悦，只不过是一瞬间的事而已。也许有时我们过于谨慎，以至发生过把一个积石冢打开遇到难题就长期停工的情况，弄得苏秉琦先生也忍不住批评我了，说你们这是将病人推上手术台，剖开肚子，医生却干别的去了。

好在经过十多年的摸索，收获不小。不仅搞清了积石冢的选址、营造过程、形状变化、结构、组合关系、冢内墓葬的排列、等级差别以至积石冢的发掘程序等等，还最终确定了牛河梁的积石冢可以分早、晚两大期，同一个冢有时也有早晚之别。这对于认识整个牛河梁遗址群的形成过程和各山头上的积石冢彼此的关系，无疑是一次不小的突破。

不过，牛河梁"坛庙冢"组合中的主角是女神庙。

早在东山嘴发现后，我们就曾幻想，如果能发现一处完整的祭祀遗址就好了。因为东山嘴发现的盘腿正坐的陶塑像，就可能是被崇拜的偶像，而遗址也不时有草拌泥质的红烧土块发现，暗示出有"神居之所"。但牛河梁的发现仍然出人意料。因为它虽然规模不大，内容却太丰富多彩了。

经试掘，庙的平面出来了，南北长 25 米，东西最宽处 9 米，最窄处仅 2 米。这是一个由主室、左右侧室、北室、南三室连为一体的多室布局，主体建筑的南部还有一个附属的单室。这比以前所知史前时期的房屋，包括双间或多间式房址要复杂得多。庙为半地穴式，从炭化的木柱、被烧流的陶器分析，这座庙是被一场大火烧毁的。庙的上部已全部倒塌，现保存的是庙的地下部分。

我们仅动了一下庙的表面，出土物就令人眼花缭乱：仿木的建筑构件，横置的仿方木，立置的仿圆木，还有壁画和陶祭器。陶祭器果然不同于常见的生活用陶器。其中有一种器盖，如倒置的陶豆，制作得十分精致，盖面镂刻长孔五组，是一件熏炉的器盖；还有一件彩陶大器，腹有多组镂孔，壁厚达 1.5~2 厘米，推测腹径在 1 米以上，堪称"彩陶王"。它们的出现，不禁让人可以感受一下当年庙里烟雾缭绕的神秘而庄严的气氛。当然，最后确认为庙，还是由于一些人像和动物塑像的发现。

先是在庙的西侧室，发现了相当于真人两倍大的塑件，拼凑起来，是一尊盘腿正坐的神像；接着又在庙的主室中央，发现了一件残耳和一个残鼻，它们的大小竟然相当于真人的三倍；而相当于真人原大的塑件，则散布于主室和南单室的各处。据此我们推测，这座庙里供奉的神像，不是一尊，也不是几尊，而是一个组合，且有主有次，是围绕主神的群神崇拜。

女神庙的发掘最值得回忆的，是女神头像的发现。因为当时我们的想法是，这座庙里各种类别的堆积都十分丰富，是有可能进行科学复原的，而复原的关键部分，在于塑像。而塑像的复原，一在位置，一在姿态，一在表情。位置和姿态都可有参照，表情则完全是个性化的，每一个可能都不一样。然而已出土的所有人像都是甚为残碎的耳、鼻、手、臂，甚至是单个的眼球，还可能有能看出面容的人像留给我们吗？大家在盼望着。

那是 1983 年的 11 月 2 日上午。初冬的辽西山区分外安静，女神庙遗址工地上只听到小铲刮土清晰而有质感的声音。突然一阵骚动，原来露出一个圆圆的塑件。可能是人头！在场的人几乎都意识到这一点，大家的心情都有些迫不及待了，操作却要更加小心翼翼。终于，一个完整的人头塑像露出来了。她仰面朝天，双目圆睁，似乎早已在等待着与5000年后的子孙们见面。于是大家一齐围了上去。摄影师李振石及时抓拍了这一场面。照片以"五千年后的历史性会见"为题，参加了当年省旅游摄影展，并以"题材具有历史的厚重感"而获得一等奖。

这尊女神头像出土的位置在女神庙主室的西侧。头像存高22.5厘米，正好相当于真人原大。为高浮雕式，从贴在墙上的背部断面看，是以竖立的木柱作支架进行塑造的，这同中国传统泥塑技法完全相同。面部呈鲜红色，唇部涂朱，为方圆形扁脸，颧骨突起，眼斜立，鼻梁低而短，圆鼻头，上唇长而薄，这些都具有蒙古人种特征。头像额部隆起，额面陡直，耳较小而纤细，面部表面圆润，面颊丰满，下颌尖圆，又深富女性特征。

这尊头像最令人回味的，是她的艺术表现技法。既极度写实，各部位比例适当，又有相当丰富而微妙的表情流露。上唇外呲富于动感，嘴角圆而上翘，唇缘肌肉掀动欲语，面颊则随嘴部的掀动而起伏变化，具有很强的节奏感和神秘感。尤其是眼球的处理，在眼眶内深深嵌入圆形玉片为睛，使得女神头像在刚出露的一瞬间，那炯炯发光的眼神，便一下子迸发出夺目的光彩，真是神来之笔。

整个头像的塑造，在写实的基础上适当夸大，把传神、表情、动态融为一体，达到了追求人的精神状态和内在情感的艺术效果。我们曾邀请鲁迅美术学院雕塑系的一位老师到现场为女神头像做个模型，他按常例做了准备。当他看到标本时，一时有些为难。因为这尊女神像表情很有动感，却已凝固于一瞬间，这比为活生生的人塑像更难，差一点都不会像。所以花了比预计要长得多的时间才完成任务。

发现是极其重要的，但更重要的是思考和消化。怎么估计这次发现的意义呢？

从东山嘴到牛河梁，我们面对的是一群又一群与宗教祭祀有关的考古材料。祭祀是中国古代的大事，所谓"国之大事，唯祀与戎"，但过去考古发现甚少，史前祭祀遗迹的发现就更少。当时只知道甘肃省何家庄齐家文化墓地曾发现过一个石圆圈状遗迹，被公认为史前祭祀址，但材料比较单薄，这方面的研究文章也很难找得到。至于女神雕像，从旧石器时代晚期起，就在欧亚大陆各地广泛出现了。被称作大地母神的女神像，象征着生育，也象征大地和收获，作为一个群体和民族生命力、延续力的体现，受到原始先民们的广泛崇拜，被称为"维纳斯女神"。

中国古代宗教祭祀的主要方式是祖先崇拜，但从未发现过偶像，于是一般认为，中国古代的人物塑像并不发达，是以牌位作为崇拜对象的。至于宗庙遗迹，安阳和周原都发现了有关的建筑基址，但都无法最后确定其功能。所以，我们当时面对的，是一批完全陌生又找不到多少参考材料的石头与"泥巴"。不过，找不到对比材料也有好处，我们可以展开想象的翅膀，不受拘束地去思考。

记得女神头像发现的当天，在住地马家沟村老乡家中就看到一个很受启发的材料。那是一张糊在屋顶上的旧报纸。辽西农村家里都有将报纸糊在墙壁上的习惯。每年一次，所以使用的大都是隔年或当年的报纸。我们把女神头像"请"回屋那天，我抬头看到天棚上有一张《辽宁日报》，时间是1983年7月5日，上面刊登了新华社北京7月4日的一条消息，内容是介绍一首歌在纽约华人中演唱时引起很大反响的事，歌名叫《我们拥有个名字叫中国》，作者叶佳修，由潘安邦演唱。这首歌后来又由香港歌手张明敏在内地演唱，很快在内地流传开来，不过当时至少对我来说还是很陌生的。报道引用了歌词中的一段，用在我们发现的泥塑女神头像，也非常贴切。

歌词是这样写的：

> 一把黄土，塑成千万个你我，静脉是长城，动脉是黄河，五千年的文化是生生不息的脉搏；提醒你，提醒我，我们拥有个名字叫中国。

嘿！它就像是专为我们的女神像做的一个注解。原来，我们的发现绝不仅仅是一件黄土塑成的艺术品，她与中华民族、中华文化的起源是息息相关的。

看来，要给牛河梁遗址和女神庙以及这尊女神像一个准确的定位，还不是一件容易的事。消息再一次传到北京。严文明先生说这"可能是最古的庙"。苏秉琦先生则一再强调，坛、庙、冢是配套的，这有点近似于北京明清时期的天坛、太庙与明十三陵。是"海内孤本"。苏先生还说，过去是"考古不出关"，现在是"山海关不是关"。已在思考"文明是由'野蛮'的新石器时代的人创造出来"的夏鼐先生，先看到女神头像照片，1985 年 3 月在北大举行的中国考古学会第五次年会期间又得知女神庙和积石冢的碳十四测定数据都在 5000 年前，于是当场建议，中国考古学会第六次年会在沈阳召开，他要出关。

在女神的怀抱里

在尽情地享受了丰收的喜悦之后，我们面临的是繁重的保护任务。

考古发掘后遗址回填，这是天经地义的做法，现在提出要就地保护，这确实是一个新课题。我们的保护意识是从东山嘴遗址开始的。1983 年东山嘴遗址现场会决定了露天保护的原则，在国家文物局黄景略等先生的支持下，将遗址所在的耕地征了过来，在遗址周围植了侧柏树。为了保证树木的成活，用三年的时间拉水上山。现在东山嘴遗址已被黑油油的一片林带围了起来，当地老乡称赞我们为当地办了一件好事，也增强了当地群众保护遗址和环境的积极性。东山嘴的实验，证明这是一条保护大遗址的有效路子。

但牛河梁要比东山嘴大得多。牛河梁遗址不是一个点，也不是几个点，而是分布于 50 平方千米范围内的规模宏大的遗址群。在这样大的范围内，除了村落和耕地，没有其他建筑，山上 20 世纪 50 年代种植的松树已成林带。而且诸遗址点选址都在山岗的高处，居民点都在河旁低处，所以，原始环境风貌得以保持。1995 年前来工地参加遗址总体规划论证的建筑历史专家傅熹年先生称牛河梁遗址的环境是"干干净净"。

这样一个大的遗址群，要保护是没有问题的，尽快批准为省级文物保护单位和国家级文物保护单位也是没有问题的。问题在于保护的力度。按通常标准，把已明确的女神庙及周围第二、三、四、五号积石冢作为重点保护对象，先行保护下来，其余划作建筑控制地带就可以了。为此，我们根据东山嘴遗址的保护经验，对重点遗址采取了征地保护的办法。但在划建设控制地带时却出现了难题。牛河梁如此重要，遗址之间又可能互有联系，根据不足的一划，就会把遗址群割裂开来。似乎还不能"照此办理"。

当时围绕牛河梁遗址的发现，一场关于中国文明起源的讨论已经展开，对红山文化的新发现，是不是已进入文明时代，出现争论。过去因学术争论影响保护决策的许多教训使我警觉，牛河梁遗址的保护不能等，不然就会重蹈覆辙，也不能降低保护力度。但如何体现牛河梁的保护力度呢？

又是苏秉琦先生送来了及时雨。那一阶段，我隔三岔五就向苏秉琦先生汇报工作进度和新的发现，苏秉琦先生也常有回信。

在 1983 年 12 月 26 日的一封信中，他要我们将诸多遗址联系起来，从三县交界的更大范围考虑问题，提出："'祭坛'（东山嘴）（当时牛河梁的祭坛还没有确定——笔者注）、商周青铜器窖藏坑（六处）、牛河梁积石冢、'神庙'要联系一起（"联系"二字下有重点号——笔者注），同时，每一现象都不应以它自身当作它的范围（"自身"二字下有重点号——笔者注），应把它们之间现在看来还没有发现什么线索的'白地'都视作重要范围（"它们之间"与"白地"下都有重点号——笔者注）。而且，在此范围之外附近有无较重要遗址墓地？要把问题提到上下几千年，这个地区的社会、民族文化史角度，不能就事论事，挖出什么讨论什么，必须先有个大问题放在心里（"大问题"下有重点号——笔者注）。"

读了苏先生的信，我当时的第一感觉是，他提出了大遗址保护的一个引人注意的新观点，那就是"白地也是保护范围"。这就是说，不仅要把各遗址点本身作为保护对象，而且各遗址点之间的空地，也要先视为未发现地，作为保护范围。仅仅将其作为建设控制地带，是忽视了牛河梁作为一个整体的价值。

1986 年 6 月 30 日，辽宁省人民政府第 169 次省长办公会议在林声副省长建议下，特意安排了辽宁省三大考古发现（除牛河梁外，还有金牛山旧石器时代早期洞穴遗址和姜女石秦宫遗址）的议程，会议顺利地通过了将牛河梁 50 平方千米的范围作为一个整体进行保护，全部公布为保护范围。这在全国的诸多遗址中，也是划得比较大的保护范围吧。

从随后几年的调查和发现得知，牛河梁遗址不仅规模大，而且各遗址的分布不是随意而为的，而是有较为严格的选址意识和分布格局。各遗址之间，可以互望。女神庙位于主梁梁顶，是所有遗址中最高的一处，四周有积石冢环绕，向南远眺，收入眼内的是形如猪（或熊）首的木栏山。当时女神庙的选址，肯定是考虑了这座神山的存在。真是"猪（熊）山无意，女神有情"。

最后要说说我们的牛河梁考古工作站。这是我觉得最得意的一件事。虽然盖房子打井我完全是外行，但在牛河梁建工作站，我应该有点发言权，因为这里是我们的一个"家"。

的确，在建牛河梁考古工作站这件事上，我和我的同事们是动了很多脑子，下了很多功夫的。经费不能不是问题，但更主要的，是个观念和指导思想问题。考古人的"家"应该是什么样子？在这里，有条件实现我们的理想。

说起建考古工作站，是20世纪50年代适应工作需要由中国科学院考古研究所首先在西安和洛阳建立的，继而建站的有地下文物丰富的河南省。辽宁考古的工作量不能与中原各省相比，要不要也建工作站，这是首先摆出来的问题。

牛河梁遗址从1983年秋季开始正式发掘，到1984年夏，已发掘到一批珍贵玉器，女神庙也已确定，还调查到一批遗址点。这里的工作肯定不是一年两年，也不是几年能干完的，正如我们的技术顾问王予先生在英国访问时回答朋友们关于牛河梁遗址是不是已经挖完了的问题时所说，牛河梁遗址就像一张大馅饼，现在刚刚咬了一口。确实，女神庙还没正式发掘，第十三地点巨型土石建筑址的性质还没搞清，近20处积石冢，也仅仅挖了4处；整个遗址群范围内外，还没有进行详细的普查；已发现的古道线索暗示各遗址间有路相联系；还有诸如用了那么多石头作建筑材料，采石场在哪里，那么多玉器和陶器，玉作坊和陶作坊在哪里等问题也都还没有解决。更多的发掘研究任务和更重要的发现，还在等待着大家。而且发掘后还有保护、开放问题，这是几代人的事，建工作站已是必然。

在1983年的朝阳会上，苏秉琦先生就已建议过，朝阳地区在历史上地位重要，考古成果正越积累越多，现在工作需要，条件也较成熟，应在朝阳找一个点作基地。牛河梁遗址发掘开始初有成果后，他又建议我们要有长期打算，建立一个发掘、科研、教学三结合的考古基地。看来工作站不仅要建，而且规模还不能小，规格也不能低。

接着是选址。在哪里建？

参考各地所建工作站，有建在遗址所属城市内的，也有建在遗址附近村内的。牛河梁遗址范围很大，但都是山区。选点首先是距离各个遗址点的距离，方便于发掘和对各遗址点的照顾。最后确定的选址原则是：自立单元，不在村内，但与村子距离不远。既有独立性，不会相互干扰，又可相互照顾。当然，离水源近，离交通干线近，也都在考虑之列。最后选定了现在的地点。工作站占地2公顷，建筑是具辽西和承德地区特点的院落式砖瓦房。

1985年秋，当我们从老乡家搬进工作站后，除了感觉工作站环境幽静，空气清新，夏季凉爽，适于思考讨论问题和研究写作甚至激发灵感以外，一个突出的感受是，这里虽地处辽西山区深处，却并不寂寞。遗址群间有京沈公路和锦承铁路通过。车鸣声渐行渐近，渐行渐远，在山谷间回响散开，并不嘈杂，却会把人的思维带向远方，给人以静中有动、偏远但不闭塞的感觉；还有黄土与绿树的景观对比，古代繁荣与现代贫瘠的历史反差，处处都体现了矛盾的对立统一。这是一块充满生命的土地，是大自然的恩赐，也是祖先的创造。

也许是"身在福中不知福"吧，前来参观的客人们还有比我们更深的体会。一天，孙守道先生上山陪中央美术学院的靳之林先生参观后对我和朱达（工作站站长）说，靳先生对我们工作站的选址大加赞赏，说我们的工作站是"建在女神的怀抱里"。这是个很有诗意的体会。我也赶紧上山再去观察一下，果然同以往的感受不同。工作站背靠的山梁松林密布，满眼尽绿，山梁尽处就是女神庙所在，工作站正环绕于周围葱绿的山岗之间。说我们的工作站在女神的怀抱里，不仅富于想象，还十分贴切。以后，我每每把这"捡"来的感受讲给前来遗址考察的客人们听，大家似乎也受到感染，总愿意在这说是高雅其实简陋的站里住上一晚，夜半仰望星空闪烁，晨曦聆听鸟鸣犬叫，临别时写下赞美祖先业绩的话语。我们在小小山村间设计的这个"杰作"，竟给海内外的朋友们留下不尽的回味。

1986年9月，我们在初具规模的工作站接待了参加中国考古学会第六次年会的近百名师友。虽然在座谈中对牛河梁遗址与中国文明起源的关系看法不一，但看到满屋里到满院子堆放的泥质红陶和彩陶片，大家对牛河梁遗址的年代都深信不疑。次年的9月12日，苏秉琦先生终于来到牛河梁。他在工地住了三天。临行题词："红山文化坛庙冢，中华文明一象

征。"他曾仔细观摩过女神头像标
本，印象颇深，所以几年后他说
过，女神像是仿照真人塑造的，
她"是红山人的女祖，也就是中
华民族的共祖"（图一一）。

图一一　苏秉琦先生观摩女神头像
（1987 年 9 月 13 日在牛河梁考古工作站）

可惜的是，张光直先生最终没
能来到牛河梁考察。也是在 1987
年，正在吉林大学讲学的张先生已
做好来牛河梁的准备，不料行前偶
染风寒，只得直接回北京。为此，他给我写了一封信，表达了他希望以后
再来的愿望。从他 1986 年版的《中国古代考古学》大量引用刚刚发表的东
山嘴、胡头沟的考古新材料和 1993 年他在为此书中文版出版所写的序中称
牛河梁的发现是"中国新石器时代最重要的宗教性的一个遗址"来看，他
是很重视这一发现并很想到辽宁和牛河梁考察的。我还有一个猜想，张光
直先生将西方文明与以中国为代表的东方文明的不同，概括为"破裂性文
明"和"连续性文明"，认为西方文明侧重于发展技术、改造自然，东方文
明则以通神取得政治权力、与自然和谐沟通为特征，并以为后者在世界历
史的发展中更具普遍性。这一观点正在得到越来越多的考古发现，特别是
史前时期考古发现的支持，牛河梁发现的红山文化祭坛、女神庙、积石冢
群和以动物题材为主的玉礼器，就是其中一个典型例证。如果张先生那年
能亲临工地，不仅会对我们的工作有很大帮助，而且亲身感受一下这个遗
址人文景观与自然景观巧妙结合所透露出的那种神秘而又神圣的气氛，可
能会使他对中国文明起源的道路和特点有更多新的论述。

看来，丰收和欢乐总伴随着遗憾，牛河梁这块"圣地"也不能例外。

探索古辽西，是艰苦的，也是诱人的。由于多部门的参与和协作，这
几年辽西考古的步伐在明显加速。我现在虽然参加实践的机会少了，但新
材料新问题仍催我深思。从辽西看东北和东北亚，辽西背后有着极为广阔
的腹地；从辽西看全国，辽西与环太湖流域形成一北一南的两大玉文化中
心，又是东北与中原文化交汇的前沿。东北、中原和东南沿海，这是距今
四五千年前后在中华大地上鼎立的三个大区，它们分别以筒形罐、尖底瓶

和彩陶、鼎为主要考古文化特征，个性突出，却并未分道扬镳，而是在频繁交汇中向一起聚集，实现了"文化认同"，即"共识的中国"，从而为中华文化、中华文明和中华国家奠定了第一块基石。我自以为，这个想法可能更接近于探索古辽西的初衷。

（《探索古辽西》，《考古人和他们的故事·1》，学苑出版社，2006年）

我写《探索古辽西》

写考古普及读物，是同行们的一个情结。近些年大家在这方面做过不少努力，并取得显著成果。我也有过同样的尝试。这次应学苑出版社之邀写考古人的故事，体会又多了一些。这里主要想谈点如何在讲述那些难忘的故事时，更多体现一点学术研究历程的问题。

考古界经常流传的一句关于衡量考古发现重要性标准的名言，是说重要的不是挖到什么，而是怎么挖到的。这当然主要是指在发掘中有没有严格遵守田野考古规程，地层如何把握，其实也应该包括在考古实践中认识是如何不断提高不断深化的。后者可能更为重要。因为发掘就是研究。而且在田野考古调查和发掘的第一线，时时都会有新的实践机会，天天都会有新的体会，问题在于能不能不断提高认识，更在于能不能做到不断以新的认识指导田野实践。这里有个实践——认识——再实践——再认识的反复过程。这反映了认识论的一般规律，也是科学研究的普遍规律。因为这个反复实践和反复认识过程，往往就是思想火花迸发之时，它们的积累、整理、加工，经常会在实践者脑海里形成规律性的认识，那可能就会引发认识上的飞跃和研究的突破。而在实践中观点的形成过程和理论指导实践过程，正是学科史的主要内容。考古学尤为如此。

然而这一反复实践和反复认识过程在编写考古发掘报告和撰写论文时并不能得到全面反映，因为前者强调的是对资料的全面、客观介绍，后者则要求围绕观点进行材料的组织和展开分析，它们往往都是综合性的，甚至将多次认识作一次性的表述。从这一点来说，《中国文物报》报社和学苑出版社策划的《考古人的故事》，为挖掘和保存考古学科史中这项"活"的内容，提供了一个理想的阵地。

我在写作时特别注重这个反复认识过程的原因还在于，我所工作的辽西地区，20 世纪 70 年代以前的考古资料积累较少，就新石器时代和青铜时代考古来说，文献记载也少，长期以来被视为中原文化影响下的次生文化地区。认识到这一地区是文化的生长点，有自身的文化发展序列，而且是大体与中原地区同步发展，在某些重要历史阶段还可能走在前面，这已远不只是一项或几项考古发现所能提出和解决的问题，而主要是在不断实践和反复认识过程中实现观念转变的。为此，我选择了 20 世纪 70 年代末到 80 年代这近十年时间内新石器时代、早期青铜时代和商周时期的考古实践来叙述这一转变过程。如果说魏营子类型尚属区域性的问题，夏家店下层文化则已涉及夏代的东北地区以及商文化起源等全局性问题了。至于红山文化的考古新发现包括红山文化玉器的确认，涉及中华文化起源与文明起源，就更为大家所关注。在这方面，我的体会正如在书中所述，发现了不等于认识了。认识的反复过程可能更为艰巨甚至是一个痛苦的过程。有幸的是，这一时期正是中国考古学在理论上取得突破的时期，由苏秉琦先生倡导的考古工地现场小型座谈会，有几次就是以辽西考古资料为主或就是在辽西地区召开的。这些会议于我对辽西古文化的探索产生的影响是多方面的，其中在考古方法论上的提高，主要表现为认识不断由偶然性向必然性靠近的过程。与此有关的想法是，面对越来越多的考古发现，不知有多少资料堆放在库房甚至遗留（弃）在考古发掘现场而不能解释，主要是对那些发现和文物资料背后所反映的古人的思维观念一时理解不了。我觉得，在大多数情况下，我们只要能做到"接近古人"，与古人的想法缩短距离，就是很有成就的了，仅此就需要在理论和方法上的不断创新，至少可以尽量避免越研究离题越远的偏向。

（原载于《中国文物报》2006 年 10 月 18 日）

红山文化玉器发现史的一段回忆

——记与王梅生先生的交往

王梅生先生最近将他收藏的玉器集结准备出版，邀我写点什么，遂回忆起同王先生结识、交往二十余年的愉快经历。

说起来，我同王先生还是因红山文化结缘。那是 1993 年夏在内蒙古赤峰市举办的"中国北方古代文化国际学术研讨会"上，王先生提交了一篇有关红山文化玉器发现与研究史的论文——《1980 年前欧美所藏红山玉器》。此前，我于 1983 年从正在美国做访问学者的俞伟超先生给我的一封信中了解到，哈佛大学福格博物馆收藏有一件斜口筒形玉器。对红山文化玉器的其他海外收藏，只是从我当时能看到的两篇文章中有所了解，一是美国学者江伊莉（Elizabeth Childs‐Johnson）教授于 1991 年在法文杂志《亚洲美术——吉美博物馆亚洲美术年刊》上刊载的《红山文化玉器——龙与丰收祭仪》（1992 年初作者赠我抽印本。文中收入海外红山文化玉器藏品3 件：法国巴黎吉美美术馆收藏的玉雕龙，美国哈瑞收藏后捐华盛顿沙可乐博物馆的勾云形玉器和芝加哥美术馆收藏的玉璧），一是 1992 年 9 月出版的《故宫文物月刊》第 114 期刊载的邓淑苹研究员《龙兮？凤兮？——由两件新公布的红山文化玉器谈起》一文中对沙可乐博物馆那件勾云形玉器的研究，邓文还介绍了哈瑞（Erwin Harris）先生捐赠这件勾云形玉器的一些具体情况。对其他海外收藏，只是听说一点大概。王先生这篇文章将欧美各地博物馆从 20 世纪初到 80 年代前收藏的红山文化玉器藏品分五类共 17 件，简明扼要地介绍了这批海外早期著录的红山文化玉器的名称、图像、收藏单位或收藏人、编号及断代、尺寸、著录和出版时间。这篇文章虽然篇幅不大，但文章根据当时学术界的认识提出一些有针对性的观点：一是那次在赤峰开会和王先生撰写这篇文章的 20 世纪 90 年代初，经正式考古发掘的红山文化玉器公布已近十年，正是红山玉器被大量仿制和这些仿制品在社会上迅速流传时期，所以王先生在文章的标题上特意写明海外这些收藏品是 "1980 年前"；二是将收藏单位和研究者早年对收藏品的断代标出，虽然大多数都将年代定为殷商甚至更晚，是因为 "老一辈学者，无论中外，都不能想象在传说的黄帝、尧、舜时代以前的上古玉工能够做出此等繁复微妙的造型"，但也 "确有极少数具有灼见的学者认为其中有些是属于新石器时代的"；三是收藏和著录时代多为 20 世纪六七十年代，还有 20 世纪二三十年代的，特别引人注目的，是列入 "发箍" 类的一件斜口筒形玉器，这件斜口筒形玉器于 1936 年发表于斯坦利·查理斯·诺特（Stanley Charles Nott）《各时代的中国玉器》（图版 XV 下），但王先生注明可参考收藏人巴尔（A. W. Bahr）于 1911 年在伦敦出版的《中国古代瓷器和艺术品》一书，此书所收文物是巴尔氏将他于 1908 年在上海举办的美术展览会上展出的 3000 件陈列品中选编出来的，共 120 幅，这件红山文化斜口筒形玉器未收入此书中，但可能在这次展览会上展出过。这样，王先生就提供了可能是著录和问世年代最早的红山文化玉器的线索。

以上可见，王先生这篇文章是研究红山文化玉器研究史很重要的一篇文献。可惜的是，那次赤峰会在编辑和两年后在文史出版社出版论文集时，可能由于时间仓促或与海外联系不畅的缘故，未能将王先生的这篇重要文章收入。不过，随着此后红山文化发现和研究的深入，主要是从 20 世纪 80 年代中期开始由辽宁东山嘴和牛河梁红山文化坛庙冢遗址的考古新发现而引发的中华五千年文明起源的热烈讨论，到 20 世纪 90 年代中期转而对该考古学文化基础研究的冷静思考，红山文化玉器的发现和研究史是其中一个重要研究题目，王先生这篇文章自然又引起关注。吉林大学考古学系吕军教授有《红山文化玉器研究》[1] 一文，在谈到红山文化玉器海外收藏情况时，就是以王先生那篇未及发表的文章为主要依据的。我因为编写《红山

---

[1]　刊于吉林大学考古系编：《青果集——吉林大学考古系建系十周年纪念文集》，知识出版社，1998 年。

文化》一书，涉及红山文化玉器早年在海外收藏和研究的情况，也曾向王先生索要那次赤峰会的原稿，王先生在寄来原稿复印件的同时，还附上几件重要标本原著录的文字说明，并再次提醒我留意当年已有有识者推断其中可能有属于新石器时代的，如现大英博物馆收藏的玉鸟。此件玉鸟为塞利格曼（Seligman Bequest）遗赠，发表于 1968 年，韩复思（Howard Hansford）于 1966 年 10 月作序，提到这件玉鸟属新石器时代。大约同时，邓淑苹研究员于 1998 年在《故宫文物月刊》发表《论红山式玉器》一文，对海外收藏红山文化玉器有更为全面、系统和翔实的介绍和研究（文章分为八类，统计约 23 件，16 件发表了图像）。我也有机会于 2000 年在美国访问和此后赴英国、法国探亲和旅游期间，在旧金山美术馆、芝加哥美术馆、华盛顿弗利尔美术馆、伦敦大英博物馆、巴黎吉美美术馆观摩到这些著录藏品的部分实物。因为先有王先生和邓先生的文章，后看到这些标本就有一见如故的亲切之感。此后介绍和研究海外收藏的这些红山文化玉器的文章和图录渐多了起来，但都大致不出王先生和邓先生文章中所提到的内容。

通过亲身经历这段时间不长，却关注点不断的对海外收藏红山文化玉器重新研究过程，我对王先生做学问既严肃认真又别具一格的学风有了较为深入的认识，也加深了我们之间的了解。

在对红山文化玉器的收藏和研究中，玉人是又一个受到关注但有争议的内容。因为人的形象在物质文化史研究中是排在首位的文化因素，而中国史前人体雕塑题材一直发现甚少，红山文化多种类型的泥塑和陶塑人像的发现大大改变了这种状况，玉器造型则已发现有各类动物，当然也应该有人的题材。王先生在本书前言中讲到他二十多年以来收藏、研究红山文化玉人的生动故事。我的接触和回忆是，1990 年霍玺（Angus Forsyth）先生在 Orientations 著文，将海外博物馆收藏的玉人资料集中发表以后，我和同行们都很关注，《辽海文物学刊》1996 年第 2 期刊有霍文的中文译文。以后孙守道先生又发表了他研究北京故宫博物院于 20 世纪 60 年代收藏的一件玉人的考证文章（刊于《中国文物世界》1998 年第 11 期）。对这些玉人标本是否属于红山文化，我在很长一段时间持半信半疑的态度，理由除了这类玉人无正式发掘出土材料证明以外，主要是觉得已发现的红山文化泥（陶）塑人像，无论体量大小，都是十分讲究写实的，并在写实基础上予以神化，而海内外收藏的这几件玉人都在不同程度上有点怪异。邓淑苹先生在《谈谈红山系玉器》一文中分析这几件传世玉人可能是戴有兽面具的形象，是合理的解释。但 2003 年在牛河梁第十六地点有玉人正式发掘出土，这件玉人的姿势和神态与各博物馆收藏的几件，在风格上完全不同，所以仍未解开我对这几件传世玉人的疑团。在这几件传世玉人中，剑桥大学费芝威廉姆博物馆收藏的一件玉人又与众不同。这件玉器曾发表于韩复思《中国古代玉雕》中（图五九，1968 年），时代定为公元前 3 世纪（战国），具楚国风格，馆内部资料定为危地马拉和洪都拉斯地区的玛雅文化。红山文化玉器确认后，多倾向于这件玉人也应属于红山文化，孙守道先生还辨认出其为人熊合体，如是，那这件玉人的文化内涵就更为深厚。就此，王先生多次同我交换意见，谈到他在海外博物馆看到有关玉人实物标本的体会，其中就包括剑桥大学这件玉人，并一再鼓励我一定找机会去观摩一下实物。2010 年，我终于利用在伦敦探亲机会，在女儿陪同下到访剑桥大学费芝威廉姆博物馆，负责人林政昇博士已预先从陈列柜中将标本取出供我们观摩。由于此前台南艺术大学黄翠梅、叶贵玉两位教授已提出红山玉与良渚玉在选料上有河磨玉料和山料的区别，我们在编写牛河梁遗址发掘报告过程中也积累了对红山文化玉器选河磨玉为主料的新认识，看到这件玉熊人淡绿泛黄的本色上间大块红褐色瑕斑的质地，右上臂外侧还遗有一处原玉料的自然凹坑，明显是选用一块河磨玉雕刻的，确是红山文化玉器选料的特征，玉人倚坐式的姿态同于东山嘴陶塑孕妇小像和其他红山文化人像雕像，也是这类玉人属红山文化的又一重要证据，可确认剑桥大学收藏的这件玉熊人为红山文化玉器。杨建芳先生在研究凌家滩龙虎首玉璜时有一个观点，他认为，两种动物组合题材的玉器过去以为是商周时期才出现的作品，现在 5000 年前出现，是玉雕艺术"超前性"的表现，红山文化玉器中已有多件两种动物组合的玉器发现，而这件人熊合体的玉雕件，已非动物组合而是人兽合体，而且是表现曲度甚大的坐姿的圆雕作品，雕造技法要求更高。能在海外观摩到红山文化玉器中如此罕见的精品，真是多亏了王先生给我的建议和鼓励。至于这件人熊合体玉器的功能，是崇拜对象即祖先神，还是祭祀使者即巫人，是需要进一步探讨的问题。

在同王先生的交往中，经常听他谈起他在古文字考证方面的心得和研究成果。我在这方面缺少专门研究，但对王先生以古文物为依据，以文物与古文的比较并结合古今常见的社会事态、生活习俗等对古文字进行释读的方法颇为感服。王先生在他准备出版的收藏玉器大作中对上述蹲踞式玉人的详细考证，是将这些玉人作为祭祀对象，与古文字中的帝喾或帝俊的象形字相联系的，虽然论述的是商族高祖等大课题，引用、评议的是王国维等大学者，但以考古文物为前提的观点是可备一说的。由此联想到苏秉琦先生从距今四五千年之交由仰韶文化末期尖底瓶和鬶鬲等三袋足陶器起源的实物标本，与甲骨卜辞中干支系统"酉"（ ）和"丙"（ ）的象形字之间，在时代特征上惟妙惟肖的内在联系，推测"象形字的创造者只能是模仿他们亲眼看到、生活中实际使用的器物形态。因此，甲骨文实物虽出自晚期商代人们之手，它们却为我们留下中国文字初创时期的物证"。这与王先生的研究方法是相近的。这种以考古资料解读古文字的方法已引起古文研究学者的关注和肯定①。由此我还与王先生就古文物所包含的深刻而多彩的思想内涵多次交换意见。

　　从我同王先生最近的通话中感到，王先生虽然已进入耄耋之年，仍以他独到的思维，丰富的阅历，广博的涉猎，对中国古代历史文化不断有新的体会和成果，依我的切身体会，获得新研究成果后的愉悦心情是最能康健体魄的。愿与王梅生先生共勉。

（2015 年 3 月 15 日写于沈阳）

---

① 参见葛英会：《筹策、八卦、结绳与文字起源》，北京大学中国考古学研究中心等编《古代文明》第 170 页，文物出版社，2003 年。

千禧年说万年龙

——从龙的起源谈起

龙的题目甚多，以龙的起源最引人注意。因为据最新考古成果，龙的起源已可追溯到距今近万年。

追溯万年的龙

过去考古发现的龙，以商代青铜器上的龙纹为最早，但商代龙已很成熟，追溯更早的龙，是众所切盼的事。然而直到 20 世纪 80 年代初红山文化玉雕龙确认后，才将龙的起源提早到 5000 年前。

那是 20 世纪 70 年代初，在内蒙古自治区赤峰市翁牛特旗文化馆，考古学家们看到当地三星他拉村出土的一件大玉龙①。这件玉龙用墨绿色玉制成，长长的吻，梭形目，体盘卷如环，长鬃飘举，造型奇特，工艺精美，前所未见，一时疑为商代之物。不久，附近巴林右旗也收集到当地那斯台村出土的一件玉龙，形如玦，首部甚大，短耳圆睛，与三星他拉龙大同而有异②。其时，见到 20 世纪 30 年代著录、海内外著名博物馆和私人收藏的同类玉龙多件，一般都定在商周或更晚③。

破谜是在 20 世纪 70 年代末到 80 年代初辽西山区僻静的考古遗址中。1979 年，考古学家在辽宁省喀左县东山嘴红山文化遗址发掘到一件小型双

---

① 翁牛特旗文化馆：《翁牛特旗出土红山文化玉龙》，《文物》1984 年第 6 期。
② 孙守道：《红山文化玉龙考》，《文物》1984 年第 6 期。
③ 黄濬：《古玉图录初集》，1939 年。

龙首玉璜，龙首长吻，颇与三星他拉龙相近①。于是他们联想到，这些玉龙有可能是红山文化的吗？当这一消息在杭州召开的全国考古学会上报告时，学者们大都深感意外。不过四年后，终于在辽宁省建平县牛河梁红山文化遗址群第二号地点第 1 号冢 4 号墓发掘到 2 件出土位置明确的玉龙，它们一左一右，置于死者胸前，形状与那斯台龙几乎完全相同。于是，这些玉雕龙属于红山文化遂"一锤定音"②。

　　一条龙引出一串龙。原来早在半个多世纪以前的 1935 年，首次发掘红山文化遗址——赤峰红山后遗址时就已有龙的线索露头，那是在一件陶瓷残片上彩画的龙鳞纹，虽见身不见首，然其表现手法与商代青铜器上龙身上的鳞纹完全相同③；红山文化彩陶器上还有一种专以鳞纹作题材的彩陶图案；在牛河梁女神庙试掘时，也出土了泥塑的龙；于是可以确认，红山文化不仅有玉雕龙，而且有彩陶龙，还有泥塑龙，简直是一个龙世界。

　　事情显然并未到此为止。就在红山文化龙发现后不久，从中原地区到长江流域都有早期龙发现的消息传来，特别是河南省濮阳县发现的属于仰韶文化较早期的堆塑龙群，为蚌壳堆塑而成，且有龙有虎，有的形象已近于后世的龙④。虽一时对此龙众说纷纭，但其年代显然较红山文化龙为早，而且仰韶文化半坡类型彩陶瓶上也辨认出龙的雏形。那么，龙的起源地到底在哪里呢？

　　不久辽西地区又有了新线索。还是在内蒙古自治区赤峰市，在该市东部的敖汉旗小山遗址，发现一件属于赵宝沟文化的陶尊。这件陶尊腹部满布刻划的龙纹，龙非一条，可辨认出的 3 条，一为鹰首，一为鹿首，一为野猪首，形体则都如蛇状盘卷，线条极为流畅，构图极其奇特，它们似一幅

① 郭大顺、张克举：《辽宁省喀左县东山咀红山文化建筑遗址发掘简报》，《文物》1984 年第 11 期。

② 辽宁省文物考古研究所：《辽宁牛河梁红山文化女神庙与积石冢群发掘简报》，《文物》1986 年第 8 期。

③ ［日］滨田耕作、水野清一：《赤峰红山后——热河省赤峰红山后先史遗迹》，《东方考古学丛刊》甲种第 6 册，东亚考古学会，1938 年。中国社会科学院考古研究所内蒙古工作队：《赤峰蜘蛛山遗址的发掘》，《考古学报》1979 年第 2 期。

④ 濮阳市文物管理委员会：《河南濮阳西水坡遗址发掘简报》，《文物》1988 年第 3 期。相近发现可参考：《黄梅发现新石器时代卵石摆塑巨龙》，《中国文物报》1993 年 8 月 22 日。中国社会科学院考古研究所：《宝鸡北首岭》图八六－1，彩版二－2、3，文物出版社，1983 年。

透视画，表达的已是群龙在天空遨游的意境。赵宝沟文化的年代在 6000 年前，时间与濮阳龙同时或稍早①。看来问题又回到红山文化发源地。由于小山龙也相当成熟，它的发现不仅为红山文化发达的龙题材找到了来源，而且激励考古学家继续在当地向前追溯。

功夫不负有心人。在辽西和内蒙古自治区东南部，近些年确认了一种比红山文化和赵宝沟文化更早的新石器时代文化——查海—兴隆洼文化，这种文化的年代可以早到 8000 年前。就是在这类文化中，也已有龙的线索露头。先是在查海遗址出土的筒形陶罐上，发现一种浮雕式的动物形象，它们有的似蛙，有的似蛇，其中有两件特别引人注意，一件为躯体盘卷，一件为尾部上翘，它们的身上都压印着成排的鳞形花纹，已具龙的基本特征，或可称作"类龙纹"；接着是在查海遗址的中心部位，发掘者注意到有人工堆起的石块在向外延伸，于是顺藤摸瓜，全部揭开，获得一长近 20 米的堆体，似可辨认出头、身、爪、尾，登高俯视，俨然又是一条龙，而且堪称巨龙②。无独有偶，这条龙也使用了与濮阳龙近似的堆塑技法，只不过所用的当地石料不如濮阳龙讲究，于是专家们称之为"龙形堆石"。由于这尊巨龙位于整个聚落址的中央，龙尾紧靠遗址中最大的一座房址，龙头附近则是一片墓地，十分突出了这条巨龙的至尊地位。最近在上海召开的"龙文化与民族精神"学术研讨会上，大家公认，查海遗址发现的这条龙形堆石，应是目前所知中国年代最早的龙③。看来龙在中华大地的起源，确可追溯到近万年。

从近万年的查海龙，经赵宝沟文化的刻划纹龙，到红山文化的玉雕龙、彩塑龙，龙在辽西地区的演化并未就此停步。到了距今 4000 年的夏代，在辽西地区又崛起一支与夏为伍的强盛方国——夏家店下层文化。在夏家店下层文化里，有一种特别发达的彩绘陶器，彩绘题材中就有大量龙纹，而且有从龙纹衍化而来的饕餮纹、夔龙纹等。由于这些彩绘花纹是用浓浓的朱、白两种颜料绘在黑色光亮的器表上，更加具有神秘色彩，它们在年代

---

① 中国社会科学院考古研究所内蒙古工作队：《内蒙古敖汉旗小山遗址》，《考古》1987 年 6 期。

② 《查海遗址发掘再获重大成果》，《中国文物报》1995 年 3 月 19 日。

③ 《炎黄春秋》1999 年第 10 期报道。

和图案结构上，与商代青铜器上的龙纹也更为接近，或可认为，这就是商代青铜器花纹的前身①。

根据各地史前考古都有龙的线索露头的情况，一般以为，龙的起源与史前的考古学文化区系一样，是多元的，但又是有主有次的。辽河流域的龙，起源早，多类型，成系列，并对夏商及后世龙的演变影响深远，无疑是中国龙起源大树上的一支主干②。

一时，由于红山文化龙的确认，不仅引起了时代更早、范围更广的龙的发现，而且开始了对中华文化起源、文明起源、中华传统和五帝踪迹等诸多问题的持续探索，在 21 世纪快要临近的时候，一股寻根热，正在中华大地上勃然兴起。

龙与中华文明起源的特点——天人合一

龙历来是帝王的象征，甚至为帝王所专用，它的出现是与文明起源和国家形成联系在一起的。夏商王朝的青铜器、玉器以至建筑构件上多有龙的题材，可以理解，现在红山文化也出现了成熟的龙，这就自然而然提出了辽河流域五千年文明起源的新课题。

文明的起源有多种标志，如文字的发明、金属的出现、城市的形成等，那是就普遍规律而言的，就中国来说，龙的出现是各种文明因素的一个结晶，这是中国文明起源自身的发展道路和特点所决定的。

一般以为，由原始氏族公社向国家的过渡，作为人类历史上的第一次社会变革，是以生产力的发展为动力的，但各个地区、不同人群之间，因自然和人为条件的种种差别，它们的具体发展道路又可能各有特色。就以当时生产力发展水平的主要标志之一的金属铜的出现和使用来看，大量考古发现证明，中国史前时期虽也不断有金属铜露头，但一般所见到的标本极少，且多为装饰品或不成型的小件物品一类，生产力的发展仍然以石器及其制作技术的进步为主，就是到了商代，青铜铸造技术已很发达，但也

①　中国社会科学院考古研究所编：《大甸子——夏家店下层文化遗址与墓地发掘报告》第 190
　　页图八六，科学出版社，1996 年。
②　郭大顺：《龙出辽河源——辽河文明巡礼之二》，台北《故宫文物月刊》第 14 卷第 5 期，
　　1996 年。

主要用于铸造祭祀礼仪和随葬的铜彝器及武器一类，用作生产工具的青铜器极少，石器仍然是主要生产工具。对于这种考古现象的一再出现，张光直先生曾将东西方文明起源进程及其背景作一比较，提出西方是以技术发展为主进入文明时代的，主要体现为人对自然的改造，可称为"破裂性文明"；而中国古代文明中的一个重大观念，是把世界分成天、地、人、神等不同层次，并通过宗教进行沟通，从而较早地发展了协调人与天、地、自然界之间关系的"天人合一"的宇宙观和宗教观，以出现沟通人与神关系的神权及其独占为主要标志，并由此而进入文明时代。与西方相比，中国更重视人与自然的和谐，可称为"连续性文明"①。近些年，红山文化以及东南沿海地区的良渚文化发现的大规模宗教祭祀遗迹和玉器等所反映的通神及其独占，都一再证明着中国文明起源的这一特点。

依据考古学、民族学和文献记载，巫师在沟通人与神时采用多种手段，如以山、树、风、鸟等作为媒介的大地之柱，仪式和龟甲等法器，甚至饮酒舞乐等等，还有一种非常重要的媒介就是动物，商代以羊、牛、犬、猪等各种动物作为祭祀的牺牲和商代青铜器上大量以各种神化的动物形象作装饰，都是以动物作为沟通人与神的媒介的表现。红山文化祭祀遗址出土的大量动物形玉器，说明以动物作为通神媒介源于史前时期，龙就是在这种背景下逐步形成的。

位于查海聚落中心的巨形龙形堆塑，在整个遗址中占据十分显要的位置，是查海人崇拜的对象，显然与当时的祭祀活动有关，也可见祭祀在当时人们生活中所占据的神圣和主导地位。这件龙形堆塑已超越某种具体动物而神化，已不是龙起源的最早形态。赵宝沟文化那件"四灵"纹陶尊上的一组动物形象，兽首龙身，说明神化就是龙化，从它们在天空遨游的状态，可以想象赵宝沟人以动物作工具举行人与天沟通的祭天礼仪时的隆重场面和复杂的思维观念，鹰、鹿、野猪都是赵宝沟人狩猎的对象，以与自身生产、生活中关系最密切的动物作为沟通人间和上天的媒介，这生动地说明，龙在后世虽成为帝王化身而神圣不可侵犯，但龙的最初起源，却与

---

① 张光直：《连续与破裂：一个文明起源新说的草稿》，《中国青铜时代》（二集）第 131 页，生活·读书·新知三联书店，1990 年。

当时人们最基本的经济生活和生活在其中的自然环境密不可分，它来自生活，来自生产，来自人类赖以生存的大自然，又是在对大自然虔诚的宗教信仰中产生的艺术形象①。学界对濮阳的堆塑龙研究最多。张光直认为其是古代原始道教的龙虎鹿三蹻，"墓主是个仰韶文化社会中的原始道士或是巫师，而用蚌壳摆塑的龙、虎、鹿乃是他能召唤使用的三蹻的艺术形象，是助他上天入地的三蹻"②。

红山文化是史前时期龙发展的一座高峰。牛河梁是以祭祀先祖偶像为主、坛庙冢三位一体组合的大规模祭祀遗址群，是五千年古国的象征，也说明当时已进入高度发达的祖先崇拜阶段，同时，祭祖与祭天地是联系在一起的。牛河梁随葬玉雕龙的墓，与其他大型墓一样，都只葬玉器而不葬与生产生活有关的陶石器，暗示玉器通神功能的发挥需要很强的专一性并具有强烈的排他性；彩陶龙则见于一种筒形陶器上，这种筒形陶器成排置于积石冢顶部，最大特点是没有底部，其上下贯通以通天地之意一目了然；女神庙里的泥塑龙作为先祖偶像的陪衬，则本身已是崇拜对象了。

这时，以龙等神化动物作为通神工具还进入了另外一个新境界，这突出表现在红山文化对以玉雕龙为代表的玉器的制作和使用上。古人以为，玉在沟通人神间有特殊作用。因为玉属自然界的一员，与自然界的山、水有关，古人视玉为神物；又有释巫师的"巫"由玉而成形，《说文》："以玉事神为之巫"，都说明玉在远古祭祀中的特殊地位，在玉上雕刻神化的动物，更是人神沟通的最佳选择。所以，史前龙的题材，也以玉龙最为高贵。红山文化的玉龙，除头部五官有概略的表现外，通体光素，不加任何纹饰，这就十分突出了玉质本身的特性，如圆润、光泽等，从而表达了一种不是靠更多外加的人为因素，而是靠玉本身自然特性的最大限度发挥来达到人与神之间沟通最佳效果的思想观念。与此相应的是，牛河梁坛庙冢三位一体的组合，也具有人文景观与自然景观融为一体的规划布局，这些都表明，红山人是很看重人与自然之间的和谐关系的。以玉雕龙为代表的红山文化玉器作为其中的组成部分，以其自然特性的最大限度发挥来达到

---

① 郭大顺：《六千年的一幅透视画——辽河文明巡礼之一》，台北《故宫文物月刊》1996年第6期。

② 张光直：《濮阳三蹻与中国古代美术上的人兽母题》，《文物》1988年第11期。

人与神沟通的最佳效果，也是在人与自然和谐关系这种思想观念指导下实现的①。看来，"天人合一"这种中国古代传统观念，是中国文明起源的思想基础，龙的起源过程就是这种思维观念的具体体现。

神权独占——龙与五帝

但并不是每个人都有资格通神的，《国语·楚语》记载了神权走向垄断的过程。古时候民神不杂，有特殊才力的男女（巫、觋）才具通天地的能力。到少昊之衰，九黎乱德，民和神混杂，"民神杂糅，不可方物，夫人作享，家为巫史"，这种人人祭神，家家有巫史，人人都可以通神，是原始社会末期巫术流行时候的普通情形。但随着社会变革的新旧交替，这种"民神同位"就成了社会自身的一种严重威胁，为此，颛顼实行"绝地天通"，进行宗教改革，使重和黎，一个管天，一个管地，把民和神分开，整顿了社会秩序，于是颛顼也就成为一位宗教领袖②。

颛顼是五帝时代前期地位仅次于黄帝的代表人物，时代在距今 5000 年前后，这时，中国正在经历文明起源的初始阶段。通神独占作为中国文明起源的一个主要特点，在这一时期社会大变革中占据主导地位，并具有一定普遍性。不仅颛顼帝有"绝地天通"的事迹，而且五帝诸代表人物都与神权独占有关，标志之一就是将他们神化为龙，或与龙有某些爪葛。文献记载"轩辕黄龙体"（《史记·封禅书》）。黄帝与蚩尤之战得到应龙的帮助："蚩尤作兵伐黄帝，黄帝乃令应龙攻之冀州之野。"（《山海经·大荒北经》）又记黄帝乘龙升天："黄帝采首山铜，铸鼎于荆山下。鼎既成，有龙垂胡髯下迎黄帝。"（《史记·封禅书》）帝尧更是从出生起就与龙有关："尧母庆都盖大帝之女，赤龙与庆都合，有娠而生尧。"（《绎史》引《春秋合诚图》）大禹及其先人鲧则都有化为龙的神话："昔尧殛鲧于羽山，其神化为黄龙。"（《左传·昭公七年》）禹字就从虫从龙，应龙并助禹治水："禹治水，有应龙以尾画地，即水泉流通，禹因而治之。"（《山海经广注》辑《山海经佚文》）

---

①　郭大顺：《红山文化的"唯玉为葬"与辽河文明起源特征再认识》，《文物》1997 年第 8 期。
②　张光直：《考古学专题六讲》第 5 页，文物出版社，1986 年。

　　这些记载虽有后世比附之嫌，但从考古发现看，又都有事实为据。据研究，古史关于黄帝时代活动的记载，与红山文化的时空框架最为吻合，而红山文化龙的发达就是一个有力证据。红山文化玉雕龙目前正式发掘出土的只有见于一座墓的两例，它们配置于胸前，象征意义十分突出；红山文化又一座中心大墓，墓主人左右手中竟各自紧握一玉龟，是神权独占的生动而具体表现；红山文化女神庙作为该文化共同体祭祀先祖共有的祭祀场，以窄小的空间容纳巨大的神像群，最能说明与神沟通的只是极少数人甚至只能是"一人"的事，是通神垄断性更为具体的例证。一般认为晋南陶寺文化即帝尧文化。那里的朱绘黑陶盘龙纹盘，是墓地中随葬属于庙堂礼器中唯一饰龙形象的重器，它们也只在特大墓中使用，是陶唐氏中几代王者身份地位最显著的标志，而且是与夏商时期青铜器上龙纹最为接近的龙纹图案①。环太湖流域的良渚文化，则可能是入主中原以前的先夏族。被誉为"土筑金字塔"的良渚文化大墓中，不仅随葬玉器上有统一规格的兽面纹，而且在陶器上也有与龙纹有关的蟠螭纹等，墓主人应是夏人祖先各部族掌握神权的显贵人物②。

　　这里还再要特别提到红山文化的龙。目前所发现的红山文化玉雕龙达20余件，是红山文化玉器种类中最多的一类，它们或作"C"字形猪首龙，或作"玦"形熊首龙，其原型有熊和猪，可能还有鹿。它们的首部都使用了红山玉器中罕见的难度最大的圆雕技法。红山人如此看重玉雕龙，说明龙是红山人主要崇拜的对象，玉雕龙也是红山人用以通天的主要工具。玉雕龙中又以熊龙最为多见，女神庙的动物神塑像也主要为熊龙，红山文化积石冢前又经常有熊祭迹象，说明熊龙是诸多动物神中的主神，红山人本是一个拜熊族③。熊是渔猎民族的崇拜对象。在东北亚诸民族从古至今多有

---

① 中国社会科学院考古研究所山西工作队、临汾地区文化局：《一九七八——九八○年山西襄汾陶寺墓地发掘简报》，《考古》1983 年第 1 期。

② 上海市文物保管委员会：《上海青浦福泉山良渚文化墓地》，《文物》1986 年第 10 期。浙江省文物考古研究所反山考古队：《浙江余杭反山良渚文化墓地发掘简报》，《文物》1988 年第 1 期。浙江省文物考古研究所：《余杭瑶山良渚文化祭坛遗址发掘简报》，《文物》1988 年第 1 期。

③ 郭大顺：《猪龙与熊龙》，《鉴赏家》1996 年夏季号，上海译文出版社。孙守道：《红山文化玉熊神考》，《中国文物世界》第 140 期，1997 年 4 月号。

熊崇拜的习俗，红山文化以东北地区为其形成和发展的大背景，以熊为崇拜对象是其本色，《帝王世纪》载"黄帝有熊氏"，应有所本。

随着距今5000年前后诸古文化中龙所具有的宗教含义的复杂多样，龙的形象也已更加成熟并趋向定型化，红山文化环状体突出头部的玉雕龙和盘卷体饰瓦状鳞纹的彩陶龙，良渚文化神人兽面纹，都已开夏商及后世龙形象的先河。在龙的发展演变长河中，5000年前的龙，是最关键的一个环节，这同跨入文明阶段在思想观念和宗教礼仪的制度化是分不开的。

神权至上，神权独占，是中国文明起源的特点和道路，即所谓"连续性文明"。作为中国文明初始的五帝时代，是一个造神时代，龙作为这个造神时代沟通人神间的主要工具和神权独占的标志物，被誉为中国文明起源的结晶，是当之无愧的。

龙是多元文化结合体

这可以从龙的原形的讨论谈起。龙到底是哪一种动物？对此，有多种说法，过去一般以为是以蛇为主体的，又有以为是鳄鱼。闻一多认为，龙是以蛇为本体，又融合了"兽类的四脚，马的头、鬣和尾，鹿的角，狗的爪，鱼的鳞和须"，是因为"当初那众图腾单位林立的时代，内中以蛇图腾为最强大，众图腾的合并与融化，便是蛇图腾兼并与同化了许多弱小单位的结果"[①]。那是指商代及以后的龙来说的，看来，商代的龙是多文化的结合体是没有多大疑问的。至少是融合了红山文化和良渚文化龙的要素而成型的。其实，龙作为多元文化的结合，在史前时期就已在形成中，这在赵宝沟文化和红山文化中都有突出表现。赵宝沟文化的龙是写实的，以鹿形龙为主。小山遗址那件著名的陶尊上的龙纹，则有凤鸟、鹿龙和猪龙，说明龙最初确实是多种动物的神化，这些神化动物，当是各个部落集团的图腾。"四灵"纹陶尊的三条龙，就可能各代表一个部落集团，且以准确透视效果的艺术表现手法来表示它们的关系是并列而行、平等共处的，它们在一件神器上同时出现，应是三个不同群体的部落联盟的表现形式，它们虽尚未融为一体，却是多种动物合为一体的龙的前身。令人特别惊异的是，

---

① 闻一多：《从人首蛇身像谈到龙与图腾》，《人文科学学报》1942年第2期。

这三条龙中，有凤鸟、猪龙和麒麟，不仅已有龙凤的结合，而且已具备后世"四灵"的基本组合。到了红山文化时期，与红山文化在燕山以北广大地区同时活动的，有以狩猎畜牧为主要经济生活的富河文化，有以渔猎农牧并重的赵宝沟文化，它们的先进文化因素，都被红山文化广为吸收，从而在燕山以北地区出现了以红山文化为主、多种文化共存的形势，即所谓"红山诸文化"。红山文化的龙，题材和表现形式多种多样，应就是诸多文化交流融合的结果。

这里要特别提到红山文化的彩陶龙。彩陶本不是红山文化自身的特点，而是吸收东方后岗一期文化和中原仰韶文化的先进文化因素后又有所创新的。红山文化的彩画龙，是采用仰韶文化彩陶构图技法，将具自己文化特点的龙鳞纹以彩陶形式表现出来，从而发展了自身的文化特点，说明彩陶龙是红山文化与仰韶文化结合的一项杰出成就。

关于仰韶文化与红山文化的关系，还可以从更大范围做些引申。距今五六千年间，当以龙为标志的红山部族在燕山以北得到充分发展的时候，在中原大地，则是以花为标志的仰韶文化庙底沟类型的天下，这是一支以粟作农业为主要经济生活的农业部落，一般以为与神农氏炎帝有关，庙底沟部族把当地特产的玫瑰花作为崇拜对象，用极为抽象化的玫瑰花图案彩陶作为通神的神器。从而又被称为华（花）族[1]。这个部族，不仅用花卉图案控制着本文化共同体内的各个分支，还以此作为与周围诸部族交流的媒介，特别是与经济类型和文化传统都完全不同的北方红山文化的相互吸引与结合，彩陶是一个主要角色。由于在河北省西北部的桑干河流域发现了龙鳞纹彩陶器与花卉纹彩陶器共存的现象，从而将这南北两种文化结合的路线、对接点、后果从考古上揭示出来：源于华山脚下的仰韶文化的优生支系，即以成熟型玫瑰花图案彩陶为主要特征的庙底沟类型，沿太行山麓北上，源于辽西遍及燕山以北西辽河和大凌河流域的红山文化的一个支系，即以龙鳞纹图案彩陶和压印纹陶为主要特征的红山后类型，由大凌河源南下，这两个出自母体文化而比其他支系有更强生命力的优生支系，一南一北各自向外延伸到更广、更远的扩散面。它们终于在河北省西北部相遇，

---

①　苏秉琦：《关于仰韶文化的若干问题》，《考古学报》1965 年第 1 期。

产生了以龙纹与玫瑰花结合的图案彩陶为主要特征的文化群体。红山文化坛庙冢就是它们相遇后迸发出的文明火花①。古史传说有黄帝与炎帝和蚩尤作战从而奠定华夏民族最初统一的记载，作战的地点"涿鹿之野"就在河北省西北部，说明这一记载可能就是仰韶文化与红山文化这一南一北文化关系的真实记录，不过那不总是战争，更多的接触和交流是在和平的气氛中进行的，并经常表现为观念认同，标志是华（花）与龙的结合。这是更高层次的结合，从中也可以对这次南北文化结合对中国历史发展的深远影响，有一个更深的理解。

华与龙——中华传统的初现

在考古发现中，最能表现花与龙结合的，除了红山文化的彩陶龙以外，还有一种彩陶祭礼器——罍和筒形器。它们的彩绘图案经常使用仰韶文化简化的玫瑰花卉纹与红山文化的龙鳞纹作为母题，它们上下布局，或互为主次，形成一幅完整、和谐的画面，是红山文化具有族徽性的花纹图案，这方面的典型标本如辽宁省阜新县胡头沟红山文化墓地彩陶筒形器、内蒙古阿鲁科尔沁旗出土的红山文化彩陶罐等。从桑干河流域仰韶文化庙底沟类型典型玫瑰花图案彩陶盆与红山文化龙鳞纹彩陶罐共出，到红山文化彩绘龙，到花与龙共处一器，从中可以看出红山文化吸收仰韶文化并发展自身特点的过程。

与此相对应的是，在红山文化玉器中也可以分析出南北文化的这种结合。在红山玉器中常见一种被称为勾云形玉佩的玉件，它们个体大，造型、纹饰奇特，在红山玉器中独树一帜，是红山文化玉器中与玉雕龙并称的代表性器物，被誉为红山玉器的"第一重器"②。这种勾云形佩多在大型墓中随葬，摆放位置有如斧钺，经考证是作为权杖使用的，可见其地位确实重要③。但就是这类红山玉礼器中的重器，其勾连盘卷的造型和纹饰，却源于

---

① 苏秉琦：《象征中华的辽宁重大文化史迹》，《华人·龙的传人·中国人——考古寻根记》第 91 页，辽宁大学出版社，1994 年。

② 饶宗颐：《中国"玉"文化研究的二三问题》，邓聪编《东亚玉器·1》，香港中文大学中国古代艺术研究中心，1998 年。

③ 郭大顺：《红山文化勾云形玉佩研究——辽河文明巡礼之四》，台北《故宫文物月刊》第 14 卷第 8 期，1996 年。

仰韶文化的简化玫瑰花卉纹，故又有称这种勾云形玉佩为"玉雕玫瑰"①的。红山人具有渔猎民族善于吸收先进文化因素以发展自身的天然的开放性格和创造力，由此亦可见一斑，这也充分说明，仰韶文化与红山文化的结合，虽然是两种不同经济类型不同文化传统间的结合，却不是文化间的替代，也不是简单的复合体，更不是单纯的模仿，而是创新为一种新文化，其最大的成功之处，尤其表现为中华传统的初现。

中国考古界泰斗苏秉琦先生在把花与龙的结合和红山文化坛庙冢同中华传统联系起来考察时，说过这样一段有名的话：牛河梁红山文化遗址"坛的平面图前部像北京天坛的圜丘，后部像北京天坛的祈年殿方基；庙的彩塑神像的眼球使用玉石质镶嵌与我国传统彩塑技法一致；冢的结构与后世帝王陵墓相似；龙与花的结合会使人自然联想到我们今天的自称'华人'和'龙的传人'。发生在距今五千年前或五、六千年间的历史转折，它的光芒所披之广，延续时间之长是个奇迹"②。

龙与民族精神

龙的起源和最初发展有如此深厚的历史与文化基础，尤其是与中华文化、文明和中华传统的起源息息相关，所以，龙长期以来虽然被帝王所专用，但仍在民众中扎根，为多民族所信仰，渗透到中国古代的宗教信仰、哲学、政治、经济、文学、艺术、社会和民俗等各个领域，成为中华民族文化的主要载体和美好愿望的寄托。十二生肖有辰龙。"龙凤呈祥"是人生中最向往的吉利语。龙腾虎跃，形容力量向上的精神。鱼变龙等已是佛教传入以后出现的文化现象。还有与季节变化有关的"二月二，龙抬头"等。

龙在随着时代的变迁而不断有所变化时，也总不离开时代的主流，使每个朝代的龙都反映着各个时代的基本特征。概言之，如史前龙的古朴写实，商周龙的神秘，春秋战国龙的多变化，秦汉龙的威武刚劲，魏晋南北朝龙的飘逸，唐代龙的华美，宋明龙的威严至尊，无不是那个时代风格的

---

① 苏秉琦：《华人·龙的传人·中国人——考古寻根记》，《中国建设》1987 年第 9 期。
② 苏秉琦：《象征中华的辽宁重大文化史迹》，《华人·龙的传人·中国人——考古寻根记》第 91 页，辽宁大学出版社，1994 年。

写照①。而且龙经历万千年，其体态尽管变化无穷，又万变不离其宗，从形象到内涵，龙始终代表着中华民族对自然界的尊重，代表着多元文化的共处融合，代表着中华连绵不断的历史传统，成为中华民族巨大的凝聚力、无穷的创造力和无限的生命力的集中体现。

在以追求人与自然和谐、保持多元文化间的共存融洽、珍视在现代化中保持和发展各民族传统为宗旨的新世纪，龙所代表的中华民族精神，顺应了世界发展潮流，从而激励着炎黄子孙对未来充满希望和信心，也为世界所仰望，从这个意义上说，21 世纪是东方的世纪，这一说法并不过时。

（原载于台北《故宫文物月刊》总 204 期，2000 年）

---

① 徐乃湘、崔岩峋：《说龙》，紫禁城出版社，1987 年。

山海关外话碣石

碣石，是中国古代著名的地理标志。多年考证不得其所，却随着渤海湾北岸秦代行宫遗址的发现而得以确认，一时成为历史、考古、人文地理学界齐声称道的大事。

沧海碣石

碣石最早的记载见于《禹贡》：冀州"岛夷皮服，夹右碣石入于河"。讲到岛夷入冀州的水路贡道要经过碣石。《禹贡》的黄河经今河北省海河入海，夹右碣石入于河，指示碣石应在今海河入海口之右，即渤海湾北岸。

《史记》又记载燕国有"碣石宫"，是燕昭王为齐方士邹衍所筑：邹衍"如燕，昭王拥彗先驱，请列弟子之座而受业，筑碣石宫。身亲往师之"（《史记·孟子荀卿列传》）。可见，碣石在战国的燕国已为王室所看重。

不过，碣石著称于史并被历代流传，主要在于它是从秦始皇起几代有作为的皇帝所亲临之地。

秦始皇于统一全国后的第七年曾东巡碣石：三十二年（前215年）"始皇之碣石，使燕人卢生求羡门，高誓，刻碣石门"（《史记·秦始皇本纪》）。秦二世即位当年即巡碣石："二世元年，东巡碣石。"（《史记·封禅书》）

汉武帝元封元年（前110年）："行自泰山，复东巡海上，至碣石。自辽西历北边九原，归于甘泉。"（《前汉书·武帝纪》）

此后，魏、北魏、北齐、唐、清代的帝王都曾临碣石。

魏武帝曹操在建安十二年（207 年）北征乌桓回军途中，登临观海，写了脍炙人口的《观沧海》诗："东临碣石，以观沧海。水河澹澹，山岛竦峙。树木丛生，百草丰茂。秋风萧瑟，洪波涌起。日月之行，若出其中。星汉灿烂，若出其里。"

北魏文成帝于太安四年（458 年），北齐文宣帝于天保四年（553 年）征契丹途中，也都"登碣石，临沧海"（《魏书·文成帝纪》《北齐书·文宣帝纪》）。

唐太宗贞观十九年（645 年）亲率兵出辽东，出入临榆关，都曾临观沧海。春时出军写有《春日观海》诗："洪涛经变野，翠岛屡成桑。……之罘思汉帝，碣石想秦皇。"（《全唐诗卷一》）冬回军还："次汉武台，刻石以纪功德。"（《旧唐书·太宗纪》）

从以上记载可知，碣石从战国以前开始就是由渤海湾入黄河口和从关内经辽西走廊到辽东的交通要道和地理标志。碣石更因为秦始皇和汉武帝东巡所至而成为后世帝王朝觐的著名的纪念地。此前燕昭王为齐人邹衍所筑碣石宫，可能说明燕时就曾在碣石筑宫或宫以碣石命名。说明碣石与战国时期的燕国有关，碣石与宫殿有关。

碣石如此为古代帝王所看重，那么碣石到底在哪里呢？它又是个什么模样呢？对此，历代文人都有所考证，却说法不一。就碣石的位置，就有山东说、河北说、辽宁说，还有朝鲜半岛说，而以主张在河北省的昌黎县碣石山为最普遍。至于碣石是山还是石，也是各说各理。20 世纪 70 年代以来，因毛泽东《浪淘沙·北戴河》词中有"东临碣石有遗篇"的诗句，对碣石的考证又渐多起来，其中以冯君实、黄盛璋两位先生的考证最值得注意。他们都认为，碣石是石不是山，位于海滨而不是离海较远的陆地，并以为其具体位置就在北戴河海滨。但最终解决这一历史悬案的还得依靠考古证据，这就是 20 世纪 80 年代以来从北戴河到绥中县止锚湾海滨发现的秦始皇行宫遗址。

渤海湾海滨的秦始皇行宫遗址早在 20 世纪二三十年代就已有露头。据《北戴河海滨志略》记载，1924 年前后，曾有包括瑞典地质学家安特生在内的中外人士，不断在河北省秦皇岛市北戴河海滨东部的金山嘴发现古代文化遗址，当时记录有"千秋万岁"瓦当、汉砖、铁箭头等，还发现有古城断垣、烽墩等军事性质的遗址；1948 年裴文中在北戴河海岸发现早于战国的古文化遗址，并据此指出，两千多年来北戴河附近的海岸线没有多少变迁。此后，虽然中国经历了 20 世纪 50 年代以来考古的飞速开展，但这块海滨却再未引起注意。

从此事隔近六十年。契机是 20 世纪 80 年代初辽宁全省开展的文物大普查。1982 年 4 月，在锦州市的文物普查中，考古工作者终于来到这渤海海滨，于东距北戴河不到百华里的绥中县万家镇墙子里村南海滨和贺家村南黑山头海滨分别发现古遗址，并采集到"千秋万岁"瓦当等秦汉时期遗物。在海边出现"千秋万岁"瓦当这样较高等级的建筑构件是不同寻常的，遂引起辽宁省博物馆研究人员孙守道、郭大顺的注意，他们于 1983 年 11 月到现场进行复查。复查时虽然匆匆忙忙，却十分幸运。在墙子里石碑地海边一座黄土高台的断崖上，清清楚楚挂着整齐的夯土层，从其厚度在 10 厘米左右可以断定，这不是晚期的夯土。接着，在夯土台基下捡到一件虽残破但个体甚大的瓦当残片，那残片的一角正有一高浮雕的花纹，这不由得使人联想到秦始皇陵所出秦代特有的夔纹大瓦当。尤其是注意到这座夯土台址正对海中三块耸立的礁石，即民间传说的"姜女坟"。原来这座正对海中礁石的夯土台是秦时期的建筑址！当即与文献所记"碣石"相联系，写下了"碣石遗篇在，秦砖汉瓦间"的诗句。

1984 年，当时的辽宁省博物馆文物工作队派员再次到姜女石调查并对其开始了正式发掘，在附近陆续发现了金丝屯、周家南山、瓦子地、止锚湾 4 处同时代遗址，原来是个秦代建筑遗址群。这一年夏季，河北省文物工作者也在金山嘴海头采集到秦夔纹大瓦当、云纹瓦当，发现夯土墙、柱础石、陶井圈等遗迹，并在金山嘴正北的横山及横山北和西部、西北部以及东北部秦皇岛市内的海角发现同时代遗址。此后，于 1987～1991 年对横山遗址进行了发掘。以上调查和发掘都已可确认，从河北省秦皇岛市北戴河区金山嘴至辽宁省绥中县止锚湾姜女石的沿渤海湾海岸地带，在长约 50 千米的地带内分布的古遗址，主要都属于秦代行宫建筑遗址，为汉代所沿用。其中位于海边的辽宁省绥中县万家镇止锚湾的姜女石遗址群和河北省秦皇岛市北戴河金山嘴—横山遗址群为这一地带秦宫遗址群的主体。

姜女石秦行宫遗址群

姜女石秦行宫遗址群（图一）共有 6 个遗址点，占地范围 25 平方千米。它北从金丝河南岸的金丝屯遗址，经周家南山遗址、瓦子地遗址到渤海岸边，南北长约 5 千米，东西沿海从止锚湾遗址经石碑地遗址到黑山头遗址，也约为 5 千米。这一带是渤海湾北岸最为平坦的一段海滩，其西北遥对连绵起伏的燕山山脉，晴日可见蜿蜒于群山之间的明代万里长城，向南缓缓伸入一望无际的渤海，地势十分高敞开阔。石碑地遗址在整个遗址群范围沿海一线的中心部位，是这群遗址中规模最大、位置也最重要的一处遗址，是为这组行宫的主体建筑。止锚湾遗址和黑山头遗址，位于石碑地遗址东西两侧的海角上，各分布有一组规模较小的宫殿群。尤其要提到的是，海边这三组建筑分别与南部立于海中的三组礁石群相对，即止锚湾的红石崖、石碑地的姜女石和黑山头的龙门石，而以石碑地遗址面对的姜女石礁石群规模最大。姜女石，即民间传说的"姜女坟"，它原是耸立于大海中的两块巨型礁石，有如海中之门，它与红石崖、龙门石三组礁石群，东西一线，有二龙戏珠之势。姜女石这一群建筑遗址，就是有意选择了渤海湾北岸这块海天相连的平坦地带，并巧妙地利用了海岸高地和海中礁石成组相对的特殊地理环境，布置成有如"一宫双阙"式的符合当时时代特点的传统建筑布局，充分地体现了人文景观与自然景观相结合并将人文景观融于自然景观的思想观念。

石碑地遗址和黑山头遗址都已经正式发掘。石碑地遗址有夯土筑的宫墙，为曲尺形，南北长 496 米，东西南部宽 256、北部宽 170 米，方向南偏西 5°，宫墙宽 2.6 米。宫墙内又可依南北轴线以夯土墙分出 10 多组院落式建筑，其中东南部的 4 个院落在整个宫城中位置较高，夯土基址也最密集，可辨认出为宫殿区。西部则从南宫门经院落式和长廊式空间区，与北宫门相对应，似为宫城的主要通道之所在。每座宫殿外设置有台阶、正门与侧门、廊道、散水，墙脚附贴面砖，并与院落和天井相连，室内外以壁柱、室内柱、廊柱和墙体形成屋顶承重框架，室内原地面多已不存，只见低于地面的沐浴和储井设备。

图一 南临海中礁石的姜女石秦行宫遗址

宫殿和宫墙周边散落大量绳纹板瓦、筒瓦、云纹间贝纹瓦当以及饰雷纹的踏步和铺贴面砖等成体系的建筑构件，尤其是已发现了20多个个体的巨型夔纹瓦当。这批巨型夔纹瓦当，瓦面为大半圆形，直径在50厘米以上。瓦面上的夔纹，为左右两个夔龙纹相对，夔纹简化，高浮雕，尾部向上延伸，填满整个瓦面，形成"山"字形。从其出土位置分析，这类特大型半瓦当是置于大门两旁或大型宫殿正屋脊两侧，具装饰作用的特殊建筑构件，也是证明这是一组具有秦代皇家建筑规格的宫殿建筑群的主要证据之一。

宫殿区内外处处可见排水设备铺设，有节节相连的筒瓦式下水管道，层层套圈叠罗的渗水井，人工挖掘的水池等。排水设备规模有大有小，它们内外连通，高低相接，形成完善的排水系统。其中南宫墙揭露出的一组排水设备，向内一侧由3块完整的空心砖砌出"八"字形迎水面，正面的空心砖正中凿出3个对称的大孔连接3组排水管道，排水管道穿过2.6米宽的宫墙，可将院内积水排向大海方向。西宫墙的一处排水设备，是由20多节排水管套接成一条甚长的排水管道，穿过西墙将宫院内积水排出，宫外出水口处并用卵石铺出一片漫水道。

石碑地建筑群布局最为特殊之处在于，其主体建筑不按一般建筑群坐北朝南的常制设于宫城的北部，而是将主体建筑布置在南部正中最靠近海边、正对姜女石礁石群的位置。这座主体建筑规模甚大，为每边42米的正方形，现存地面海拔高度约12米，高出周围地面约5米，高出其他建筑址地面约 2 米左右。由于所在位置为近于海滩的低平地，是搬运了大量土方，由平地层层垫土并夯筑而形成的一座高台，近顶部起 3 层台阶，台基南部有空心砖铺设的对称东、西阶。1983 年初次发现的夯土台就是这座高台的东断崖。这座高台建筑之北，是宫城中分布最为密集、规模也最大的宫殿区，沐浴间和巨型夔纹瓦当，大都是在这些宫殿内外发现的。这些大型宫殿的夯基与高台建筑相连而低下一个层次，当为与祭祀礼仪功能有更直接关系的一体建筑。整个石碑地宫城建筑，以"碣石门"礁石群为坐标的建筑布局的意图和以大海和礁石作为对象的非生活的礼仪性功能是显而易见的。

在石碑地遗址，还发现了战国时代的遗存和大量汉代遗迹与遗物，如"千秋万岁"瓦当等，当证明这里从燕国时就已在使用，到汉初仍在沿用。文献所记燕昭王筑碣石宫，并非虚构，而汉武帝与秦始皇东巡碣石是同一个地方。

从姜女石遗址还可以看到秦文化与燕文化关系的某些重要迹象，如姜女石和金山嘴遗址所用的夔纹大瓦当。目前仅在始皇陵发现 2 件，而这里已出现 20 余个个体，它虽为秦代皇家专用建筑构件，却与燕国瓦当关系密切，因为这种巨型瓦当当面的花纹，不是当时流行的云纹图案，而是两个相对的夔龙组成兽面，这正是商周青铜器花纹中常见的图案，是由商周青铜器夔龙纹演化而来。不过，商周时期流行的兽面一类花纹，在春秋战国时期的中原各国，早已消失，而演变为云纹一类，唯燕国一直将这种纹饰沿用到战国时期，且有所丰富和发展。这种秦式夔纹大瓦当，两个相对的夔龙及其尾部的无限延伸，有如燕国饕餮纹瓦当上的双龙或双兽，整个瓦面又作"山"字形，其实就是燕国瓦当习见的"山"字纹瓦当与夔龙纹的结合，是燕国文化特征。所以，始皇陵所见大瓦当，本源自燕国，而不是相反。秦学燕，这是从燕秦文化关系中得出的一个重要历史现象（图二）。

黑山头遗址也经清理发掘。这处遗址位于石碑地遗址以西 2

图二　姜女石遗址出土夔纹大瓦当

千米一突出于海岸的海岬上，海岬以南百余米的海中耸立着两块东西对峙的黑褐色礁石，当地称为"龙门石"。海岬海拔 19 米。台上夯土基址东西存长 45 米，南北存宽 25 米。建筑的主要部分在面对大海的南部和东部，这里地势较高，房间较大，发现有门、踏步、壁柱和室内柱、排水管道，西北部地面较低处有设窖井的小房间，当为附属建筑。这组建筑以北地势渐低，由北部登台东眺，正对远处姜女石礁石群。作为石碑地宫城的附属建筑，这里更具备登高远望的功能。或许当年曹孟德就是登此台东望石碑地和海中姜女石礁石群有感而作那表达壮心不已的"东临碣石"的雄壮诗篇的吧。

金山嘴—横山秦行宫遗址

金山嘴—横山遗址在姜女石遗址群以东约 50 千米，属河北省秦皇岛市北戴河区。为以南北轴线分布的三个建筑组成的完整建筑群体，其中最南部的金山嘴遗址位于海头高地，面临大海，面积最大，达 6 万平方米，且出有巨型夔纹半瓦当，为这组建筑的主体建筑。横山遗址和横山后遗址，处于这组建筑的中部和后部，它们也都各自坐落在一块独立的高地上，面积较金山嘴遗址小，当为主体建筑后单独存在的附属部分。3 处遗址总面积达 10 万平方米。

横山遗址经正式发掘，面积 2 万平方米左右，为由长方形和曲尺形的 4 组建筑互为交错组成一个紧凑的近正方形建筑组合，方向为南偏西 6°，每组建筑内又分出若干单元，共有 14 个单元。在这组建筑中，正中的两间东西相连的长方形单元和其南侧的两座相背而对称的长方形单元位置较高，它们朝南正对金山嘴遗址的制高点，当为横山遗址的主体建筑。四周的其他建筑渐低，形成高低错落、有主有次和富于变化的轮廓。各组建筑和每组建筑内的各单元间，布局和结构又各有不同，以四面墙前置一门的长方形结构为主，也有曲尺形的，组合有一室一堂，堂前敞而无门，有分为内、外室的，有只有后檐墙和山墙不见前檐墙的，房间多有较厚的夯土墙壁却多不见或少见柱础，设壁柱和室内柱的也多不对应，表明当时主要是以墙壁承重的，这与秦都咸阳秦宫置柱形式相同。还发现有排烟管道的灶址、窖井、成系统的排水管道等遗迹，其总体建筑布局、建筑结构和建筑构件，大多与姜女石遗址相同。可知，金山嘴横山遗址是与姜女石遗址群时代、性质相同的秦宫遗址。秦皇岛因秦始皇东巡所到之地而得名，由此得到考古实据。

关于碣石与"国门"

渤海湾北岸秦宫遗址群的发现，为确定历史地理学上著名的"碣石"提供了第一手的考古证据。

参照陕西省咸阳阿房宫遗址的规模和总体布局分析，从金山嘴到止锚湾 30 千米的三组宫殿群，时代相同，选址都在面向渤海的海边，建筑结构和建筑材料的使用相同，它们实为一体建筑。其中，位于这群建筑东部的姜女石遗址群又规模最大，当为这一大遗址群中最主要的建筑，而在姜女石遗址群中，石碑地遗址作为主要建筑，其主体建筑在正对海中姜女石礁石群的遗址最南部，可见，姜女石礁石群不仅是姜女石遗址群布局的中心坐标，而且，也是从金山嘴到止锚湾这一群建筑的主要坐标。据现场调查，姜女石礁石群北距海岸约 300 米，距石碑地遗址南墙约 500 米，原有一条石甬道由石碑地遗址通向礁石。礁石群为一组海蚀柱，根基呈不规则长方形，范围南北长约 11 米，东西宽约 8 米，从底部看为白色石英岩石，因表面经历年积水垢而呈黑色。原为两石耸立，现存一块高约 24 米（或说 18.4米），有如海中一门，这符合史载的"碣石门"。有以为是汉末大地震导致现存状况。北魏郦道元时所见到的情况是："今枕海有石如甬道数十里，当山顶有大石如柱形，往往而见，立于巨海之中，潮水大至则隐，及潮波退，不动不没，不知深浅，世名之天桥柱也，状若人造，要亦非人力所就，韦昭亦指此以为碣石也。"（《水经注·濡水》）描述已与现今景象相同。秦始皇东巡至碣石时，曾"使燕人卢生求羡门高誓，刻碣石门"，汉武帝封禅时基本延续秦始皇的行迹，而早在燕昭王时，就已有"使人入海，求蓬莱、方丈、瀛洲，此三神山者，其传在渤海中"的记载，说明这里从燕国起始，经秦汉，都是帝王举行礼仪性活动的所在，这与已揭示的遗址时代、布局和设施所表现出的功能都是相符合的。所以，从其时代、规模、规格和自然环境、地理位置分析，都证明了金山嘴—姜女石秦行宫遗址群即是碣石之所在。

秦始皇统一中国后曾在关中都城长安及周围大兴土木，以显示其统一大业和始皇帝之尊，而在远离中心的各列国，独在燕地建立与国都规模、规格都与阿房宫和始皇陵相近的大宫殿群，是自有其政治和军事目的的，这显然与燕地在统一多民族国家的特殊重要地位有直接关系。其意义又远在碣石之上。

由此进一步联想，史载秦始皇统一全国，曾"择地作东门"（《史记·秦始皇本纪》），从渤海湾北岸一线，到辽东半岛与胶东半岛之间所夹渤海海域，有如门厅，这一线宫殿群，则应即秦代国门之所在。对此，苏秉琦先生在《象征中华的辽宁重大文化史迹》（载《辽宁画报》1987 年第 1 期）一文中曾有过一段精彩的论述：

> 近年考古工作者从绥中止锚湾到北戴河金山嘴发现的秦汉宫殿性遗址群，两头临海石角间相距三四十千米，规模之大，令人吃惊。史书记载，秦统一中国后，曾营建阿房宫和骊山陵两大工程，同时提到碣石。阿房宫原是老百姓起的名称，骊山是原来山名，不是陵墓专名，碣石就是"立石"，也不是专名，史书记载简略。现在发现了这样一处庞大的宫殿性建筑群，年代相当自秦始皇到西汉中期（约当武帝），我们仿"阿房宫"例，称"碣石宫"。宫城正面对"姜女坟"，即近海滩处的三块"立石"。据实地勘查，一块有根基，其余两块浮摆在海底，推测原来可能是像承德棒槌山那样一块立石，这就更符合"碣石"之说了。名称是次要的，"宫"倒是实实在在的。"碣石宫"作为一处重要文化史迹，最难能可贵的是：一、它似从秦始皇到汉武帝连续施工完成的；二、它的布局从止锚湾到金山嘴连成东北—西南走向的一线，恰和渤海海峡（旅顺—山东长山列岛的北城隍岛）一线相对应，"宫"的主体建筑群又正面对海中的"姜女坟"礁石，宫城左右的黑山头龙门石与止锚湾红石崖正如为宫殿配置的"双阙"，从这里远眺，直可把辽东半岛与胶东半岛环抱的海域连成一片，这就把自然景观与人工建筑构成像一座宅院门厅的格局。史书记载秦始皇生前最后两次东巡到海边，确曾有过择地作"东门"（国门）的设想。国门在哪，现在还难

作结论，但无论如何，"碣石宫"建筑群，从自然景观与宫殿布局确实符合"东门"或国门的设想。"普天之下，莫非王土；率土之滨，莫非王臣"，这是三代王者的理想，秦统一才实现了这一理想。秦始皇东巡刻铭中心思想是宣扬天下一统，那么，这项由秦始皇创建、到汉武帝完成的纪念性大建筑群，似确具"国门"的性质，是秦汉统一大帝国的象征。

秦始皇统一全国后，不仅对燕地予以特殊重视，而且受到燕文化的强烈影响，金山嘴—姜女石秦行宫遗址群就是最有力的证据。屹立于渤海之滨的秦始皇碣石宫，既是中华统一多民族国家的一个重要象征，也是辽河流域先秦文明历史的一个总结。

[参考文献]

1. 辽宁省文物考古研究所：《辽宁绥中县"姜女坟"秦汉建筑遗址发掘简报》，《文物》1986 年第 8 期。

2. 河北省文物研究所等：《金山嘴秦代建筑遗址发掘报告》，《文物春秋》1992 年增刊。

3. 辽宁省文物考古研究所姜女石工作站：《辽宁绥中县石碑地秦汉宫城遗址 1993～1995 年发掘简报》，《考古》1997 年第 10 期。

4. 冯君实：《"东临碣石"的碣石在哪里?》，《吉林师大学报》（哲学社会科学版）1978 年第 3 期。

5. 黄盛璋：《碣石考辨》，《文史哲》1979 年第 6 期。

（原载于郭大顺著《龙出辽河源》，百花文艺出版社，2001 年）

山海为伴

——牛河梁和姜女石遗址环境与环境保护对策研究（提要）

牛河梁遗址和姜女石遗址分别作为 5000 年前的史前祭祀性遗址群和秦行宫遗址群，一个在山峦之间，依山势按主次分布，各遗址点可以互望；另一个面临大海，巧妙利用近海的三组礁石，在岸头将行宫布置成一宫双阙式。它们的选址和规划布局都

图一　黄昏时的牛河梁

要求与周围环境严格的协调统一，以体现建筑群的神秘性与神圣性。同时，这也是诸遗址间相互联系的必要条件。

由于在发现和发掘过程中逐步认识到遗址本体与环境之间互为依存的关系，所以，在政府对这两处遗址划定保护范围时，将遗址的环境也划为法定保护范围（牛河梁遗址保护范围 50 平方千米，姜女石遗址建设控制地带 25 平方千米），从而提高了环境保护的级别，使遗址的环境有可能得到更有效的法律保护，也为遗址保护和展示规划的制定提供更多的发挥空间。

我的体会是：

一、对于这类特定的遗址和遗址群，环境是遗址的有机组成部分。

二、遗址环境界限的划定，是有固定标志可以作为依据的。

三、保护难度大。为此，需要不断加深对遗址及环境作为一个整体的

价值的认识，以保持和提高对遗址及环境保护的力度。

四、将展示开放列入规划，通过其逐步实现，促进地方政府和群众的保护意识。如与当地正在实施的保护自然生态的目标相结合，还可起到示范区的作用。

（为 2005 年 10 月在西安召开的"国际古迹遗址第八届理事会"而作）

医巫闾考古记

2006年9月初的一天，我由沈阳赶赴锦州参加王光女士所著《辽西古塔寻踪》发行式的座谈会，火车一驶入辽西走廊，前方平原尽头的医巫闾山渐显渐近，我突然感觉，医巫闾山向西南已接近渤海的海边了！于是在那次锦州会上的发言，开始联系到寻找辽陵的考古工作。我将医巫闾山比喻如伸向渤海的一条蛟龙，而辽代显陵和乾陵就如同这条龙的两只眼睛，我们一定要找到这两座皇陵的准确位置，把这条蛟龙"点醒"。发此感受除了希望引起有关部门对在医巫闾山寻找辽陵的进一步关注以外，还同我与辽陵考古的一点机缘有关。

那是1970年的元旦刚过，我接受了一个去北镇县调查辽墓的任务。到现场得知，是当地一个叫慈圣寺村的村民在村北一个山岗附近挖战备防空洞时发现了一座辽墓，墓为砖筑、八角形主室加左右对称的两个六角形耳室的结构，墓已被早期盗掘一空，只发现一块绘有一个尚可看出人面的彩画木椁板和个别碎瓷片，但在甬道正中置有两函墓志。从墓志铭知，此墓为魏王耶律宗政（辽圣宗耶律隆绪弟耶律隆庆长子）及其妃秦晋国夫人合葬墓（后编为龙岗1号墓），年代为大辽清宁八年（1062年）。其中耶律宗政墓志中有"归葬于乾陵"、合葬的秦晋国夫人墓志有"有诏于显陵"的铭记。这引起当地村民注意，想继续向纵深挖掘，以为可找到辽代皇陵。事关重大，我们立即回沈阳到当时的省革命委员会（现辽宁省委所在地）政工组宣传组汇报。宣传组负责人张政委（沈阳军区图库政委）听说后说了一句令我难忘的话"战备也不能不要历史"，并立即给北镇县革委会打电话，要求辽墓现场的挖战备工程马上停工，进行考古工作。以后的继续调查得知，此村以种果树为主，墓葬所在山岗及附近的山坡上种满了梨树和苹果树，墓葬所在为岗的坡下。最为引人注意的是此山岗名叫"龙岗"，墓志又称此墓位置在乾陵范围内，看来辽代皇陵真的就在附近。不久又在岗下挖到另一座辽墓（后编为龙岗2号墓，即耶律宗政弟耶律宗允墓），墓志也有"归葬于乾陵"的记载。不过，随着战备风声前紧后松的形势，挖洞工程很快就停工了，这次与辽陵有关的辽墓调查也到此为止。

在这次龙岗辽墓调查期间，我查阅了相关资料，得知辽宁省博物馆文物工作队对医巫闾山辽陵的考古调查工作，从20世纪60年代起就开始了，当时曾在三道沟里一个叫桃园屯董家坟台地的地方发现了一个辽代建筑遗址，采集的绿釉琉璃大瓦、兽面瓦当和大型沟纹砖等的造型、胎质，多与内蒙古林东瓦尔曼哈辽永陵、庆陵出土遗物相同，推测是与显陵有关的建筑址。而20世纪70年代初在龙岗发现的这两座辽墓，墓主人都具皇亲身份，墓志上又出现了与显陵、乾陵关系的明确记载，这就成为在医巫闾山寻找辽陵确切位置非常关键的一次发现，所以此后医巫闾山辽陵的考古调查虽时断时续，但总有新收获。先是20世纪80年代初的第二次文物普查，在龙岗村西北3千米的二道沟里发现了大型辽代建筑址——琉璃寺；接着在1987年，辽宁省文物考古研究所为配合地方开展旅游，在对龙岗辽墓进行继续清理的同时，对附近二道沟和三道沟做了进一步调查，推测二道沟应是乾陵的陪葬区，而显陵则应在医巫闾山的主峰——望海峰和三道沟的骆驼峰一线来寻找；1991年在北镇县城西南发现耶律宗教墓（重熙二十二年，1053年），墓志记乾陵方位为"附葬于乾陵之西麓"。特别是2002年11月，辽宁省文物考古研究所与锦州市考古队联合考古，在三道沟沟口的新立屯村附近清理辽墓时揭露出铺设大面积绿琉璃瓦带的建筑址。至此，医巫闾山的两座辽陵已呼之欲出，省里也逐渐把在医巫闾山寻找辽陵列为工作重点，终于在2012、2013两个年度的系统调查中确定了两陵陵区的位置。

我有幸参加了近两年辽陵考古调查的实地考察，两次踏进医巫闾山的山沟里，还登上骆驼山顶，身临其境，感受很深，主要是为这两座辽陵在选址、布局、建筑结构，特别是为其恢宏的气势所震撼，从而对契丹族在中华统一多民族历史上的传承、创造和贡献，又有新认识。这是与医巫闾山融为一个整体的三组建筑群，二道沟和三道沟里各布置的有规律分布的多座以巨石垒砌的大型石砌建筑台基、排水设施和陵园围墙，由沟口蜿蜒而上、以大石板铺就的山间"神道"，都工程浩瀚；仅在地表采集到的琉璃建筑构件和装饰莲花的石柱础等，无论体量之硕大，还是工艺之精湛，都具皇家规格和规模，年代早的标本可到辽早期；更加出人意料的是，在高耸的骆驼山顶上也发现了石砌建筑址。此山顶下临深达数十米的陡崖，山顶上甚为狭窄，本不适于大兴土木，古代工匠们却硬是以多层基座托起两组由多间房屋组成的石头建筑，而且面向陡崖的一方还特意设置了外伸的石栏杆。登顶远眺四周，一望无际，真有"一览众山小"的感受，尤其南向直可遥望渤海。《辽史·地理志·显州条》有耶律倍藏书于医巫闾山"绝顶"之望海堂的记载："人皇王性好读书，不喜射猎，购书数万卷，置医巫闾山绝顶，筑堂曰望海。山南去海一百三十里。"骆驼山顶这两组建筑，其选址与环境、规格与规模都与之有着惊人的相似之处，由此也领悟到契丹先人克服艰险，在此构筑高等级屋宇的深意，同时也把地处医巫闾山的辽代帝陵以至医巫闾山的人文价值，提升到一个新的意境。当然，对耶律倍这位传奇人物的历史作用和地位，也应予以重新评价。

这两年医巫闾山辽陵考古还有一项意外的重要发现，那就是在被视为乾陵陪葬区的龙岗辽墓群中清理的第4号墓。这座墓虽然被盗一空，但其主室全部用琉璃砖砌筑。这种墓室砌琉璃砖，此前只见于位于内蒙古阿鲁科尔沁旗罕苏木苏木朝克图山属于辽代早期的耶律羽之墓（辽会同四年，即941年）的主室，但耶律羽之墓遭严重破坏，墓壁破坏较多，至今未找到一张完整的砌琉璃砖的墓壁照片，耶律羽之墓还以琉璃方砖铺地，但已无一原位保存者。有关简报对这种以琉璃砖砌墓壁现象也只一句带过。其实这应该是耶律羽之墓最重要的一个文化现象，因为中国自西汉开始以砖作为筑墓材料和此后使用琉璃建筑构件以来，虽帝王墓不允许发掘，但各个时代发现的包括帝王陵在内的高等级墓葬，如南北各省发现的汉代诸侯王墓，大同、洛阳北魏帝陵，陕西唐陵陪葬墓，南京五代南唐二陵，内蒙古赤峰辽庆陵，北京金陵以及明清陵等，从未有以琉璃砖砌筑墓室的，就是将古代地上建筑考虑在内，国外所知有较早实例，如古巴比伦以青色琉璃砖装饰的城门，国内早期实例尚无。与龙岗墓时代相近的，也只有河南开封北宋神宗熙宁年间（1068～1077年）的祐国寺塔"塔身为褐色琉璃砖砌筑"，较晚时期以琉璃材料贴墙面、覆瓦和装饰的渐多，但也罕见有以琉璃砖作为墙壁砌筑建筑材料的，耶律羽之墓发掘简报也提到这种以琉璃砖砌筑墓室的现象"尚为孤例"。龙岗 4 号墓不仅主室以琉璃砖砌筑而且方形的墓室都同于耶律羽之墓，而墓壁保存基本完好，铺地的方砖虽不是琉璃，但砖面满饰莲花纹，且全部保存。而且由于耶律倍、耶律羽之都同东丹国及其前身渤海国有密切关系（天显元年，即 926 年，辽太祖收服渤海，革号东丹，册皇太子为人皇王，授耶律羽之为中台右平章，后迁升左相）。两座墓在墓葬结构以及主室使用琉璃砖为建筑材料等方面的相同，一方面说明龙岗 4 号墓年代可能到辽早期，等级也高于附近的耶律宗政墓和耶律宗允墓，另一方面还可能有更深的联系，如东丹国特有的王室葬制方面的因素在内，从而也为医巫闾山的这两座辽陵的玄宫增添了一些想象空间。加以医巫闾山及二、三这两道沟的"以山为陵"及其规模、气势，与巴林左、右二旗的祖陵、怀陵与庆陵相比，既有相同处，又自有特点，特别是这种"名山与帝陵"组合的大文化景观，在全国诸多名山中也是极为罕见的，从而是继 20 世纪 80 年代初牛河梁红山文化遗址之后，辽宁省又一重大考古发现。对辽宁省的文化遗产保护事业、文化建设以至当地和辽宁省的对外开放，都是一件很有潜力的大事。

当然，医巫闾山考古不限于辽代。这些年，学界对医巫闾山的关注，多与红山文化玉料的来源有关。这就是牛河梁遗址发现后，寻找红山文化玉器的玉料来源，成为前沿课题。为此，学界都普遍注意到《尔雅·释地》所记"东方之美者，医巫闾之珣玗琪也"和东汉许慎《说文解字》释"珣"字"医巫闾珣玗琪，周书所谓夷玉也"的记载，将目光聚集到医巫闾山及附近的地区。香港中文大学饶宗颐先生以为，珣玗琪三字要连着读，不应分开，就是美玉之意，并引《尔雅·释地》和《淮南子·地形训》"东方之美者，有医巫闾之珣玗琪焉，西北方之美者，有昆仑之球琳琅干焉"的记载，将医巫闾玉与昆仑玉对应比较，视为"东西产美玉，交相辉映，成为古代人的地理常识"。北京故宫博物院原副院长杨伯达先生则以为，医巫闾之珣玗琪是泛指东夷地区产玉，也可以包括岫岩地区的玉矿，珣玗琪玉与东南地区的瑶琨玉、西北地区的琳球玉，可以并称为中国大陆三大玉板块之一，也是红山文化玉料的主要来源地。台北故宫博物院玉器专家邓淑苹女士对此论述最多，她于1994年在台北举办的海峡两岸"中国考古学与历史学之整合研究会"上发表的《由考古实例论中国崇玉文化的形成与演变》一文中，就以东北地区是以鸟为象征的东夷族群的居所，考证医巫闾之珣玗琪即为《周书》所记"夷玉"；次年在伦敦举办的"中国古代玉器研讨会"上，她又进一步提出"史前玉器三元论"的观点，将中国史前玉器分为华西、华东的北部、华东的南部至华中的三大区，并同《尚书·顾命》所记古代玉料主要产地的大玉、夷玉与越玉相比附，将以医巫闾之珣玗琪为代表的夷玉与东南和西北并列为中国古代玉器文化的三个源头之一。笔者曾依据苏秉琦先生及日本学者的有关论述，以经济类型和考古文化特征为标准，将中国史前时期先人活动的主要区域分为三个大区，即以彩陶、尖底瓶—鬲为主要考古学文化特征、以粟作农业为主要经济活动的中原文化区，以鼎为主要考古学文化特征、以稻作农业为主要经济活动的东南沿海及南方文化区，以筒形陶罐为主要考古学文化特征、以采集渔猎为主要经济活动的东北文化区。如果这三大考古文化区的划分，与文献所记古代玉材的三大产地相吻合，那就显示出玉材作为崇玉人群体现思维观念载体的唯一资源，其产地所在在史前人类文化共同体形成过程中的特殊重要性，而医巫闾山作为这三大玉板块的组成部分，就成为古代东北地区最早的一个文化标志。当然，这个问题的最终解决，还有待进一步的考古工作。目前，无论是医巫闾山地区还是岫岩及其附近，尚缺少与红山文化遗存有所联系的相关发现，由岫岩到辽西，还有千山、辽河、医闾巫山的间隔，红山文化玉料的来源是否就在岫岩，还不能定论。而医巫闾山及其附近，一直无玉矿发现的报道，只有玛瑙矿。所以，有关红山文化玉料来源还是一个有待解决的课题。不过，从2009年以来开展的全国第三次文物普查，在北镇县西南的廖屯镇双河村发现了一处新石器时代遗址，从采集到的陶片分析，无论陶质陶色和饰"之"字纹的风格，都具红山文化典型特征，这个遗址虽尚无彩陶和其他更多标本发现，但可以肯定为一处红山文化遗址，这不仅有助于了解红山文化向东的分布以及医巫闾山与红山文化的关系，也有助于与文献记载的对接。北镇县境内能确认的新石器时代遗址，虽仅此一处，却更显珍贵。

如果说医巫闾山是否蕴藏丰富的古代玉矿和是否为红山文化玉料来源

还有待进一步考证的话，那么，医巫闾山在东北地区新石器时代到青铜时代古文化发展史上的重要作用则已有考古发现的充分证明。

通过多年实地调查发现，医巫闾山的东麓与西麓有不同的新石器时代文化和青铜文化分布。山以西为辽西山地和辽西走廊区，其间发源于医巫闾山附近、属于大凌河支流的牤牛河等，都向西南流向大凌河，各河流域分布的古文化遗址较为密集，以时间相当于夏商时期、与先商文化有关的夏家店下层文化为最多（距今约 4000～3500 年），还有较早的查海—兴隆洼文化（距今约 8000～7000 年）、赵宝沟文化（距今约 6000 年前）、红山文化（距今约 6000～5000 年）、小河沿文化（距今约 5000～4500 年），较晚的与山戎族有关的夏家店上层文化（距今约 3000～2500 年）。医巫闾山以东为辽河平原区，其间发源于医巫闾山及附近的饶阳河、柳河等，都向东南流向下辽河，该流域分布的古文化遗址极少见到在辽西密集分布的夏家店下层文化、红山文化等，而主要为与夏家店下层文化为邻的高台山文化（距今约 3800～3300 年），较早的新乐文化（距今约 7000～6500 年）和偏堡文化（距今约 5000～4500 年），较晚的新乐上层文化（距今约 3000 年左右），这就形成以医巫闾山为界的东西既互相区别又相互联系的两个大的文化区。医巫闾山就成为上古时期诸民族活动的一道天然分水岭。

考古材料还证明，医巫闾山既是上古人群及他们所创造的文化的分水岭，又是诸人群之间相互交流的通道。医巫闾山以西分布的诸考古学文化，与中原文化关系较为密切，而山以东的诸考古学文化，则区域特征更为明显，且与辽东半岛、鸭绿江流域和吉黑地区古文化具更多一致性，但东西之间并不隔断，而是始终保持着密切的文化联系，这除了新石器时代的一种饰压印纹的筒形罐，作为东北和东北亚地区史前文化的普遍特征，在辽西到辽东都较为常见以外，主要是到了夏商时期，医巫闾山以西密集分布的夏家店下层文化与医巫闾山以东的高台山文化之间，交往更为频繁，在两支文化交界地区，包括阜新境内属于医巫闾山向东北延伸的余脉地带，经常有两种文化因素在聚落和墓葬中共存的考古发现，典型的如敖汉旗大甸子夏家店下层文化 800 多座墓葬中有 40 多座墓随葬有近于医巫闾山以东地区古文化特征的横耳筒腹鬲，更有 12 座墓随葬有典型的高台山文化素面红陶器，其中第 459 号墓的夏家店下层文化彩绘黑陶器与高台山文化的素面红陶器并排摆放在壁龛以内，甚至出土状态也如高台山文化墓葬那样为一钵扣在一壶之上，阜新紫都台平顶山、旧庙代海的遗址和墓葬中也有类似的共存关系发现。医巫闾山地区发现的这一具二元性的文化现象十分重要，因为学界有根据《左传·召公九年》"昔武王克商……肃慎，燕亳，吾北土也"的记载，以为夏家店下层文化为先商一支的燕亳文化，与之相邻的高台山文化是肃慎及其先人创造的文化，辽东山地同一时期的马城子文化，更远的松嫩平原的小哈拉文化都具高台山文化的某些特点，应同肃慎族及其后裔挹娄、夫余由西向东北广大地区迁徙的历史记载相吻合，那么，医巫闾山区就是在辽西地区活动的商族先人与在辽东到白山黑水的东北广大地区活动的肃慎先人的分界和交往之地，从而形成东北地区民族文化的活动以医巫闾山为界的基本格局，先秦时期甚至先秦以后东北地区诸民族的活动轨迹都是在这一基本格局前提下不断有所变动的。如到了夏商之交，随着夏家店下层文化的南下，辽东地区青铜文化有西渐趋势，在辽东半岛后起的以一种形制独特的曲刃青铜短剑和大石棚为主要特征的被视为秽貊族的文化，也曾向西跨过医巫闾山到达辽西甚至华北平原的北部，不过随着周初"周武王之灭纣，封召公于北燕"（《史记·燕世家》）和召公及子嗣建都京蓟（在北京京郊房山琉璃河发现有周初燕国都城与燕国公墓）之后，燕文化甚至燕国势力很快就越过燕山进入辽宁西部，并由西向东开始了与当地文化的融合过程。继喀左县大凌河沿岸连续发现包括有"匽侯"铭方鼎和"燕侯"盂在内的数起窖藏商周青铜器群以来，1979年在义县稍户营子乡花儿楼村东北医巫闾山西麓坡地发现的一组5件青铜器，除了具商末周初青铜器基本特征的鼎、甗、簋以外，一件饰平雕饕餮纹、内底悬双铃的具商代和北方游牧文化双重特点的俎形器为商周青铜器中所仅见。医巫闾山麓发现的这组青铜器表明，燕文化与当地文化的这一融合过程至少在西周初就已到达医巫闾山地区。进入战国时期，随着铁器的普及等原因，这一融合过程迅速越过医巫闾山，遍布到医巫闾山以东的辽河平原甚至辽东半岛南端和鸭绿江流域，从而为燕秦汉时期在辽宁及邻近地区建立郡县并与东北亚地区产生更为广泛的联系打下基础。在这一关乎中华统一多民族国家形成的历史进程中，医巫闾山始终是诸多民族往来迁徙的必经通道。

医巫闾山考古工作开展不多，却已将这一地区的历史追溯到先秦时期，而且揭示出这座作为辽西与辽东的界山在东北地区历史发展过程中曾相当活跃，所以一直为古人所重视并在先秦文献中有所记载。隋代以后医巫闾山被历代王朝封为北方"镇山"和辽代选山设陵将医巫闾山经营为辽王朝一个重点活动地区，与医巫闾山在先秦时期的这一重要历史地位不能说没有关系。医巫闾山实为东北地区历史文化内涵最为丰富、历史影响最为深远的一座名山，这样的历史地位，使医巫闾山不仅在辽宁和东北诸名山中堪称首山，就是在全国诸多名山中，也是名列前茅的。

（原载于《北镇历史文化概览》，辽宁人民出版社，2014年）

敖汉史前文化遗址考察记

应邵国田同志（原敖汉旗博物馆馆长）邀请，在敖汉旗新州博物馆杨晓明馆长、朝阳市德辅博物馆王冬力馆长、赤峰市源古博物馆朱俊杰馆长协助下，我于 2018 年 8 月 17～21 日到敖汉旗造访考古遗址。先后考察了城子山、赵宝沟、大甸子、西台、小山、兴隆洼、兴隆沟、草帽山、小古力吐。其中兴隆洼文化遗址 2 处，赵宝沟文化遗址 2 处，红山文化遗址 3 处，夏家店下层文化遗址 2 处。

我曾于 20 世纪七八十年代在敖汉旗从事过考古工作，其中除 1973 年在敖汉旗做过调查以外，1976 年 6～7 月，1977 年 6～9 月和 1983 年 6 月，参加过大甸子夏家店下层文化遗址和墓地三个季度的考古发掘。1992 年还曾参观过正在发掘的兴隆洼遗址，2001 年 5 月应旗博物馆邀请参加过草帽山积石冢清理发掘。这三处遗址这次是旧地重游。其他几处则是经常引用资料但尚未有实地考察的机会，可以说是向往已久的地方，这次一并实现，自然收获很大。以下按时代和考古学文化分别记录。

一 兴隆洼文化遗址

共参观兴隆洼和兴隆沟两处遗址。

兴隆洼遗址，1982 年秋冬文物普查时发现，1983～1992 年发掘。遗址位于牤牛河上游原宝国吐乡兴隆洼村东偏南，是一块东高西低的缓坡地。杨虎同志主持发掘时，我曾于 1992 年和田广金同志随严文明先生到过现场。也曾议论过遗址在发掘后的保护展示问题。又回忆起 1986 年在沈阳召开的中国考古学会第六次年会上苏秉琦先生特意提到这处遗址，建议全面揭露。杨虎同志遵循苏先生建议，历经数年，共发掘房址 180 多座（1983～1986年发掘 60 余座，其中 1983 年发掘 7 座；1992 年 7～10 月发掘 66 座，还有窖穴和灰坑 173 个，居室墓葬 30 余座及聚落围沟），《考古》1985 年第 10期和 1997 年第 1 期发过两期简报。在 2007 年邓聪先生主持编写的《玉器起源探索》一书的"编后记"中，刘国祥同志在回忆兴隆洼遗址玉玦发现过程时，还透露过将 1983～1986 年发掘回填的房址又重新揭开，找到 12 座居室葬，其中 2 座墓有玉玦出土的趣事。当然，居室葬的发现，大大增加了兴隆洼遗址的分量，特别是 F180－M108 以一雄一雌两只整猪随葬的首领级人物墓和 M135 人头骨两侧各一玉玦证明玦为耳环的实证以及 M130 一对玉玦除内外径相同外，重量竟然也一致等实例。这次到现场，知旗里在发掘结束后对遗址的保护与展示，做了大量工作，已将遗址范围全部征地，以立砖和卵石标识出诸房址轮廓，内外植草皮，四周围木栅，前设木架门，无其他新建设施。虽以卵石贴砌房址轮廓的做法稍显生硬，草地未修整，大门及标志已陈旧，遗存如房址也缺少具体文字说明，但因少人工干预，基本能体现 8000 年前先人活动环境，展示效果较好。

　　附近有兴隆沟遗址，也属原宝国吐乡，1982 年普查时发现，是刘国祥同志于 2001～2003 年主持的发掘项目，报道见《考古》2000 年第 9 期和 2004年第 7 期。获有猪头骨和身躯以石、陶片摆塑的一对猪首龙形物（H35）以及多件石、骨、贝质小型人面像（以贴贝齿石人面像和人头盖骨雕人面像最为重要）、右眼眶嵌玉玦（M4）、成人男女二人葬（F36－M23）、采样孢粉中鉴定出人工栽培的黍及粟等重要资料。此遗址地势为缓坡，西高东低，四周较为开阔，与兴隆洼相近。这个遗址最为神奇之处，是地表可见上百处成行排列的灰土圈，以下即为房址，说明虽历经近万年的漫长时间，除近现代辟为耕地外，再无人为扰动。1998 年测绘时确认 145 处，其中东北部一区 52 座，11 行；中部二区 67 座，12 排；西部林地有破坏，26 处，10排。兴隆洼遗址也见相同情况，但从报道看，兴隆沟遗址地表房址群的显示似更清晰。兴隆沟遗址现仍为耕地，无其他保护措施，只有国保标志。由于敖汉被评为世界粟作农业遗产是以兴隆沟遗址粟的发现为重要依据的，附近乡镇也打出"世界小米之乡"的大标语，可见政府对此遗址也十分重视，但因距兴隆洼遗址较近（在东南 13 千米），所以兴隆沟遗址未再有征地的措施，自然也无遗迹的展示。

这两处重要遗址的发掘报告一直在编写中，至今未发表，令人期待。

二　赵宝沟文化遗址

参观赵宝沟和小山两处遗址。赵宝沟遗址是赵宝沟文化命名地，小山遗址是"四灵"纹陶尊出土地。由于辽西一直缺少这类遗存发现，也是我第一次亲自来到赵宝沟文化遗址，而且一到就是两处，还都是重点遗址，机会十分难得。

赵宝沟遗址属高家窝铺乡，距新惠镇较近（25 千米），所在处为西北高东南低的山坡地，四周有群山环绕，东南有教来河。1982 年文物普查时发现，后因其陶器造型和饰纹与红山文化不同而引起苏秉琦先生注意，认为是一种新文化类型，遂于 1986 年 6 ~ 7 月由刘晋祥同志发掘，1997 年发表报告书。共发现 18 座房址，F6 出鹿纹陶片，F13 出鳞纹陶片，F103 出陶人面。还有 60 多个单元未发掘。坡东南岗地发现石筑遗迹，只做了试掘，发掘报告称为石头堆遗迹。这处石堆南北长 18.5、东西宽 17.5 米，残高 1.3 米。边缘有墙，平台四面呈坡状。推测为祭坛。遗址所属村落因地处偏僻，依当地农村脱贫政策，已搬迁。遗址现为耕地，只立有国保的保护标志，未见其他具体保护措施。南部祭坛有较多石块散乱分布，疑为近人盗掘痕迹。

小山遗址在兴隆洼村东，牤牛河上游河南，属原宝国吐乡。东北隔沟与兴隆洼遗址相对，东距石砬山红山文化遗址 500 米。1982 年文物普查时发现，1984 年 10 月和 1985 年 10 月发掘。地势与赵宝沟遗址相近，也为西北高东南低的坡地，似坡度更大，散布有七八片"灰土圈"。已发掘的两处房址包括出土"四灵"纹陶尊的第二号房址，都在西北部高处，应是至尊的位置。向东南除房址群外，有无祭坛一类遗存？看来仍有继续发掘的必要。此处不是国保单位，但仍设一保护监控设备。由此向东北可遥望兴隆洼遗址全景，当年赵宝沟人是如何面对早约千年先人活动地景象的，可以做些推想。附近乡镇有以此遗址所出"四灵"纹图像作标志的，可见也已得到当地有识人士的重视。

　　考察这两处遗址让我想起有关赵宝沟文化的定名事。由于小山遗址的发掘时间早于赵宝沟遗址，又于1987年在《考古》上发表了简报，曾一度为以哪个遗址命名有所议论，最后还是苏先生在一次会上称为"赵宝沟文化"，才成共识。

三　红山文化遗址

　　共参观三处遗址：西台、草帽山和小古力吐。

　　西台遗址为此次考察最关注也是印象最深的一处。此遗址位于敖汉旗的南部，靠近辽宁北票市，属王营子乡。遗址在村落西部台地，故名。也为一缓坡。发现北、南城壕，在南墙开三门，北城壕内发掘10座房址，南城壕内发掘9座房址。北城壕内的F202、F4和南城壕内都出有陶铸范，其中F202所出为两扇完整的陶范，其余都为残范，共6件（图一）。此遗址的年代属红山文化中期前后，约距今6000年，遗址所出陶铸范为国内出土冶铜文物中年代最早的一批。这是目前所知红山文化聚落中规格较高的一处居住址。现遗址全部为耕地。未见任何保护标志。偶有陶片散布，不过这次竟采集到玉器的一残角，虽甚小，色黄白，但仍很令人振奋。西台遗址因只在《北方文物》发过一个简报，当时杨虎同志已去世，其夫人林秀贞代为编写，所以只引用了很少材料，似尚未引起各界重视，可能也未定为保护单位。只有再作发掘，与此前材料一并发表，才有可能提高保护级别并采取相应保护措施。

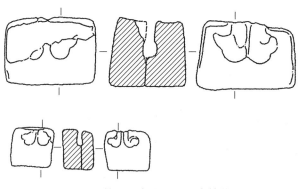

图一　敖汉西台遗址出土陶铸范

　　没想到草帽山也已是国保单位，但保护情况令人有些不可思议。保护标志竟然就坐落在遗址南部的祭坛上，将祭坛大部扰动或破坏。积石冢边界则多为新砌，使辨认原保留部分甚为困难，这可能是委托乡镇所为，但积石冢边界是按测图摆放的，不知有无了解情况的专业人员在现场。西部相邻有积石冢，发现有最近的车辙，推测是盗墓者痕迹。保护令人担忧。

　　小古力吐所在山坡较陡，也是背山面川。有碎石堆成的墙体，约为方形，前有突起。也散布筒形陶器，形制结构似冢似坛，是所见红山文化祭祀遗存的新现象。李新伟等曾做过调查（见《考古》2005 年第 3 期）。此遗存的石墙外新添多处坟墓，石墙内居然也有一座新坟，保护也甚堪忧。

四　夏家店下层文化遗址

　　共参观两处：大甸子和城子山。

　　大甸子遗址现也为耕地，只有国保单位的保护标志，无其他保护和展示措施。想到 1983 年最后离开时曾与刘晋祥同志绕遗址一圈，算是告别，却在露出的城门址处看到两壁和底部铺砌有石板，还采集到陶鬲残片，预示此遗址很不一般。现此门址缺口仍存。听说中国社会科学院考古研究所有再挖大甸子的计划，如实现则可能会有重要发现。

　　城子山遗址地势甚高，面积甚大。据报道，面积有 6.6 平方千米，分六区，232 个单元，北部最高处的中心区 15 万平方米，有马面和十余个门道。东南单元最多。已有遗址平面实测图，但无正式简报发表。此址是这次考察活动的重点，也是用时最长的一处。上下山坡和在山上城址内走动距离最长，好在当日为漫阴天，气温不高，遗址也没有想象中的那么高陡，大家心情甚好，还采集收获了一大包野韭菜。踏查中注意到遗址所见陶片稀少且多为红褐色，与其他高地遗址一致，估计文化堆积不厚，但石砌墙体保存段落较多，有的也较长，据赤峰县初头朗西山等遗址材料，墙下似有更深也砌筑更整齐的石墙。如今后有机会揭示出来，会很壮观。此处正在做保护监控设备，工程规模还不小，看来是近年敖汉古遗址保护的重点。

　　夏家店下层文化应有较大甸子级别更高的一处遗址，所以我于去年提出：寻找关外二里头！这次参观大甸子和城子山，有进一步思考。城子山遗址虽面积甚大，但地势太高，堆积不厚，附近缺少开阔地带。附近相对应的平地遗址，一直未有线索。倒是大甸子处于山中央低台地，四周有同时期遗址环绕，西北靠大山及山上山坡遗址群，东南开阔平川也分布诸多同时期遗址，是中心遗址所在的较为典型的地貌。寻找更高一级都邑遗址，大甸子遗址群的特点，是重要参照物。

以上所记，有旧地重游勾起的美好回忆，有实地考察后再查资料的对比享受，更有对西辽河流域史前社会的解悟与顿悟，新的感受不少。虽然七八月间地表为庄稼遮盖，不是调查最佳时间，但仍可以说不虚此行。

（2018 年 9 月追记于沈阳）

观五大道　学近代史

——天津游有感

到过天津多次，印象深刻的三次，一次是 1967 年，一次是 2005 年，还有就是最近 2011 年 4 月下旬这一次。

1967 年那次到天津是冬季，是从学校到天津郊区去印书的。印象深的是去劝业场附近的"狗不理"包子铺排队吃包子。一个大厅里摆了十多张饭桌，是一色的红漆大方桌。包子是大笼屉蒸，整个大厅的十几张桌子要一次上齐，所以要排长队等候，先在街边排队约半小时，挪到大门内过堂板凳上坐等约半小时，到了饭桌上还要等约半小时。我那时是穷学生，排了一个多小时队，只要了六两包子，风卷残云，可想而知，没有吃饱，要添加还得再从头排起，只好遗憾地离店，但记得很牢，现在想起来，不仅包子皮的薄而匀、馅的细而香、汤的浓而不腻，都与众不同，名不虚传，而且是保持着一种特殊的文化气氛，很有天津特色。虽然当时"文革"已进行了两年，但传统还在延续，"狗不理"包子铺的待客之道，就是百多年传下来的吧。

2005 年也是去印书的。任务完成后去了新建的天津市历史博物馆。特意去看了古代部分的蓟县大埝头遗址出土史前文物和馆藏红山文化玉器，但印象最深的却是近代史陈列。一般博物馆，古代部分有看头，到了近代部分，因为缺少吸引人的文物，多一走而过，就连国家级博物馆也是如此。天津市历史博物馆的这部分展览，却显得内容充实，很有吸引力。我反复琢磨，这个陈列主要不是材料的堆砌或方方面面都要照顾，而是研究成果的系统体现，而且因为场馆甚为开阔，有些部分如开国大典也设计得很有气势。

不过对天津印象最深的还是最近这次，是为父母海葬。顺便看历史文化街区——五大道。天津的历史街区，以前去过，1967 年那次还在大理道住过几天，有印象但不深，误以为是以一条街为主。这次事先从网上得知，五大道顾名思义就不是一条街，而是由多道街组成的一个区域，从东向西是东从南京路经河北路到西康路、从南到北是从马场道经睦南道（原香港道）、大理道（原新加坡道）、常德道（原科伦坡道）、重庆道（原剑桥道到爱丁堡道）到成都道（原伦敦道）之间，包括面积达 1.3 平方千米，道路延续达 7 千米。据天津博物馆白文元馆长介绍，此片街区是 19 世纪末到 20 世纪初军阀官僚、商人、名流和清代遗老在英法租界地或其附近所建，多为在京为官有势或为商积财，到天津这块便于生活又进可攻退可守之地置地建房。由在天津长期居住的西班牙、法国籍建筑设计师操手，所设计的建筑，由洋楼、花园与围墙组成，风格各异。新中国成立后，这一片建筑群自然大多数被充公，多为部队所占，为高层人士所居。这样，历年城市大规模建设拆改，这一区域性建筑群虽都有所改动，却不见高层建筑，这很不容易。现管理由房产局按一般保护、重点保护和特殊保护的不同级别挂历史风貌建筑的保护牌，由文物部门挂区级、市级和国家级文物保护单位的标牌，实现了双重保护。这群建筑的一个很大特色是主建筑多不临街，有围墙环绕，这样就形成以矮墙组成宽窄适宜的横竖街道，清晨和夜晚，街上车流渐少，人流更少，显得十分幽静，虽大门都紧闭，但在树荫矮墙之间，各式洋楼隐约可见，加上有建筑年代和房屋主人的醒目说明标牌，很有历史味道，在悠闲散步中体验中国近代史及中西交流，比在博物馆内参观又有更深体会，这就是物质文化遗产的魅力吧。

当然，天津现保存下来的近代优秀建筑还远不止五大道，还有教堂、银行、饭店、会所，还有意大利、日本租界地保留的西式和日式建筑，有的虽分布不如五大道集中，但有的规模较大，如利德顺饭店和各国银行，都为占地较多、建筑较为宏大的多层楼房，还有溥仪由北京转东北在天津暂住的张园等。这次未能去参观留下遗憾的是天津自然博物馆。此馆现在天津外国语学院内，只路过时看到学院牌子，是回来查资料才知道的。那是 20 世纪 20 年代法国神甫桑志华工作过的地方，原藏不少史前珍贵文物，包括我所关注的中国北方的史前文物。

看来，近代建筑确是天津市文化遗产保护和利用的一大优势，也是学习近代史的一个较为全面系统的实习基地和生动课堂。

长城脚下民居群

——张家口堡子里及其保护

我每次回张家口老家探亲，姐弟们总要给我看一些他们特意为我保留的有关当地文物考古方面的报道。今年留给我的，是《燕赵都市报》2004年5月6日刊登的一篇介绍张家口堡子里民居及其保护状况的报道，文章题为"堡子里，山城的根"。文章是该报驻张家口记者李彦宏同志撰写的。读了以后，总有些放心不下，觉得张家口堡子里的古民居群及其保护，应该引起诸位长城研究者和有关文物行政部门的进一步关注。

根据李彦宏同志的这篇文章和我的印象，又翻阅了手头能找到的资料，可以对张家口堡子里的历史与现状有一大概的了解。

堡子里是长城线上的一座边堡，它坐落在清水河与西沙河交汇处一块平坦高地上，西依赐儿山，北距明外长城约2.5千米，东南俯视清水河川。城墙范围从地图上看，南北、东西各在500米左右，东西似略宽。名张家口堡，又称"武城"。初建于明宣德四年（1429年）。《明史·地理志》记，京师万全右卫"东有张家口堡"。据说作为长城脚下的一个边堡，当时只开东门和南门，后又开小北门。城墙先土筑后包砖，城墙外有宽大的城壕，现存北城壕以多层大石条垒砌。小北门宽仅2米余，也全部以大石条垒砌。可见，张家堡口从始筑起，在塞北军事防御体系中就具有十分险要的地位。明成化年间，在城堡的东南"展筑关厢"，规模有所扩大。明万历年间，又在张家口堡北约2千米长城大境口附近筑来远堡，与张家口堡南北相呼应，于是又有上堡与下堡之说。由于期间蒙古族与明王朝修好，张家口就成了蒙汉交流的枢纽。来远堡附近设有马市，成为远近闻名的汉蒙茶马"互市之所"，城堡的功能于是逐步有所转变。清顺治年间，大境口开筑为门，这就是长城线上有名的大境门，从此口内口外交通更为方便。雍正二年（1724年）设张家口厅。《清史稿·地理志》记，直隶口北三厅："张家口厅，顺治初为张家口路，隶属宣府镇，康熙中置县丞，雍正二年改理事厅。""辖官地及察哈尔东翼镶黄一旗，西翼正黄半旗，并口内蔚、保安二州、宣化、万全、怀安、西宁四县旗民。""雍正十年，与俄定恰克图约，为孔道。"随着内地汉族与蒙古以及俄罗斯通商贸易的开展，张家口作为通往库伦（现乌兰巴托）、伊尔库茨克等地的交通要道和马匹、皮毛以及茶、盐、绸缎等货物的集散地和转运地，渐渐繁荣起来。皮毛加工业和皮货贸易尤其驰名，是著名的"皮都"和"陆路商埠"，并开通了号称北方丝绸之路的张库商道。乾隆年间，张家口又为察哈尔都统驻地，军事、商业地位都同时有所提升。

大概在此前后，堡子里建筑格局基本形成。约以建于明代的文昌阁（钟鼓楼，俗称四门洞）为中心，形成十字街，井然有序地布置着以民居为主要类型的各类建筑。

这些民居不仅从明代始建后一直延续，而且多数建筑规格较高。一般都设门楼、门道、影壁。门前设石门墩，有石台阶，不少门楼有砖雕，个别还保存着木雕。影壁上也有嵌大面积砖雕的。大都由门道左转进入四合院，院内的房屋虽多一面坡屋顶，然举架都较高，以多层石条为基座，墙体磨砖对缝。院落多为一进院，也有二进和三进院。鼓楼西街路北有一处院落，左右各两跨院，院间以月亮门相通，正屋出檐廊，屋脊保存的砖雕脊饰，宽大而层次感强，这大概就是清朝贵族定安府第，又称定将军府。据我的记忆，新中国成立之初，这个院落曾为察哈尔省政府驻地，现为市艺术团所在地。四合院中还有为两层的楼房，其中鼓楼东街5号院正房的二层小木楼，木柱和窗户还保存着旧涂的红绿漆，据说有的室内铺地板，还有拉门，那时间大概已到20世纪初了。

这些古民居，多为当时的富商所建。有的是钱庄和票号，应与晋商在张家口聚集（清代张家口曾为山西"八大家"皇商封地）并频繁经营中蒙、中俄贸易有关，故建筑也多山西风格。有些域外格调的建筑，还可能是近代外国买办的活动场所。

　　除了以民居为主以外，堡子里还有几座规模不大但有特点的古寺庙和戏台。寺庙有玉皇阁、关帝庙、奶奶庙、千佛寺，还有一个万字会。其中的玉皇阁，建于明万历九年（1581 年），坐落在堡子里的北城墙上，为墩台式单体建筑。文昌阁下关帝庙的屋顶还使用了琉璃瓦。玉皇阁下的一座戏台，尚保存有精美的木雕。传 1923 年康有为讲演的地方抡才书院，孙中山视察过的街巷，内战时周恩来调停期间暂住的将军楼，则已与名人和一段近代历史联系在一起了。

　　按报道估计，堡子里现共有 30 条街巷，每条街巷有 10 至 20 多处院落不等，总计有几百处古民居院落。由于堡内面积不大，院落一般规模较小，除十字街外，其他街巷也都甚窄，个别小巷仅限一人通过。布局十分密集却有序，且有一定层次，它们布满了整个城堡，形成一个以古民居为主的整体传统建筑群。

　　写到这里，自然要提到堡子里的古民居如何保护的问题了。"堡子里是张家口这座城市的根，是任何现代化大楼所无法替代的"，这是记者采访张家口市桥西区文体局有关人士时的看法。地方官员有如此高的认识，很不容易。但如何进一步采取保护措施，特别是如何整体保护下来，仍然是令人忧虑的。因为我家从 20 世纪 60 年代起曾在堡子里住过一段时间，每次回家，我总要到附近街巷走走，发现每次都有变化，有的是好消息，如文昌阁维修并公布为河北省省级文物保护单位，但更多见到的是古建筑的破败。先是城墙被拆，后是拆院落建新楼。记者的报道也说："经历了金、元、明、清四个朝代、拥有 900 多年历史的千佛大寺，就是在 20 世纪 90 年代由于建一座小学之需，被彻底拆毁。还有建于清代的万字会，一座外国人在当地传教的建筑，则是于 20 世纪 80 年代被拆。原地起了一座大楼。"20 世纪 90 年代以后，我家已搬出，不过我一直惦记着堡子里民居的保护问题。这次回家，虽然十分匆忙，我还是特意到几个院落去转了转，令人感到欣慰的是，十多年过去了，堡子里的变化不大，整体格局和大部分民居还保留着。张家口市文物管理处的同志们在电话里告诉我，市里已着意在制定保护规划，小北门正在申报省级文物保护单位并着手维修。看来，随着近些年来全国对古民居文物价值认识的提高和保护力度的加强，张家口堡子里民居的保护也已经提上日程。但更有力的保护还需要各方面的支持，包括系统的调查、测绘，全面收集资料，民居等各类建筑准确年代和类别、性质的断定，提高保护级别，还有居民维修房屋的政策以至房屋置换和搬迁等等。

为了加大保护力度，提高对堡子里民居群历史文化价值的认识，特别是加强对堡子里民居群形成历史背景的研究，十分重要。据我在辽宁所见，一般军事性质的城堡内缺少高层次的民居建筑。张家口堡子里所以集中形成内涵较为丰富的古民居群，显然是商业发达较早且持续时间较长的缘故，这里曾经历了一个由以军事防御为主到以通商为主的历史演变过程。出堡子里东关，有一条与堡子里平行、南北走向的狭窄街道，名叫"武城街"，一直是张家口商业最发达的一条街，就很能说明这一点。近年对长城研究的一个重要成果，是认识到长城作为中华民族的象征，从范围看，既是一条线，又是一个多民族多元文化交汇从而古文化发达的地带；从功能看，既具军事防御性质，又使各民族的交往有序化。张家口的堡子里就是长城这种民族象征性意义及其功能演变的一个具体而形象的例证。在长城脚下的一座城堡内有这样等级较高、类型较多、密集而有序分布的古民居群被保留下来，是一件值得庆幸的事，在长城史上应重墨一笔。所以，对张家口堡子里进行整体保护，既很有必要，又迫在眉睫。

还要说到的是，张家口是一个交通比较发达的中等城市，距北京200千米，京张高速公路开通后，单程只需2个多小时。堡子里就位于张家口的市中心，与其他地处偏远的古城堡和古民居相比，又有着十分优越的地理位置。保护的同时加以利用，将是京城以外长城沿线又一处具有特殊历史价值的胜迹。堡子里作为塞北山城的根，随着地方政府的重视和社会各界对它认识的加深，必然会再显繁荣景象。

（原载于《中国文物报》2005年1月21日）

在张家口市"纪念泥河湾遗址发现 80 周年"大会上的发言

承张家口市泥河湾历史文化研究会的安排，使我有机会能和大家就张家口地区的历史文化进行一次交流。安会长给我出了两个题目，一是泥河湾旧石器时代遗址，一是桑干河流域的新石器文化。这两个题目具体到一个地区，就是一段早期的历史，但是对于张家口地区来讲，这段历史却蕴含了几个比较重大的课题。一个是人类起源，一个是农业起源，再一个就是文明起源。这三大起源是当前科学界的前沿学术课题，不仅人文社会科学界而且自然科学界都在研究这些课题，不仅学术界而且社会各界也都在普遍关注这些问题。我们张家口地区的泥河湾地区和桑干河流域，因为与这三大起源的关系之密切越来越被学术界所认识，从而张家口地区在人类发展史和中国文明史上的地位也在不断提高。

不过，我虽然是张家口人，但对张家口地区的历史文化却了解不多，特别是泥河湾的旧石器时代遗址。在考古界，旧石器时代考古是相对比较独立的一个门类，因为它更多地涉及自然科学的理论和方法，像地质学、古脊椎动物学、古人类学等，对此，我只有一般的了解。在这方面，中国科学院古脊椎动物与古人类研究所的卫奇先生和河北省文物局的谢飞先生都有很深入的研究。张家口市不少关心这些问题的同志们也从不同角度对泥河湾遗址发表了很有见地的观点。刚才陈书记就讲了很好的意见。

这里，我谈三个问题。

第一个问题是关于泥河湾遗址群。我感触最深的，一是它的年代在不断提早，而它的文化内涵却具有相当的进步性。20 世纪 70 年代末发现的小长梁和东谷坨遗址，时代在距今100万年左右，当时就认识到这两个遗址出土的石器，无论选料、制作方法，还是类型，都具有一定进步性，甚至最初发现时有这样的印象：这两个遗址石器制作水平超过比它晚几十万年的北京周口店遗址。20世纪90年代以后发现的马圈沟遗址，年代在距今150万年前后，2001年在马圈沟遗址的下面又发现了第三文化层，时代已接近距今200万年，石器仍表现出一定的进步性。所以有学者推测泥河湾地区很有可能发现更早的古人类遗存，是有根据的。

关于人类最早的起源地，国际上多倾向于是在非洲的东非大峡谷地带，那里既发现了时代在200万年前的丰富的人类化石，也发现了时代在200万年前的旧石器时代遗址。而泥河湾旧石器时代遗址群，特别是马圈沟第三文化层的发现，被认为是"向人类起源非洲说提出了挑战"。可见其学术意义不仅是国内的，而且是世界性的。

泥河湾旧石器时代遗址群另一个重要意义，是它与中华民族传统文化的起源息息相关。刚才陈书记讲到已故中国考古学会的理事长苏秉琦先生对中国历史的概括："超百万年的'根系'，上万年的文明起步，五千年的古国，两千年的大一统实体。"苏先生以为这四句话是中国历史的"国情"。其中的"超百万年的'根系'"，依据就是泥河湾的小长梁和东谷坨遗址。它的主要特点是以小型石片石器为主，这与欧洲旧石器以手斧为主要石器类型的特点有很大不同。这样的小石器在泥河湾，从上百万年一直延续到几万年前的虎头梁遗址，使这一地区成为细石器发源最早的一个地区，而小石器也是周口店北京人文化的主要特点，所以这是中国远古文化的一个传统。

苏先生这四句话是1992年为中国历史博物馆纪念建馆80周年时的题词，当时有学者曾提醒他，要注意人类的起源与现代中国人和中国文化起源之间的差别，也就是说在中国境内发现的旧石器时代早期文化，并不一定就与以后的中国人和中国文化有直接关系。以后得知，这是来自于国际遗传学的一项新的研究成果。这项新的研究成果是1987年美国加州大学伯克利分校几位学者做出的，他们对采集到的世界各地147位现代妇女胎盘细胞中线粒体DNA进行测试，提出所有现代人种都是距今20万年左右、生活在非洲的一位妇女的后代，由于这个理论是用最先进的DNA方法测定的，所以影响很大，后来就叫"夏娃理论"。这个理论于20世纪90年代传到中国，中国学术界也有相当一部分学者接受这种看法，但苏先生从地域文化特色和文化传统的承袭思考，仍然坚持"超百万年的'根系'"的提法。1997年他在《中国文明起源新探》一书中将他的观点系统化，他说到超百万年的文化"根系"："证据在渤海湾西侧阳原县泥河湾桑干河畔，那里有上百米厚更新世堆积的黄土层。在更新世黄土层的顶部有一万多年前的虎头梁遗址，在更新世堆积的底层有100万年前的东谷坨文化。它们代表着目前已知的旧石器时代文化遗存的一头一尾，而且都是以向背面加工的小石器为主的组群，代表着中国旧石器文化的主流传统。值得指出的是，东谷坨人已能选用优质的燧石为原料，小型石器的类型已较固定，打制技术已较熟练，已具有明显的进步性，因此东谷坨文化并不是中国文化的源头，真正的文化源头还要到超百万年的上新世红土层中去寻找。"我以为，苏先生这段话可以作为目前对泥河湾遗址群的一种学术定位。

　　第二个问题是关于农业起源。这主要指的是泥河湾地区的于家沟遗址。大家知道，从旧石器时代过渡到新石器时代，是人类历史一次飞跃，重要标志就是发明了农业，还能制作陶器，所以又称"新石器革命"。时代大约距今1.2万年到1万年间。这个阶段虽然非常重要，但是这一阶段的遗址却发现非常少。在我国，20世纪60年代，明确的发现只有江西省万年县仙人洞遗址，在那里发现了很原始的圜底绳纹陶器。20世纪90年代在河北省徐水县南庄头遗址也发现过距今1万年前后的石器、陶器以及包括猪、狗、鸡等动植物标本和人类活动面等遗存，被认为是探索华北地区农业起源的一个重要遗址。于家沟遗址从已报道的材料可知，这里距今1万年前后的文化层有连续的三层，中层出有陶片，时代超过1万年，下层出众多细石器，时代更早一些。我在河北省考古研究所谢飞同志那里看到过那块陶片，印象是陶片有一定硬度，又是平底的，也表现出一定进步性。泥河湾地区旧石器早、中、晚期遗址都有，晚期遗存又特别丰富，细石器出现早而典型，加上万年前后的遗存，表现出很强的文化发展的连续性，这在别的地区是罕见的。也说明上万年的陶器在泥河湾地区的发现不是偶然的，这是一个重要信息，说明泥河湾地区又是寻找万年前后旧石器时代向新石器时代过渡遗存、探索农业起源的一个重点地区。

第三个问题就是桑干河流域的新石器时代文化。这与中国的文明起源有直接关系，因为古史传说中有黄帝与炎帝和蚩尤在涿鹿作战的记载，时间大约就在新石器时代晚期。但是古史传说的五帝时代是中国学术界争议最大也是非常敏感的一个领域。"五四"运动时期对古史传说提出的疑问也主要在五帝时代这一段，并出现了以顾颉刚先生为代表的疑古学派。以后讲中国通史，这一段历史一直是若明若暗和一带而过的。但是五帝时代是中华文明史的开端，是牵动亿万中华儿女人心的大事，于是大家把希望寄托于从考古学上找到五帝时代的实证。其实从 20 世纪 20 年代近代考古在中国开展以来，从中原地区到中原以外地区不断有距今 5000 年前后的遗址被发现，这些遗址与五帝时代的历史是不是有关？是不是五帝时代的历史遗迹已经被发现了，但我们还不认识？这里有一个文献记载与考古材料如何结合的问题，但解决这一问题首先是学科的理论和方法论要有新的创建。因为多年来历史考古学界存在的一个很大的问题，一是用社会发展史代替中国历史，把丰富多彩的历史简单化；再一个就是中华大一统观，用以中原为中心、以汉族为中心、以王朝为中心的观念看待中国历史，把中原以外地区的历史都视为是在中原影响下发展起来的，从而贬低了周边地区在中国历史上的地位和作用。

率领中国考古学突破传统观念并创建新的理论和方法论的是苏秉琦先生和以他为代表的中国考古学派。苏先生对中国考古学贡献很多，其中主要的，一是考古学文化区系类型理论，或称"条块说"；一是文明起源多源说，或称"满天星斗说"。他根据全国各地的考古发现，将中国商周以前的古文化划分为与新中国成立初期我国六个行政大区大体相当的六大考古学文化区，因为他认为中国现代行政区划的形成是历史发展的结果。六个大区每个区都各有自己的文化发展序列和特点，而且各个区域文化发展步伐是大致同步的，各个区之间的影响也是相互的，中原地区影响周围，周围地区也影响中原，后世成为中国传统的许多文化因素，不少并不是在中原而是在中原以外地区最早创造出来的。苏先生的这一理论是根据考古材料的实际提出来的，所以当这一理论于 20 世纪 80 年代初公布以后，立即得到全国各地考古界和历史学界的响应。在这一理论指导下，中国考古学的发现和研究发生了质的变化，其重要标志就是各地都在寻找和研究当地文明起源的进程。苏先生自己也身体力行，从 20 世纪 70 年代末到 80 年代中期的几年中，他跑遍了河北、山东、山西、河南、江苏、浙江、广东、四川、辽宁、内蒙古、甘肃等省的一些重要考古工地，并从 1982 年起倡议召开小型专题座谈会。他选定的第一个地点就是桑干河流域。

1978 年，在他的建议下，河北省文物研究所与吉林大学考古系合作，在桑干河支流壶流河流域发掘了三关、筛子绫罗等新石器时代遗址。苏先生将发掘点选在桑干河流域，我想与这一带在古史传说中的记载有关。所以当发掘取得重要成果时，他建议先在那里开个现场座谈会。1982 年，座谈会在蔚县西合营三关考古工地召开。参会的都是在北方地区从事考古工作的学者，我也参加了那次会。就是在这次会上，苏先生提出了桑干河上游是中原、辽西和内蒙古河套这三个地区古文化汇合的"三岔口"的观点。特别是在三关遗址群发现的 5000 年前的新石器文化，既有中原仰韶文化的玫瑰花图案彩陶盆，又有辽西红山文化的龙鳞纹彩陶罐，是中原仰韶文化与辽西红山文化在桑干河上游接触的实物证据。苏先生对这一发现非常重视，记得这两件标本刚出土不久就送到北京请苏先生研究，在王府井考古所他的办公室放了很长一段时间。接着在辽西的东山嘴和牛河梁发现了女神庙、祭坛、积石冢和玉龙等玉器。"坛庙冢"和龙，这都是中国传统文化中最具代表性的因素，它们为什么首先不是在中原地区而是在燕山以北出现呢？正当大家对此感到困惑时，苏先生给出了答案，他以为，中原仰韶文化与辽西红山文化在桑干河流域接触是其中的一个主要原因。文化间的交流可以有多种形式，仰韶文化与红山文化是两个经济类型和文化传统不同的史前文化，它们之间的交流，是文化交流中的一种高级形式，苏先生称为"碰撞"，其后果就是在辽西山区出现了被认为是中华五千年文明起源象征的大规模的祭祀礼仪建筑群。苏先生高度评价 5000 年前南北文化的这次交流在中国古史上的作用，他说："当仰韶与红山一旦进一步结合起来，中华文化史面貌为之一新"。所以，桑干河流域在中国文明起源过程中是一个起过原动力的重要地区。

苏先生的思考并未就此止步，不久，他又从"三岔口"引申出"文化带"的概念。这与陶寺遗址的研究成果有关。陶寺遗址在山西省南部的襄汾县，这个遗址发现了距今 4500 年前后的墓葬和城址，大墓随葬一组由彩绘陶器、漆木器、石磬、鼍鼓等组成的庙堂礼器，具王墓的规格。学术界普遍认为其与古史传说中五帝时代的陶唐氏尧有关。尧的事迹在晋南这一带传说也比较多，陶寺附近就建有尧庙。但就是在这样一批与五帝有直接关系的大墓里，随葬的彩绘陶中的龙纹和玉器，都与辽西地区的红山文化有密切联系，彩绘折腹盆又近于小河沿文化，而折腹盆在小河沿文化是有从早到晚发展序列的。泥河湾地区姜家梁小河沿文化墓地出土的折腹盆，既有彩绘，体形又较大，与陶寺墓地的彩绘折腹盆更为接近。于是，苏先生又提出，当仰韶文化与红山文化在桑干河流域碰撞并在辽西山区产生坛庙冢后，红山文化又从大凌河折返南下，沿桑干河和汾河河源及太行山西麓到达晋南的陶寺，形成一条由北到南的文化带，这条文化带是中华文化史上最活跃的民族大熔炉，距今 6000 年到距今四五千年间中华大地如满天星斗的诸文明火花，这里是升起最早也是最光亮的地带，所以，苏先生称这一地带是中华民族文化总根系中的直根系。他的这一研究成果反映在一篇题为《华人·龙的传人·中国人——考古寻根记》的短文中。在这篇不到 2000 字的短文里，他将考古与古史传说相结合，对五帝时代诸主要代表人物的活动轨迹进行了系统分析。文章一开始就提到"华山脚下的玫瑰与燕山以北的龙的中间对接点在桑干河上游一带"。又说到这一结合的文化意义："龙与花的结合会使人自然联想到我们今天的自称'华人'和'龙的传人'。"这篇文章于 1987 年在《中国建设》发表，当年被《新华文摘》转载，1988 年全国高考选为语文卷的阅读题，占 15 分，这说明社会对五帝时代的这段历史也是非常关注的，而且我们的研究成果已经得到社会各方面很大程度的认可。

在这篇文章里，苏先生不仅把古史传说与考古材料进行了有机结合的尝试，而且是把探索五帝的踪迹与追寻中华民族文化的根结合起来进行研究的，所以结论就更具可信性。1991 年，他又应多卷本《中国通史》总主编白寿彝先生之邀，主编了《中国通史》第二卷《远古时代》。在这一卷的序言中，他以史前考古中仰韶文化与龙山文化两大阶段的划分为依据，将古史传说的五帝时代也分为相对应的前、后期，前期以黄帝为代表，后期以尧舜为代表。这一划分为我们用考古材料研究五帝时代历史提供了一把钥匙。

　　这里就要谈到黄帝和可能与黄帝时代有关的考古遗存。按照苏先生的观点，黄帝是五帝时代前期的代表人物，五帝时代前期相当于仰韶文化后期，那与黄帝有关的遗迹就要到5000年前的仰韶时代的诸考古学文化中去寻找。目前比较活跃的有三个地区，一个是陕北的黄帝陵，国家每年都要在那里搞祭奠活动；一个是河南省的灵宝市，那里黄河南岸有个铸鼎原，也有黄帝的传说，那一带也是仰韶文化比较发达的地区，现在中国社会科学院考古研究所和河南省文物考古研究院在那里发掘到规模很大的仰韶文化遗址；再一个地区就是我们这里包括辽西的燕山南北地区，反映在考古材料上就是红山文化和红山文化与仰韶文化的结合。

　　其实从古史传说中有关黄帝的记载分析，黄帝与北方总有着千丝万缕的联系。比如现在的陕西省黄帝陵是从汉代起祭黄帝的地方，其所在的黄陵县地理范围并不属于中原，而是属于陕北高原，而在陕西，黄帝的传说更多的地方是在比黄陵县更北的榆林地区。《史记·五帝本纪》也记载黄帝族"往来迁徙无常处"，这不是农业定居部落而是北方游牧或渔猎部落的习俗。黄帝率领作战的部落名称，有熊、罴、貔、貅、貙、虎，也都是北方森林草原的野生动物。记载黄帝的后人又与北方的狄人有关。《礼记·乐记》也记"武王克殷及商，未及下车而封黄帝之后于蓟"，地在今燕山南麓现长城脚下。从考古发现看，北方的燕山南北地区，发现了红山文化大规模祭祀礼仪性遗址和红山文化与仰韶文化交汇的证据，包括桑干河流域发现的南北新石器文化共出的现象，这与古史传说中以黄帝为代表的五帝时代前期代表人物在北方的活动和黄帝部落与炎帝、蚩尤的接触，有着惊人的吻合之处。这样，古史传说就有可能得到考古材料的证实。现在需要的，是继续做更多的工作。蔚县壶流河流域考古发掘报告希望能尽快整理和发表。那一带还应做更详细的考古调查等等。最近，科技部和国家文物局正在进行"中华文明探源工程"的立项工作，目标就是研究夏代以前五帝时代的历史。"十一五"计划期间，对这个项目要有大的投入，我们桑干河流域的新石器文化，与这一项目关系密切，希望能争取列入这个项目中去，取得更有说服力的考古实证。

　　安会长一再问我一个问题，说现在黄河叫中华民族的母亲河，我们桑干河流域是不是也可以叫母亲河？我想举与我们张家口自然地理情况相近的内蒙古赤峰市为例。赤峰市这几年经济文化发展较快，他们对古代文化的保护与开发也比较重视，并起到了提高地方知名度、促进经济发展的显著效果。赤峰市是红山文化的定名地，那里的西辽河流域不仅分布有红山文化，还有早于红山文化的先红山文化，年代已超过距今8000年，也发现了玉器、雕刻品和龙形象等比较进步的文化因素。赤峰的同志们就提出，黄河叫母亲河，那西辽河就是祖母河。如果按这样的思路，我们桑干河流域有泥河湾超百万年的古人类足迹，又有5000年前与黄帝有关的传说和遗迹，那我们桑干河就应该叫老祖母河了。

最后我想谈一点对堡子里古民居的保护。堡子里作为长城脚下的一个边堡，堡内以钟鼓楼（文昌阁）为中心，按"十"字街分布有200多个院落。多数院落是比较典型的四合院，基本上是一个小门楼、有石墩、石台阶上抱鼓石、门洞，砖雕影壁，左拐就是四合院，屋顶多一面坡，底部石条，墙壁磨砖对缝。庙宇除按长城城堡北城墙上的上帝庙以外，还有分布在堡内的其他庙宇建筑，此外还有戏楼、钱庄、商号等多种功能、多种类型的建筑，这在全国是很罕见的。据我在辽宁所见，一般军事性质的城堡内缺少高层次的民居建筑。张家口堡子里所以集中形成文化内涵较为丰富的古民居群，显然是商业发达较早且持续时间较长的缘故。其意义大不寻常。大家都知道，长城是中华民族的象征，但是，长城是汉民族为防御北方少数民族修筑的军事设施，它是民族冲突的产物，那么为什么它又是中华民族的象征呢？据我的理解有两个方面，一个方面就是长城不只是一条线，而是一个地带，即长城地带，这个地带是古代文化集中交汇的地方，交汇地区的文化之间相互吸收诸文化中的先进因素，从而往往会创造一些新的文化内容，桑干河上游作为史前文化交汇的三岔口，成为中华文化起源和文明起源的原动力就很能说明这一点。所以有学者说，长城地带是中华民族的脊梁骨。另一方面，汉民族与北方民族之间，除了军事上的冲突，平时还是要有经济生活等各方面来往的，长城就起到使这种民族交往"有序化"的作用。清初在大境口开大境门就是适应了日益频繁的蒙汉之间的交流。雍正年间与俄罗斯签订恰克图条约后又将贸易通道延伸到俄罗斯边界，张家口是最主要的商品集散地和转运地，又有山西商人参与，遂出现了著名的张库商道，也逐渐形成了堡子里具山西风格的古民居。这些反映出张家口曾经历过一个由以军事防御为主到以通商为主的历史演变过程。张家口堡子里不同寻常的价值就在于,它是长城这种民族象征性意义及其功能演变的一个具体而形象的例证。在长城脚下的一座边堡内有这样等级较高、类型较多、密集而有序分布的古民居群被保留下来,是一件值得庆幸的事,在长城史上应重墨一笔。所以,对张家口堡子里进行整体保护,既很有必要,又迫在眉睫。但更有力的保护还需要各方面的支持,包括系统的调查、测绘、全面收集资料,民居等各类建筑准确年代和类别、性质的断定,提高保护级别,还有居民维修房子的政策,以至房屋置换和搬迁等等。目前,市里和桥西区各级领导正在制订堡子里保护规划,并采取实际措施保持现状并逐步修整,这真是一件造福子孙后代功德无量的善事。

张家口的历史文化研究,这些年进展较快,特别是泥河湾历史文化研究会成立以后,正在按课题作更深入的研究。我既是家乡人,又从事文物考古工作,愿意做点配合。祝张家口泥河湾历史文化研究会在市领导支持下,在研究、宣传张家口历史文化、保护和利用文物古迹方面取得更大成就。

(此文为 2004 年 12 月 17 日在河北省张家口市"纪念泥河湾遗址发现80 周年"大会上的发言,根据录音整理,经本人修改。原载于《桑洋文化》2017 年)

《东北文化：白山黑水中的农牧文明》
绪论

人们常把中国版图形象地比喻为一只报晓的雄鸡，东北地区处于首部，当然是非常重要的位置。在中国历史上，东北地区——主要是辽河流域——确实起过"领头"的作用。

谈起东北历史，傅斯年先生早年在《东北史纲》中论断："商之兴也，从东北来，商之亡也，向东北去。"商民族是否来源于东北，尚待证实，但至少说明历史上的东北诸民族，在中华开国史和中华民族形成及发展的过程中，其作用与贡献并不限于当地。

最新考古发现，早在数十万年前，活动于辽东半岛营口的金牛山人，其体质特征就较同时期华北地区的周口店北京人进步。旧石器时代晚期的海城小孤山洞穴遗址，时代不晚于周口店山顶洞遗址，却出土了使用两面钻孔先进技术的骨针。骨针代表了缝纫技术，缝制的皮衣解决了御寒问题，从此，人类才有能力离开洞穴走向平原，走向大东北和更寒冷的地区，越过白令海峡进入新大陆。距今万年以内，东北地区遍布以"之"字形篦纹陶为主要特征的新石器文化，其中的查海—兴隆洼文化独露头角，已掌握了制作精美玉器的技术，高超的技术显示社会已分工，社会分工导致社会分层，东北地区似乎已迈出了由氏族过渡到国家的第一步，由此观之，象征中华五千年文明的特大礼仪性建筑群——坛庙冢在辽西山区的红山文化首先出现，虽有些出人意料，细审却并非偶然。古辽西属冀州，冀州因为是五帝活动地域，列于九州之首，辽西古文明源于五千年前，约当五帝前期，古史传说中五帝前期有关古国和代表人物在北方地区（包括东北南部）

的活动，这些发现增加了传说的可信性。可见，东北历史的发端是与中国开国史紧密相连的。夏商周三代，东北地区是重要方国之所在。早期青铜时代的夏家店下层文化，有连续数十里连锁式城堡群，具有一定的国家规模，是北方地区方国的重要代表。《左传·昭公九年》也有"昔武王克商……肃慎燕亳吾北土也"的明确记载。商周时期活动于东北地区的民族有东胡、山戎、秽貊等，这一时期东北地区青铜时代诸考古文化，如魏营子文化、夏家店上层文化以至西团山文化，都不同程度地反映出北方与中原文化共存交错、吸收融合。在这种民族文化关系深厚的历史基础上，战国时燕始设郡，就已远达辽东。秦汉因之，继续向东北腹地深入，并直接或间接地与活动于大东北的扶余、沃沮、挹娄等族交往，扩大了帝国的活动范围。继战国至汉代城址陆续在辽西、辽东以至吉林省境内发现后，考古工作者终于在山海关内外的渤海湾北侧绵延百里的海岸处，发现了规模和规格都相当于阿房宫的宫殿遗址群——秦始皇碣石宫，这是统一多民族国家形成的象征。中国较世界诸文明古国更突出地经历了古国—方国—帝国这种国家形成时期的不同发展阶段，而孕育于白山黑水的古文明与这一历程息息相通。

汉代以后，活跃于东北地区的乌桓、鲜卑、高句丽、靺鞨、契丹、女真等族先后建国，由于普遍吸收了中原王朝的典章制度和文物精华，这些民族由氏族向国家过渡的进程大大缩短，并且迅速强大起来。随着民族势力的消长，它们有的在长城内外、环渤海北翼争先，有的如慕容鲜卑族的前燕，辽、金更长驱中原，在改朝换代中唱了主角。北方民族逐鹿中原的大趋势，有如大海波涛，一浪高于一浪，直至满族入关，建立起中国最后一个王朝——清帝国。有关东北及北方诸民族在中国文明缔造史上的这种特殊地位和作用，中国考古学会理事长苏秉琦教授在论述"燕山南北长城地带考古"时作过这样的概括："我国统一的多民族国家形成的一连串问题似乎最集中地反映在这里。不仅秦以前如此，就是以后，从'五胡乱华'到辽、金、元、明、清，许多'重头戏'都是在这个舞台上演出的。"

如能联系东北地区优越的地理环境，以及由此而形成的文化开放性，可以更清晰地认识这一地区历史文化的发展规律和特点。东北大地素以富饶辽阔著称，以大小兴安岭、长白诸山脉作屏障的松辽大平原，是中国最大的平原，世界三大黑色土壤之一，有黑龙江、松花江、辽河、鸭绿江等大江大河贯穿其间。在这样的大环境下，农耕自然是主要的谋生手段，因此东北地区较早开辟成东亚农业中心之一，这是历代各族不断开拓，扩大交往的经济基础。同时，在黑土地边缘交错分布着广阔的草原，以及茂密的山林地带，南部和东部是渤海、黄海和日本海，因此，从一开始农耕就经常与畜牧业以及渔猎诸业并存，出现了农、牧、渔猎在南、北、东部各有侧重的基本格局，于是形成了各有渊源、各具特色的民族文化群体。文献与考古发现均表明，历史上活动于东北地区的诸民族，经济形态都不单一。经济类型多样的文化群体交流结合，冲击着原始封闭的陈习，使诸多民族能跟上历史的步伐，不断为东北文化增添新的光彩。虽然许多民族在历史长空中像雄鹰一样匆匆而过，然而东北文化那粗犷与细腻、神秘与写实、浪漫与严肃等多重而完美结合的个性，正闪现出它们自身及相互交融的身影。

东北地区古文化发展的这种优势，又以东北南部的辽河流域最为突出。辽河流域，以医巫闾山为界，东部的下辽河平原与松辽平原连成一片，西部的辽西丘陵山地越过燕山山脉，直下华北平原，北邻蒙古草原，与欧亚大陆无大阻碍，南则扼守渤海海口，面向朝鲜半岛和日本列岛。这种地理形势使辽河流域最先与黄河流域的农耕文化接触，又吸引了附近广阔地区里经济类型不同、文化传统各异的文化共同体到这里汇集，成为一个最理想的文化交汇场所。

人类的文化交汇是随着农业、畜牧业的发明和人类活动范围的扩大而不断增强的。农业和牧业的进一步分化以后，交汇更频繁，交汇形式也更多样化，明显推动了社会文化的发展。所以农耕与游牧两种文化之间的关系始终是世界历史上文化交汇的主流。农耕的稳定性和游牧的流动性相互补充，为群体间的吸引和融合，文化的创造和再创造，提供了多方面的条件。辽河流域所处的大兴安岭到燕山一线，正是世界上农耕与游牧交界地带的东端，这里既是交界线，也是过渡地带。从新石器时代起，这一地区的经济形态就是农牧交错、农牧结合的。两者结合所产生的优势，在这一地区发挥得淋漓尽致。著名的红山文化就是其中最突出的一例。以农为主、兼营牧业和渔猎的红山文化，长期接触南部的黄河流域农耕文化，经历了从吸收到撞击的过程，又可能通过北方游牧文化，从遥远的西亚文明得到文化信息。激烈的交汇形式和广泛的交汇范围，造成的不是文化间的替代或简单的复合体，而是中华文化传统的初现。牛河梁遗址那层层叠起的三重圆形祭坛，酷似北京天坛的圜丘；女神庙内彩塑神像以玉镶嵌眼球的神奇手法，与中国传统彩塑技法一致；丘状顶台阶式积石冢结构——即红山文化"金字塔"，与后世帝王陵墓相似；北方的龙与彩陶上的"花"的结合，使人联想到中国人今天自称"华人"和"龙的传人"。中华传统文化时间延续之长，复盖范围之广，似乎都可以从5000年前的辽河流域找到渊源。而辽河流域喜用玉器和积石建筑结构，又同东北亚广大地区诸多民族古文化的特征不无关系。东北地区以至东北亚地区古文化，早在文明的黎明时期，就已在火花撞击中奠了基。所以，到了青铜时代，尽管来自欧亚大陆草原游牧民族的文化因素明显增强，但在东北地区南部出土的青铜器上，我们仍可以感受到农牧文化近乎完美的融合。与此同时，辽河流域的青铜文化加强了东渐之势，其中，由辽西经辽东半岛、朝鲜半岛到达日本九州地区的传播路线十分清晰，成为日本民族跨进农耕文明的重要背景。文献也记载了燕人东移和秦始皇开拓海东的史实。

把这种交汇推进到又一新阶段的，是几百年后由北方南下到辽西建国的慕容鲜卑族，以及继之而起的北方大族——契丹和女真族。从鲜卑族迅速封建化，到契丹族南北两院制的建立，和满族创立满汉蒙三种八旗制度，反映出后期在东北地区出现的各民族，在大幅度吸收汉文化、妥善处理邻近诸民族关系从而产生建立大帝国的思想意识和雄才大略方面，走着近似的道路，并且在前一代的基础上，把民族文化关系不断推向新的高度。崛起于白山黑水间、兴起于辽沈大地的满族，善于总结历代经验，彻底改变了自秦统一以来，筑长城，设重防，隔绝草原与中原、使游牧民族和农耕民族对立起来的格局。长城失去作用的同时，中国出现明确的疆界。中国最后一个王朝，也是中国历史的集大成者。

与此同时，在东西方文化交汇方面，继青铜时代之后出现了更为引人注目的新局面。以鲜卑族为例，在三燕都城朝阳一带的鲜卑族墓葬中，经常出土的人、马甲胄，弓剑等武器和黄金制镶嵌宝石的装饰品，体现一派骑马民族风尚。它们不仅是习俗喜好，还是当时上层贵族阶层等级身份的标志物。无论在工艺、造型、风格上均深受中西亚文化的影响，罕见的玻璃器皿更可能是由罗马直接进口的奢侈品。尤其是三燕的东方邻居是正处于强势的高句丽王国，彼此交往极为密切，于是这一时期的东西交汇以高句丽为媒介，伸入朝鲜半岛，经新罗诸国，再次东传日本列岛。时正值日本古坟文化的大和王权形成时期，由此而引发出"骑马民族征服王朝"之说。对于这段历史，虽评说不一，然而可以肯定，因骑马民族活跃而开辟的东西交汇之路，作为丝绸之路在东端的延伸，使东北亚历史文化于3世纪开始，出现了一个大放异彩的时期，辽河流域则是这一时期东北亚的重心所在。直到唐初，辽西重镇营州和邻近靺鞨族建立的渤海国，仍然是唐王朝与高句丽和日本交往的主要基地和通道。东北亚文化交流的这一形势一直延续，由唐代到元、明、清三代开拓和管辖黑龙江流域及更远地区，东北文化始终植根于这块广袤的大地上，发展着自身特色，直到与现代文明的又一次结合。

一部东北史，既是一部民族史，更是一部文化交汇史。东北地区作为多民族文化精萃汇集之地，犹如一座民族文化的大熔炉，炼就的是充满活力的新文化。文化传统在创新中继承和发展，以其无限的生命力成为连绵不断的中华文化的有机组成部分。它有经常接受中原文化的一面，也有与中原文化同步发展、相互影响的一面，在某些重要历史发展阶段，东北地区还曾"先走一步"，并通过玉器之路、青铜之路、骑马文化之路，使东北文化发展的每个脚步都涉及广大东北亚地区。在形成区域特色的同时，东北文化对中华统一多民族国家历史文化，乃至整个东方文明的形成发展，都发挥过特殊而重要的作用。

[原载于商务印书馆（香港）有限公司编辑"中国地域文化大系"《东北文化：白山黑水中的农牧文明》，1996年]

《红山文化玉器鉴赏》前言

经林声先生（辽宁省原副省长）介绍，我结识了洪殿旭先生。初次见面，谈起他有感于辽宁出有红山文化玉器，特别是他的夫人迟小秋女士（京剧程派传人）家乡阜新市的查海遗址，出有迄今最早的真玉器。由此，洪先生很希望与我合作出版一本关于红山文化玉器鉴赏的书籍。

想到目前红山文化玉器除辽西朝阳市牛河梁遗址正式出土的以外，散见于各地的也不少，还没有一本集中介绍的书籍。如能收集出版，不仅对于鉴赏，就是对于红山文化玉器的研究，无疑都是一件好事。为此，我向他建议，如编写一本鉴赏红山文化玉器的书，那就把各地博物馆流传有序的藏品收集在一起，包括已知海外收藏的红山文化玉器，以此作为这本书的主要内容。这一设想可能与他原来的想法有些不同，主要是增加了材料收集的难度，不过，他很尊重我的意见，就按这个思路开始了准备工作。由于散见的红山文化玉器收藏于多个单位，多是文博系统的，但也有教育系统的，还有海外收藏的，洪先生则往来于各地，广泛联系结识文博考古界各方面人士，努力收集起来。还为经费的筹措而奔忙。那种执着精神，令我佩服，也加深了我们合作的基础。

近几年，为拓宽玉器研究领域，各方面都在对古代玉器研究现状进行回顾。起步晚，进展快，是对中国古代玉器研究史的准确概括。如大家经常所议论的那样，虽然玉器的收藏研究也起步较早，但长期以来，对玉器的重视程度远不如其他类别，如青铜器、瓷器等，在博物馆藏品中，玉器被列入杂项，在考古发掘报告中，被作为"小件"，列于文章最后加以简略介绍，还有将玉器甚至具代表性或十分精美的玉器，放在石器中介绍。这种情况一直持续到20世纪70年代，也就是说，古代玉器研究得到重视，不过是近三十年来的事，但研究的成果却已令人刮目相看。不仅发表的资料越来越丰富，出版的相关书籍越来越多，而且研究进程步步深入，已从传世玉器到出土玉器，进而提出玉文化和玉学的新思路，甚至在以考古资料复原历史的任务中，玉器所起的作用也越来越明显，由此玉器在考古学和文物博物馆事业中的地位自然很快得到提高。在这一急速转变过程中，史前玉器的考古新发现起到领头羊的作用，而红山文化玉器又在其中扮演着主力军的角色。

我对玉器原没有专门研究，也就是因为发掘和研究红山文化，经常接触到玉器，才不断有所体会，并加入到玉器研究的大军中来。不过，主要还是作为考古学的一个组成部分来进行研究的。如果说与玉器鉴赏有点关系的研究成果，可围绕红山文化玉器在选料、制作、埋葬中所体现的对玉本质的表达，谈几点看法。

选料。台南艺术大学黄翠梅、叶贵玉两位先生在2004年内蒙古赤峰"红山文化国际学术研讨会"上曾发表一篇文章，认为红山文化玉器与良渚文化玉器在尺寸大小、造型风格上的差异，与选料有关，前者以河磨玉为主，后者以开采山料为主，是很有启示的观点。我们在编写牛河梁遗址发掘报告时，有机会全面观察牛河梁遗址出土玉器，发现其中玉料较好的，大都采自河磨玉。河磨玉是大自然的杰作，不仅是石之精华，也是玉之精华，是最能表现玉本质的部分。虽然因玉料来之不易，红山文化用河磨玉做成的玉器，体积一般不大，造型也受到制约，而且遗有大量皮壳部分。但红山人善于将劣势转变为优势，如对待玉石的皮壳，凡红山文化玉器中选用河磨玉料的玉器，其主要部分为本色，皮壳总是尽量被安排在器的边缘或末端，形成绿色为主、红色陪衬的布局，有的甚至可能已是俏色的做法。红山文化对色彩的重视可以其他实例作为旁证。在牛河梁祭祀遗址群的积石冢中，规模较大的冢群有用白色石灰岩石垒砌的积石冢和近旁以红色玄武岩立置的红色祭坛相组合，白色石灰岩石砌起的积石冢上成行排列着红色筒形陶器群，陶器红地上绘黑彩或红地上涂朱、涂黑等等，这些色彩不同的元素常以对比的形式出现，说明红山人对自然界各种色彩辨别的敏感性和相互协调的合理掌握，看来，对色彩的巧妙利用已经成为红山人信仰的一个重要组成部分。所以在玉器选料和设计制作时巧用天然玉的色彩，既突显玉的本色，又加强了玉器的装饰与点缀，是顺理成章的事。当然，这也增加了红山文化玉器的艺术内涵和感染力。

磨光。这本是玉器制作的必备程序，但红山文化玉器在这方面似乎特别用功。观察发现，红山文化时期玉料的加工已普遍使用片切割成材技术，经切割后的玉材，棱角锐利，形状趋于规正，但是红山人并不直接利用这一成型的有利条件，而总是要再加以磨光使这些棱边圆而光滑。同样，红山人已掌握了管钻法钻孔技术，钻孔后孔缘的锐棱也都要再加磨光，使孔缘不失规正，突出了圆润的效果。再就是用料较大、体积也较大的斜口筒形玉器，以线切割掏大而甚长的孔，掏孔后的壁面面积大而甚薄，不过仍要对内、外壁都细加磨制。这种特意精磨加工的情况尤其见于玉璧。红山文化玉器中玉璧也较为常见，其特点不仅内外缘和壁面都经磨制，而且将玉璧做成外方内圆的形状。玉璧是从史前到战国秦汉玉器中持续时间最长的一类玉器，但全都是内外孔缘直棱、壁面平整的定制，唯红山文化玉璧为内圆外方、壁面鼓而内外边缘薄似刃。对这些费时又费工的现象的合理解释是，设计制作者是有意要以磨光来突出玉的质地，从而表达某种特定的观念。

与磨光的大量使用相应的，是对饰纹的慎重。红山人对器物外表进行装饰的意识本来很强，在夹砂粗陶罐上满饰整齐密布的各式各样的压印纹就充分表明这一点。在玉器上饰纹虽然比在陶器上饰纹难度大得多，不过从已发现有纹饰的玉器来看，红山人已掌握了在玉器上刻划复杂花纹的技术。但他们对在玉器上刻划装饰却极为慎重，一般除对动物的头部和鸟类的羽翅等进行必要的刻划外，所见装饰主要是采用减地阳纹式的技法。这又可以分几种情况，一是用减地法表现动物头部五官，如玉龟和玉鸟，各部位皆不甚显露，仅触之有感，却很准确。二是在平面上显示立体感。如牛河梁出土的一件大型玉凤，是在平板上以直线为主成纹，由于采用减地手法，既甚为简洁，又克服了平面直线的呆滞，最大限度地体现出羽翅和尾羽的层次。三是在勾云形玉器或有弯度的玉件如玉臂饰等薄板状玉器的表面上，以减地阳纹做出似瓦沟状的凹槽，可称瓦沟纹，这种瓦沟纹的宽与窄、深与浅多十分均匀，起到随光线的变化若隐若现的奇特效果。目前所发现的红山文化玉器中尺寸最长的一件勾云形玉器，长而甚薄，要从两面通体磨沟，沟纹槽必然很浅，然所起的脊棱线条清晰而流畅，都十分到位。不过由于纹槽甚浅，一般情况下只能看到花纹的局部，要想看到全貌，只有将光线调到十分准确的角度。此外，刻划有纹的玉件，也常与这种沟槽相间相隔，起到相互衬托作用，如玉雕龙的首部。

以上装饰工艺的制作难度都要远高于其他刻划纹饰，却可以对人的视觉产生极大冲击，那就是随着光线照射角度的变化，使这些纹饰时隐时现，从而最大限度地突出了以玉质本身来表现的一些特殊效果，如立体感、层次感，特别是神秘感。可见，红山文化玉器制作上的这些特殊处理方法和由此而形成的独特风格，并非技术上的原始性，却是一种刻意追求，目的是不靠过多的外加的人为因素，就使玉器自身的特性，得以充分表现出来。

突出玉的特性还体现在红山文化的埋葬习俗上，那就是"唯玉为葬"。"唯玉为葬"，即墓中只葬玉器而不葬一般史前文化所常见的陶器、石器等。牛河梁遗址已发掘4个地点，发掘近百座墓，有随葬品的墓占到一半左右。这批有随葬品的墓葬中，同时有玉器和陶器随葬的和同时有玉器与石器随葬的各只1座墓，只随葬陶器不随葬玉器的也只3座墓，其余的墓葬都只葬玉器，只随葬玉器的墓占到有随葬品墓葬的近90%。牛河梁遗址积石冢中以玉器随葬为主的这种情况，还有依时代和等级而有所变化的规律，即只随葬玉器的墓集中于晚期墓和规模越大的墓，它们都全部只葬玉器。说明只葬玉器，是牛河梁遗址埋葬习俗的一个具有代表性的特点。

这里要强调的是，史前诸文化的墓葬，都是以陶器为主要随葬品的，也不乏用石器随葬，只有红山文化是个例外。本来红山文化已具备了相当发达的制石和制陶工艺，大型打制石器、磨制石器、细石器三大类石器并重和石犁耕的大量使用，为同时期其他史前文化所不及。细石器更讲究选料的硬度、色泽、纹理和通体精细加工，有的已是精致的工艺品。红山文化的制陶业，有以具东北文化特征的压印"之"字纹陶和受中原仰韶文化影响的彩陶器这北、南两种文化融为一体的陶器群。巨大的积石冢上有立置陶筒形器的做法，这些陶筒形器，个体较大，成行排列，动辄几十上百，它们已属批量生产的产品。尤其是牛河梁遗址出现了一批与祭祀有关的特异形陶器，如积石冢和女神庙出土的造型复杂的"塔"形器（祖形器）、女神庙及附近窖穴出土的熏炉器盖和彩陶方器，都是烧制技术甚高的祭礼器。但在红山文化墓葬中，却极少有这些高等级的陶、石器随葬，而只葬玉器。把这种独具特色的葬制放在当时社会大背景下考察，红山文化正处于由原始社会向文明社会过渡的社会变革时期，墓葬规模及随葬品的数量、质量是反映人与人等级差别最主要的标准，该文化不葬或少葬与生产、生活有关的石器和陶器，只葬非实用的玉器，说明当时在表达人与人之间等级地位时，对思维观念的特殊重视，要远高于对物质财富的占有，也表明红山文化对玉器的认识已经达到一个高峰。

总之，红山文化玉器从选河磨玉为料、制作重磨光而轻饰纹，特别是"唯玉为葬"的埋葬习俗，都是围绕着一个目的，那就是使玉的圆润、纯洁、光泽等本质得以最大限度的发挥。史前时期的玉器是用以通神的，所谓"以玉事神"，古人在自然界众多石料中独选择玉作为通神工具，是意识到玉在石料中属于中性物质，玉所具有的温而润等自然特性，是最符合与神联系的，因为沟通需要和谐，可以达到与天地神人沟通的最佳效果，这种靠自然物的特性来达到人与神之间沟通的纯真而神圣的思想观念，是古人尊重大自然的体现。研究还发现，实现人与神沟通的使者是巫，巫者既然是玉器的主要使用者，也必然参与玉器的设计制作，在这一过程中，巫作为群体中智慧与德行的集大成者，也同时赋予了玉器以道德价值的观念，这同此后孔子时代以玉的各种特性表达人的德行的"以玉比德"的种种记载，自有其承续的脉络可循。

以上只是鉴赏红山文化玉器的一个方面。如果说对红山人所创造的玉文化的本质已有所触及，那就是通过这样逐层思考，既可了解红山文化玉器的社会价值，欣赏其艺术创造，又可揭示当时人与人的关系，人与自然的关系。以古比今，在当今和未来社会的飞速发展中，人与自然相处，人与人相处以及人自身修身养性的调整，在人们的生活和社会活动中越来越提到重要位置。我们在鉴赏红山文化玉器的时候，在被其艺术魅力感染的同时，不是可以对当今社会提出的这些迫切需要回答的问题有更多的领悟吗？进一步而言，在鉴赏时追求心态的纯真、营造和谐的气氛非常重要，因为只有在那种美妙的境界中，方可体会被古人视为"神物"的玉器的精髓所在。

　　以上是我在研究玉器主要是红山文化玉器时的点滴体会，愿与红山文化玉器研究者和爱好者共勉。

　　（原载于郭大顺、洪殿旭编著《红山文化玉器鉴赏》，文物出版社，2010 年）

大师的熏陶

——忆张政烺先生

　　2011年5月下旬，我去北京大学考古文博学院为研究生班介绍学习苏秉琦先生学术思想的体会。讲完后有一个为2012年北京大学考古专业成立60年活动的有关采访，提问者突然问我，你在北大印象最深的事是什么，当时觉得一两句话也说不清楚，回到沈阳后细想，应该是大师的熏陶吧。我们在校的20世纪50年代后到60年代初，在学校随时可以接触到受大家仰慕的各位先生，有本系的，也有外系的，有的听过课，有的听过讲座，有的一起开过讨论会，更多是在校园里远远看到老师们散步的身影，或在宿舍里相互评说先生们做人做学问的传奇故事，那种感受对学生们来说更多是无形的，却影响一生，是最珍贵的记忆。

　　张政烺先生就是大家谈论较多也给我印象较深的一位。

　　北大有名教授为低年级讲基础课的传统，我们62届赶上了，是受益者。刚上一年级就听到张政烺先生讲授的中国上古史和胡钟达先生讲授的世界古代史。不过那时已受即将到来的"教学革命"影响，对这样高水平的讲课还是常有不满意的地方。记得一次系里征求学生对教学的意见，大家多提到课上课下就是背年代、人物、事件，考试后大部分忘记了，学历史到底有什么用，有历史无用论的忧虑。胡钟达先生在上课时直接回答同学们意见时说，忘掉是正常的，主要是培养一个历史头脑，学会用历史的头脑去观察和思考问题。所以，对张先生的记忆，也主要是课外听到的一些事。讲课时印象深的，是他经常用浓厚的胶东话半对着黑板提到郭沫若先生，这多是引郭老的观点，有时听得出来是有不同看法，好像就有历史分期问题。我之所以记得这件事，是觉得郭老是科学院院长，当时已是 1957 年下半年，能在讲课时表达不同观点，至少在北大课堂上还比较民主吧。课外听到的事，一是青铜器辨伪，大家都说张先生功力深，眼光敏锐。一次大概是在故宫看一件有名的铜器，张先生提出器是当时的，铭文是后加的，令大家佩服，于是流传开来，那时文物辨伪完全是学术范畴的讨论，没有什么市场价格买卖之类的概念。再就是后来在系里总见不到张先生高大的身影了，说是到历史所编历史图谱去了，后来又听说是被调出北大了，不知具体原因，猜想又是和红与专之类的问题有关吧，感觉历史系缺了一根支柱，太可惜了。

离开学校后与张政烺先生的一次接触是 1973 年 4 月在中华书局。那年我为喀左北洞出土窖藏商周青铜器几次到京请教各位先生，两次到中华书局拜访正在做汉墓竹简整理工作的张政烺先生。张先生与陈述先生坐对面。张先生对窖藏铜器发表自己意见后，特意问起在"文化大革命"初期自杀的辽宁省博物馆的老馆长张拙之，提到张拙之馆长曾到北大历史系开座谈会，说张馆长很能讲话，也很会讲话，座谈会上就听他一个人讲，老师们都听得津津有味，全无厌倦之意，表达出对张馆长的赞誉和惋惜之情。我是 1968 年从学校到辽宁省博物馆报到的，没见过张拙之馆长，更不知道他到北大历史系座谈的情况，写这篇回忆时特向省馆原馆长徐秉琨先生询问，知那是 1953 年的事，那年张拙之馆长有个带着馆里一批专业人员去全国各地文化教育单位学习考察的大举动，到北大见了翦老和向达先生，但那次在系里座谈都讲些什么，没打听到。不过我到馆后听说张拙之馆长的事迹不少。馆里人都说张拙之馆长很有个性，他早年从黑龙江老家到上海参加革命，资格较老，级别较高，但甘愿在博物馆做一个馆长，别无他求。大家谈得最多的，是他对知识分子的尊重和保护，那次到北大历史系座谈就是带着李文信、朱子方、胡文效（胡先生与翦老、向达先生是湖南同乡）和杨仁恺几位先生去的。1957 年反右时，尽管有的先生也有些言论，但一个都没有划，是辽宁省文化系统唯一没有右派的单位，何况是知识分子成堆的地方。他自己曾在新四军做过文化教员，到馆后博览有关历史、文物及博物馆学的书籍，如饥似渴，他长于记忆，过去读过的书或听过的报告，往往能背诵如流，讲话既有内容，又能深入浅出，生动活泼。不过这次是在北京听张政烺先生提起，还是觉得很值得回味，一是张拙之同志能在北大历史系诸教授面前滔滔不绝地讲话，多年后还让先生们记起，还真有他过人之处；再就是那次张政烺先生问起张拙之馆长的事是1973年，当时文博口虽然有业务恢复，思想也有所松动，但"文化大革命"还远没有结束，张馆长也还没有平反，谈这种事多少还有点忌讳，张先生却轻松回忆，可见他对张拙之馆长印象颇深。

对张政烺先生最近的印象就是1985年11月张先生与苏秉琦先生一起去山西侯马开晋文化会的事。后听苏先生说起，那次开会的前一天，苏先生还不知道在会上怎么讲，夜里突然想到四句话，从床上坐起来凑成类似一首七言诗，第二天就以这四句话为提纲对晋文化考古作了阐述。第一句是说仰韶文化与红山文化的南北交汇是红山文化坛庙冢出现的原因（华山玫瑰燕山龙），第二句话是说作为中华古文化标准化石的三袋足器——鬲，最早起源不在中原，而在内蒙古中南部到冀北一带（大青山下鬲与瓮），第三、四句话有陶寺所在的晋南是四方汇聚之地，从而为夏商周三代在中原建都奠定基础的意思（汾河湾旁磬和鼓，夏商周及晋文公）。我未能参加侯马会，后听童明康同志说，张先生对苏先生的观点很赞赏，于是欣然提笔为那首诗篆书（图一）。对于历史与考古界默契组合的这一段佳话，苏先生很在意，在《晋文化问题》一文中他写道："会前我准备了四句歪诗，题为'晋文化颂'；又画了一张示意图。请张政烺同志写成条

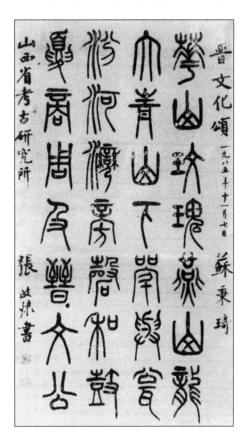

图一　苏秉琦赋、张政烺书"晋文化颂"
（1985年11月）

幅并配图说明，挂起来当提纲，会后留做这次会议纪念品保存。"会后还特意将张先生既大气又有意境的这幅篆书装裱后挂在他在考古所七楼的办公室。同事们到他的房间办事前后总要对着这幅字议论和赞赏一番，有的还希望以后能有机会代为保存。不巧的是，1997年6月苏先生故去后这幅字却一时找不到了，我有点"耿耿于怀"，于是前几年搬新家后，我特意请老友、书法家李仲元先生将苏先生这首诗再书写成幅，和有张政烺先生篆书那幅字作背景的苏先生在考古所办公室观摩陶器的照片一起，挂在客厅墙上，以此作为对两位老先生学术上合作的纪念和对自己的鞭策。

（2011年10月应林小安同志之邀而作）

忆夏鼐先生二三事

能够参加"夏鼐先生百年诞辰纪念座谈会",感到非常荣幸。

我直接向夏先生请教的机会不多。印象比较深的,是 20 世纪 80 年代初辽西红山文化考古发现前后的几件事。

1981 年 12 月,中国考古学会第三次年会在杭州召开。我和孙守道同志向大会提交了一篇《论辽河流域的原始文明与龙的起源》的论文,被小组会推荐作大会发言。由于文章所引用的材料,包括内蒙古翁牛特旗三星他拉出土的玉雕龙,都不是正式考古发掘品,题目又比较大,是否能够在大会上讲,定不下来。就在大会发言的前一天午饭后,夏先生在宾馆小卖部前找到孙守道同志。由于夏先生说话声音较轻,老孙又因耳背一时没有反应过来,好在因为 20 世纪 50 年代初孙守道同志主持西丰西岔沟西汉墓葬发掘清理工作,夏先生对那批资料很重视,《考古学报》编辑部曾给辽宁省博物馆发函,希望发掘报告以《考古学专刊》系列编写发表,1959 年孙守道同志参加中国历史博物馆通史陈列时,与夏先生也有所接触,夏先生知道老孙耳朵有毛病,于是就用手比画一个大圆圈,老孙一下子就明白了,马上请夏先生到房间里,拿出三星他位那件玉龙的黑白放大照片,并向夏先生汇报了有关情况。到了下午,会议通知我们,可以在大会上讲。

夏先生在那次年会总结讲话的最后,专讲了一段古代玉器问题,虽然未直接谈到红山文化玉器,但较多地谈到新石器时代的玉器和玉料的来源。以后得知,夏先生那一年在国外就以汉代玉器为题做过讲演,并提到刚刚发表的江苏草鞋山出土的良渚文化玉琮。草鞋山遗址是 1972 年底到 1973 年初发掘的,在第 198 号墓中发现的玉琮,是良渚文化玉琮首次正式考古发掘品，材料于八年后的 1980 年发表在《文物资料丛刊》第三辑，当时尚未引起更多注意，就是在那年以东南沿海新石器考古为主题之一的杭州会上，也很少谈到。但夏先生在那篇汉代玉器的文章中，三次提到草鞋山出土的带兽面纹的玉琮，以说明中国玉器的悠久传统和汉代玉器对传统的延续。

再一件印象比较深的就是牛河梁遗址刚发现时。牛河梁遗址于 1983 年秋冬开始发掘，当年底，我们将发掘材料拿到社科院考古所，向夏鼐先生和苏秉琦先生汇报。夏先生对这次发现十分重视，尤其是女神庙和女神头像，他要求将年代把握准确。第二年开春，考古所技术室负责人王抒和科研处负责人乌恩两位到牛河梁工地。王抒同志是我们聘请的技术顾问，行前夏先生叮嘱，一定要将地层反复验证。乌恩同志并将现场提取的 3 个木炭样本亲自带回所里做碳十四年代测定。得知测定结果的 1985 年 3 月，正是在北京大学召开中国考古学会第五次年会期间，于是会议提出第六次中国考古学会年会要在沈阳召开。我未参加第五次年会，辽宁省参加会议的徐秉琨同志打来电话，向我转告会议决定。我觉得辽宁工作基础较薄，缺少系统考古资料，又从未承办过这样大型的学术会议，就告诉徐先生，能推就推。可过不一会儿，徐先生又来电话，说在沈阳开会是夏鼐先生建议的，于是事情就定了下来。

夏先生对待重要考古材料的使用，十分慎重，对田野工作的要求非常严格，通过以上接触，我和我的同事们对此都有切身体会，并常向年轻同志谈起，希望能共同继承夏鼐先生和老一辈考古学家身体力行并一再关注的考古界的好传统。我的又一体会是，夏先生学术视野开阔，在坚持严谨学术作风的同时，对重要考古材料特别是牵涉重大课题的考古发现，始终保持着高度的学术敏感性，以不断指导和推动着学科的发展。并且对后学总是给予热情鼓励。

1991 年 3 月，我参加了在日本京都泉屋博古馆召开的有关中国文明起源的讲座。那次会是樋口隆康教授亲自安排的，会上见到小南一郎先生。我们共同回忆起八年前也是在 3 月份，夏先生应日本 NHK 电视台邀请，作中国文明起源的讲演的事（小南先生是那次讲演稿的翻译者）。重温夏先生关于中国文明起源要靠考古学解决，中国文明起源与新石器文化的关系，中国文明起源是土生土长、有自己个性和特色，同时又吸收周围文化因素包括域外文化因素等著名观点。由此我想到，夏先生在辽西红山文化刚刚发现时就予以特别关注，是胸中已有大课题。正如夏先生在中国考古学多个领域所起的指导作用一样，在中国文明起源这一领域，夏鼐先生是开拓者，也是指导者和引路人。

（2010 年 2 月 9 日在中国社会科学院考古研究所"夏鼐先生百年诞辰纪念座谈会"上的发言，刊于《中国社会科学》2010 年 3 月 2 日第 19 版）

捕捉火花

——陪苏秉琦先生聊天

晚年的苏秉琦先生爱聊天，尤其是触景生情、逢人忆事之时。

说是聊天，先生的话题从不离开考古学科，很少有多余的闲话，也很少有重复的话。

说是聊天，却往往是他的深思熟虑，从而时时充满新意。

先生记忆力特强，不论是人还是事。当然更多的是那些"瓶瓶罐罐"和与考古材料有关的时间、地名、数据甚至典型单位和器物的编号等等。

晚年由于经常是他和师母两位老人在家，除看书以外，先生更多的时间是在静静思考。按张忠培先生的观察体会，有关文献和考古材料先生早已熟记在心，重点在"悟"！偶尔翻报纸，看电视，也总是从中联想到与学科有关的题目。

先生是考古界的"尊神"（徐苹芳先生语），时时迸发出的思想火花产生着巨大的吸引力。各地的考古工作者，一有了新的发现和问题，都愿意先找先生请教，或到家面谈，或写信打电话，总是乘兴而来，满意而归。因为先生总会毫无保留地谈出他的想法，给人以启迪，包括下一步工作方向甚至具体工作步骤、措施。所以，他坐在家里，却往往最先知道发生在各地考古第一线的事情，并不断在与学生们的交流中产生新观点。

不过，他越来越不直接谈考古，而是回忆往事，讲近代史，讲哲学道理，讲来讲去，还是要说明一个与考古有关的规律或理论方法。

他爱打比喻。总是用浅显而形象的话语将深奥的理论或概念加以提炼再表达出来。如将环太湖地区的良渚文化在人工堆起的土墩上筑墓称为

"土筑金字塔"，坐在浙江杭州余杭区大观山果园土台边称"这里就是古杭州"（几年后确认这个土台为良渚遗址群的中心——莫角山宫城遗迹）；誉发现东山嘴和牛河梁红山文化遗址所在的辽宁西部建平、凌源和喀左三县交界地带为考古的"金三角"；将处于多文化分布边缘又是接触地带的天津考古的特点和优势，形容为"用边角料做时装"；以"考古资料是十三经，发掘报告是十三经注疏"启发各地同行们重视系统收藏科学标本和档案的考古实验站的建立；引《庄子》"庖丁解牛"的故事比喻中国考古学研究方法经历的从"皆牛也"到"无全牛"再到"游刃有余"的过程；还有大家都熟知的将中国多元文明起源比作"满天星斗"等等。

他喜欢多人陪他聊天，但不喜欢别人打断他的思路，却时时在感受对方的反应，形成一种无形的沟通和默契。

一次成功的聊天记录，稍加润色就是一篇高水平的论著。

所以，陪苏先生聊天，是一种享受。

我是从20世纪80年代开始渐有较多机会陪苏先生聊天的。感觉先生也喜欢同我多谈一些，这可能与我已经习惯也较为执着，还有容易接受他的观点有关。因为1962～1965年在学校跟苏先生读研究生时，先生好像就不大布置学习任务，而多是谈些心得体会。那时苏先生大半时间在城内中国科学院考古所上班，正常情况下至少每周四来学校，我一般是周四下午到未名湖畔的健斋203室同苏先生见面。对那三年的学习收获，记得最牢的，一是研究生入学专业考题，一是考古实习。专业考题是：用考古资料说明，夏商周各自的主要活动地区和他们的接触地带；考古实习，先是整理北大实习地点、含有不少东南沿海地区文化因素的洛阳王湾遗址的新石器时代资料，后是整理山东大汶口文化墓地和参观江浙地区新石器文化的发掘成果。可以看出，这已是苏先生用正在酝酿中的考古学文化区系类型理论指导教学工作，我有幸成为受益者。所以到辽宁工作后，我对北方地区古文化与中原大致同步发展、相互影响的观点容易接受。1976年前后我参加过内蒙古赤峰市敖汉旗大甸子夏家店下层文化墓地、翁牛特旗大南沟小河沿文化墓地的发掘，特别是1981～1983年辽宁朝阳东山嘴、牛河梁红山文化遗址陆续发现后，苏先生同我谈话的内容越来越多，越来越广，也越来越深。

聊天的方式也在变换。先是有机会赶上在学校听先生讲座时和参加学术会议会上会下为先生录音并随时整理出来。更多的是陪先生聊天时小心翼翼地拿出笔来在纸片上记个提示，事后再追记整理，但这样做许多重要的话都遗漏了。后来感觉先生对做作记录的举动并不介意也未打断他的思路，于是就干脆公开化，一听先生开口说正事，就拿起笔和纸做正式记录。先生似也深知我的用意，以至形成又一种默契。

先生晚年的学术思想非常活跃，尤其是各地考古新发现和研究成果迅速积累的 20 世纪 80 年代前后，他的观点发展很快。要跟上他的思路需要动些脑筋，下点功夫。我的态度和做法是：全盘接受，感受到谈话中有新观点和受到启发时要有所表示，不理解的也先记录下来，"不懂装懂"，以后理解。只是先生在正式场合的谈话内容有时会跑题，需要小心提示一下。有时先生也会沉默无语，似闭目养神，其实是在沉思，这时只要是提一下最近某地重要的考古新发现、新动态或新观点，先生总会又全神贯注起来，并往往将话题引入一个新的境界。

聊天成了苏先生晚年学术活动的主要形式。通过陪先生聊天，把先生最新研究成果记录下来，及时整理发表与师友们共享，更不断对先生的学术思想有了新的理解。

当然，与先生聊天时间最长、内容最多也较为系统集中的，是 1996 年1 月至 2 月陪先生赴深圳的学术活动。那是 1994 年秋由在京和各地赶来的师生们于北大考古文博学院为先生举办 85 岁生日庆祝会后，先生很希望找几位相知相识的朋友再聚一聚，谈些新课题。正在关注苏先生学术思想的香港商务印书馆总编辑陈万雄先生听说后主动做东，在深圳新华分社所在的贝岭居为先生安排了环境适合的生活和工作场所。那年先生已是 87 岁高龄，出门要备轮椅，但思维仍然敏捷，而且已做了"为后人要有个交代"的准备。所以，在深圳我与苏先生整整四十天的日夜相处中，或廊屋促膝，或庭院漫步，总有谈不完的话题。深圳之行虽然以回顾学科发展和个人学术经历为主，却也处处新意。不少观点我也是第一次听到。最近我将深圳谈话记录加以整理，发现先生那一时段集中思考和畅谈的，有两个紧相关联的内容，一是中国考古学体系的建立，一是人类文明一元性。

前一部分谈得较多，内容大都已发表过。不过那次因离京赴深圳前河南《寻根》杂志曾向先生邀稿，于是话题常从"我谈寻根"的角度展开。针对早年学界称中华古文化为"鼎鬲文化"，先生较多谈到鼎和鬲的起源：鼎、鬲要分开说，大致鼎起源于东南，鬲起源于西北，夏是鼎文化，商周是鬲文化，但商鬲与周鬲结构不同，所以，"夏商周各有各的根"；中原及周邻的北方、东、东南、江汉至岭南以及四川和西南等六大区系都是以当地文化为基础发展起来的，每个大区又可以分出若干如新中国成立后省以下所分专区那样的小块块，是"各有各的夏商周"。每每聆听先生的这些讲述，我就想到，以"满天星斗"形容中国古文化和文明的起源，真是再合适不过了。

谈起寻根，不能不提到先生于 1987 年在《中国建设》发表的那篇著名的短文，短文的题目就叫《华人·龙的传人·中国人——考古寻根记》。此文经《新华文摘》转载后以"内容的科学性、语言的准确性、阐述的逻辑性"（《光明日报》1988 年 8 月 17 日）被选为 1988 年高考语文阅读题，近三百万莘莘学子在同一时间阅读一篇考古寻根文章的不寻常场面至今还被经常忆起。其实，先生早在 20 世纪三四十年代整理陕西宝鸡斗鸡台瓦鬲和 50 年代研究仰韶文化时，就有了追寻中华文化与文明根脉的强烈愿望，以为那是从事考古研究的学者义不容辞的社会责任。随着 70 年代到 80 年代先生创建的考古学文化区系类型理论逐渐为各地学者所接受，有关的考古发掘和研究成果接二连三涌现，先生的足迹也踏遍大江南北和长城内外。1981 年由我主持的辽宁朝阳喀左县东山嘴红山文化遗址发掘的消息传给先生时，他从这处规模不大、年代在距今 5000 年前、却已具备中国传统的坐落在高岗、面向河川山口、南圆北方、左右对称的建筑群选址和布局中，意识到这是考古寻根的一个重大突破，于是如先生自己所言，他像是在天上盘旋的老鹰，终于在僻静的辽西山区捕捉到他正在思考的中华文化与文明起源的最新信息和更有说服力的证据。隔年仍然由我主持的规模更大的牛河梁女神庙和积石冢遗址群的正式发掘刚刚开始，先生就将新发现的这些红山文化遗迹归纳为"坛、庙、冢"，以为这是活动于大凌河流域的红山人举行类似古人传说的"郊""燎""禘"等重大祭祀仪式活动留下的遗迹，并一下子联系到四五千年后明清时期北京的天坛、太庙和明十三陵，以为"它的光芒所披之广，延续时间之长是个奇迹"。与此相呼应，先生将牛河梁遗址发现的女神头像定位为"她是红山人的女祖，也就是中华民族的共祖"。进而考证北从红山文化所在的辽西山区与"三北"地区（冀北、晋北、内蒙古中南部和陕北），南自华山脚下的仰韶文化，以及东南沿海地区的大汶口文化和良渚文化，分别越过燕山南下、沿太行山及汾水北上和跨过江淮平原西进，一起或先后向晋南汇聚，碰撞出具西北与东南综合体性质、被视为"尧都"的襄汾陶寺龙山文化城址和随葬庙堂礼器大墓这样灿烂的文明火花，先生称这几处中心遗址及与之相连的文化交流和传播路线，为中华古文化这棵大树总根系的"直根系"。1987年在《中国建设》发表的那篇短文就是以上述内容为主加以论述的。几年后先生又在此基础上进一步形成了中国文明起源的"三部曲"（古国——共识的中国，方国——理想的中国，帝国——现实的中国）和"三模式"（原生型、次生型和续生型）的系统观点，使考古学以独立学科"重建古史"的任务向前迈出一大步。

就在中国考古学体系已初具轮廓之时，又有两项最新的考古成果传来。一是辽宁阜新查海遗址出土的距今8000年前后的玉器，一是河北张家口泥河湾在距今百万余年的地层发现的人工石制品。先生很快将这两项发现纳入到他的研究视野。于1992年5月应俞伟超馆长之邀给中国历史博物馆建馆八十周年题词中，将中国历史的基本国情归纳为："超百万年的'根系'，上万年的文明起步，五千年的古国，两千年的大一统实体。"先生说他写这四句话，不仅是将中国历史和文化传统的根从五千年又上溯到上万年至百万年，使中国考古学体系更趋完善，还是与世界比较的结果。可见，先生在中国考古学体系建立起来的同时，已在思考与世界接轨的问题了。所以，从20世纪即将进入最后十年起，社会各界刚刚有了要迎接21世纪意识的时候，苏先生就连续在长沙召开的"中国考古学会第七次年会"开闭幕词（1989年）、给《中国文物报》的新年祝词（1991年）、北大考古专业创设四十年纪念文章（1992年）、石家庄"第四次环渤海考古座谈会"讲话（1992年）、北京大学赛克勒博物馆开馆及国际学术讨论会开幕致词（1993年）等多篇文章和讲话中，提到中国考古学与世界接轨的新课题。认为进入新世纪的中国考古学走向世界，既是大势所趋，也已具备条件。听严文明先生说，1993年北京大学赛克勒博物馆开馆及国际学术研讨会名称定为"迎接21世纪的中国考古学"，就是苏秉琦先生建议的。

　　不过，先生从提出中国考古学走向世界、与世界接轨之始，就有了更深的思考，那就是"人类文明的一元性"。在北大赛克勒博物馆开馆那次会上谈到世界三大古文明中心——西亚北非、中国为代表的东亚、中南美，都经历过类似的从氏族到国家，而国家又经历过从古国到帝国的不同发展阶段之后，先生就说过，这"证明了人类社会历史的'一元性'"。在深圳，先生有关"人类文明一元性"的观点讲得最多，也最为明确。记得那次刚刚到达深圳尚未完全安顿下来，先生就谈到：世界各个国家、民族，差别虽然多种多样，但"还是从一元论考虑，因为地球是独一无二的"。隔天又进一步补充说："世界文明史一元化，指一个地球，发展阶段大致同步，发展道路有相近一面，同时相互交流，并不是封闭的。"此后的几天又不时谈到这个话题，并举满族为例，清初统一多民族的中华帝国的巩固和发展，就与以渔猎为本的满族所培育的"长城内外是一家"的理念有很大关系，还联系到现实如联合国的产生和最高理想等。从深圳回京后不久，先生在家里接受了香港《明报》总编辑古兆申先生的专访。专访结尾时先生再一次说到："中国的历史、世界的历史都告诉我们，人类必将对'地球村'的过去和未来取得共识，现实世界必将走向'大同'。"这次专访刊于香港《明报月刊》1997 年第 7 期，是苏先生发表的最后一篇著作。所以"人类文明一元性"也可视为先生考古一生中最后的学术思考。

　　然而，很长一段时间，我对苏先生所提中国考古学与世界接轨的新课题，印象较深的是，先生用考古学文化区系类型理论方法分析世界历史与中国历史及其相互关系，即中国的面向海洋和面向欧亚大陆的两半块与世界的东西两半块的接轨。对人类文明一元性，只做了记录，并无深解。直到近些年，中国考古界与世界合作交往日趋频繁，研究中国与域外文化交流的成果也渐多起来，我也有机会留意和考察西方一些典型遗存并关注东西方文化关系，尤其是面临现实世界今后走向的疑虑，对先生这一观点才渐有感悟。

　　从以考古学文化区系类型理论指导学科研究，到提出全球人类文明一元性，其间有较大的反差，如何理解先生学术思想的这一跨越？翻阅赴深圳前后陪先生的聊天记录，特别是重读作为那次深圳行成果、由香港商务印书馆于 1997 年 7 月出版的先生的专著《中国文明起源新探》一书的有关部分，答案似乎渐渐清晰起来。以五千年文明起源及其来龙去脉的实证研究与恢复"四裔"地区在中国历史上独特地位为重要内容的中国考古学体系的建立，不仅从时空范围具备了与世界比较和讨论相互关系的条件，而且突显出中国在"地球村"中"举世无双"和"中国是大头"的地位：

"世界上没有哪一个像中国如此之大的国家有始自百万年前至今不衰不断的文化发展大系。从超百万年的文化根系，到万年前的文明起步，从五千年前氏族到国家的'古文化、古城、古国'的发展，再由早期古国发展为各霸一方的方国，最终发展为多源一统的帝国，这样一条中国国家形成的典型发展道路，以及与之同步发展的中华民族祖先的无数次组合与重组，再到秦汉时代以后几次北方民族入主中原所形成的中华民族多元一体的结构，这一有准确时间、空间框架和丰富内涵的中国历史的主体结构，在世界上是举世无双的。它所提供的对在如此广阔的国土上丰富多彩而又相互联系的文化，做出纵、横发展的'庖丁解牛'式的辩证统一的研究的条件，在全世界也没有哪个国家具备。所以，中国史在世界历史发展进程中是大头。"［苏秉琦《中国文明起源新探》第七章"双接轨"，商务印书馆（香港）有限公司，1997 年］

我曾回忆，20 世纪 60 年代到 70 年代考古学文化区系类型理论的初创，面对多年形成的传统观念，需要的是学术上的勇气。在即将跨入 21 世纪时提出"人类文明一元性"，则是充满了自信，是来自于对多年来学科健康发展的自信。写到这里，正好读到诠释费孝通先生"文化自觉"的一篇文章（《光明日报》2017 年 4 月 24 日"文史哲周刊"万资姿文），文中提到"只有真正意义上的文化自觉，才会有发自内心的文化自信"。由此想到费孝通先生对苏先生《中国文明起源新探》一书及书中对中国五千年历史架构建立的评价。费先生于 1998 年在为北大百年校庆撰写的《北大百年与文化自觉》纪念文章中，说这本"用古代遗传的实物来实证中国五千年的文明发展过程"的著作，"代表了北大对中国文化发展历程实事求是研究的传统"，"是中国人对自己文化的自觉"。费先生与苏先生都力主中华民族与文化"多元一体"的格局，在即将跨入新世纪之际，费先生提倡世界文明"各美其美、美人之美，美美以共，天下大同"与苏先生的"人类文明一元性"

又不谋而合，两位老人心灵深处的再一次沟通，不正是他们从各自的专业角度出发，将人类未来发展大趋势的预言，建立在文化自觉的基础之上，从而表现出的文化自信吗？所以，苏先生曾经乐观地对我说：21 世纪的考古学，我看到了。

（原载于蒋朗朗主编《精神的魅力·2018》，北京大学出版社，2018 年）

苏秉琦与张光直

2001 年 4 月的一天，与三联书店孙晓林同志通电话，谈起他们正在筹备为张光直先生编一本纪念集，问我能不能写一篇，因我与张先生只有一面之交，没有明确答复。2002 年 3 月我在沈阳三联分店读到《读书》杂志 2002 年第 2 期有一组徐苹芳、余时英、许倬云、巫鸿诸先生写的纪念张光直先生的文章，才知道这本名叫《四海为家》的纪念集即将出版。其中许倬云先生的文章里多次谈到苏秉琦先生与张光直先生学术思想之间的关系，这使我想到我也应该为张先生写点什么。就想到这样一个题目。

我与张光直先生的一次接触是 1987 年。那年 8 月份，张先生到吉林大学讲学。我按照当时吉林大学研究生院院长张忠培先生的建议，写信邀请张光直先生顺便到辽宁和牛河梁红山文化遗址考察。我想张光直先生到牛河梁，一定会看得很仔细，半天一天时间肯定不够，当时附近建平、凌源两个县接待条件有限，为此，我们在考古工作站专门"装修"了一个"高级间"，也就是选一个较大的工作室安了一个仅有下水的小小卫生间，准备接待他。不巧，张先生在长春偶染风寒，与林沄先生商议再三，决定还是直接去北京，为此，张先生特意给我一信。就这样，张光直先生最终未能实现他到辽宁和牛河梁考察的愿望。不过，他在信中表达了长期以来对辽宁史前考古的关注。从他 1983 年、1987 年在关于中国史前文化"交互作用圈"的文章中，较早注意到以新乐文化和红山文化作为内蒙古和东北南部代表性文化和他的专著《中国古代考古学》（*The Archaeology of Ancient China*，1986 年第 4 版；中译本见辽宁教育出版社，2002 年）大量引用刚刚发表的东山嘴、胡头沟的考古新材料（这本书的 1993 年中译本自序又称牛河梁"是中国新石器时代最重要的宗教性的一个遗址"）来看，他是很想到实地考察的。我还有一个猜想，张光直先生关于中国文明起源道路和特点不同于西方文明起源的观点，即与西方侧重于发展技术、改造自然的"破裂性文明"有所不同的东方文明，以通神取得政治权力、与自然和谐沟通的"连续性文明"为特征，这一观点正在得到越来越多的考古发现、特别是史前时期考古发现的支持，红山文化祭坛、女神庙、积石冢群和以动物题材为主的玉礼器的发现，就是其中一个典型例证。如果那年张光直先生到牛河梁遗址考察，亲身感受一下这个遗址人文景观与自然景观巧妙结合所透露出的那种神秘而又神圣的气氛，也许会对这一著名观点有更多发挥。

　　也就是从 20 世纪 80 年代开始，张光直先生在文章中渐多地提到苏秉琦先生的考古学文化区系类型理论。张先生提出"交互文化圈"是 1983 年，苏秉琦先生关于考古学文化区系类型观点正式见于刊物是 1981 年。虽然张先生由"中原中心说"向"区域文化多元说"的转变是由于"材料的改变和碳十四的作用"，但他一直十分关注苏秉琦先生的观点并强调了苏秉琦先生区系类型学说在由中原中心说到区域文化多元说这一转变中的巨大作用和地位，并对西方学术界长期听不到苏秉琦的声音有所不平。

　　在此前后的 1984 年和 1990 年，张光直先生在北京期间曾两次到苏秉琦先生寓所拜访。张先生对苏秉琦先生的尊重，我是在 1993 年北京大学赛克勒考古艺术博物馆开馆会上有实际体会的。那次会的名字叫"二十一世纪的中国考古学"，这是苏秉琦先生建议的。苏秉琦先生和张光直先生都参加了那次会。会上我印象最深的一件事是一次午餐，地点就在学生第三食堂内一侧，是个长条形的窄窄的地方，人很拥挤，大家随便找座位，我们靠里面的那一桌快坐满时，张先生进来也坐到这一桌，背对门口。当饭菜已经端上来时，苏秉琦先生和师母也进来了，坐在紧靠门口的一桌，当张先生回头远远望见苏先生坐在那一桌后，也顾不得已经开餐的同桌，马上端起自己的碗筷快步挤过人群，紧挨苏先生坐了下来。那年张先生行动已有些不便，但这一过程却很麻利。当时给我的直觉是，苏先生真有吸引力。我猜想还有另一个原因，那就是从 20 世纪 80 年代以来，随着新的考古发现不断，研究成果日新月异，苏秉琦先生和张光直先生都发表了不少新的观点，尽管张先生经常到中国，但与苏先生见面的机会却很少，北大的会是他们两位难得的见面机会，自然要抓紧。就在那次会上，张光直先生的发言中着重提到中国考古学者已有了面向世界的想法。在那次会上以"向世界开放的中国考古学"为题的讲话中，他引用了苏秉琦先生 1992 年 12 月 27 日为北京大学创设考古专业四十年在《中国文物报》上发表的纪念文章中有关"世界的中国考古学"的论述："从区系的观点看中国、看中国考古学发展到用区系的观点看世界、看世界的考古学，从而认识了世界的中国，世界中的中国考古学，这是把中国考古学提高到了一个新的境界。"张先生并饱含感情地说："我有一个预言和一个祝愿，这个预言也就是苏秉琦先生对中国考古学所希望的，而这些希望将很快成为事实。我相信，如果不是在几年之中，那么也就是在几十年中，将不会再存在中国考古学与世界考古学的区分，全世界将成为一个统一的考古舞台。在这个舞台上，中国、日本、朝鲜、越南、东南亚地区的其他国家、东北亚、中亚、中东、埃及、非洲、地中海、欧洲、美洲和大洋洲都将扮演重要的角色。我同样相信，尽管在不同的场景中，随着新的文化和地理组合的形成，这些演员的名称会有变化。这一过程也可能因民族特性和其他惰性的影响而延迟，但最后的结果是无疑问的。"

在此以后发表的文章中，张先生对苏秉琦先生和他的考古学文化区系类型观点在中国考古学界的指导意义和所产生的巨大影响更加重视。在一篇题为"中国古代史的世界舞台"的文章中，张先生对考古学文化区系类型理论产生的史学背景有一个深入的分析，在详细介绍了苏先生"上古史的六大区系类型"之后，张先生着重论述了它产生的两个后果：一是中国文明的产生，是区域文化融合的结果；二是"古史研究重心从中原与边疆的关系转移到区域文化与区域文化互相交往的关系。区域文化是一个连接一个的：从黄河中游向东一个一个区域文化连接到新大陆；向西一个一个区域文化，连接到西亚、近东，甚至欧洲，像一根锁链或一张渔网"。这与当时苏先生正在形成的"四裔正是我国和世界的两大块，即旧大陆和环太平洋这两大块的衔接点"（1992 年）的想法不谋而合。1994 年由张光直先生和许倬云先生筹划在台北召开的"海峡两岸历史与考古整合学术会议"，邀请苏秉琦先生担任执行主席。苏先生特为此会撰写了论述中国文明起源和国家形成的提纲《国家起源与民族文化传统》，文中第一次提出中国文明起源与国家形成的"三部曲"与"三模式"的系统论述。后因故未能亲自与会，文章也未能在那次会的论文集上发表（后收入苏先生的第二本论文集《华人·龙的传人·中国人——考古寻根记》中）。会上多位学者都提到苏先生区系类型学说对中国历史与考古整合的重要性。张光直先生在提交的题为"对中国先秦史新结构的一个建议"的论文中，更把苏先生划分的六个大区，作为先秦史"新结构"的一个基础。

张光直先生与苏秉琦先生在研究中国考古方面观点的相近和相互关系，除了考古学文化区系类型以外，就是神权在中国文明起源过程中的重要作用了。中国学术界知道张光直先生关于通神在中国文明起源中的作用的观点，是他1984年在北京大学的讲座。此后张先生又连续发表有这方面的文章，如关于良渚文化玉琮和濮阳龙形摆塑的论述。苏秉琦先生也十分重视这一问题。早在牛河梁遗址发现之初的1983年，苏先生在《座谈东山嘴遗址》的补充发言中，就把东山嘴与牛河梁的发现，与古代的"郊""燎""禘"等祭祀活动联系起来思考问题。1987年9月，苏秉琦先生终于到牛河梁遗址考古工地考察了3天。在他离开牛河梁后的第三天，牛河梁第五地点一号冢发现一座中心大墓，出土了包括玉龟在内的7件精美玉器。我们马上将这一发现向正在兴城疗养的苏秉琦先生汇报，他对此墓主人左右手各握一玉龟的现象十分重视，以为墓主人身份应该是"巫"，手握双龟表示掌握神权。

正是由于中国史前考古这方面发现的增多引起苏秉琦先生对史前宗教祭祀方面的注意，所以，苏秉琦先生对张光直先生在这方面发表的系统观点十分重视。不知道他们两位见面时是不是谈到过这个问题。不过苏先生在读张光直先生《考古学专题六讲》一书时，在书中讲到巫、通神独占等观点的地方，用铅笔划了不少重点号，还有眉批。1996年苏秉琦先生到深圳写作《中国文明起源新探》，还特意带上张先生的这本书作为参考，并多次谈起东西方文明的差别，在于对待自然界的态度。可见苏先生对张光直先生关于巫及其在中国文明起源与发展进程中的作用的观点，不是一般的重视。

1997 年 6 月，苏秉琦先生故去，张光直先生在唁电中称苏先生为"世界考古之伟人"。现在，张先生也离开我们近三年了。随着中国考古学和世界考古学正在进入新的时期，人们越来越感到，这两位考古大师在考古理论和方法方面的建树，是中国考古学发展的永恒财富。

（原载于《中国文物报》2003 年 12 月 31 日）

忆宿白先生

这几年我同师友们的心情一样，一直关心着宿白先生的身体状况，从传来的照片和视频中见先生精神爽朗，思维清晰，很欣慰，但 2017 年在一次电视采访活动中看到先生需扶着轮椅在室内走动，又有些担心。因为面临文物博物馆和考古界迅速发展的现状，太需要有宿白先生这样主心骨的人物了。所以在宿先生的告别纪念活动后，大家仍沉静在对宿先生治学精神和学术成就的回忆之中。我对历史时期考古无深入研究，但在工作中仍不断得到宿先生和他的学术思想的指导。在此，谈几件印象较深的事。

一　看庙重布局

宿白先生十分重视古建筑和古城址、古墓葬等考古遗迹的布局，这在先生的著作特别是其中大量的插图和讲课中时时有所体现。我保存的在学校听宿先生讲授古建筑课的课堂和实习笔记中的大量画图中，也以建筑布局图画得最多。后我又听经常为宿白先生编辑文章的《文物》月刊编辑部李力同志谈过先生重视佛寺布局的事。不过，我还是在工作中对此渐有感悟的。

这还要从 20 世纪 80 年代辽宁的两项古建筑维修工程谈起。这两项工程，一是义县辽代奉国寺，一是朝阳市内北魏到辽代的北塔。

建于辽开泰九年（1020 年）的义县奉国寺大雄宝殿，1984 年开始落架大修。这座东北地区现存最早的木构建筑物，也是国内现知体量最大的辽代单体建筑。院内保存的金元碑刻中记载原寺院规模甚大，大殿前有观音塔，周边有回廊等，现大殿前部的无量殿、山门和围墙等，是清代补建的，范围大为缩小。当地政府配合这次颇具规模的维修工程，将现奉国寺庙前大面积动迁，这为通过考古发掘验证该寺院碑刻所记辽代奉国寺范围和大殿以外其他建筑提供了有利条件。当时文物界已在倡导地上维修与地下考古发掘相结合的做法，于是我们在奉国寺维修过程中，尽量插空做了些考古发掘工作。虽然奉国寺现庙前由于历年来有人居住，且甚密集，地下扰乱很重，但仍在寺院西部和南部距地表 3 米以下的深处，找到了辽代奉国寺诸多建筑的礎墩部分①。当时正好有徐苹芳先生《北宋开封大相国寺平面复原图说》一文发表②。徐先生遵宿白先生原意，在文中提到"配殿和回廊相结合的布置，是宋金时代寺院平面的一种新形式，在中国古代寺院平面布置发展史上，是一个转变的阶段，是从唐代的回廊到明清时期的东西两厢的过渡阶段"。不过文中引用宋金以前佛寺布局材料，多是敦煌壁画和朝鲜半岛、日本列岛的例子，中国的最早实例只有金代初年改建的大同善化寺。这引起我们从寺院布局考虑奉国寺院内外新发现的这批考古发掘材料。虽然揭露的遗迹只有山门和西侧部分，很不完整，但联系起来仍可绘出一幅辽代奉国寺平面布局复原图，正是徐先生文章中提到的"配殿和回廊相结合"的布局特点，这就为了解宋辽时期寺院布局提供了一个较早的实例。宿白先生曾评价义县奉国寺大雄宝殿在中国建筑史上的地位：这座属于高级厅堂类的 9×5 间十架椽的佛殿，因殿内设巨大佛台而采用了柱网布局前后不对称的做法，是为建筑史的首见，由此导致梁架结构也相应复杂化，从而促进了建筑技术向更高的水平发展③。根据宿先生思路复原的奉国寺辽代寺院布局图，使这座辽西大寺的学术价值又提高了一步。

　　不过那一时段宿先生对辽宁工作更为关注的，是时代可能更早的朝阳北塔。就在奉国寺大殿维修刚有头绪时，朝阳北塔的维修工程也开始启动。朝阳北塔现存外貌为辽代所建，但不断有一些早期线索露头，如 1973 年在已暴露在外的塔基东南角曾清理出两件具北魏特点的石雕武士像。于是在

① 辽宁省文物保护中心、义县文物管理所：《义县奉国寺》，文物出版社，2010 年。
② 徐苹芳：《北宋开封大相国寺平面复原图说》，《文物与考古论集》第 357~369 页，文物出版社，1986 年。
③ 宿白：《中国古建筑考古》，文物出版社，2009 年。

维修工程正式开始前，于 1986 年先启动了勘探工作，以期利用这次维修来解决塔的建筑年代问题，从而为维修方案的制定提供更多科学依据。勘探的成果，一是在塔基的地上部分和塔体下部探出唐代与辽代的两个朝代共三个时期层层包砌的年代关系，一是找到北魏木塔的塔基以及压在其下的十六国三燕（前燕、北燕与后燕）时期的夯土台基，还于 1990 年在北塔东部约 40 米处勘探出"富贵万岁"瓦当等十六国到北魏时期文物和遗迹线索，使寻找北塔寺院的围墙等遗迹也有了一线希望①。在此期间，我曾建议维修工程负责人、北塔文物管理所所长董高同志找宿白先生请教，为此，董高多次到北大宿先生家拜访。据董高回来告诉我，宿先生每次都听得很专注，问得也很仔细，还对他较快掌握了一些佛教知识给予鼓励。先生在肯定北魏时期的塔基下有三燕夯土台基的考古发现，同文献记载北魏冯太后在故北燕国都城龙城所建的"思燕浮图"有关的同时，对已有露头的塔近中心的寺院布局线索更为关切。在此后勘探成果发表又不断取得成果时，先生于 1996 年在黑龙江省"渤海文化研讨会"上的讲话中提到朝阳北塔时说："平壤发掘的两个比较早的寺院，一个叫金刚寺，也是以塔为中心的布局。这种布局是魏晋南北朝时期佛寺流行的布局。辽宁朝阳发现的五世纪后期兴建的思燕浮图，是现知距离高句丽最近的一处以塔为中心的佛寺。"②

此后，我们遵照宿先生的想法，一直把继续寻找有关北魏时期朝阳北塔寺院布局遗迹列为在朝阳老城区进行考古勘探的主要目标。终于利用 2003～2004 年朝阳北大街改造工程将北塔周边全部动迁的机会，在确认十六国时期三燕都城龙城和宫城具体位置的同时，在北塔的东、西、北三面找到了寺院围墙墙基的线索，在北塔正北约 10 米处还发现了夯土台基，不仅进一步证实北塔的北魏时期塔基就是"思燕浮图"遗存，而且可以基本勾画出一个塔近于中心的北塔寺院平面布局图。我也将于 1988 年在日本作文物考察时参观的多处佛寺、佛寺遗址和有关资料拿出来加以整理，这里

---

① 朝阳市北塔考古勘察队等：《朝阳北塔 1986～1989 年考古勘察纪要》，《辽海文物学刊》1990 年第 2 期。张剑波等：《朝阳北塔的结构勘察与修建历史》，《文物》1992 年第 7 期。辽宁省文物考古研究所、朝阳北塔博物馆编：《朝阳北塔——考古发掘与维修工程报告》，文物出版社，2007 年。

② 宿白：《在"渤海文化研讨会"上的发言》，《北方文物》1997 年第 1 期。

有日本奈良博物馆当时正在展出的一个东亚佛教展览资料，有从朝鲜半岛到日本列岛佛寺布局的演变序列图，有关西大学网干善教教授所赠《飞鸟发掘》新作中的有关资料①，从中排出的佛寺布局演变序列大致为：公元5世纪后至6世纪初，塔近中心，佛殿在北，如朝鲜平壤清岩里废寺（即金刚寺）；公元6世纪中至6世纪末，塔移前，殿靠中心，如日本奈良飞鸟寺和大阪四天王寺；公元7世纪中至7世纪后，塔与佛殿东西并立，如日本奈良川原寺和法隆寺；公元7世纪末及以后，佛殿移中心，东西双塔，如日本奈良本药师寺，到塔移寺院外，另立塔院，如日本奈良东大寺。而时间也在公元5世纪后期但早于平壤金刚寺的朝阳北塔，正好排在第一阶段的最前面（图一）。由此进一步加深了对宿先生有关朝阳北塔在东北亚佛寺布局从而文化关系重要性的理解：一是已有演变规律可循的东北亚寺院布局和演变线路，可向前追溯到当时的辽宁西部重镇今朝阳（北魏时为营州）；二是在佛教东传过程中，以塔和佛殿地位的变化最为敏感，说明崇拜对象和礼仪的变化是佛教东传的主要内容②。

就在北塔勘探和维修期间，朝阳地区的十六国时期三燕考古也不断取得新进展，为此，我们曾几次酝酿请宿先生到朝阳考察，最终未能实现，成为至今仍感遗憾的一件事。我想，如果那时宿先生能亲赴朝阳，一定会如考察山东青州和河北宣化那样，从城市考古角度，将朝阳历史遗迹的研究和保护提升一个层次。目前，朝阳北塔已建博物馆，大家在惊叹馆内陈列的被移作北魏木塔柱础的十六国三燕宫殿巨大的覆斗式石柱础等珍贵文物时，重温宿白先生的指导和讲话，一定会对这座经历北魏、隋和唐到辽重熙年间的前后"五世同堂"的古塔及其在东北亚佛教东传中的地位不断有新的体会。

二　宣化城的变迁

宣化是一座古城，也是我的家乡。过去对宣化城历史及遗存知道较多

---

①　网干善教：《飞鸟发掘——成果と展望》，[日]骎夕堂出版株式会社，1988年。

②　郭大顺：《朝阳北塔在东亚佛寺布局演变序列中的地位》，《辽宁博物馆馆刊》第三辑，2009年。

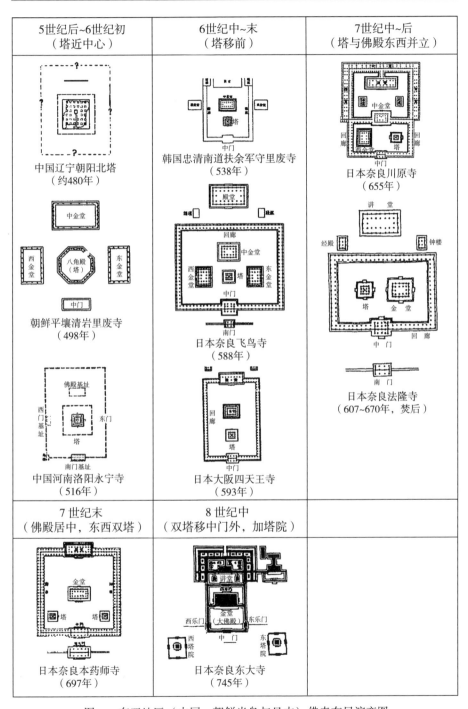

图一　东亚地区（中国、朝鲜半岛与日本）佛寺布局演变图

的，是明代九镇之一的宣府镇和附近的明代长城。明代以前的建城史，多只见于碑刻和文献记载。新中国成立以来特别是近二三十年来，陆续有考古发现和古建筑研究成果的积累，除了从新石器时代到战国燕赵长城和汉代墓葬以外，与建城有直接关系的唐五代到辽金元时期也不断有新发现。

1996 年金秋之际，宿白先生应河北省文物研究所之邀，对宣化城进行了两天的实地考察，一年多后在《文物》1998 年第 1 期发表《宣化考古三题——宣化古建筑、宣化城沿革和下八里辽墓》一文①。宿先生综合考古资料，结合文献记载，对宣化城内的古建筑和建城历史有极为详尽、准确的考证。我因从小在宣化城里长大和读小学，对宣化城里大街小巷的名称及走向较为熟悉，记忆里也有不少有关宣化城的传说故事。读到宿先生对家乡历史考古的研究文章，十分振奋，文中引有民国十一年（1922 年）由我祖父郭维城总纂的《宣化县新志》，更觉亲切，为此我曾将宿先生这篇文章多次以复印件和扫描件向家乡、在京和海外的亲友们推荐，大家读过后都引起对家乡的深情回忆，觉得有意外收获。与宿先生见面时提到亲友们的感受并再三向宿先生表达了感激之情，宿先生也感欣慰。

宿先生对宣化城的考察研究从古建筑开始。钟楼（清远楼）和鼓楼（镇朔楼）是宣化城内最具标志性的两座古建筑，也是宿先生这次考察的重点。宿先生特别注意钟楼与鼓楼及鼓楼西北一侧的时恩寺这两楼一寺的建筑年代和地域特点，为此对它们的建筑结构进行了细致的考察和比较分析。据宿先生考察研究，宣化钟楼和鼓楼及时恩寺大殿，所采用的大木规则，拱、枋形制有近 20 项建筑构件的细部，都具有公元 15 世纪即明代早期或更早时代特征，且不少为雁北以东地区地方做法。并举建于元代的两座寺庙，一是现宣化师范学校所在地的弥勒寺，一是位于宣化北街朝元观街北侧的朝元观，还有位于花儿巷的辽代塔基等早于明代的建筑遗迹，都是本地有更早建筑传统的证据。弥勒寺虽已不存，但作为"镇城第一古刹"，很有名气。该寺院所在的宣化师范学校我近年去过两次，现还保存有记载元代弥勒寺的明清碑刻、清代的五龙壁和庙宇。朝元观则已无印象，不过小时去过北街几座有众多塑像的大庙，不知有没有这朝元观。更早的辽塔塔基所

---

① 宿白：《宣化考古三题——宣化古建筑、宣化城沿革和下八里辽墓》，《文物》1998 年第 1 期。

在的花儿巷，也是我经常去市场和南大街经过的一条很窄很长的小巷。

钟楼和鼓楼的方位，似为大家所熟知，但宿先生仍将其一一列举：皆坐落在南北大街；钟楼与鼓楼分立，钟楼位置在鼓楼北；鼓楼紧邻东西两侧府、县衙署，前邻商市，是依其"望敌而设之谯"的当时城市设计之规制；钟楼开四门洞通南北和东西大街为明代定制等。并将其与北京钟楼在鼓楼北但都偏向城北是明代京师溯元大都制，四门通衢但移位的西安钟楼，甘肃边镇张掖钟鼓楼合为一体的简化形制相比较。我的理解，这一是在表达宣化城钟楼和鼓楼及其布置，在中国明代甚至宋元古城中具有一定典型性；二是这同宣化的建城史有着直接关系。因为宣化城钟楼与鼓楼所在的南北大街作为古城最主要的干道，并不在城的中心部位，而是偏向于城的东部一侧。

所以论及宣化的建城史，宿先生在从明宣府镇上溯到元代宣德府、金代宣德州与辽归化州、五代唐雄武城—武州城并考证各时代城址范围时，将偏东一侧的南北大街作为一个重要依据，并将此格局追溯到宣化城汉唐时期所称的下洛县"在今镇城以东"（《嘉靖宣府镇志》卷十一《城堡考》），联系多年以来在宣化城内外发现的唐五代和辽金时期墓葬等遗迹的分布与唐代州县形状和布局，得出明代镇城是由东和南向西与北两个方向展筑的历史演变趋势。又在推定辽归化州、唐五代武州的方城范围时，以主要衙署历代相沿的通例，对比明清宣化州（府）县衙署多分布在小东门大街向西直到米市街一线，适在商业繁盛地点的四牌楼处与南北竖街相交，构成宣化城内主要的十字街，也为早期古城的中心。宿先生文中还提到金元旧土城北壁以里出金末货币窖藏地点的皇城桥东和相国庙街，又是先生推定的唐五代到辽代古城的北城墙界限。凑巧的是，我家旧居就在皇城桥东街，其北邻的相国庙街有童家院是我的出生地，这一带也是我上相国庙街小学（原第一高等小学校）时经常往来的路径。记得小时，由相国庙街向北和向西，民居已渐稀疏，多为大片葡萄园和菜园，当地人俗称为"西北角"，这应该就同"西北角"一带在宣化早期城墙以外并长期延续下来有关。

宿先生考证宣化古城的这篇文章，言简意赅，常读常新。与我小时的印象加以联想，更加深了对家乡的认识，一是传统的顽强保留和延续，表现在建筑的当地传统做法和古城基本格局上，即使是明代及以后，宣化城变动较大，但早期城市的基本格局未变。由此想到宣化与紧邻的北部张家口和南部的怀来、蔚县相比，在语言、日常风俗习惯等方面，都长期保存着自身的小区域特色，彼此是相通的。还有宣化城的历史地位。宿先生在文章中并未有具体评价之词，但引有唐代安禄山时在范阳以北筑雄武城，"峙兵积谷"；辽代归化州境内皇室设行宫，出身显贵的耶律制心刺归化等；金代时由于近中都，州"多皇室钜族"；元代有铁冶和银冶及染织司，又为皇族"封宣宁郡府"之地，被称为"燕代巨镇"；明初更有谷王驻守。显示宣化城作为京师西北屏障所具有的重要军事和经济地位。

　　宣化古城的命运同其他地区的古城一样，历经磨难，主要是近世以来城墙大部被拆。1986、1996 年钟楼与鼓楼分别被列为全国重点文物保护单位，特别是 2006 年，钟楼、鼓楼与南门（拱极楼）南北轴线上共三处古建筑和宣化城墙一起，以"宣化古城"被国务院公布为第六批全国重点文物保护单位。由于保护级别不断提高，繁华的南大街在历代城市改造过程中，幸免于如宣化钟楼东西街和全国各地不少古城那样被无端拓宽，更为难得的是，在钟鼓楼之间的南大街两侧，至今仍有一些民国或之前的旧建筑原状保存。认识的深度决定保护的力度，以宿白先生的研究成果为学术依据，对宣化古城进行科学规划进而从整体上加以保护，是可以期待的。

三　沈阳是座坛城

　　"我是东北人，对东北考古有着浓厚的兴趣。"这是宿白先生 1996 年在黑龙江省举办的"渤海文化研讨会"讲话时的深情表达。宿先生时刻关心着家乡的文物博物馆和考古工作的进展。20 世纪 70 年代初北票县丰下村一处夏到早商时期的夏家店下层文化遗址发掘时，宿先生听说后特意捎口信后又来信，说以往辽宁规模较大的考古工作较少，要以这次发掘为契机多积累系统资料。1986 年中国考古学会第六次年会期间，先生亲自到朝阳牛河梁红山文化遗址考察，随后来信启发我们要将其与古史传说相联系。绥中县姜女石秦行宫遗址发现报道后，先生很快将其收入正在修订的北大"历史时期考古"讲义中，并于 2000 年前后亲到现场考察，对面海高台建筑址的两阶设置印象深刻。先生高度重视十六国时期"三燕"文化及其对东北亚地区的影响，强调高句丽和内地的关系"首先是和与东北接近的所谓'三燕'地区发生的联系。实际上，'三燕'的许多东西是高句丽文化的整体上重要来源"①。先生晚年思念家乡的心情越盛。1998 年冬在沈阳开会期间，先生冒寒到城里走了好几个胡同，以考察了解老城在城市建设中存在的保护问题。2008 年和 2013 年沈阳老城德胜门（大南门）瓮城发现后，我们两次到先生家拜访请教，先生边看沈阳民国时期地图边回忆起在沈阳老城从铜行胡同家里到德胜门附近的文庙小学上学的事。近几年得知努尔哈赤所居汉王宫在《盛京宫阙图》的位置经发掘得到验证后，先生强调对满族"寝宫分离"的特点应予重视，建议对遗址作原状保护②。先生详细读过姜念思同志（辽宁省博物馆原馆长）的《沈阳史话》③ 一书并多次予以称赞，还为刚建立不久的沈阳市文物考古研究所题写了所训。

　　这里要特别提到宿白先生对清初沈阳城规划布局的重要观点。

　　1985 年辽宁省博物馆文物工作队方殿春、张克举在《北方文物》发表一篇题为《沈阳故城》的研究文章④。据方殿春同志说，这是他毕业离校时宿白先生交给他的一项作业。原来宿先生认为，清初沈阳城的内方城外圆城（又称边城或关城）加四面各一塔寺的平面布局，应受到藏传佛教曼陀罗（坛城）的影响，建议他们根据自己在沈阳成长熟悉的条件再做些实地调查，拿出研究成果。

　　曼陀罗，为佛教密宗修法时的坛场，是藏传佛寺壁画、唐卡中常用的题材，其基本形制为内方坛，坛中心为本尊，外圆，内外圆之间布置有诸佛，四角置四塔。这种曼陀罗形制也经常用作佛寺建筑布局，称为建筑曼陀罗或立体曼陀罗，西藏寺院有典型实例。如果清初沈阳城是仿喇嘛教的曼陀罗，那城市布局就非常有自身特色，作为清初的都城和陪都，沈阳城在中国城市史上应占有一席之地，做城市规划也应从整体上考虑。然而，此前的中国都城史或中国城市史，讲到明清都城只有北京城，从未提及清

①　宿白：《在"渤海文化研讨会"上的发言》，《北方文物》1997 年第 1 期。
②　沈阳市文物考古研究所：《辽宁沈阳汗王宫遗址发掘简报》，《文物》2018 年第 2 期。
③　姜念思：《沈阳史话》，沈阳出版社，2008 年。
④　方殿春、张克举：《沈阳故城》，《北方文物》1985 年第 3 期。

初沈阳城。沈阳市制定的历次城市规划也只将方城作为一完整单元，方城以外到边城和四塔间，按方位加以分隔，未作为一个整体看待。可见，对清初沈阳城继续做些研究和宣传，在清初沈阳城仿曼陀罗进而与藏传佛教的关系上取得共识，无论对中国城市史研究还是今后沈阳市的城市规划建设，无疑都是大事。

为此，我曾两次求教于宿白先生。一次是 2005 年 8 月 12 日，在北京参加国家文物鉴定委员会会议，后因事急于赶回沈阳时，冒昧给先生打电话请教；一次是 2006 年 9 月 28 日去先生家拜访时得到先生当面指教。宿先生从历史背景等多个方面谈到清初沈阳城的整体布局与藏传佛教曼陀罗的关系：清初皇室信奉喇嘛教，灭明前，西藏喇嘛就来到沈阳，当时明朝还在；那时的喇嘛教不只是黄教，还有白教等，所以并不一定与黄教的曼陀罗完全相同；沈阳城外有对称的四个喇嘛塔和佛寺是重要证据；只是缺少文字记载，可以再查查藏文资料；塔和庙都是曼陀罗的立体化，如山西应县木塔第五层为中心佛，第四层为四方佛，西藏的桑耶寺、格林寺等亦如是，只是四个塔不在四面而在四角的位置。

听了宿先生的讲述，我心中有了底。根据先生的分析和提出的建议，我们又有针对性地进行了集中思考和论证①。如清初沈阳城有内城、外城和四塔寺是客观存在的，长期以来未作为一个整体看待，最主要原因在于，根据文献记载，它们不是同一时间建造的。方城为明代初年建的沈阳中卫城，皇太极即位后，于后金天聪五年（1631 年，明崇祯四年）开始进行改建；外城据《盛京通志》记载是建于清康熙十九年（1680 年），四塔寺则是清崇德八年（1643 年）敕建的，建成是在清入关后的顺治二年（1645年）。前面提到的《沈阳故城》一文中对此的解释是，皇太极建沈阳城时应有一个包括外城和四塔寺在内的整体布局的规划，顺治和康熙年是依据此前的规划对四塔寺和外关城进行补建的。此后姜念思同志在《沈阳史话》一书中有专门一节是讲清初沈阳城布局与曼陀罗关系的。他引用天聪七年（1633 年）档案中正白旗隐士甄应元上书皇太极时提到"筑城垣，打关墙"

---

① 郭大顺：《清初沈阳城——中国古代都城规划史最后一例》，辽宁省社会科学院主办《文化学刊》2010 年第 6 期。

"无关不成城""速修关墙""包城（指砌砖包裹方城）最紧急之事，打关（指修筑外城）也最急之事"的建议，说明沈阳的外关城在皇太极改建方城时已同时建设。书中还从西藏达赖与皇太极往来的信件中，达赖称盛京为"莲花之城"，以四塔代表四方佛，视位于都城中心部位的皇宫为曼陀罗本尊的所在地，将皇太极尊为曼陀罗中心的本尊，称为"曼殊师利大皇帝"，还有四塔寺设计者为西藏善于设计建造藏传佛教建筑的高僧等，这些都为清初沈阳城包括外城和四塔寺在内是一个整体并按喇嘛教曼陀罗进行规划设计的观点，提供了更多有说服力的证据。宿先生多次对《沈阳史话》加以称赞应该与此有关。

　　谈到满族开国时的建都思想，想起傅熹年先生对中国古代不利于建筑遗产保护的一段话："中国古代有一个很恶劣的传统，即自公元前 3 世纪初开始，在改朝换代以后，大都有计划地把前朝的都城、宫殿加以破坏，甚至引水浸泡，认为这样做可以断绝前朝复辟的可能性。个别沿用前朝都城的，也要对原格局做很大的改动，表示已'革故鼎新，成为新都'。所以尽管历史上曾有很多王朝，建有很多宏大的都城和壮丽的宫殿，但除最后一个王朝——清朝的都城北京及其宫殿坛庙得以保存下来外，其余各代的都城、宫殿在亡国后都遭彻底破坏，成为废墟，只能通过考古发掘来了解其概况。"[1] 傅先生提出的中国古代都城和宫殿中被唯一完整保存下来的北京城和故宫，是明代建立的，满族入关后，一反中国古代破坏前朝都城和宫殿的"恶劣传统"，也不嫌前朝复辟可能性的忌讳，将前朝的都城和宫殿全部沿用下来。这是满族高明、自信和独特之处，也是满族对历史连续性的认识和尊重。而在关外，则保留了与明代北京城在规划布局上有所不同，既吸收汉文化也吸收蒙藏文化、表现出更多创造性从而深具满族特色的清初沈阳城。它至今仍深刻影响着生活在这一方土地上的大众，仅清初沈阳城及放射状的街道网络的基本格局，就对此后沈阳城市的发展和街道的走向，起到决定性影响。虽然经多年拆改建，沈阳城作为一个整体已被割裂，外环城道与连接内外城的放射性街道也多被取直取正，但值得庆幸的是，近些年随着沈阳市历史文化名城保护工作的进展，宿白先生的观点正在被

---

　　① 傅熹年：《中国历史建筑遗产保护中的问题》，《中国文物报》2007 年 6 月 22 日。

社会各界所重视和接受。2009 年沈阳市人大科教文卫委员会起草关于《沈阳市历史文化名城保护条例》讨论稿和沈阳市城建与规划局制定新的沈阳市城市规划时，都将这一观点作为沈阳市城市规划的一个主要依据。正在进行的国家社科项目"盛京城考古"也在为此寻找更多证据。清初沈阳城作为中国古代都城规划史上最后一例，随着沈阳这座东北地区最大城市的振兴，也必会将其特有的个性逐渐展现在国人面前。这也是家乡人对宿白先生最好的告慰。

（原载于《北京晚报》2018 年 3 月 8 日；收入《2018 中国最佳随笔》，辽宁人民出版社，2019 年）

吕遵谔先生与金牛山考古

　　20世纪70年代到80年代初，辽宁省旧石器时代考古由于配备了张镇洪、傅仁义等专业研究人员，又得到贾兰坡先生和中国科学院古脊椎动物与古人类研究所张森水、黄慰文诸先生的指导或亲自参与，进展明显加快，在对多个地点如金牛山、庙后山、鸽子洞、小孤山等遗址开展正式考古发掘工作的基础上，初步建立起从旧石器时代早期到晚期的年代序列。同时在材料积累和发掘方式等方面也摸索出一些经验，提出一些问题。

　　其时，吕遵谔先生于1980年8、9月间到辽宁考察旧石器时代遗址并到了金牛山遗址。那次吕先生还应辽宁省考古博物馆学会的邀请，作了人类起源有关理论问题的讲演。吕先生在对世界和中国古人类学和旧石器时代考古的最新研究成果作了系统介绍和分析之后，谈到辽宁地区旧石器时代考古，以为近年辽宁旧石器时代考古的成果，对古人类分布、文化演变及与中原文化关系的研究都有重要学术价值。他特别强调了包括金牛山遗址在内的辽宁地区旧石器时代早期已发现的70余种动物化石，以为这是十分难得的科学资料，而且这些动物化石作为一个动物群组合，基本不是东北动物群，而是属于华北动物群的，可能具有中间环节和桥梁的作用。为此，他在考察金牛山遗址现场时就将这个遗址的丰富性和重要性与北京周口店遗址相比较。吕先生在讲演中又说，动物的分布决定了人的分布，因为人是随着动物走的，从而对辽宁境内发现古人类化石的前景充满期待。此后的两三年里，吕先生又于1982年为指导研究生作敲骨吸髓与制作骨器区别的实验考古方面的课题，对金牛山和海城小孤山等地的发掘材料进行了分析研究。1983年在朝阳调查旧石器时代洞穴遗址，并从鸽子洞旧石器时代洞穴遗址发掘的兽骨中，鉴定出人的颈椎、髌骨、带乳突的颞骨等。

北京大学与辽宁省博物馆（1986 年后为辽宁省文物考古研究所）对金牛山遗址的联合发掘是 1984 年初由北京大学考古系提出来的，从 1984 年秋季开始到 1994 年，先后进行了 5 次发掘。这是辽宁省第一次与大学合作进行的考古发掘。由于吕遵谔先生率队并从始至终亲自参加了现场发掘和其他工作，使这次的联合发掘从遗址发掘、资料的整理研究到遗址区保护与展示等多方面都取得了显著成果。就省里的工作和收获来说，以下体会较为深刻。

（一）现场发掘、发掘材料的整理、标本的测定与研究有机结合，有序推进，在不断加深对遗址认识的基础上，明确下一步发掘工作的指导思想和目标。由于研究成果的深入立足于考古实践，这也包括对某些研究成果的修正和检验，从而始终掌握着研究的主动权。

1984 年的发掘虽然是在对前四次发掘的丰富材料所展现的前景认识的基础上进行的，但仍具有试探性质。当时 A 点洞穴的情况是，东壁被破坏无存，南壁大部分露出，北壁尚有部分堆积，只西壁从顶部向下保持着连续的堆积层。1984 年的发掘，西壁不向内扩大，北壁附近的部分堆积仍然保留，所以发掘范围并没有铺开，而是延续了前四次发掘的工作场面和对地层的划分。不过，人骨化石的发现使大家对遗址重要性和丰富性的认识产生飞跃。也对今后的工作提出新问题。

首先面临的是如何在保护出土人骨化石工作面的前提下，开展下一步发掘。人骨化石是在开工仅 10 多天就出土的，当时如果继续向下挖，可能会有更为丰富的发现，也可更快了解与人骨化石有关的堆积特别是时代早于人骨化石的堆积情况。如果暂不向下挖，只作平面展开了解遗物的分布，由于现工作面较小，开工时间短，已发掘的堆积很薄，总体工作量减少，这样刚刚开始的年度工作结束的时间就会大大提前。吕先生权衡轻重，经与省里协商后决定调整原发掘计划，以了解与人骨化石平面分布的其他遗存为主，暂不向下深挖，也不扩充发掘面积，将工作重点转移到标本测定和材料整理方面。这一决定为以后带着问题继续深入进行工作，检验和重新划分地层，确定人类居住面，保存下了基本的发掘条件。

接着面对的是围绕人骨化石而出现的不同观点。人骨化石出土后，吕先生及时征求各方人士意见。1985 年 4 月，吕先生曾在沈阳向省内有关人士介绍过贾兰坡、吴汝康、吴新智等各位先生的观点。他们对这次新发现的古人类化石的年代、在人类进化史上的地位，看法并不相同。这期间，虽然北大考古系年代测定试验室对人骨化石及上下不同层位的 12 个样品及时做了铀系法测定，测定结果是"可把金牛山遗址出有人类化石的第六层的年代初步定为距今 24～31 万年"①。但由于人头骨所表现出的明显进步性特征，对人骨化石的年代仍存在疑问，这集中表现于 1985 年 8 月 19 日由校方主持在北大临湖轩召开的"金牛山直立人化石科学鉴定会"上。此后还有对金牛山的地层形成是否原生的疑问提出。

我有幸参加了北大那次鉴定会。印象最深的是贾兰坡先生的观点。他以为，金牛山遗址的人类化石进步，更接近于现代人，但动物化石古老，有肿骨鹿，是周口店代表性化石，年代在距今 50～20 万年，剑齿虎更早，是原始动物与进步人类共存，这是否说明在与周口店同时的其他地区，已有更进步的人类出现？此后，贾先生对这一观点作了明确的表述："人类在演化上的重叠现象不能忽视。人类演化不可能是一刀切的，即当某种人绝种之后，才出现有进步性质的新人。这就是说，我们还得承认，当北京人仍然生存于世，具有进步性质的金牛山人在世界上早已出现。"②

不同观点的交流促进学术的更快发展，这是科学发展的规律，也是北大的传统。以后金牛山遗址发掘和研究的进展，也充分证明了这一点。1986～1987 年的发掘，以检验地层为主要目标，对西侧保留的较为完整的堆积进行地层的重新划分工作，正式建立起金牛山遗址的地层剖面，将当时已暴露的遗址堆积划分为八层，确定人骨出在第 7 层底部（后明确为第 8 层）。1988 年又找到了与南北壁连在一起的洞顶，廓定了洞穴的形状，并确定洞口的朝向在东面。

在对遗址堆积和面貌充分认识的基础上，于 1993 年以寻找古人类居住面为目标，才决定继续向下挖掘，那距离人骨化石的出土时间，已经快十个年头了。

① 吕遵谔：《金牛山遗址 1993、1994 年发掘的收获和时代的探讨》，《东北亚旧石器文化》第 141 页，1996 年。
② 贾兰坡：《贾兰坡说中国古人类大发现》第 87 页，商务印书馆（香港）有限公司，1994 年。

发掘的同时，1985、1986、1987 年又有针对性地在现场采集样品进行年代再测定，既检验 1984 年年代测定的结果，又不断提供新数据。从 1987 年起，更组建了包括地质、地层成因、占气候、古人类、动物群、文化、牙齿病理、CT 研究、孢粉、测量、年代、资料等在内的研究组，对金牛山遗址进行综合研究。从而不仅对金牛山人在人类进化史上的定位逐步有了基本共识，而且对复原当时人类生存的自然环境和生活面貌提供了丰富的第一手资料。

（二）为旧石器时代考古的田野考古方法积累经验。

由于此前在我省仍有以水平线划分地层的做法，而金牛山遗址的发掘，不仅完全是依据人类活动形成的堆积情况，严格按照田野考古操作规程进行地层划分，而且从发掘一开始，就在考虑古人类居住面的存在。1984 年的发掘，注意到原发掘划定的第 6 层面上动物化石、人骨化石与灰堆遗迹的有规律分布现象："下挖第六层 0.5 米深时，在洞穴的东南揭露出一层动物化石面。许多哺乳动物牙齿、残下颌骨和肢骨都叠压在一起，十分密集；在洞穴的西、西北和北部发现一处直径 50～60 厘米的灰堆遗迹及许多有人工敲击痕迹的动物长骨碎片和少量石英碎块；在洞穴南部发现了丰富的人类化石。动物化石、人类化石、文化遗物和遗迹同出现在一个平面上，十分引人注目。"① 以后确定，这就是一个古人类活动面。

1993、1994 年由出土人骨的工作面下挖，由于寻找人类居住面是这个年度发掘的主要目标，所以挖掘极为细致，且采用了较为科学和实用的方法，即考虑到原居住面并不一定是水平的，所以通过平剖面的结合，了解居住面的走向，同时控制发掘的厚度。从而确定了第 8 层是由 10 层连续叠压的居住面形成的，居住面北部薄，南部厚，向西南倾斜。明确了人类化石出在第 8 层的居住面上，是人在洞内居住的遗留。同时遗留在活动面的，还有灰堆和近万件人类敲骨吸髓后遗留的兽骨。分析出兽骨的分布具有规律性："骨片分布杂乱，大小不一，轴向各异，无明显的方向性和选择性，以灰堆周围和层面中心最为稠密，向周围则渐次稀疏。说明是原地埋藏而

① 吕遵谔：《金牛山人猿人的发现和意义》，《北京大学学报（哲学社会科学版）》1985 年第 2 期。

不是从洞外搬入由自然营力而形成的。"① 在居住面上揭露出的 9 个灰堆，有的底部垫有石块，其中第 9 号灰堆底部所遗石块都较大，且摆成圆三角形，石块与石块间留有空隙，有的石块被火充分烧过，烧灰也因燃烧充分而较为纯洁，由此推测金牛山人已知利用空气助燃，而且经实验证明，灰堆中的石块是起"封火"功能用以保存火种的②。

对旧石器时代考古来说，发现人类的活动面，是最重要的学术目标。但由于时间久远和地层变化剧烈，发掘的难度往往较大，而且没有了发现人骨化石那种热烈和令人关注的气氛，又很容易忽略现象或不能坚持。所以那个季度，吕先生一直盯在现场。由于那年的发掘，开始时间稍晚，延续时间较长，后半段已赶上辽南的初冬季节，还下了一场雪。金牛山工作站的条件又相对简陋，但吕先生在工地一直坚持了三个月。从现场现象的分析判断，到督促上万片骨片的收集、编号、记录，工作细微到近于烦琐，却保证了第一手科学资料的取得。1993 年到 1994 年的发掘，是对金牛山遗址合作发掘的最后一次，也是取得具有决定性资料的年度发掘。这个年度工作，以确凿的证据证明，金牛山遗址是一处古人类长期连续生活的洞穴遗址。从而继体质进步的人头骨化石之后进一步表明，金牛山人及其所创造的文化，不仅是辽宁以及渤海湾北岸地区的历史黎明时期光辉的一页，而且确立了辽河流域在中国史前史的先导地位③。

（三）遗址的保护与考古发掘同步进行。

1984 年金牛山遗址发掘开始，就在思考整体保护问题。而及时取得和公布的科研成果，为加强遗址的保护力度提供了科学依据。于是在 1988 年金牛山遗址被公布为全国重点文物保护单位，开始在原保护工作的基础上，着手进行总体保护的各项工作。

当时面临的问题，一是从大遗址的概念和高度采取保护措施，一是学校教学实习如何与遗址保护相结合。

---

① 吕遵谔：《金牛山遗址 1993、1994 年发掘的收获和时代的探讨》，《东北亚旧石器文化》第 135 页，1996 年。

② 顾玉才：《金牛山遗址发现的用火遗迹及相关的几个问题》，《东北亚旧石器文化》第 273 页，1996 年。

③ 苏秉琦：《关于重建中国史前史的思考》，《考古》1991 年第 12 期。

20 世纪 80 年代中期，辽宁省文物工作形势较好，文物保护的任务也在逐渐加大。就在金牛山人骨化石发现的前一年，牛河梁红山文化遗址和姜女石秦行宫遗址接连被发现，这样大规模高规格遗址在辽宁以前还从未碰到过，这就提出了大遗址保护的新课题。三大考古遗址在保护条件方面各有优势和问题。牛河梁和姜女石遗址都是由若干遗址点组成的遗址群，金牛山遗址虽然也分为几个点，但都在一座小山以内，保护的范围不像那两处遗址那么广而散，压力也相对稍小。但辽南农村是富裕地区，遗址又紧靠在村边和铁路线，涉及各方面利益的事经常发生，解决起来也较为棘手。吕先生在发掘研究的同时，对金牛山遗址的保护，既设计了总体思路，又在许多具体项目上提出建议。

1984 年 11 月 6 日人骨化石发现后的仅一个月，吕先生在向省文物行政部门介绍金牛山遗址人骨化石发现情况时，就提出遗址的规划与保护问题。

1985 年初，在系里和吕先生的建议下，北大同意考古系关于在金牛山建立教学实习基地的意见，商定与省里合作建工作站。此后还有建围墙征地及处理与邻近铁路线划分范围，洞顶确认后的洞穴加固（1988 年），建立陈列室（1992 年），防止当地利用地下水对山体的影响等多项目遗址保护工作。为了这些保护项目的实施，吕先生往返于国家文物局、学校、省市县文物行政部门和村镇，从立项目、筹集经费到具体设计，都提出指导性意见，对遗址保护措施的落实，起到重要推动作用。

最后要提一下为金牛山遗址保护做出贡献的王㐌先生。王㐌不仅是古代服饰研究专家，而且是文物保护专家，尤其重视和擅长于考古现场文物出土时的保护和提取，并能根据不同情况采用一些"土"办法对付那些难缠的文物。金牛山人头骨的剥离，就是一次成功的考古现场保护和提取文物的事例。

那是国庆假期刚过的 10 月 3 日，接到吕先生由发掘现场打来的电报，说昨天（10 月 2 日）发现人的头骨化石，现场剥取遇到困难。正好那几天我们邀请王㐌先生到朝阳为袁台子壁画墓的保护和牛河梁遗址女神庙的发掘作技术指导。10 月 4 日，王㐌一到沈阳，我们就把他拉到金牛山遗址现场。当时人头骨已全部露出，上颚紧紧贴咬在一块巨石上。头骨尤其是罕见的颜面骨较完整但很薄，石化程度也不高，已有多处裂纹，正在议论用电锯切割石块但又顾虑震动会引起头骨裂碎。王㐨经取土样观察，谨慎地提出在现场将人骨与石头剥离的方案有可行性。他以往从没有做过旧石器时代现场保护和类似的工作，没有把握，但他是一个遇到与文物保护有关的难题就不会考虑其他的人，所以表示可以试一试。10月5日开始工作，当各种准备工作进行过程中，人头骨被安全固定和保护起来，现场摆成像个手术台时，人们的眼光由疑惑变为期待。工作整整延续了一天一夜，头骨与巨石逐渐被剥离，到10月6日上午10时，人头骨整体托出，标本与巨石接触的上颚面与颅骨底面完好无损。王㐨在工作日记中把这次特殊的现场文物提取称为"创用界面渗透法简便安全分离开被矿物盐胶结在巨石上的金牛山人头骨化石"。

此前吕先生与王㐨并不熟悉，经过这次短短两天的实地接触，以为发现了人才。因为当时北大考古系已有建立文物保护专业的设想，吕先生当时担任副系主任。的确，王㐨不仅长于动手，而且注意资料的积累，视野开阔。讲话既有实例，又有科学原理的分析，既谈成功的经验，也不回避失败的教训，从每一项重大文物保护项目到对一件具体文物采取的保护措施，无论他亲自参加与否，经他讲述，都是具典型性且十分生动的教材，很具吸引力并能为听者所接受。王㐨也多次谈起传承下去的愿望，终未实现，这对我国的文物保护事业，无疑是件很遗憾的事。

金牛山遗址是辽宁省迄今所知从洞穴到堆积最为完备的旧石器时代遗址，也是发掘时间最长、发掘资料和研究成果积累最为丰富的旧石器时代遗址。由于同北京大学合作，尤其是吕遵谔先生亲自参与了全部工作，考古发掘、研究、保护多方面都取得较为扎实的成果，也把辽宁地区旧石器时代考古推进到一个新阶段。

（原载于北京大学考古文博学院编《考古学研究》第七辑，科学出版社，2008年）

"这是等了三十年的发现"

——回忆俞伟超先生

2002 年 5 月初，趁北京大学考古系召开建系 50 周年庆祝会的机会，我和高炜、孔祥星约好，到小汤山疗养院去看望俞先生。那天俞先生兴致很高，非要请我们到附近餐馆就餐。看先生吃的香，也很健谈，精神不错，我们都十分高兴。在饭桌上还谈起当时正在讨论的中国考古学的走向问题，他态度明朗，与流传的不同，我们都建议俞先生能将他的观点发表出来，不久就在《中国文物报》看到了他的文章。这是我们与俞先生的最后一次见面。

俞先生到东北来的机会不多，到辽宁来只有 1983 年 7 月喀左县东山嘴现场会和朝阳"燕山南北、长城地带考古"座谈会、1985 年 9 月兴城苏秉琦先生 77 岁生日聚会和 1986 年 9 月沈阳中国考古学会第六次年会，每次逗留的时间都很短，却都给我留下很深的印象。

1983 年 7 月，由苏秉琦先生倡议、国家文物局组织，在辽宁省朝阳市考察喀左县东山嘴遗址并召开"燕山南北、长城地带考古"座谈会。会议通知发出后，主办者临时决定开会的时间和日程都要有所变更，当我带着材料连夜从沈阳坐火车赶往喀左时，只听说参加会议的诸位先生正集聚承德等待，对会议何时开，谁能参加，仍心中无数。令我意外惊喜的是，一进卧铺车厢，就看到了俞伟超先生。原来俞先生是在外地出差得知苏秉琦先生倡议召开这次座谈会的消息，匆匆赶到沈阳转车赴会的。见了俞先生，我像是一下子有了主心骨，以为会议肯定会马上召开，于是抓紧时间向俞先生介绍了东山嘴遗址近两年的新发现。俞先生虽然在此前还不知道这些发现，但他马上意识到这一发现的特殊重要性，并特别询问了孕妇小塑像和组织遗址空中拍摄的情况。在喀左县考察完东山嘴遗址后举行的座谈会上，他语出惊人，说东山嘴遗址出土的这几个孕妇小雕像是"考古界等了三十年的重要发现"。他说："留学生们经常问起，世界各地的新石器文化到青铜文化，到处都有妇女小雕像发现，为什么中国没有？有了这两天的见闻，才知道大家终于找到了一种全国考古界等了三十多年才被发现的重要材料。这就是一些新石器时代的妇女陶塑像以及同这种塑像有关的一片祭祀遗迹。"由于这类人体小雕像在中国史前文化中是第一次明确出土，这方面的研究以及有关史前时期祭祀方面的研究也很少，但俞先生在会上的临时发挥，就较为系统论证了女性雕像出土的价值。他广征博引，将妇女小雕像与美州印第安人以妇女作为祭祀时的农神比较，以为是生育神和农神。又将砌石建筑与江苏铜山县丘湾商周时期的石刻岩画、朝鲜半岛的巨石作比较，以为东山嘴的砌石建筑也是环太平洋东部地区地母崇拜的一部分。

朝阳会后不久，俞先生去美国哈佛大学访问。由于刚考察过东山嘴遗址，在美期间，他特别留意有关的考古资料。他曾给我一信，说他查阅了欧洲一些巨石文化的资料，还在书店特意购买了一点有关英国巨石建筑的书，并建议辽宁馆也买一本。不过，他在信中主要告诉我的，是他在哈佛大学福格美术馆见到的两件红山文化斜口筒形玉器。信中详细介绍了这两件玉器的尺寸和著录情况，并联想到在朝阳会上见到的同类器（凌源三官甸子城子山 2 号墓出土，该遗址后被编为牛河梁遗址第十六地点）。这是我第一次得知海外收藏红山文化玉器的消息，于是马上将俞先生告知的材料在即将于《文物》1984 年第 6 期上发表的《论辽河流域的原始文明与龙的起源》一文的校样上作一补注加上。俞先生信中标明这两件玉器发表于1975 年，以后得知，福格美术馆收藏的这两件斜口筒形玉器，1975 年发表时年代被定为西周时期。红山文化玉器的最初鉴定结果是 1984 年 6 月公布的，东山嘴遗址的简报发表于《文物》1984 年第 11 期，而斜口筒形玉器被最终确定属于红山文化，是 1984 年 8 月牛河梁遗址第二地点一号冢第 4 号墓正式出土后才"一锤定音"的。俞先生给我写信的时间是 1983 年 10 月，当时红山文化玉器的年代包括斜口筒形玉器在内，还没有最后确定下来，当然那时海外还没有人知道红山文化玉器出土的消息，这样推算起来，俞先生应该是最早一位将海外收藏的红山文化玉器鉴定出来的学者，也可见俞先生学术上的敏感性。2001 年我终于有机会在福格美术馆见到陈列的一件斜口筒形玉器，该器为所见斜口筒形玉器中最宽也最厚重的一件，尤其是在靠近玉筒平口一端刻有纹饰，为已知数十件红山文化斜口筒形玉器中唯一一件有纹饰的标本，而且是近似于红山文化彩陶上的龙鳞纹图案，其学术价值之高，自然不言而喻。

遗址空拍当时在考古界还是试验阶段，虽然申请上天的手续繁杂，花钱不少，效果也并不理想，但俞先生高度重视它的学术价值，鼓励我们说，这一张照片的价值就抵得上一年的发掘经费！以后得知，他很早就深知航空照片对全面观察遗址的重要性。中国历史博物馆（今中国国家博物馆）在他的主持下，组建了全国第一支考古航拍队伍，并很快取得引人瞩目的成果，为中国考古学增添了一个新的分支。

还记得也是那次朝阳会前，我陪俞先生清晨赶到喀左县城时，苏秉琦先生和黄景略先生率领的大队人马还在从承德到喀左的路上没有到达。于是我和方殿春同志商议先陪同俞先生到就近 1973 年出土两批窖藏商周青铜器的北洞孤山去考察。一到现场，俞先生就注意到正对窖藏坑的山下台地有近似于夯土的迹象，于是仔细观察起来，因停留的时间不长，当地群众又说 1958 年曾在这里修过水坝，一时难以做出准确的判断，就先作罢了。此后我们又几次到现场辨别，虽然至今仍没有最后结论，不过俞先生在考古现场的那种带着课题进行田野工作和敏锐的观察力给了我很深的印象，这无论对我们继续深入认识喀左一带不断出土的窖藏商周青铜器，还是在田野考古中观察其他现象，都有很大的启示。

考察完东山嘴遗址和在喀左召开座谈会之后，与会全体人员移师朝阳，继续座谈。俞先生在朝阳会上较系统地谈了他对东北古代文化主要是夏家店下层文化的看法。文章经修改后收入他的新著《古史的考古学探索》（文物出版社，2002 年）一书中。他虽然是在 20 世纪 60 年代发掘北京雪山遗址后首次接触到夏家店下层文化的实物，但一下子就抓住了该文化最主要的特征性文化因素——筒形鬲。通过对这种筒形鬲的制作过程的研究，归纳出它的主要特点是："用泥条盘筑法做成一个圆筒作器腹，又单独做出三足和口沿，再拼接成一体；三个袋足还要加上足跟。""腹部特别长，三足的下半部突然往外鼓出一点点，表面又往往是磨光的素面陶。"并以此与山东半岛至苏北沿海的岳石文化等相比较，得出东部沿海一带古文化的一致性，认为它们同属古代民族四大集团之一的东夷集团。俞先生对夏家店下层文化的另一个观点，是认为夏家店下层文化和夏家店上层文化虽然差别很大，但都属于东夷系统。俞先生在这些论述过程中所体现出的从微观的实物具体剖析到宏观的概括和将考古与文献有机结合的研究方法，为我们树立了研究学问的一个榜样，也为我所铭记。

近年俞先生的学术思想对我启示最大的，是他60岁生日时所谈"古今一体"的感悟。他在《考古学是什么》一书的"六十述志"中写道："今已六十，仍谙耳顺本义，然忽识古今一体之道。盖天地平衡、古今一体之理。"基于这一认识，俞先生于1998年在台北"中央研究院"历史语言研究所作"21世纪中国考古学研究前景的展望"的讲演时，提出实现考古学与史学、人类学的重新合一的主张，并引用了目前西方史学主流的法国论坛史学"历史就是今人与古人遥相交往和理解的一种结果"的观点，说明他对考古学的认识已达到一个新的层次。2000年俞先生在为苏秉琦先生《中国文明起源新探》三联版所写的前言《中国考古学的一座里程碑》中，也特意谈到他和苏先生有关这一题目的交流：

"在'访谈录'（指香港《明报月刊》委托俞先生和邵望平采访苏秉琦先生后所写的《百万年连绵不断的中华文化——苏秉琦谈考古学的中国梦》——郭注）完成过程中，秉琦师曾于一九九七年三月中旬把我叫去，让我做些修改，谈了一些想法，反复要我加强表达考古学研究对启示今人的作用，并且一定要把我在他八十五寿辰时写的祝寿之词加进去，即：'历史已逝，考古学使她复活。为消失的生命重返人间而启示当今时代的，将永为师表。'我一直深以为憾的是，当时工作繁忙，交稿时间又紧，未能做好这一点；不过我已经极为明白他此时是把寻找中华古文明的民族灵魂和精神支柱，作为思考的重心。我自己由于在一九九二年时，曾经思考了人与动物的根本区别和人类历史的起点问题，已领悟到'古今一体'是人类社会的本质性能，所以完全理解到他正在寻找的古今文化的内在联系，触及了考古学最根本的价值，深入到了考古学生命之树的根系。秉琦师的研究境界，又开始了再一次的升华。"

我于1999年底在成都举行中国考古学会第十次年会上，提交了一篇题为《苏秉琦论"古今接轨"及其在学科理论的地位》的论文，试图解读苏秉琦先生关于古今关系的论述，也是受到俞先生这一感悟的感染和启发而写成的。

2001年底俞先生在为他的《古史的考古学探索》一书所写的序中，继续谈到"寻找人类的本质，追索人类社会的本质，了解人类的本性"是考古学的最终目标的问题，这时，他已进小汤山医院治疗。可知，对"古今一体"的感悟，应该是俞伟超先生告别他精彩学术生涯时最后的思考与追求。

（原载于中国国家博物馆、北京大学考古文博学院编《俞伟超先生纪念文集·怀念卷》，文物出版社，2009年）

忆忠培先生

张忠培先生是我的老师。与张先生多年接触请教，有太多值得珍藏的回忆。

张先生对苏秉琦先生感情至深。1985 年在辽宁兴城疗养的苏先生考察绥中姜女石遗址后返程，为在山海关—北京的人满为患的火车车厢给苏先生找个座位，张先生急到向担任那次列车服务的长春客运段列车员出示证件的无奈举动；1990 年前后盛夏的某天下午应招赶到苏先生家门口却临时另有急事的张先生，为不打扰苏先生午睡将按门铃的手又放了下来的虔诚又焦急的神情；1994 年秋为将苏先生新出文集从沈阳赶送到北大为苏先生祝寿，张先生扛起一大包书疾步从北京站行李房穿过广场的匆匆身影，都历历在目。

张先生对苏秉琦先生的学术思想理解至深。2009 年编辑《苏秉琦文集》时，张先生在电话里同我说，据他的观察体会，苏先生晚年虽静坐在家，却总有更深的思考，那是因为苏先生对有关文献和考古材料都已熟记在心，现在的重点是在"悟"。苏先生故去后，张先生以一句"留下了长长的空白"道出了他对中国考古学未来的忧虑。数年后，张先生提出"苏秉琦时代"的概念，激励后学要有跨越这个时代的勇气。张先生还时常向他在哲学界的老朋友介绍苏先生的学术经历和思想，遂引起哲学史界对苏秉琦学术思想的长期关注。

张先生的学术成就，特别是他在考古学理论和方法方面的贡献，处处从大局立意的学术境界，有目共睹。从近年张先生组织和指导的古代玉器研究上可以看出，他对费孝通先生将古代玉器与传统文化相结合作为切入点，深入认识中华文化，以达到文化自觉，进而将其中的优秀部分融于多元世界，最终实现世界大同的思想理解甚深，着手将"两流"汇"一流"，把中华玉文化中心的研究方向引导到费孝通先生的理念上来，使这个中心成为越来越有生命力的一个民间学术团体。

张先生经常到辽宁、到牛河梁遗址考察指导工作，对辽宁省文物考古和我个人，都给予特殊关照并提出很多指导性意见。1983 年东山嘴遗址座谈会上，张先生即席列举了西安半坡及甘肃临夏何家村等当时中国史前时期仅有的祭祀遗迹，发言稿修改时更增加了与西亚考古和民族学有关材料的比较，从而对东山嘴遗址发现的学术价值以及红山文化宗教形态的发展水平，给予既实事求是又高度的评价。20 世纪 70 年代末到 80 年代初，随着辽西和赤峰多处夏家店下层文化遗址的发掘，该文化年代有从商代提早的可能时，张先生兴奋地同我谈起，夏家店下层文化的年代能确定到夏，这对东北地区的历史是多么重要的事呀！在张先生的指点下，东北地区夏代的历史考古遂成为我们研究的重点。此后，他将辽宁和东北地区的新石器时代到青铜时代进一步归纳为多鬲和缺少鬲等三袋足器的两大系统，提出渔猎文化也可以产生上古文明。这些都是我们在实践中不断加深理解的指导性观点。张先生多次与我谈起玉文化研究要提高到思想史高度，这对古代玉器的研究具有方向性意义，对我更有极大的启发。张先生还十分关心我曾经负责的辽宁省文物行政工作，经常给予具体指导。1984 年全国文物工作会议期间，我同他谈起辽宁近来发生的几起基本建设破坏文物保护单位的事件，张先生提醒我，对省保和国保单位的保护，态度要坚决，立场要鲜明，尤其是国保单位，要做到"死保"！对于古建筑和古遗址等受到威胁时文物部门经常处于弱势和被动的不正常状态，张先生有针对性地提出，不必总是考虑对方在经费、选址、限高等方面的所谓难处，我们就是要不受干扰地从自身工作讲清楚哪些行为会对文物造成危害，哪些做法违反了《文物保护法》的规定，要为领导决策提供依据。我在实践工作中深深感到，这是张先生授予我的两条"锦囊妙计"。

张先生是战略家。回头看他主办的事，无论是对学术研究、学科建设、人才培养，还是对事业发展都很有远见，当然也影响深远。对张忠培先生留下的丰富学术遗产，对张先生给予辽宁和我自己专业及工作上的指教，要认真学习，回顾总结，以推进事业的发展。

（原载于《中国文物报》2018 年 7 月 20 日）

长者的风范

——纪念佟柱臣先生

佟柱臣先生作为辽宁籍的老一辈著名考古学家，一直关心着家乡的文博考古事业，并尽力为家乡文博考古事业的发展贡献自己的智慧和力量。

早在20世纪40年代初，佟柱臣先生在辽宁凌源县从事教育工作时就经常到附近做考古调查，当时就踏查过牛河梁地区的红山文化遗址，采集到大块的彩陶片，并于1943、1946年发表过有关报道，是最早到牛河梁遗址进行考古调查的专业人士。他还在《中国新石器时代文化的一些新迹象》（1986年）一文中，回忆1942年他在附近梁下农家见到一件"缺去一角的勾云纹玉佩饰"，这应该是考古研究者在红山文化分布区内最早见到的红山文化玉器。这件勾云形玉器于20世纪70年代初由凌源博物馆征集，现藏于辽宁省博物馆。

佟柱臣先生对东北考古有重大贡献。先生曾应邀撰写《东北民族史与东北考古学中的几个问题》等多篇有关辽宁和东北考古的文章，通过对东北诸民族文化的特点、与中原文化的密切关系论述东北史在中国史中的重要地位。1981年佟先生曾代表中国考古学会和中国社会科学院考古研究所夏鼐所长应邀出席在辽宁大连金州召开的辽宁省考古博物馆成立大会，并做了题为"新发现的两份石刻在东北民族史研究上的学术价值"（指内蒙古嘎仙洞北魏拓跋鲜卑石刻祝文和北京地区出土有关渤海史的唐代张建章墓志）的讲演。佟先生与著名考古学家、原辽宁省博物馆老馆长李文信先生从20世纪40年代起就结下深厚友谊，两位先生一起调查过燕秦长城和辽代城址，发掘过赤峰缸瓦窑辽代窑址，并分别出有专著，对早期长城和辽代瓷器这两个领域做出奠基性贡献。1982年李文信先生故去后，佟先生曾著专文对李文信先生的学术成就进行系统总结（《辽宁文物》1983年第5期）。

我同佟先生接触较多的，是1980年6月先生到辽宁的考察。那次佟先生为中国社会科学院考古研究所"新石器时代石器"研究课题到辽宁收集资料，我作为陪同与先生相处一周。期间，先生考察了喀左鸽子洞旧石器时代洞穴遗址，考察了正在发掘的东山嘴红山文化遗址、和尚沟商周墓地和附近的战国、汉城址以及凌源天胜号刻有金代年款的石桥，观摩了建平、凌源、喀左三县文物普查材料和建平水泉、喀喇沁夏家店下层文化遗址发掘材料、辽西各地出土的窖藏商周青铜器、朝阳十二台营子与沈阳郑家洼子等地的青铜短剑遗存以及喀左眉眼沟战国墓的发掘材料。先生并应辽宁省博物馆邀请，在沈阳做了学术报告。

当时，辽宁正在进行第二次文物普查，以辽西地区朝阳的建平、凌源、喀左三县为普查试点，有许多新的考古发现，材料正在整理消化中。佟先生的到来，使我们有机会把当时正在思考的问题提出来向佟先生请教。佟先生面对这些年积累的新成果也非常兴奋，对我们提出的问题，从多方面提出有指导性和启发性的意见。

佟先生对当时讨论较多的红山文化与夏家店下层文化之间新发现的小河沿文化，夏家店下层文化与夏家店上层文化之间发现的一种绳纹红陶遗存（以后称魏营子类型），战国时期墓葬鼎豆壶与手制罐共出所反映的当地土著文化与燕文化的融合，都给予特别关注，并肯定这些发现和研究成果。

先生还根据他对辽西地区这批新考古发现的认识，提醒我们要特别注意的一些重要线索：如夏家店下层文化发现的石磬，先生认为这关系到该文化性质，要我们注意辨别相应的规格更大的遗址；先生还要我们注意寻找与窖藏商周青铜器有关遗存的确切证据；注意与曲刃青铜短剑共存的陶器，从而探讨含曲刃青铜短剑的考古遗存与夏家店上层文化特别是同燕文化的关系。同时他认为东部长城始建较早，说明这一带燕文化与当地民族文化较早就有接触。

先生还较多地谈到历史时期的考古，主要是有关东北民族及其与中原王朝的关系和边疆考古。如东胡与鲜卑、靺鞨族与渤海国，还有从辽代遗存中辨别奚族遗存等课题。为此他谈到研究人员的通与专的关系。他说，深入才有创见，从这个角度看，分段分地区研究符合规律，但在省里工作有所不同，既要专又要灵活。知识面广也有利于研究的深入。

先生还一再强调，以往东北考古工作做得少，发掘面积小，缺乏系统资料。现在虽有所改善，但要坚持下去。他告诫我们，不能东两镐西两镐，有条件就要做大面积揭露，为此他建议东山嘴、三官甸子都要坚持做完，以取得系统资料。

那次佟先生还就当时正在进行的落实知识分子政策问题鼓励我们：给研究人员提供条件不只是落实政策，给物质条件，更主要是要出研究成果。先生还就地上建筑坚持原状保护的维修原则、博物馆陈列反映研究水平等，畅谈了自己的看法。

陪同佟先生考察，使我们从学术观点、研究课题和方法、具体工作以至思想境界等多个方面都受到启发和熏陶。这是我们与佟先生在无拘无束的气氛中聆听教诲、进行交流的一次令人难忘的学术活动，也是苏秉琦先生提出"燕山南北地区考古"之前推动辽宁考古工作的一次重要学术活动。

佟柱臣先生对辽宁和东北文博考古事业发展的重大贡献，先生对人对事，既是非分明，又宽以待人、平等待人的长者风范和品格，先生踏踏实实做研究的学风和取得的丰硕研究成果，都会为家乡文博考古界所铭记、学习和继承。

（2012 年 1 月 9 日中国社会科学院考古研究所"佟柱臣先生追思会"发言稿。原载于《无限悠悠远古情：佟柱臣先生纪念文集》，科学出版社，2014 年）

孙守道先生学术成就回顾

孙守道先生离开我们已整整十个年头了。但这些年我们在工作中，特别是在工作中遇到难题时，还经常提到他的名字。这是因为，孙先生在辽宁省文物考古界，留下了深深的印迹。

我从 1968 年分配到辽宁省博物馆工作以后，就经常同孙先生在一起工作。在考古工地一起发掘，在一起讨论学术问题，合著文章，共同参加学术会议，携手到中国香港、台湾地区和日本访问。虽然他是一个很有个性的学者，但我仍然从他那里学到不少东西。在我的印象里，孙先生治学自有其独到之处。

孙守道先生是大连市旅顺口区人。在海边长大的他，从小练就了专在大风大浪里畅游个把小时的本领，也培养出打破砂锅问到底的不屈性格。他 1948 年参加革命工作就从事文物考古，一干就是五十多年。他除了做学问，似乎没有其他爱好，整天都在琢磨考古问题。他上小学时因意外造成听力障碍，倒利用这个条件，尽量排除和减少环境带来的种种干扰，争取到比别人更多的宝贵时间，做他自己应该做的事，也锻炼出他敏锐的眼力。

孙先生不是科班出身，基本上是在辽宁这块土地上土生土长起来的学者。20 世纪 50 年代初，在李文信先生指导下，他在辽阳汉魏晋墓群的发掘中掌握了田野考古的基本功，并担任辅导员，很快成为领队。那次发掘，他除了做好档案外，还记了大量笔记，积累了丰富的第一手资料和个人学习心得记录。

1956 年，西丰县西岔沟古墓群遭大规模盗掘，时年 25 岁的孙守道先生担当起考古现场清理抢救负责人的重任，面对千疮百孔的墓地和散落在老乡手里的上万件文物，他逐件文物和逐个墓葬地核对，尽量复原共存关系。并且，他以初生牛犊不怕虎的锐气，给上级写信，使这次古墓群遭严重破坏的事件在《人民日报》发表，引起社会各界关注，成为当时文物考古界的一件大事。他撰写的《"匈奴西岔沟文化"古墓群的发现》和由此引起的有关族属的争论，使他在考古学界崭露头角。

1955 年，孙守道先生进入在北京大学举办的文化部第四届考古训练班学习。1959 年，他受辽宁省博物馆委派参加了中国历史博物馆建馆陈列，这使他有机会与诸位考古文博界的前辈学者接触请教，受到最高水平学术气氛的熏陶，从而为以后在许多课题的研究中能站在学术前沿打下基础。

勤于实践是孙守道先生做学问一贯坚持的作风。1965 年发掘沈阳市郑家洼子第 6512 号青铜短剑大墓，他在墓坑里一蹲就是大半天。面对复杂的遗物分布状况，他边挖边绘图，当一堆堆小铜泡间的几道木痕被细心剔出时，两张弓的弓弭和弓饰图已跃然纸上。可惜工作正在紧张进行时另有急事临时将他从发掘工地调走，所以那张详略程度有所差异的重要墓葬平面图上，只局部显示出超过一般考古绘图要求的遗迹现象。

同年，他在喀左县大凌河畔进行古生物化石调查时，注意到位于河西岸陡壁之上的鸽子洞，从洞的结构、方向和周围环境都适于古人类居住，于是攀入洞内找到文化堆积，并在主洞穴内对仅 1.2 平方米的面积进行细掘，终于辨认出三层烧灰层间以薄黄土相间的人工取火证据和底层篝火周围有烧骨分布的人类活动面，是辽宁省首次发现的旧石器时代遗址。在这次小面积试掘中，孙守道先生采用了垂直分层与平面揭露遗物分布两者相结合的方法。这种方法 20 世纪 90 年代在金牛山遗址发掘人类活动面时也使用过，是考古发掘中较为先进的挖掘方法。

孙先生于 1989 年和 1992 年连续发表《论辽南汉魏晋墓葬制之发展演变》和《汉代辽东长城列燧遗迹考》的长文，这两篇功力各有不同的文章都是他长期实践和思考累积的成果。

《论辽南汉魏晋墓葬制之发展演变》一文是孙守道先生 1964 年所作。从文中可以看出，孙先生对 20 世纪 50 年代在辽阳、沈阳和大连地区发掘的数十个地点的千余座从西汉初到两晋时期各种类型的墓葬资料了如指掌，分析自如；在论述墓葬结构和随葬器物演变所见从战国时期传统礼制到西汉以来新兴中小地主和一般农民阶层生活方式的家庭用品的变化、西汉末前后和东汉末前后墓地和墓葬规模的两盛两衰与社会变动的吻合、两汉与魏晋厚葬与薄葬之变等深层次问题时，所举各类考古实例，既似信手拈来，又有如身临其境的描绘和具体分析，很有说服力。除此以外，他还从考古与文献的结合上，论证了考古界关注较少的"嫁殇葬""亲土葬"以及多人家族合葬中的亲子合葬和兄弟夫妻同葬所见的同居、同财、同炊的家族关系和家庭伦理观念新的发展趋向。由于辽东地区这一时期考古资料对汉魏时期"族坟墓"的丧葬制度及汉代儒家提倡的封建伦理观念有较为全面地反映，说明两汉到两晋时期的辽东地区与中原王朝所在地区的社会结构、社会关系和思想观念及其发展演变，不仅同步，而且具有一定的典型性。

《汉代辽东长城列燧遗迹考》则是他60多岁时在抚顺爬一个个山头后所取得的成果。这全凭考古调查的地面资料所做的考证，需要更仔细的观察、更广阔的视野和考古、文献及其之外河川地理等多方面的综合比较分析，结论也趋慎重。不过孙先生仍然得出辽东汉列燧遗址即汉长城本身的观点，这对于确定秦汉长城辽东段的走向和特点这个学术难题，不仅贡献了很有价值的研究成果，而且提供了如何将现有甚为零散资料系统化的思考方法。

我没有机会同孙守道先生一起进行汉代墓葬和汉长城址的考察和研究，但一起到其他遗址现场和鉴定文物的机会很多，对孙先生通过长期的刻苦钻研和知识的积累，观察文物和考古遗迹之细致和特征把握之准确，有切身体会。经常有在考古现场和文物鉴定遇到一瞬间即得即逝的情况时，往往是守道先生显示出过人之处，他的见解也经常起到关键作用，那通常就是重大考古发现和珍贵文物被意外发现的时刻。

1971年，孙先生在省博物馆办公室从铁岭炼铜厂拣选出来的铜器中挑出一件铜銮铃。他一眼就认定是西周早期的，而且像是刚出土不久，可能就与辽宁有关。这是一个重要情况，他建议一定要追下去。不久得到在朝阳出土的线索，于是就有了魏营子西周早期墓的发现，那是在辽宁首次发现的西周早期墓葬。1973年，在朝阳市外贸公司的库房，他一进门就直奔一件扔在废旧品堆里马上要送到冶炼厂的铜支架，一手将这件沉甸甸的铜器拎了出来，说这件器物不晚于魏晋，回馆一查，是一件灯的支架，仅在

20 世纪 50 年代的《文物参考资料》上发表过尺寸、形制、装饰几乎完全相同的一例，有铭记可证，是三国魏的。我们拣选的这件灯的铜支架虽已不能确指其出土地点，但仍然是一件十分珍贵的文物，幸而被抢救出来。

1973 年春，喀左县北洞村一座窖藏商周铜器坑被群众挖出。我同孙守道先生一起赶到现场调查清理，在用完了仅有的几十元发掘经费不得不停工时，他放心不下，建议离村前上山再挖一点，终于有了更为重要的第二号窖藏坑的发现。20 世纪 80 年代初，为编写辽宁省文物志，在查阅文物普查档案时，发现在绥中县墙子里村海边曾采集到"千秋万岁"瓦当。海边怎么会有这样等级较高的建筑瓦件？他觉得这个地方大有文章。1983 年秋冬之际我们一起到现场复查，原来那里就是民间传说的"姜女坟"所在地。"坟"是耸立于海中的三块礁石，与礁石正面相对的，是岸边一处有早期夯土特征的规模甚大的高台建筑址。仓促之中，孙先生手疾眼快地从地里捡起一块大瓦当残块，回到县城招待所冲洗后一比，与脸盆大小相近，瓦面上隐约可见高浮雕的夔纹残痕，与陕西秦始皇陵上采集的夔纹巨型瓦当的规格、纹饰完全一致，姜女石秦行宫遗址群遂被确认，也为文献记载的"碣石"找到考古证据。已计划隔年要从遗址中心穿过的公路工程被取消，从而将这处重要遗址及时抢救下来。

对红山文化玉器的鉴别和牛河梁红山文化遗址的发掘，是孙先生学术道路上的一个高峰，其实这与他观察事物时一个疑点也不放过的一丝不苟的严谨作风有很大关系。1973 年，阜新胡头沟墓地发现一个玉器墓，在与通常所见遗址与墓地不同的文化堆积、特别是缺乏直接地层关系的情况下，他注意到石头圈与成行排列的红山文化彩陶器走向相近，而玉器墓位置在石头圈的中心部位，于是他当时就有了将玉器墓、石头圈与红山文化彩陶器联系起来的思考。他是个没有十分把握时绝不吐口的人。此后的几年，他一直盯住这个发现不放，特别是 1975 年在赤峰市翁牛特旗看到从赛沁塔拉村（原名三星他拉）收集的那件大玉龙，感到大不寻常，对玉龙出土地点附近有红山文化遗存分布他铭记在心。1979 年秋辽宁省文物普查期间，在凌源县三官甸子城子山又试掘到一座仅随葬玉器的石棺墓，他赶到现场参加"会诊"，虽然墓葬填土中有夏家店下层文化和其他非自然因素的大量扰动，但他却觉得心里有了底。当大家对这座墓的时代议论纷纷时，他亮出了自己已考虑数年的观点："这是不是红山文化的？"大家听了先为之一惊，又像是一层窗户纸终于被捅破，从此以后，大家才敢于将这些在辽西和内蒙古东南部不断露头、时代不明而又水平甚高的玉器与红山文化相联系。1981 年 12 月在杭州市举行的中国考古学会第三次年会上，我们共同提交了《辽河流域的原始文明与龙的起源》的论文，孙先生介绍了包括大玉龙在内的红山文化这些新发现，引起与会学者的格外关注。夏鼐先生特意找到他看了玉龙照片，同意他作大会发言。不过，这毕竟是"要向全国考古界做出交代"的大事，一定要找到更确凿的考古证据。终于，在苏秉琦先生 1983 年于东山嘴遗址考古座谈会上提出在喀左、建平、凌源三县交界处多做工作的建议后，由他领队开始了对牛河梁遗址的发掘。记得在牛河梁遗址发掘第二地点一号冢 4 号墓时，当枕在人头骨下的斜口筒形玉器刚刚露头，他就急得双手直指墓主胸部，果然，在墓主人的胸部，一对圆润光泽的玉雕龙被发现了。面对这 3 件地层关系明确、出土位置清楚的红山文化玉器中的典型器，他兴奋地说："红山文化玉器的年代终于'一锤定音'了。"这座墓的发现是个里程碑，他建议，要予以特殊命名，那天是 1984年 8 月 4 日，于是就以发掘日期为准，命名为"八四84 号"墓。在这期间，他撰写的关于龙的起源和早期龙的演变以及中国文明起源的文章，都有独到见解。

还要特别提到的是，自 20 世纪 80 年代中期红山文化和良渚文化这北、南两大玉文化中心发现以来，学术界重提东汉《越绝书》所引风胡子的古史分期法，认为中国新石器时代到三代的考古阶段的划分，应在石器时代之后、铜器和铁器时代之前增加一个玉器时代，此观点在海内外一度引起广泛关注和讨论。其实最早重提这一观点的是孙守道先生。早在 1983 年 6月牛河梁遗址正式发掘之前，他就在《辽宁文物》上发表了《论中国史上"玉兵时代"的提出——红山文化玉器研究札记》一文，这是守道先生反复揣摩观察阜新胡头沟、凌源三官甸子和喀左东山嘴采集和出土的那些零散玉器时就悟出的心得体会。他从这批玉器中归纳出其最为重要的一个特征，就是规范化及其背后所反映的特定经济基础和意识形态，并由此思索"红山文化的人们到底已发展到历史上怎样的一个时代呢？"于是，他将这一规范化特征提升到文明起源的高度："一部玉器史的研究，正是探讨中华民族文明史的一个过程。""玉器不是石器时代的尾声，而是跨进文明时代的前奏，标志着又一文化峰巅的来临。"认为这一成就具有"划阶段的时代意义"。他还意识到，"玉兵时代"的重新提出与来自西方普遍使用的人类史三阶段划分的标准相比，不仅是中国考古学，就是对中国史的研究也是一件大事，所以他在文章标题上用了"中国史上的'玉兵时代'"，可见孙守道先生对此类课题思考之早、之深。

孙守道先生的研究领域广泛。他对旧石器时代的研究，除发现鸽子洞遗址外，早在1956年，他就在建平县南地乡供销社的"龙骨"化石堆里捡出一根已石化的人上臂骨，经鉴定为晚更新世的古人类上臂骨化石，后被命名为"建平人"。1969年，到凌源县西八间房调查原始牛化石出土情况的调查人员，按他的叮嘱，特意采集回几块特殊的石块，他迫不及待地将石块拿到水池冲洗干净，认为有人工打制痕迹，遂促成了辽西地区一处旧石器时代晚期到末期的文化遗存的发现。他熟悉辽宁十六国时期和辽代的考古材料，省内这方面的考古报告和研究文章不少都得到他的指点。有学者评价，孙先生是少有的早、晚期都有较深入研究的考古学者，并不为过。

孙守道先生的贡献得到考古文博界的肯定和海外同行学者的尊敬。他在牛河梁遗址特别是女神庙的工作，受到苏秉琦先生的赞许。苏先生多次讲到，是"老道踩出一个人头来"。孙先生对苏秉琦先生由衷崇敬。孙先生从他长期的考古实践中对苏秉琦先生的考古学文化区系类型等理论对中国考古学的指导意义有深刻理解，认为苏先生对新中国考古事业的最大业绩，是"在中国考古学这一学科理论的创建上，做出了独特的、开拓性的贡献"。他积极参与和组织了由苏秉琦先生倡导、分别在朝阳和大连召开的"燕山南北考古"和"环渤海考古"学术会议。苏秉琦先生77岁生日聚会在兴城举办时，孙守道先生特意在苏先生于1985年摄于福州鼓山、静坐在一棵大榕树之前那幅被孙先生形容为"宁静致远，思今稽古"的照片上，写下"大树巍巍，神思八极"的感言，作为献礼。1997年苏秉琦先生去世后，孙先生撰写了充满感情的《情钟红山，魂驻渤海》的纪念文章。

孙先生生前曾对我谈起他今后学术研究的设想：60岁之前尽可能多一

些发现，60 岁后要将一生的工作积累转化为科研成果，为后人留下一些东西。他无愧于自己的诺言，或许在心中还留有一丝事业未竟的遗憾。他对后学多有照顾，省内外中青年学者特别是在基层工作的学者不少得到他的帮助或受到他的影响。孙守道先生一生所取得的学术成就和他锲而不舍的学风、独到的研究方法和风格，常被大家回忆，也会代代相传。

（原载于孙守道著《孙守道考古文集》，辽宁人民出版社，2016 年）

苏赫先生学术成就的点滴回顾

20 世纪 70 年代中到 80 年代初，我有机会经常到赤峰市（原昭乌达盟）考古，有幸结识了昭盟文物工作站和各旗县的同行学者。苏赫先生就是我每次到赤峰必见也是十分敬佩的一位先辈学者。

苏赫先生热情而健谈，特别是遇到外地来的朋友。北京来的中国社会科学院考古研究所内蒙古工作队的刘观民、徐光冀、刘晋祥、杨虎诸先生和我们辽宁的几位都是他的常客。谈话内容很广却多具知识性。就是他晚年体弱多病我们到家看望他时，也总有谈不完的话题。所以我每次同苏赫先生见面都会很有收获。

苏赫先生的学术研究领域较为宽广，就我所熟悉的部分，对苏赫先生学术成就印象深刻的有几件事，一是石羊石虎山墓葬资料的研究与发表，二是头牌子青铜器的发现、报道与研究，三是大南沟墓地的整理和发掘报告的编写。还有一个关于一幅刺绣画的故事。

1973 年配合沙通铁路修建工程发掘的敖汉旗小河沿公社白斯朗营子遗址，出土了一群独具特征的新石器时代晚期陶器。发掘主持人李恭笃先生曾邀孙守道先生和我一起在昭盟文物工作站观摩过这批材料，当时大家认为可以命名为一种新的考古学文化，都觉得"白斯朗营子"有点绕嘴，就建议以所在的公社定名为"小河沿文化"，并由此关注此前发现的同类遗存。当时所知已发表的同类遗存有两批资料，一是收入 1938 年出版的《赤峰红山后》发掘报告的赤峰红山一带和附近三道井子收集的陶器，一是由苏赫先生执笔、发表于《考古》1963 年第 10 期的敖汉旗石羊石虎山墓葬出土器物。《赤峰红山后》发掘报告中收入的有关遗存大约出于两个地点，一

是赤峰红山搜集的双耳直领罐、双耳大口罐（《赤峰红山后》第 67 页第二
十二图之 9、10）和岛村孝三郎收集的绳纹筒形罐、堆纹小罐（《赤峰红山
后》第 67 页第二十二图之 2~4），一是金子健儿在赤峰西南三道井子收集
的彩陶豆和彩陶钵（《赤峰红山后》第 117 页第五十二图之 1、2、4）。石羊
石虎山墓葬发表的材料远较收入《赤峰红山后》的为完整，为一座墓的随
葬品，有包括"人"字形刻划纹的筒形罐、双口壶和彩陶盂形器在内的共 5
件陶器，以及斧、刀、镞、纺轮等石制工具和管、环等石质装饰品。当时
考古界的认识情况，是将这一类陶器的一部分作为红山文化的典型器，如
尹达先生 1955 年出版的《中国新石器时代》第四部分"关于赤峰红山后的
新石器时代遗址"就引用了三道井子的彩陶豆（第 144 页后的图版一之 3），
当时大学考古教学中也多将这部分陶器中的某些器物归为红山文化。石羊
石虎山的考古资料，从《简报》叙述可知，墓葬大部残毁，出土器物已被
扰乱，无法提供平面图和照片，但在《简报》中仍尽可能给予复原，多数
器物都有出土位置的文字介绍，这同此后正式发掘的大南沟墓多所相近。
尤其是《简报》对这组材料时代的判断以及文化性质和价值的分析，提出
这座墓葬出土器物"形成了一组有特征的器物群，而在孟克河流域发现的
古文化遗存中都未发现相同者，是一个新材料"，判断这批材料中的彩陶盂
形器上的"回字形纹与红山文化不同，盂形器接近于夏家店下层文化"，由
此推断这座墓葬及出土遗物的时代"早于夏家店下层文化而晚于红山文
化"。由于当时红山文化缺少规模较大的田野工作和系统资料的积累，考古
界对红山文化关注度和研究成果甚少，更不用说还未定名的小河沿文化。
在资料极为有限、研究成果也甚少的情况下，能够将这类遗存从红山文化
中分辨出来，准确地判断其年代，并且在十几年后得到白斯朗营子和大南
沟发现的进一步证实，是十分难能可贵的。近年，由于通辽扎鲁特旗南宝
力皋吐遗址有小河沿文化与辽宁东部偏堡文化因素大量共存现象的新发现，
学界对小河沿文化分布范围之广、与周邻文化关系之深，从而其在同时期
诸考古文化中的活跃程度，在认识上可以说有了一个飞跃，而近半个世纪
前石羊石虎山墓葬材料的整理发表和对小河沿文化的初识，自然应在小河
沿文化考古史上重墨一笔。

　　头牌子青铜器资料发表于《内蒙古文物考古》1982 年第 2 期上。此前

所知商周之际前后的青铜容器在燕山以北的发现，主要是在辽宁西部喀左县境内的大凌河两岸，因为距商周文化分布区的燕山以南的华北平原较近，又有马厂沟"燕侯盂"等有铭铜器的出土，学界普遍认为周初燕国势力已达辽西。不过在此前后，在喀左县以北地区也不断有商周之际青铜容器发现，先是邻近的朝阳县，如胜利乡木头城子收集的周初青铜簋和20世纪50年代初热河省博物馆筹备处在与敖汉旗相邻的大庙村收集的商代晚期青铜罍，接着是更北的赤峰地区也不断有商周之际青铜容器出土的消息传来。1958年靠近朝阳地区的赤峰县西牛波罗乡出土有弦纹铜瓿，1973年在更北的克什克腾旗天宝同也有弦纹铜瓿出土，克旗的发现因为地点已在西拉木伦河南岸，作为目前所知商周青铜容器出土最北的一个地点而受到更多关注。不过，以上发现，除喀左县境内的几批以外，都为单件出土，而翁牛特旗头牌子的发现是3件组成的一个群体，且时代略早于商晚期，形制、铸造技术也透露出某些地方特点，9厘米大的"墉"字阳文更为迄今所知金文中最大的字体，当然有更多的历史文化内涵需要探讨。苏赫先生在报道这批资料时，题目为《从昭盟发现的大型青铜器试论北方的早期青铜文明》，表明此文不限于材料报道，而是以研究、主要是北方早期青铜文明的研究为主。文中详细介绍和分析了头牌子三器以及西牛波罗弦纹铜瓿的铸造方法，都具有铸缝明显、有补铸痕和因缺液造成的残孔、内外范间以圆柱状物定位以及铜鼎内装含锡铁矿砂等特点，从而得出这3件青铜器都为地方产品，进而提出"在西辽河上游即西拉木伦河和老哈河流域存在着一个还未被认识的早期青铜文化"。对这批青铜器与夏家店下层文化的关系，是文章论述最多的内容。文中列举了当时公布的所有夏家店下层文化碳十四测定的年代数据，提出该文化的年代相当于夏和早商时期。当时对夏家店下层文化的年代，正在经历由20世纪60年代以来的"与商代相始终"到上限是否可早到夏代的认识过程，1977年在大甸子发现的与二里头文化相近的陶鬶和陶爵正在为此提供新证据。苏赫先生文章中对夏家店下层文化年代的认定应该说是较为超前的。文中列举了夏家店下层文化出土的多起铜器材料，表明该文化已掌握了铸造青铜容器的冶铜工艺。虽然将包括头牌子在内的燕山以北出土的商周之际前后的青铜器断定为夏家店下层文化仍有可商榷之处，但依据考古材料对赤峰地区出土商周之际青铜容器的器形、纹饰、铸造的地方性和原始性等的论述，均有所依据。这对于燕山以北出土商周之际青铜容器的来源，即是来自于燕山以南商周王朝及诸侯国，还是在出土地当地制造，从而为燕山以北诸青铜文化是否已有青铜容器铸造、北方早期青铜文明的出现、发展水平以及商周王朝与燕山以北地区青铜文化的关系等问题的讨论，提供了很有价值的新资料和新思路。尤其是文中据此提出西辽河流域与商族起源的关系与商族南迁等，在学术界都是很有前瞻性的观点。目前，在内蒙古东南部和辽宁西部工作的考古工作者们都在紧盯着一个重大题目，即夏家店下层文化比大甸子更高层次的中心遗址即都邑级遗址的发现，如果这个"关外二里头"重见天日，苏赫先生等老一辈学者对这一地区早期青铜文化的预言将会被进一步证实。

大南沟墓地的整理和编写。大南沟小河沿文化墓地于 1977 年 9 月发掘，1978 年初步整理。后因行政区划的变动，整理工作曾一度停止。此后的经历是，1980 年内蒙古自治区考古学会在赤峰召开成立大会，苏秉琦先生参加了那次盛会，并在开会期间抽时间观摩过这批资料。后又将全部陶器运到承德避暑山庄西北沟的中国社会科学院考古研究所内蒙古工作队住所，边修复边请苏先生和来站工作的诸位学者观摩研究。苏先生对这批资料给予特殊重视，提出从墓葬分布出发分析墓地的方法（有杨虎先生整理的苏秉琦先生有关大南沟墓地整理方法的一次系统谈话记录发表）。于是从 1981 年开始，大南沟墓地又进行了连续两年的整理，同时着手筹备编写发掘报告。大家按苏秉琦先生提出的方法，以墓葬分区和分行的排列为先，将平面分布看成立体叠压，从分布规律中寻找墓葬排列的早晚顺序，并从中找到了一些可喜线索。不过，由于小河沿文化为新辨认出来的一种考古学文化，分期、断代无参考资料，缺少断代标准器，大南沟墓地又无直接的打破和叠压关系，初步分析出来的早晚关系是否可靠？仍然有些心中无数。就在大家为墓葬和陶器的早晚关系和分期寻找更有说服力的证据的时候，在大南沟附近的老鹞窝梁又发现一处同一类型的墓地。昭盟文物工作站派人前往调查清理，虽只发掘了 6 座墓，但从已有早晚线索看，都可明确断为晚期墓，且每座墓的陶器都组合完整，时代特征明显，是解决大南沟墓地分期问题最关键的一批资料。于是大家都在企盼，如能将这两处墓地合在一起整理发表，就再理想不过了。但当时昭盟已不归辽宁管辖，昭盟文物工作站与辽宁省博物馆两个单位的合作完全是区盟（市）文物考古部门的高姿态和大家在一起几年相处的友谊联结，所以辽宁方面不能再提出过分要求。而且当时面临的新情况还有整理条件如场地和参加人员随时会有变化，合作很有可能会久拖下去，为此，合作双方都希望抓紧时间尽快结项。记得 1981 年春节刚过，我们就从沈阳开赴赤峰，按赤峰当地热情接待客人的传统，正月里外来客人无论公私事一定要请到家里招待，这多少给尚在为年节忙碌的主人们平添了些麻烦。就是在这困难与机会并存且即得即失的情况下，作为当时昭盟文物工作站负责人也是大南沟墓地整理与发掘报告编写领导者的苏赫先生首先建议，将这两批材料放在一起整理，编写发掘报告时也将新发现的老鸹窝梁的 6 座墓包括在内。由于有了这批明确可断为小河沿文化晚期的新资料的加入，大南沟墓地的分期进展顺利，资料也更为完整了。特别是对小河沿文化的下限可能相当于龙山文化早期的判断，因为老鸹窝梁有时代特点更为典型的黑陶壶、折腹盆等几件陶器，证据就更为充足。此后，整理速度明显加快，并很快写出初稿，终于在 1998 年由科学出版社出版。回顾赤峰市与辽宁省考古界这一段愉快而成功的合作，特别是大南沟墓地完整资料得以及时发表，以墓葬平面分布的方法分析墓地形成过程和有关社会变革方面也取得初步成果，对此，苏赫先生功不可没。

　　最后要讲述的，是一段有关刺绣的故事。那是我们有一次到苏赫先生家拜访，苏赫先生谈起他同王㐨先生交往的一件事。说一天晚上已过 10 点，正准备休息，突然有人敲门，打开院门一看，是中国社会科学院考古研究所的王㐨先生和他的助手王亚蓉女士。王㐨先生原是中国社会科学院考古研究所技术室负责人，后转至该院历史研究所接替沈从文先生研究古代服饰，是文物保护和纺织考古专家，特别擅长于对考古现场易朽易碎文物的提取和保护，他曾多次到大甸子现场解决彩绘陶器和其他出土文物保护遇到的难题。那次王㐨先生是应赤峰市文物部门之邀到市里来做元墓壁画保护处理的，工作完成离开赤峰前特意到苏赫先生家拜访告别。面谈中王㐨和王亚蓉两位谈起他们钟爱的古代丝绸保护与研究的事，苏赫先生听了也很有兴趣，就将他家所藏的他的祖母的几幅佛绣作品拿了出来，那是从老一辈人传承百年、经"十年浩劫"家人细心收藏才得以保留下来的家传珍贵物品。王矛先生他们看了爱不释手，很想收集这几件意外见到的珍贵物品资料。但王矛先生是一个谦虚的人，当时未好意思提出要拍照的事。回宾馆后觉得这几件蒙古族刺绣从内容到刺绣手法水平都甚为少见，很有些放心不下，觉也睡不着了，干脆下决心再到苏家拜访，希望将资料拍摄下来。于是就有了深夜敲门的举动。苏赫先生说他对王矛先生手提照相机，诚惶诚恐地夜访，万分感动，也非常兴奋，于是又将祖母的刺绣请了出来。王矛先生非常认真，也不管夜深就在客厅正式架起相机拍了起来。并邀请苏赫先生写一篇关于这几件佛绣绣作和保存过程的文章。苏赫先生的文章和佛绣作品照片收入1985年由香港商务印书馆编辑出版的王亚蓉先生大作《中国民间刺绣》一书中。苏赫先生这篇文章虽是对这几幅刺绣的介绍，且文字甚短，却有家传艺术修养和虔诚的信仰，绣佛的艰苦过程和所耗费的心血，家人的感情互动等刺绣珍品产生的背景，对蒙古族传统绣法和中国传统与蒙古族风俗题材的结合也有细致的描写，是研究传统民族刺绣不可多得的资料。因为此事，苏赫先生对王矛先生为事业的执着，对人之谦恭，在文物保护和古代丝织品研究复制中显示出来的心灵手巧和过人本领，赞赏不已。可叹两位先生都已是故人。

赤峰是一片考古沃土，我刚参加工作就能到这里参加考古调查和几处典型遗址的发掘，不仅在业务上有很大提高，而且在与纯朴的赤峰朋友们和老乡们的接触交流中，受到做人做事等多方面的锻炼，对那一段生活、工作和与以苏赫先生为代表的赤峰考古界朋友们结下的友谊，永难忘怀。

（原载于内蒙古红山文化学会、红山文化研究院编《红山文化研究》第四辑第20~25页，辽宁人民出版社，2017年）

听万年灵气　续辽河情结

——忆内藤真作先生

1997 年日本东京某医院，一位即将离开人世的老人嘱咐他的家人，一定要把他的骨灰撒一部分到辽河。这位老人就是富山电视台社长内藤真作先生。

内藤先生生于日本富山，就读于九州大学法律系，本与辽宁无亲缘关系，他为什么对辽河如此情有独钟呢？我是很晚才听到内藤先生故去这个消息的，但我却很了解内藤先生的心思。

内藤先生策划并组织了《辽河纪行》电视片的拍摄。我是在拍摄过程中与他结识的。那是 1992 年的 9 月。听说他刚动过一次手术不久就到中国来了。印象中他和善，重友谊，更执着。就在与我会面的前一天，他曾到查海遗址考察，担当翻译的任建宏先生介绍说，内藤先生是在午夜十二点从阜新市赶到查海遗址的，为的是夜深人静，好体会远古人的情感。在查海遗址现场，内藤先生真的将耳朵贴在遗址地面，说是可以倾听到一万年前的灵气。听任先生这一番介绍，观察内藤先生得意而满足的神态，我既感动又有些惊讶，没想到这位来自东瀛的电视老人，竟是我们的知音。

内藤先生对辽河孕育的古代文明确实情有独钟。在他的建议和组织下，由日本富山电视台与辽宁电视台联合制作的《辽河》一片中，将金牛山、查海、牛河梁、姜女石等辽宁省近年的重要考古发现都拍摄进去。在富山电视台记者对我进行采访时，第一次正式提出了"辽河文明"这一概念，并在片中突出表现了远古文化由辽河经渤海、日本海传向日本列岛的过程。记得有一个镜头，是牛河梁遗址出土的红山文化女神头像，在海水的衬托下，缓缓地由渤海湾向东移动，象征着中华古老文化向日本列岛的传播。这部电视片将辽宁的古文化、满族民俗与辽河的环境和现代成就融为一体，生动活泼而富于深意，虽是纪录片，却十分耐看，拍得非常成功。曾获日本 1992 年电视节奖。并获准在联合国总部放映。1993 年 1 月 29 日，当《辽河》纪录片在联合国放映获得成功时，内藤先生让任建宏先生从纽约打电话到我家，报告《辽河》刚刚在那里放映完毕，反应热烈。时已深夜，想到隔洋的内藤先生急于向我转达的真情，令人感动。

内藤先生重视辽河文明，更重视辽河文明的研究者，特别是当他得知苏秉琦先生是辽河文明研究的指导者后，极为尊重，希望尽快见面。1992年他曾专门到北京采访苏先生，并很快将关于"渤海考古"的谈话记录整理出来。他自己还专门撰写了文章。1994 年他最后一次到中国，希望再一次见到苏先生，托我安排宴请苏先生的饭店，并详细询问所定饭店的名称，并将所定的"天伦王朝饭店"名称记在心上，在餐前致辞时他突然说，苏秉琦先生就像是我的父亲。令在座的各位有点意外之后，又对内藤先生的细心和对学者的尊重，深感佩服。内藤先生真是个有心人，是一个中国通。

此后，内藤先生虽然病情逐渐加重，但心里还想对中日文化交流做更多的宣传，为此，他一直与我保持着联系。1993 年我在日本执行中日考古合作任务，在由四国赶往德岛市内时遇车祸住进医院，内藤先生听到消息后十分着急，亲自由富山经东京赶到出事的德岛看望。随后在东京一起参观了以绥中海底沉船打捞上来的磁州窑瓷器为主要内容的中国水下考古展览。于是又心生计划，准备下一个电视节目。

1995 年 3 月，经内藤先生提议和策划，我和辽宁省文物考古研究所同事们应富山电视台之邀前往日本北部地区考察。考察结束后，在东京一医院看望内藤先生。在赠送一束玫瑰花时谈起苏先生有关仰韶文化玫瑰花彩陶影响到红山文化时，内藤先生在病床上会意地微笑起来。这是我与内藤先生最后一次会面。

《义县奉国寺》序四

20 世纪 80 年代初，辽宁省有两处规模较大的古建筑维修项目，一处是朝阳北塔，一处就是义县奉国寺大殿。这两项古建筑维修项目都有出版专题报告的条件，而且由于都在维修过程中做了考古发掘工作，内容会更加充实和完整。朝阳北塔已于 2007 年出版了古建筑维修和考古发掘报告书，有一定影响，现在义县奉国寺维修报告也终于定稿，相信会引起更多关注。这是因为奉国寺大殿在中国建筑史上所占有的重要地位正在得到越来越多的关注，对其认识也越来越清楚：这座属于高级厅堂类的 9×5 间十架椽的佛殿，不仅是东北地区现存最早的木构建筑物，也是国内现存体量最大的辽代单体建筑，大殿的木构建筑、殿内的塑像、彩画和其他设施，大都保持着"原生态"，泥塑七佛组合也是全国罕见的实例，通过考古发掘还得到辽代佛寺布局平面复原图。近又读到宿白先生《中国古建筑考古》（文物出版社，2009 年），再次强调奉国寺因殿内设巨大佛台而采用了柱网布局前后不平衡的做法，是为建筑史的首见，由此导致梁架结构也相应复杂化，从而促进了建筑技术向更高的水平发展。

回忆奉国寺那段维修过程，觉得还有以下两点值得总结。

一是现场收集资料较为及时准确。这批资料成为这次编写维修报告的主要依据。

我的体会是，古建维修过程就是一次考古发掘过程，特别是前期的拆卸过程。古建筑的历代维修，虽有文献或碑刻记载，仍需要与维修过程中得到的实物证据相互对照，实践证明，维修中往往会有更多的记载以外的新发现和资料积累。然而就我接触到的古建维修工程看，经常存在档案不全或有档案而细致程度差的问题，在修缮过程中不仅忽视与历史上的记录和变迁的相互印证，有些对新的维修工程在细节上也经常缺少详细具体的记录，如对原部件的处理与局部更换，以致使后续的维修工程在制定方案时缺少依据和针对性，这就使古建筑历史原貌在无意中渐渐失缺。

为此，应该大力发扬老一辈古建筑专家的传统作风，经常盯在现场，随时注意发现和取得第一手材料，随时做好各种记录，甚至亲自上架动手，以保证维修档案的科学性和资料不断得到补充，以延续古建筑的寿命。这项工作应该制度化、程序化。

二是古建维修与考古发掘相结合。利用那次较大规模的维修，地方政府对大殿前进行了大规模的动迁。这次动迁，不仅改善了奉国寺的周边环境，而且为在维修过程中进行考古发掘提供了难得的机遇。虽然因当地居民在同一地连续不断的居住活动，地表以下破坏扰动甚为严重，地下遗存保存情况远不如人意，但仍然找到了辽代山门和西侧回廊、配殿的磉墩部分，可测绘和复原出一张有科学依据的辽代奉国寺的布局图。由于辽代及其以前的佛寺多仅保存单体建筑或部分建筑，整体建筑群得以保存的尚无实例，有关佛寺布局的研究也甚少见，加上古建筑维修与考古发掘相结合的意识不强，使早期佛寺布局的资料积累工作长期以来甚为薄弱。这次奉国寺配合古建筑维修进行的考古发掘结果证明，奉国寺佛寺布局以回廊加配殿为主要特点，具有由南北朝的回廊式到宋代以后的配殿式的过渡性质，为那一时期佛寺布局提供了一个实物证据，十分珍贵。

由于奉国寺的资料以往发表甚少，研究成果不多，它的重要价值并未得到充分展现。这次报告的出版，对奉国寺和相关课题的研究提供了全面系统的资料，也必将推动奉国寺的其他工作，如规划建设和开放利用。最近，正在制订的奉国寺保护规划中，就已注意到要突出奉国寺的特点与优势：奉国寺的文物本体，是由不同时代的建筑组成的，这是与国内其他辽代建筑的共性。但就辽代遗存来说，除了辽代体量最大的大雄宝殿、罕见的七佛组合及胁侍以外，40 多幅梁架彩画保存下来更是出人意料，反映辽代佛寺布局的考古遗址迄今为止仍是国内唯一的实例。这四方面内容组成一个整体，其价值与国内同时期辽代建筑相比，既是自身特点，也更具优势。又如，奉国寺周围环境相对较为理想，法定保护范围与建设控制地带内外无高层建筑，与此有关的是，当地政府对奉国寺周边环境的保护意识，从20世纪80年代初到现在的三十年时间，得以坚持和延续，并未因领导的多次更换、时潮的变迁而有所减弱，这是十分可贵的。以上特点与优势，为奉国寺保护规划的制订提供了很大的发挥空间，从而有助于进一步明确规划思路，如把辽代文物作为规划核心、灵魂，不因为它们分属于不同的类别而予以割裂。为此，已在制订包括恢复辽代山门作为全寺的入口，提前安排大法堂的考古发掘等突出辽代文物的规划思路。在环境整治方面，内环境、院内要尽量将佛教文化的气氛衬托起来，除突出辽代建筑和遗迹在奉国寺的地位以外，要注重运用绿化手段营造如宁静、肃穆、神秘、含蓄等气氛。外环境，现奉国寺位置在全城最高，如何在城市建设中保持这一态势十分重要，这也是奉国寺保护规划和奉国寺所在的义县城市总体规划成败的一个关键点。已经在考虑以现法定二、三级建设控制地带作为一个环境保护的基础，在法定保护范围与建设控制地带以外，可设第四、五级的建设控制地带，甚至更为严格的建设高度控制，以此将保护规划与城市总体规划接轨。这样，奉国寺作为辽宁省地上建筑中价值最重的一处历史文化遗产，将会产生一个更具科学性和前瞻性的保护规划。一个内容丰富、具有特色的维修和发掘报告的发表，一个更具前瞻性保护规划的制订，预示着奉国寺美好而广阔的发展前景。

　　以上从奉国寺维修项目的完成到维修和发掘报告的编写出版，再到今后的保护工作，都使我们回忆起当年维修工程的指挥者杨烈先生和梁超先生。为了保证维修质量，杨烈先生和梁超先生在那段时间，频繁往来于北京、义县与沈阳之间，大部分时间是住在维修工地上的。由于现场指挥及时，不仅保证了维修质量，而且取得了较为全面详细的第一手维修资料，从而保证了这次维修报告的编写水平。现在二位先生已先后故去，奉国寺维修工程报告书的出版，应该是对他们最好的纪念。

　　（原载于辽宁省文物保护中心、义县文物保管所编著《义县奉国寺》，文物出版社，2011年）

《查海：新石器时代聚落遗址发掘报告》序

查海遗址是1982年第二次文物普查时发现的，经1986年至1994年的7次发掘后，一处距今8000～7000年的史前聚落大部分被揭开，取得了相当丰富的资料。在此先后，正是全国各地新石器时代早、中期遗存不断发现和取得研究成果的一个时期，查海遗址作为东北南部地区新石器时代中期的资料较为完整的一个实例，自然引起较多关注，对这个遗址的认识也在逐步加深，这为此后查海遗址考古资料的全面整理和编写报告提供了厚实的学术基础。

回顾二十多年来对查海遗址的认识，可以分两个方面，一是遗址本身，一是与当地和周边其他文化的关系。

查海遗址刚发现时较为引起注意的，一是年代较早，二是玉器和龙形象的发现。

在查海遗址发现的20世纪80年代初，随着黄河中下游和长江流域等地新石器时代较早遗存的纷纷发现，各地新石器时代早、中、晚期的年代序列陆续建立。与中原等地区相比，新石器时代田野工作较先起步且过去多倾向于年代可能较早的内蒙古东南部和辽西地区，却一时缺少新的突破，而以饰压印"之"字纹的筒形陶罐为主要考古学文化特征的富河文化碳十四测定年代又较晚（距今5300年），以至于有学者提出东北地区这类陶器是受到也有类似陶器出土的裴李岗、磁山文化的影响。于是，寻找时间明确的较早的新石器时代遗址成为那一时期辽宁史前考古的一个重点课题。也正因如此，查海遗址一发现，就安排了试掘和多年的连续发掘。它与此后邻近的兴隆洼等大约同时代遗址的发现和发掘，为建立这一地区新石器时代的年代序列填补了关键性的一块空白，明确了这一地区距今 8000 ~ 7000 年的新石器时代中期的考古学文化，是与中原等地区发展阶段大体同步、又有强烈的区域特点的文化类型。这是在考古学文化区系类型理论指导下取得的成果，也是对这一理论的验证和丰富。

玉器和龙形象是查海遗址开始发掘时较为引人注目的两项发现。

玉器在 1987 年查海遗址正式发掘刚刚开始不久就已发现，是在地层和房址堆积中出土的环状玉玦和管状玉玦，1990 年在一座房址的墓葬内又发现玉匕形器。从以后的发现看，查海遗址玉器的造型和组合都很有规律性，是以玦为主，有环状玦和管状玦、玦与匕的两组组合关系。经测定，所选玉料都为透闪石软玉，被地质学家誉为迄今所知"世界最早的真玉器"。

龙形象是先在陶片上辨认出来的。查海陶器上发现的包括龙形象的动物纹共两类，都为浮雕式，一是在筒形陶器的残片上有类似龙身盘卷和龙尾上卷的两种图形，龙身有成排压印的龙鳞纹（图一），一是在一件筒形陶器的下部饰对称分布的作上爬状的蟾蜍和蛇衔蟾蜍各一个（组）。特别是在通过遗址中部的岩脉上，经发掘者细致辨认，居然揭露出一处颜色与岩脉相近却是以人工堆塑的长近 20 米的"龙形堆石"。陶器上的浮雕和遗址上的堆石相互印证，表明当时确已出现了龙的形象。由于以上标本的形象有的不够完整明确，或尚处在雏形阶段，可暂称为"类龙"纹。

对查海遗址进一步的认识在于遗址的分期、房址排列、聚落形成过程和埋葬习俗。

发掘者依据房址的打破关系和陶器的演变，将遗址分为三期。分别属于三期的房址是在约数百年的较长时间内形成的，有早期房址集中在北部、以后由北向南分布的规律可循；同一期的房址则成行排

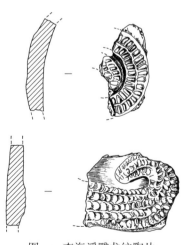

图一　查海浮雕龙纹陶片

列，并有中心广场和壕沟，这说明当时聚落的形成并非随意，而是预先有了一定的规划。房址内堆积大都较为丰富，差不多每座房址的居住面上都堆放着不少陶器和石器，以至当发掘者面对这些"摆放如初"的生活用具和生产工具时，常有先人刚刚离去的感觉，这又可能说明当时定居生活的相对性和季节性。

查海遗址尚未找到单独的墓地，却在遗址内发现了多座墓葬，可以分为居室葬与居址葬两类。居址葬位于聚落中心"龙形堆石"的下方，共10座，不过只有两座墓有随葬品，且无玉器，一般认为与举行祭祀活动有关。这里要特别提到居室葬，这是1990年在第7号房址发掘时，发掘者做到烧土居住面发现土色有变化而发现的，这是此类遗存的首次发现。1994年，又在第43号房址内发现一座随葬双玉玦的居室葬。在居住面下发现墓葬，这不仅是查海遗址发掘的新收获，对有关的史前遗址田野发掘也提出了新问题。因为，虽然考古发掘都以做到生土为标准，但遇到保存较好的居住面，往往不再下挖，如何做到既保护居住面又不放弃对居住面以下可能存在的重要遗迹的了解，查海遗址的发掘为此提供了有价值的启示。

以采集狩猎为主的经济形态和社会已有分化之间的反差，是查海一类遗址所反映的又一重要历史现象。报告依据所取得测试遗址环境和经济生态的标本，并结合兴隆洼和兴隆沟等遗址孢粉测定结果看，当时这一带的自然环境是阔叶与针叶林混交的森林与草原交汇区，经济形态应以采集与狩猎为主。但就是在这种经济形态下，社会已出现明显分化。1991年8月，苏秉琦先生应阜新市政府之邀谈到对查海遗址的研究和保护时，依据查海遗址出土玉器提出了"万年文明起步"的观点："查海玉器已解决了三个问题，一是对玉材的认识，二是对玉的专业化加工，三是对玉的专用。社会分工导致社会分化，所以是文明起步。"后又有学者对查海一类遗存社会变革的具体发展过程和特点有所触及。如有学者认为这类玉玦穿于耳垂，起"魅神"效果，进而推论上古通神有"听（耳）重于视（目）"的观念，故通神的巫者可称为"圣巫"。对玉玦功能这一观点说明，辽河流域文明起源从其起步直到红山文化时期达到高峰，都是以人与天的沟通、取得通神独占权的"连续性文明"为其自身发展道路与特点的。查海遗址有堆塑和浮雕的"类龙"形象出现，所反映的思维观念与此相应。

　　与当地及周围有关遗存的比较，当然首先是其与红山文化的关系。查海遗址发现时，牛河梁遗址的"坛庙冢"与造型高度抽象、工艺进步的各类玉器都已发现，为何在燕山以北的辽西出现像牛河梁这样大规模的祭祀遗址群，是学界普遍关心也有些疑惑的问题。查海遗址的发现，部分回答了这一问题，即当地文化的发展演变是首要原因。无论从筒形陶器的形制与以压印"之"字形纹为主的装饰，还是玉器与龙形象的出现，以及特意选在风化基岩上构筑房屋和墓葬的习俗，都说明查海一类遗存是红山文化的直接前身。

　　有关查海与兴隆洼的关系，是普遍关注的又一问题。在查海遗址发现后但尚未正式发掘的 1983 年，在查海遗址西北方向约 150 千米的牤牛河上游发现兴隆洼遗址并进行了连续数年的大面积揭露，获得一批具区域特征的饰压划纹夹砂筒形陶罐和成行排列的房址群，测试年代超过 5000BC，并提出"兴隆洼文化"的命名。查海遗址一般被归入兴隆洼文化，或作为兴隆洼文化的一种类型。查海遗址与内蒙古东南地区的兴隆洼等遗址相比较，以共同性为主，也有相当多的差异。它们之间的差异可举出：查海遗址的居住址选择在风化基岩上，兴隆洼遗址的居住址则置于沙质黄土上；作为主要文化内涵的筒形陶罐的饰纹，查海遗址有从素面到"之"字纹与刻划纹的演变趋势，其间压印的"之"字纹和短斜线的栉目纹多见，还常配以一种形式较为进步的"回"字纹，兴隆洼遗址现所划分的期别与纹饰演变，压划的平行斜线纹的多见，不见或少见短斜线和"回"字纹等，都与查海遗址差别较大。这种差别或与时代早晚有关，或是区域差异。从时间早晚比较，兴隆洼等遗址缺少查海遗址早期的素面筒形罐，而那一带有以素面筒形罐为主的遗存单独存在的现象从而有另立一种新文化的设想。从区域差异比较，兴隆洼等遗址所在的牤牛河是大凌河支流，而查海遗址已靠近辽东，该遗址的水源地是流向下辽河支流饶阳河的，而大凌河与下辽河之间所隔医巫闾山，是辽西与辽东的天然分水岭和不同古文化的分界线，所以区域差别更值得关注。在中国考古学史上有关考古学文化的研究表明，就复原不同文化共同体的具体历史而言，对诸文化遗存之间的差异给予更多倾斜，会少走弯路。为此，发掘报告提到"查海—兴隆洼文化"的称谓，应该是允许的。

　　查海遗址和查海玉器的发现，还促进着东北和东北亚地区古文化研究的进展。就在查海遗址发掘期间，我省举办了两次国际性的学术活动，一是1990年在大连召开的"环渤海考古"会，一是辽宁省文物考古研究所与日本京都大学考古学研究会的合作研究。在大连会上，当查海遗址发现的包括玉玦、玉匕形器在内的玉器向学者们展示时，引起海内外学者的一片惊愕。大家的共同认识是，除了该文化虽年代甚早却已有较高发展水平，已可同红山文化"坛庙冢"和玉器群的来源相联系以外，尤其是玉玦，自1889年吴大澂《古玉图考》著录以来，从20世纪初始，先后在包括中国在内的东亚地区有普遍发现，而以查海遗址所出的年代为最早，不排除其对东亚各地史前遗址所出玉玦的影响。在查海玉器发现的消息报道后不久，就有多位日本学者发表文章，认为日本列岛史前玉玦是由辽西传播而来的。以后得知，日本列岛的福井县桑野遗址绳纹时代早期遗存（距今约7000～6000年）中，更发现有玉玦与玉匕形器共存，这与查海遗址的组合相同，是玉玦由西向东传播的进一步证明。与我们进行合作研究的秋山进午先生，则将查海遗址与日本的绳纹文化相比较，认为从经济形态来看，都属于东北亚渔猎文化区，而有别于黄河流域的粟作农业区和东南沿海的稻作农业区。这一时期，吉林与黑龙江的同行们也发表了当地诸多史前遗址出土玉器的报道，其中就有特征近于查海玉器的类型，如玉匕形器等，遂提出东北地区有早于红山文化的玉器。也就是说，东北地区在新石器时代中期就普遍有玉器出现，这样，查海玉器的发现不仅为东北各地发现的特征相近的玉器树立了年代标尺，而且认识到玉器在东北地区出现甚早，是东北史前文化的一个重要的区域特点。以史前玉器与独具特征的饰压印纹筒形陶罐为主要内容，确立了与中原、东南沿海并立的东北文化区，是史前中国起作用最大的三大文化区之一，从而大大提升了东北地区在史前时期中华大地的地位。而红山文化及红山文化玉器的发达，也是以广泛分布于东北地区的史前文化为大背景的。此后还提出玉器起源与渔猎文化，玉器起源与蒙古人种，玉料产地三大板块的划分等饶有兴味的课题。

　　由于查海遗址发现后研究的领域不断拓展，研究的深度不断推进，提出的问题也越来越广，为此，全面准确报道资料就显得更为迫切和重要。本报告采取了将每个单元资料全部发表的办法，特别是房址材料占了大部分篇幅，就是为了尽量达到这一目的。报告中对资料的综合分析及所提出的观点都是初步的。正如苏秉琦先生所告诫的，就考古工作和考古研究过程来讲，发掘报告如《十三经注疏》，发掘材料才是《十三经》，现查海遗址的全部标本都有序地保存在牛河梁考古工作站，欢迎有志趣的研究者随时前来进行再研究，以推动辽河流域、东北及东北亚地区史前文化研究的进展。

（原载于辽宁省文物考古研究所编著《查海：新石器时代聚落遗址发掘报告》，文物出版社，2012 年）

《石台子山城》序

辽宁省的辽东地区，是高句丽山城分布比较密集的一个地区，山城的发现和研究也已有近百年的历史。不过在近年的文物调查中，仍不断有新的高句丽山城被发现，位于沈阳市东北郊的石台子山城就是其中较为重要的一座。

石台子山城是20世纪80年代初全省第二次文物普查时发现的。从20世纪90年代后期开始，由辽宁省文物考古研究所与沈阳市文物考古研究所联合、以沈阳市文物考古研究所为主连续对其进行了9个年度的发掘。先是城墙及马面、城门、排水沟，接着是城内的瞭望台、拦水坝与蓄水池、居住址等设施及城外西北方向的墓葬群——被揭露出来。在大家欣喜于出省城不远就可以观摩到一座保存较为完好的高句丽山城全貌的同时，石台子山城考古资料的整理、发掘报告的编写和考古现场的保护与展示这两大任务也随之提上日程。

石台子山城所获考古发掘材料，与大多数高句丽山城一样，较之考古单位所出的遗物和遗物组合来说，以遗迹部分内容最为丰富，特别是保存在地上的石砌城墙，不过石台子山城在这方面显得更突出一些。因为这座山城虽然规模不大，却各类设施相对齐全，而且保存较好，是将高句丽山城特点体现得更为集中的一座高句丽较晚时期的山城，它的许多方面都值得特别予以强调，这当然也是编写发掘报告的重点内容。

从山城所选择的地势看，与高句丽山城一般所在的深山大谷中高峻而陡峭的地势相比较，石台子山城所在地势虽然西高东低有几十米的高差，但总体海拔高度较低，地形也较为平缓，缺少以山险等天然屏障代替城墙的条件，于是城墙内外壁墙体全部以人工砌筑，形成近 1400 延长米（包括马面）、宽 6 米、现保存高度最高达 4 米以上的全封闭式的石砌墙体。城墙的砌筑与结构是石台子山城最值得研究的部分。从砌筑程序及工艺看，这座山城的构筑从选料、石材加工、砌筑，较其他诸山城都更显一丝不苟，所用高句丽山城特有的楔形石材，除少量为长条形石外，楔面大都长宽相近，尺寸大小差别不大，规格较为统一，同时在细部处理上依石材形状、规格的差异又多有变化，还使用了其他高句丽山城罕见的两端各凿一深而直的凹槽且工艺更为讲究的砌石；墙面的砌筑，绝大多数都采用了近于三分之一错缝的较为合理的错缝法，石材之间上下与左右都结合紧凑，无大缝隙，拼缝工艺十分讲究；还有准确的逐层向内收分，墙体内部用梭形石交错叠压码砌等等。从城墙的结构看，除城门、排水沟外，石台子山城以设有多个马面而引人注目，所开的四个城门分布较为均匀，9 座马面都作规整的方形或长方形，马面的位置一律设在西北城墙及南城墙，显然，这两面是防御的重点部位。整座山城虽然呈不规则的三角形，但从整体到内部结构，都十分紧凑坚实，给人一种远非临时仓促之举的感觉。

城内蓄水池的发现更增强了这种感觉。这是全封闭人工砌筑的城墙以外，石台子山城最为重要的一项工程。蓄水池坐落在城内中部谷地，由蓄水池和拦水坝组成。蓄水池的池壁内径达 9 米，现存深度 5 米，这样大直径的圆形池壁也全部用楔形石拼砌，池壁的整齐程度甚至超过城墙的壁面，其构筑的难度当然又在城墙之上。加上与之相配的基础深约 9 米的拦水坝，形成总范围在东西南北各有 30 米左右的石砌建筑址，其规模之巨，气势之壮观，显示当时供水量需求之大，为已知高句丽山城同类遗迹所仅见。

石台子山城这些较为突出的内容，一方面反映了高句丽山城中晚期的特点，也与这座山城在高句丽晚期的特殊重要性有关。

十六国时期到隋唐时期的高句丽山城在辽东山区的总体分布，大多数是沿辽河下游千山西北麓一线呈东北到西南走向，形成一道面对辽河平原、背靠千山的防线。石台子山城正在这一防线中部直面开阔辽河平原的突前位置，它显然与加强东侧相距甚近的高句丽晚期重镇高尔山山城的防御有直接关系。除此而外，南部辽东城的防御与之也不无关系。近年在辽东城的山上城燕州山城靠近太子河岸发现的大规模建筑址表明，辽东城确如文献所载，是高句丽西部防线上的防御重心，石台子山城虽较辽东城稍远，但仍可起到北部屏障的作用。可见，石台子山城作为最靠近辽河平原的一座高句丽山城，处于高句丽晚期西部防御线最前沿，担负着从两翼防御的重任，地理位置和形势十分险要，这是高句丽重点经营这座山城的主要原因。所以，石台子山城的发现和发掘，为研究隋唐时期高句丽与中原王朝密切交往关系的历史，提供了十分珍贵的资料。

为了将石台子山城的发掘资料及时又全面详细地报道出来，近年来，沈阳市文物考古研究所将石台子山城考古资料的整理和发掘报告的编写列为全所的重点工作，在阶段性发掘后及时发表三次简报的基础上，抓紧组织人员着手进行正式发掘报告的编写。随着在资料整理和报告编写过程中提出的问题和认识的不断加深，编写人员又几上山城，进行了补充测绘和细部观察，不断有新收获。如由于有城门和多个马面（加台基）与墙体的交接，使城墙增加了较多的折角部位，这是与墙面砌筑有所不同又较墙面砌筑难度为高的技术；又如城墙墙体内非一般城墙的填土或填石，而是使用加工过的棱形石作填石，且这些棱形石又非随意堆放，而是与壁面楔形石之间、棱形石相互之间层层码砌咬合，从而使整个墙体浑然一体，其牢固程度为一般所见城墙内部结构所不及，而增加的工程量之大也可以想象。发掘报告的编写参考了其他已发表的高句丽山城发掘报告，对这些细部特点从文字描述到插图都加以详细表述。因为认识总有个过程，在这方面仍有做得不尽如人意之处。

随着石台子高句丽山城被全面揭露，随之而来的遗址保护工作也与编写发掘报告同时起步。关于保存于地上的不可移动文物，按全国地上建筑保护的通例，元代以前的地上建筑都可公布为全国重点文物保护单位，过去总以为，辽宁省地上木结构建筑保存不多，明初到元代以前的只有义县辽代奉国寺和盖县（今盖州市）有明代洪武纪年的上帝庙。随着研究的深入和文物保护意识的不断提高，近年辽代砖塔和青铜时代的大石棚及诸多高句丽山城的保护级别渐被提高。高句丽山城由于数量多、范围广、位置多较偏远，保护有较大难度，从而在辽宁早期地上建筑的保护工作中占有很重的分量。虽然高句丽山城所用石材在露天风化的问题上尚未显现出突出的矛盾，但如何保持其在陡峭山崖处长期不塌不陷，修补如何保持其特有的原工艺，如何维护好历经千余年犹存的历史风貌，这些都是尚在探索但又亟须解决的课题。石台子山城又在沈阳市棋盘山风景区范围内，作为沈阳市东北郊自然景观中唯一的特殊的人文景观，还承担着在保护基础上展示的任务。目前，石台子山城已被国务院公布为全国重点文物保护单位（2006 年，第六批），并开始着手制订城址的保护规划，对城址各类遗迹的具体保护措施也已进行过多次论证。我们相信，随着石台子山城考古发掘报告的发表，一定会给下一步有关的研究、保护和展示以很大推动。

（原载于辽宁省文物考古研究所、沈阳市文物考古研究所编著《石台子山城》，文物出版社，2012 年）

《沈阳地区旧石器考古发现与研究》序

　　旧石器时代考古，因为需要古脊椎动物与古生物等自然科学方面的专门知识，我深入了解甚少。但那一时期毕竟已进入人类社会，又不断有新的考古发现，且在新石器时代的若干文化因素如玉器制作方面，已表现出与旧石器时代的先后承袭关系，所以关注程度又渐有提高。

　　就辽宁地区来说，旧石器时代考古以 20 世纪七八十年代时成果有较多积累，此前所知明确的资料，只有 1957 年鉴定出的传出自建平县南地乡的智人上臂骨化石。20 世纪 70 年代以后，陆续有旧石器时代早、晚期遗存的发现，而且对一些重点遗址还进行了跨几个年度、规模较大的发掘，如庙后山、金牛山等旧石器时代早期遗址，鸽子洞旧石器时代中至晚期遗址，小孤山、前阳、西八间房等旧石器时代晚到末期遗存的发现和发掘。20 世纪 80 年代以后的这些年来，旧石器时代考古在我省进展有所缓慢，甚至有些停滞的感觉。课题缺环上的主要表现：一是时代的不平衡：比如庙后山和金牛山遗址发现后，大家都盼望有时间更早的晚更新世初、中期遗迹发现，但几十年过去了，仍无结果，不过新近大连复州湾骆驼山发现时代较早的洞穴堆积和动物化石，为此提供了可喜线索；又如旧石器时代向新石器时代过渡遗迹，在 20 世纪 70 年代凌源西八间房发现过以火石、水晶、玛瑙、石英岩和火成岩等为料的一些小型石器，特别是有用压削法剥离的小石片，时代在旧石器时代晚期之末，其上并叠压有红山文化遗存，暗示在辽西地区寻找旧石器时代向新石器时代的过渡遗存和新石器时代早期文化颇有前途，但多年过去，仍未找到理想地点。二是地区的不平衡：目前旧石器时代遗存分布相对集中的，一是辽东山地，如营口金牛山、本溪庙后山、海城小孤山和丹东前阳洞，一是辽西丘陵，如喀左鸽子洞和凌源西八间房。其他包括沈阳在内的辽河平原几乎是空白地区。

为此，沈阳市文物考古研究所联合吉林大学边疆考古研究中心在沈阳地区开展了以旧石器时代遗存为主的考古调查，并选择城东部的沈阳农业大学后院进行发掘。工作历时三年，共发现 22 个地点，采集了上千件石制品。报告将这些以采集为主的石制品分为大石器、小石器和细石器三大类。我观摩过一些标本，就我的粗浅认识，有的石核和石片的形制和加工，确实具有一定典型性。

三年的工作值得称道，当然主要是对发现和发掘的这批资料从年代、遗物和遗迹等方面进行的科学鉴定。鉴定结果证明，它们的年代绝大多数在旧石器时代晚期，个别可到中期。这就将沈阳地区的历史由先前所知的新乐遗址的距今七千余年提早到上万年前甚至更早。对于一个国家级历史文化名城和现代化大城市来说，这无疑具有重要的学术价值和现实意义。除此以外，从工作的指导思想看，这种带着课题开展工作的思路是考古界一向提倡的，值得肯定；而且发掘地点都为旷野遗址，现场采取平面与立体相结合的发掘方法，所进行的探索也是可取的。不过这次工作所获材料大部分为调查采集，发掘所得遗存也有待丰富。今后应以寻找包含更多遗物堆积的遗迹点为努力方向。早前辽宁地区的发现所提供的信息和经验是，旧石器时代遗存还是以动物化石为主要线索，如凌源西八间房、营口金牛山、海城小孤山都是由动物化石的发现引起的，而寻找旧石器时代晚期或旧石器向新石器时代过渡或新石器时代早期的遗存则要打破现单纯地面调查的办法，多留意沟崖断面，为此需要多获取一些地质方面的知识和沈阳地质情况。

谈到旧石器时代晚期和旧石器向新石器时代的过渡遗存，这里不妨多说几句。因为这一时段一直被列为我省考古的一个重点课题，而沈阳地区这次调查又以这方面的遗存线索发现最多，当然应该引起更多关注并考虑下一步工作。我在《世纪之交的辽宁考古》一文（《考古 2001 年第 8 期》）中也曾谈及："辽河流域查海—兴隆洼文化的年代上限已超过 8000 年，在聚落形态、陶器特别是玉器和龙崇拜的形成等方面都表现出相当的进步性，这远非当地新石器时代的最早文化，而应统属于新石器时代中期阶段，寻找当地新石器时代早期阶段的考古文化，即查海—兴隆洼文化的前身与渊源，已刻不容缓。这方面已有的线索是，在辽西和辽东地区都发现了旧石器时代晚期之末的文化遗存，它们有的被叠压在新石器时代文化层之下；查海—兴隆洼文化浓厚的渔猎采集经济成分，发达的打制石器技术和细石器，又与旧石器时代的传统一脉相承，暗示着在辽河流域寻找新石器时代早期文化遗存的可能性。为此可以考虑辽宁以至东北地区从旧石器时代向新石器时代的过渡应有自身特点和具体道路，即不一定是通常由渔猎向农业的转变，而更可能是旧石器时代渔猎文化的延续。凌源县西八间房的线索和燕山南麓不断发现的新石器早期遗址的分布规律还启示，应走出洞穴，注意旷野堆积。"我们希望，只要将这一课题列为专项工作开展，调查方法对头，坚持数年，定会有所突破。沈阳旧石器时代的考古调查就很说明这一点。

旧石器时代是人类历史的开端，时间跨度之漫长为新石器时代以来所不可比，文化创造和积累应当是相当丰富的。我曾读过美国一位高能物理学家所写《科学的叛逆性》的文章，文中提到在纽约曾举办过一次集中展示法国南部和西班牙北部旧石器时代晚期洞穴出土的艺术品，观众面对这批刻画准确、生动的动物形象时，感受是这并非坐在篝火前的猎人边烤肉边进行的随意创作，而是出自专门艺术家之手。张光直先生也曾几次提到"我们过去低估了我们旧石器时代晚期的祖先们的能力"。苏秉琦先生也谈道："人类智慧积累上百万年，万年太短，有名有姓的记载更少，大多数还是未知数。"指的就是旧石器时代以来的文化积累及其继承的研究还仅是开始。东北地区的新石器时代又由于较多保持了渔猎经济生活，与旧石器时代有着直接继承关系的一面，还涉及同东北亚以至西北美洲的文化关系。所以，辽宁和东北地区旧石器时代考古更具全局意义。

所以，希望沈阳地区的这次旧石器时代考古工作和有关调查报告的出版，能对我省旧石器时代考古有所推动。

（原载于沈阳市文物考古研究所、吉林大学边疆考古研究中心编著《沈阳地区旧石器考古发现与研究》，科学出版社，2015 年）

《新乐遗址发掘报告》序

新乐遗址自1972年发现以来，经1978年至1991年的多次发掘，至今算起来已经超过四十个年头了。当年发掘的主持人、参加者多已退休，主持单位也有所变化，出土文物则分别散于多地多个单位展出或收藏。在这种情况下，沈阳市文物考古研究所与新乐遗址博物馆密切合作，组织后来人接手，继续收集整理散见于各处的档案和实物资料，并坚持将发掘报告编写出来，这很不容易，也为不少遗留考古资料的后续整理发表提供了一个范例。

新乐遗址从发掘一开始，就确定了三个时期的文化堆积，即新石器时代的新乐下层文化、偏堡文化和青铜时代的新乐上层文化，从而较早建立起沈阳地区及辽河下游从新石器时代到青铜时代的考古文化发展序列。但主体是以新乐遗址下层为代表的新石器时代文化遗存。在1980年召开的新乐遗址座谈会上，与会学者一致同意单独将新乐下层遗存命名为"新乐文化"。此前已有新乐遗址初期发掘成果在《考古学报》1978年第4期发表，在20世纪70年代以来全国新石器时代不断有新发现和研究成果的形势下，使东北地区新石器时代相对寂静的状态有所改变。远在大洋彼岸的张光直先生在他编著和再版的《中国考古学》及其他文章中，就较早、多次引用过新乐遗址的材料，将其视为东北地区新石器时代的代表。

新乐遗址因所处位置在沈阳市内北部的人口密集区，早已被现代建筑包围和叠压，附近且不断有新的建筑施工在时刻威胁着遗址的安全，被破坏的消息不时传来，造成该遗址的发掘工作延续时间既长又多属于被动的抢救性质。因建筑施工，个别房址只能做到一半，还有局部清理和未及清理的房址与其他遗迹。加之新乐遗址的文化遗存普遍埋藏较浅，尤其是下层文化的房址等遗迹内外土质硬度、色泽差别甚小，为在现场划分地层和遗迹的界线带来不小麻烦。面对遗址发掘与保护遇到的困难，沈阳市历届领导部门对遗址给予特殊重视，对考古工作给予多方面支持，市文物考古部门也一直把新乐遗址作为工作重点盯住不放。参与现场发掘的考古人员，经多年磨炼，已积累出对付各种困难、特别是辨别和处理现场遗迹的丰富经验和过硬本领，不仅房址边界，而且大部分房内柱洞包括组柱，都一一分辨和揭露出来。这样经多年坚持，材料陆续有所积累，又通过新乐遗址博物馆的陈列、改陈和召开研讨会等，推动研究不断深化，使新乐文化在东北地区乃至全国一直保持着较为广泛的影响。

新乐下层文化的重要学术价值最早引起关注的，是碳十四测定的年代，当时公布的数据，为距今 7300 年前。在此之前，辽东地区的新石器文化，时代和特征并不明确，有将青铜时代遗存作为新石器时代的。只大连地区早年发现过以饰压印"之"字纹的筒形罐为主要特点的新石器时代文化遗存，但对其年代能够早到六七千年前，仍估计不足。就在新乐遗址发掘材料和年代数据公布不久，大连地区的旅顺口区老铁山西麓的郭家村遗址和长岛县广鹿岛小珠山遗址的发掘，发现这类饰压印"之"字纹筒形罐的文化遗存，是叠压在包含有山东大汶口文化较早遗存的文化层之下的，这就使遍布辽河流域及周邻地区以饰压印纹筒形罐为主要特征的这类新石器文化的年代，从地层上得到进一步证实。从而认识到东北地区其他类似遗存的年代较过去估计的年代要早，如以后讨论较多的富河文化。这样，新乐文化就为东北地区新石器时代的分期树立了一个年代标尺。

同时引起关注的，是新乐下层的房址内外出有较多以石叶和石箭头为主的典型的细石器。这类广泛分布于从欧亚大陆到中国长城以北地区直到东北亚地区的石器类型，过去在辽东地区一直无明确发现。新乐文化发现的细石器有自身特点，其中如石叶除个别在边缘的局部或整个边缘有压削剥离外，多无第二次加工。扁平甚为窄长如柳叶形、横断面作扁平六角形的石箭头，虽通体较为规整，但也只在边缘或上部至锋部压削刃部而非通体加工，有的石箭头的下部则加工出有平底的铤部，另出现个别磨制石箭头，其形制已接近于从辽东到朝鲜半岛青铜时代的石箭头，当不是偶然的。

细石器遗址常见的石核在新乐遗址所见甚少，对此，发掘者曾推测这是把石核尽量使用至最后所致，由此也可见新乐人在掌握细石器工艺特有的压削法技巧方面已达到非常熟练的程度。其他类型的打制石器则出土数量甚多，体型多较小，仍保持着近于旧石器时代的原始状态。打制石器和细石器的较为发达，说明其经济类型是以采集和渔猎为主的，农业不占主要地位。石磨盘和石磨棒的多见，不易保存的果核有一定数量的出土，说明采集经济是主要食物来源。兽骨发现少可能与埋藏的土质有关。由于新乐文化的细石器是有规律地分布于房址之内，与其他遗物如陶器等是共存的，这对于缺少原生地层的北方地区诸多细石器文化遗存来说，是非常珍贵的资料。而且说明新乐文化的细石器是与定居生活联系在一起的，这同北方诸多细石器文化遗存具更大流动性的情况也有很大不同。其实在广大东北亚地区，发达的渔猎采集经济也可维持定居生活，如日本以采集渔猎为主要经济生活的绳纹文化，就有不少定居性遗址，有的还规模甚大，如靠近北海道的青森县三内山丸遗址。在这次编写报告期间，新乐遗址又经标本测定，得知新乐文化确是以渔猎采集经济为主的人群创造的，这对于认识包括红山文化在内的整个东北地区新石器时代的经济类型，又提供了一个重要实例。

当然，新乐文化遗存中最为重要的，还应首推陶器和房址。

新乐文化以筒形罐为代表的陶器群作为主要考古文化特征，其器形虽较为单一却体型多甚为规整。口径与通高约 1：2 的比例也使器物形体趋于匀称。外表装饰的压印纹更是精工细作。突出表现为：通体饰纹，满布到近底部甚至直到底沿。压印的条纹和"之"字纹等，都极为细密且整齐。条纹（报告称为"弦纹"）有如以尺比画的平行线，压印纹中最为多见的"之"字纹，幅度较短，端头平齐，既分带又分段，带与带间皆平行等距，排列紧凑，器口下的锥刺纹，少数器身上部的条纹带或竖排的压印"之"字纹与器身下部的横排压印"之"字纹，或条与带对比，或横与竖相间，既富于变化，又有严格的布局规律。报告认为这些整齐划一的纹饰，多是以特制的模具滚压而成，是有依据的推测。与辽西地区、大连地区和邻近的吉林嫩江流域同类遗存的饰压印纹的筒形罐相比，是以共同性为主的，仍显示出不少差别，分别划分小区域文化是非常必要的。而新乐遗址所在的辽河下游，正处于其间的中间位置，起到联系辽西和东北地区的枢纽作用，所以地位更为持重。

新乐文化的房址群虽然因现代建筑干扰被叠压、破坏或割裂，但仍可看出其分布是与辽西的查海、兴隆洼遗址相近的，每个房址显示的相对独立性和诸房址间成行排列和成群组合的规律，反映出一种较为进步的社会组织形式。还有 1978 年第二次发掘时发现的第 2 号房址，这座房址不仅规模甚大，而且出土物丰富、精彩。陶器和饰纹相对较为精致。出土的玉质工具和玉器、细石器和煤精制品也较多较精，特别是有"鸟纹权杖"（根据纺织考古专家王㐨先生对这件遗物用途和装饰花纹的观点，我曾著文将其称为"龙纹骨笄"）的出土。有学者根据各类遗物在房内分布有一定规律的线索，对新乐先人在室内外的活动做过具体研究，推测第 2 号房址为聚落公共场所或首领居住之地，也兼具制作石器或玉器的作坊。由于这座房址在同时期前后从辽西到东北其他地区同类遗存中几乎是面积最大的一座，表明新乐遗址至少在该类文化中是一个等级较高的中心遗址，这也将沈阳作为东北地区中心城市的历史渊源上溯到史前时期。

当然，作为一处本来完整的原始聚落，虽经多年尽心尽力的抢救，仍留有诸多遗憾。如遗址的确切范围，四周有无这类遗址常见的壕沟，中心部分在哪里，还有新乐文化本身的分期等等，都仍是有待解决的课题。至于新乐文化至今未发现墓葬的线索，查海、兴隆洼等大约同时期同类型遗址普遍有居室葬发现，不知是否可以作为借鉴和参考。

新乐遗址的又一个亮点是遗址博物馆的建立。当时的决策者意识到，在人口密集的大城市中心，能够有一座史前遗址大部分得以保存，这在全国特大城市中几乎是唯一的。为此，在遗址发掘工作告一段落的 20 世纪 80 年代初，就开始了遗址博物馆的筹建。当时设计的博物馆在建筑上也颇具特色，曾被列入 1993 年出版的中国大百科全书的《文物博物馆卷》，后又于 20 世纪 90 年代初，借鉴刚刚引进的日本建设史迹公园的经验和做法，将遗址区的部分房址、包括最大的第 2 号房址加以复原，已初具考古遗址公园规模，使新乐遗址成为继半坡博物馆之后、20 世纪 80 年代以来在全国最早建成的遗址博物馆和考古遗址公园。1986 年全国第六次中国考古学年会在沈阳召开期间，苏秉琦先生曾到馆参观，印象深刻，当时题词："有特点，有水平"。后仍念念不忘，将其与沈阳城市发展史联系起来，对沈阳市历届领导提出的新乐遗址体现了"城市的个性"，以新乐遗址作为"市标"的认识和做法，很为赞赏。苏先生并将 7000 年前的新乐文化与 300 年前以沈阳故宫及清帝陵为代表的早期清政权，誉为沈阳市的"两宝"，以为"它们凝聚着这一方古人精神文明和物质文明的结晶，深入一层讲，一是它的鲜明的个性；二是它的一往无前的开拓精神。它们对这个城市的发展，是至为宝贵的"。

无疑，新乐遗址是沈阳市不可多得的珍贵文化遗产，是沈阳市的一张亮丽的名片。如在现有基础上有进一步的规划建设，将会对沈阳的文化建设和对外开放，起到意想不到的推动作用。我们期待，随着《新乐遗址发掘报告》的出版，这一愿望会早日实现。

（原载于沈阳市文物考古研究所、新乐遗址博物馆编著《新乐遗址发掘报告》，文物出版社，2018 年）

《于家砣头墓地》序

　　《于家砣头墓地》考古报告终于定稿出版了，这是东北地区青铜时代考古的一件大事，值得庆贺。

　　于家砣头墓地是1977年开始发掘的，受那个特殊时期各方面条件的限制，加之墓地打破遗址的堆积和以石块垒砌且多墓相连的墓葬结构都有一定复杂性，一墓多具人骨交错叠罗更需仔细剥离辨认，而且人骨和陶器现场保存情况都很不理想，这就造成发掘材料从发掘现场到库房保存，从实物到档案记录，都有许多不足之处。此后又经历近四十年的机构、参与人员的变动和文物、资料的转运，重新整理这批材料和编写发掘报告，难度之大可想而知。好在大部分实物和全部档案得以保留，这次启动发掘材料的整理和发掘报告的编写工作，又得到大连市文化部门和大连市文物考古研究所历届领导及各方面人士的支持。特别是当年发掘主持人许明纲先生，在刘俊勇同志协助下，在发掘工作结束后不久，就将发掘资料及时整理并将简报较早地发表出来。简报所发表的资料较为丰富，尤其是发表了墓地平面图和墓葬登记表，有关资料在研究东北亚青铜时代的国内外学者中引用率甚高，也为这次于家砣头墓地资料的全面整理和发掘报告的编写打下了较好的基础。这次发掘报告的主要编写人张翠敏同志深知抢救这批资料的重要性，为遵循编写发掘报告的原则，做到尽量准确、客观和全面，在核对资料时，对一些难点问题的解决盯住不放，不时地向当年参加过发掘的老同志请教。为使报告的内容能坚持每座墓室分别加以介绍的原则，编写者将当时过于简单的发掘记录、线图及图版结合起来，反复进行核对后再作文字描述，并采用套色彩图表现复杂的人骨关系。还根据专业的发展趋势，增加了多学科研究方面的许多新内容，如人骨重新分析和稳定同位素检测、人骨测年及玉石类科学检测等新技术手段和新的研究成果。执着的追求使墓地的信息得到尽可能多的保留，发掘报告的质量也得以保证。

我曾在于家砣头墓地发掘开始后不久去过一次现场，当时对这处墓地的丛葬习俗印象特别深刻，也隐约感觉到发掘、辨认、记录和保存这批人骨会碰到料想不到的困难。2014 年 3 月我有机会到大连市文物考古研究所库房参观，惊喜地发现这批发掘材料中还有许多没有发表的，特别是陶器，有不少完整或较完整器在简报中未见过，有些还是大家都十分关注的典型器如附贴耳的弦纹壶。于是，我在得知大连市文物考古研究所有意整理这批资料并着手编写正式考古报告时，多次予以鼓励，认为这对推动辽东半岛以至我国东北地区和东北亚青铜时代考古的有关课题，意义重大。

于家砣头墓地所属为双砣子三期文化（又称羊头洼文化）。该考古学文化正式定名见于 1996 年由中国社会科学院考古研究所编著的《双砣子与岗上——辽东史前文化的发现和研究》。但有关遗址的发现和资料的积累，算起来已有近一个世纪的历史了，尤其是近几十年有多处经系统发掘的遗址，出版的正式考古发掘报告，除了上述双砣子遗址发掘报告（1964 年发掘）以外，还有由大连市文物考古研究所编著、于 2000 年出版的《大嘴子——青铜时代遗址 1987 年发掘报告》，加上 20 世纪 30 年代前后出版的《貔子窝》（单砣子有关部分，1929 年）、《羊头洼》（1942 年），有关双砣子三期文化已见于四本正式的考古发掘报告。于家砣头墓地则是属于该文化墓地中保存较为完整、随葬品较多、也最具代表性的一处墓地。资料的积累使研究不断有所进展，在这方面，以陈光同志在张忠培先生指导下所著《羊头洼类型研究》（《考古学文化论集》第 2 辑，文物出版社，1989 年）一文论述较为系统全面。

不过，据我的印象，这些年较多关注到双砣子三期文化，是从东北南部地区青铜时代的年代问题开始的。因为东北南部青铜时代的初始年代，过去一般是以辽西地区工作较多的夏家店下层文化和大凌河流域多起窖藏商周青铜器的年代为准，定在商到周初时期，或商周之际前后。认识到东北南部地区青铜时代开始的年代应该有所提早，也是从对夏家店下层文化年代的重新认识开始的，从最初以为夏家店下层文化年代"与商代相始终"，到大甸子墓地发掘出土陶鬶和陶爵，确认夏家店下层文化有与二里头文化年代相当的部分；后又依大甸子墓葬有高台山文化陶器共存，认识到不仅辽西而且辽东地区的青铜时代的上限都可早到商代以前，我们将辽宁地区时代可以早到夏代到早商时期的这些遗存归于"早期青铜时代"。辽东半岛南部双砣子三期文化、辽东山地的马城子文化，大约在此后不久也以其地层叠压关系、陶器特征、所出小件青铜器和碳十四年代测定的对应，被认为其起始年代也可进入夏到早商时期即早期青铜时代。

回想起来，对双砣子三期文化的年代是有一个较长的认识过程的。因为，与双砣子一、二期文化分别具有山东龙山文化和岳石文化某些因素相比，双砣子三期文化缺少可资相互比较的断代标准器，更多地需要碳十四年代测定的支持。1972 年第 5 期《考古》上公布的全国最早一批为数不多的碳十四年代测定数据中，就有双砣子三期文化（当时称为双砣子上层文化）的年代数据，属于该文化的四号房址的炭化木柱标本，测定的年代数据为距今 3135 年 ±90 年（公元前 1170 ±90 年）。此后 1996 年发表的《双砣子与岗上》发掘报告，公布了四号房址树轮校正后的年代，为公元前 1360 ±155 年。该发掘报告并参照岗上墓地下部的双砣子三期文化层的测年数据（公元前 1280 ~ 前1330 年，树轮校正为公元前 1565 ±135 年）和属于双砣子三期文化的于家村上层测年数据（距今 3555 ±135 年）（《考古学集刊》第 1 集，中国社会科学出版社，1981 年），将双砣子三期文化的年代推定为公元前 1600 ~ 前1400 年，并认为于家砣头墓地的年代与双砣子三期文化相当或稍晚。1989 年发表的陈光《羊头洼类型研究》一文，经与早于双砣子三期文化、相当于岳石文化的双砣子二期文化年代的分析比较，将双砣子三期文化的年代定在公元前 1835 ~ 前1050 年，认为该文化早期年代约在夏末。

将包括双砣子三期文化在内的辽东地区青铜时代的开始年代提早到夏代，补充和纠正了辽东半岛从新石器时代文化到青铜时代文化年代上的一段重要缺环，使有关研究建立在更为科学的年代基础之上，从而对辽东半岛以至东北地区青铜时代的历史发展进程及其与辽宁西部、中原地区青铜文化的关系，都有重新加以认识的必要，这无疑是一个很大的推进。

当然，对双砣子三期文化进而大连地区早期青铜时代的认识，主要还是以其丰富且独特的内涵，特别是其中表现出的强烈的地域文化特性为依据的。与双砣子一、二期文化相比，在双砣子三期文化中，来自山东古文化的因素基本不见，具有地域特色的文化因素却一直延续下来，而且有充分发展，形成一整套独具特点的陶器群。对此，《双砣子与岗上》已认识到："双砣子一、二期文化尚有胶东的影响，不过地域因素相当突出，尤以双砣子三期文化最为显著，无疑代表着辽东的土著文化。"陈光同志在《羊头洼类型研究》一文中也提到：羊头洼类型"在其繁衍生息期间，控制了整个旅大地区，本身的发展具有相当的连续性，是东北一支有浓厚地方特色的青铜文化"。近些年积累的大量资料，使我们对双砣子三期文化浓厚的地域特色及发达程度有更多体会和认识：与双砣子一、二期文化甚至当地新石器时代诸文化相比，双砣子三期文化的遗址点数量多，而且规模较大的遗址多，还有如甘井子区大王山那样的特大型遗址。分布范围分别沿黄海和渤海沿岸各向东北方向的延伸也较其他新石器时代到青铜时代古文化为广。遗址文化堆积也较厚，特别是房址的分布较为密集（双砣子遗址 17座房址，除 3 座为双砣子一期文化外，其余 14 座都属于双砣子三期文化；大嘴子遗址的 39 座房址全部属于双砣子三期文化，还有 10 组房址存在叠压和打破关系，其中一组为 3 座房址的连续叠压）；房址面积增大，房址结构趋于复杂，普遍有石墙叠砌；出土石器、陶器和兽骨多，表现出的渔猎经济生活特征十分浓厚，而且兼营种植业（大嘴子遗址有炭化稻米等谷物发现）。陶器的个体增大，器类增多，大嘴子遗址出土带几何形图案的彩绘陶，还常有铜镞、铜环等小件铜器发现。特别要提到的是，包括钺、剑、戈、镞等在内的石兵（礼）器多见，尤其是钺、剑与戈，不仅多见，而且钺的形制规整，时代特征标准；剑更有超长形制，如单砣子石剑长 60 厘米，普兰店瓦窝孙屯采集的石剑长更达 1 米余；戈有明确的内部与援部的分界，形制也较为典型。多类型成组合的石质兵（礼）器的多见，是双砣子三期文化社会发展到较高程度的集中表现，也应是双砣子三期文化成为大连地区历史上最为繁荣和最具区域代表性的一支土著古文化的主要原因。于家砣头的积石墓地作为双砣子三期文化全面发掘揭示的一处墓地，多达 50 多座墓葬相互连接又有区域和主次之分，是了解该文化社会结构及其与当地新石器时代和青铜时代的文化源流关系的较为完整的一批资料。

　　双砣子三期文化的又一重要学术价值，也是海内外学术界更为关注的学术价值，是该文化与曲刃青铜短剑文化的起源有密切关系。于家砣头墓地的材料，对解决这一课题提供了更多线索，故在这里多谈几句。

　　关于含曲刃青铜短剑诸遗存的起源，有辽西说和辽东说，20世纪80年代前后曾有所争论，此后虽有些沉寂，但问题至今并未解决。前述有关双砣子三期文化的诸多发掘报告和论著中，都有关于双砣子三期文化与曲刃青铜短剑关系的论述，而且都认为包括于家砣头墓地在内的双砣子三期文化与曲刃青铜短剑的起源有关。如《双砣子与岗上》提出："于家砣头的少量铜器，无疑是青铜短剑及有关遗存的先驱。"于家砣头墓地考古发掘简报也认为"砣头积石墓有很多地方与大连地区早期青铜短剑积石墓相似"，两者"似有一定联系"。陈光同志在文中也强调：作为曲刃青铜短剑最具代表性的双房遗存，虽然兴起于羊头洼类型的边缘部位，但"双房遗存的器形、器物组合是继承羊头洼类型的"，羊头洼类型"在探讨青铜短剑文化起源方面占有举足轻重的位置"，"约在商末之时，至迟不晚于西周早期，这个文化群体分布区的南部，以羊头洼类型为主，汲取庙后山上层部分文化因素，产生了富有特征的辽东青铜短剑文化中年代最早的双房遗存"。

　　我自20世纪70年代到辽宁工作后，最先和经常接触到的就有这类形制独特的青铜短剑，所以也一直关注着曲刃青铜短剑起源这一课题的进展。我认为在断定曲刃青铜短剑年代进而探索其起源时，除曲刃青铜短剑本身的类型学分析以外，更为重要的，还是要从所属的考古学文化和共存关系方面全面地比较分析。于是，我借2006年参加日本国立历史民俗博物馆举办"古代亚洲青铜器文化研讨会"撰写论文的机会，查阅和综合有关资料，并到大连双房等地点调查，到旅顺博物馆观摩实物，提出从这类遗存发展演变具"原生性"的角度加以探讨的思路："辽东半岛以双房六号墓为代表的青铜文化，具有相对稳定的自身特征与组合，起源以当地为主，所受外来文化影响较小，其发展过程表现出很强的原生性。该墓青铜短剑的形制也具有较为原始的特征。由此理解，辽宁式曲刃青铜短剑应起源于辽东，并在向辽西扩展及与燕文化频繁接触交流的过程中，改变着自身面貌，也为燕文化走向辽东准备了条件。"

　　这里提出"原生性"观点的主要依据，一是以双房六号墓为代表的辽东青铜短剑遗存，二就是于家砣头墓地及其出土陶器。

前者所指的具体文化因素，除了曲刃青铜短剑以外，主要是与之经常共存的弦纹陶壶和叠唇筒形陶罐。筒形罐作为东北地区新石器时代主要陶器类型，其演变过程在辽西与辽东并不同步。其在辽西一路坚持到小河沿文化，到夏家店下层文化即早期青铜时代开始时消失，只在筒形鬲上保留遗痕。辽东特别是大连地区，筒形罐开始于新石器时代的小珠山下层文化和小珠山中、上层文化及偏堡文化，经青铜时代早期的双砣子三期文化，到双房类型仍是主要文化成分，一直延续到战国晚期及以后，中间虽有间隔，形制也随时代不断有所变化，但始终保持着如外叠唇的特点。辽东与辽西两地区相比较，一方面反映筒形陶罐在东北地区文化发展过程中的顽强性，另一方面则表明，辽东特别是大连地区较辽西地区表现出更为浓厚的原生状态。

与筒形陶罐相比，弦纹壶在辽东地区的出现，虽然年代较晚，但一出现频率就很高。由于这类陶壶在辽西罕见，在辽东地区表现出的区域性和原生性特点就更为显著。我对这种弦纹壶印象最为深刻的是，2006年在旅顺博物馆将正在陈列的双房六号墓的两件陶壶从柜中拿出来观摩时，发现这两件陶壶除了具短唇、盆式或钵式口、下垂状球形腹部，不规则弦纹，半月形贴耳、横环耳共存于一器等特点以外，是器物整体的重量极轻！原因是器壁甚薄，而且壁的厚度较为均匀，几乎接近于山东龙山文化的蛋壳黑陶，后在本溪大片地砌石墓群获得的多件弦纹壶也都有相同特点。考虑到这些作品完全是手制，且为夹砂陶质，火候不高，色泽不匀，器形又有一定的复杂性，还要附加器耳，却将器壁做得如此薄而匀，可见，其制作难度甚大，应是当时一种受到特殊重视的非实用器物，是辽东青铜短剑遗存最具标志性的文化因素之一。而且，由于这类遗存中有青铜短剑随葬的墓葬甚少，陶壶出现频率却较高，因而这类陶壶就成为辨别、研究这类青铜文化的最主要的资料。当然，也是追溯这类遗存起源的主要线索。

由双房遗存的弦纹壶向前追溯，目前所知，只有于家砣头墓地所出弦纹壶与之最为接近。早在双房墓发现的当时，发掘者许玉林与许明纲两位先生就认为，双房六号墓的贴耳弦纹陶壶"在旅顺于家村积石墓中也有发现"。我在论述其原生性时，有些细部比较：于家砣头墓地的陶壶，肩至腹部所饰三组或四组弦纹，也多为三道一组，略呈波浪式而非笔直，口部外弧近于钵形，也有矮圈足，口、足与器身交接处接痕也甚明显，尤其是还有在弦纹处加饰小贴耳的，无论器形、制法还是纹饰，都与双房陶壶之间有着较为清晰的先后演变关系。其中砣头第40号墓所出弦纹壶，钵形口与肩相接处有细槽状接痕，贴耳分为两组，一组在肩，一组在腹，各7~8个，甚小而薄，虽表现出更浓厚的装饰性，但仍可看出贴耳在当时使用的普遍性，这也是与双房壶先后演变关系最为直接的一个例证。

《于家砣头墓地》在"初步研究"部分也有相近的论述：双房六号墓"出土的2件弦纹壶无论在形制上还是纹饰、陶质上，或者在贴耳的饰法上，都与于家砣头积石墓地的弦纹壶风格一致，只是增加了桥状横耳。大连地区积石墓的发展也有一定的规律，到了春秋时期，除了积石墓仍存在外，在北部山区出现了新的墓葬形式——石棺墓，因此，毋庸置疑，双房的弦纹壶就是从于家砣头墓地发展过来的。而双房类型的弦纹壶在辽东地区包括抚顺、本溪、丹东及辽阳等地区甚至辽北某些地方的石棺墓中都有发现，形制大同小异，同时伴随曲刃青铜短剑出现，这说明此时的弦纹壶在分布上具有一定的区域，墓葬以石棺墓、大石盖墓等形式出现，代表一定的区域文化"。

由于于家砣头墓地所出多件弦纹壶与曲刃青铜短剑墓共出的弦纹壶，前后演变序列清晰，可明确双砣子三期文化即为曲刃青铜短剑文化的前身，从而可以确认，曲刃青铜短剑文化其起源地在辽东，而不在辽西，具体地区即为辽东半岛南端、黄、渤海沿岸的大连地区。

包括于家砣头墓地在内的双砣子三期文化，既为大连地区地域特色最为浓厚从而最具代表性的古文化，又是曲刃青铜短剑的源头，并将文化影响扩及整个东北到东北亚地区，可以说，这是名副其实的大连古文化之根。相信随着《于家砣头墓地》考古发掘报告的出版，对双砣子三期文化的这一认识会引起更多有识之士的重视，对这类文化遗存的保护也会得到进一步加强。

（原载于大连市文物考古研究所编著《于家砣头墓地》，科学出版社，2018年）

《金牛山古人类遗址》序

在《金牛山古人类遗址》即将出版之际，黄蕴苹老师两次与我通电话，希望我能为报告写个序言。

我对旧石器时代考古无专门研究。不过在金牛山遗址发掘期间曾多次到过工地现场，对金牛山遗址的研究成果也有所关注，还参与过遗址的保护工作，特别是有机会与吕遵谔先生接触请教，也有不少收获体会。

金牛山遗址是北京大学考古系与辽宁省博物馆（1986 年以后为辽宁省文物考古研究所）从 1984 年秋开始合作进行发掘的。工作之初就有古人类化石发现，虽然有些出人意料，工作计划也有所变动，但那是在对金牛山遗址有充分认识前提下的成果，是考古发现偶然性寓于必然性的例证。我曾回顾，吕遵谔先生于 1980 年 8、9 月间到辽宁考察并到了金牛山遗址，他在应邀为辽宁省考古博物馆学会所作讲演时，对包括金牛山遗址在内的辽宁地区旧石器时代早期已发现的 70 余种动物化石给予了很高的评价，并称金牛山为"小龙骨山"。认为这些动物化石作为一个动物群组合，基本不是东北动物群，而是属于华北动物群的，可能具有中间环节和桥梁的作用。特别是剑齿虎头骨化石的发现，显示其包含有早于晚更新世的年代较早的堆积。并进一步提醒，动物的分布决定了人的分布，因为人是随着动物走的，从而对辽宁境内发现古人类化石的前景充满期待。最终促成了对金牛山遗址发掘的再启动并不断取得成果。

金牛山洞穴遗址古人类化石的发现，引起海内外科学界的很大反响。但对人类化石的时代与性质，A 点洞穴是否为原生堆积，也有不同看法。在此后的连续工作中，人类化石的多手段年代测定，洞穴堆积的现场解剖，一度列为工作重点。吕先生充分利用学校优势，组建了包括地质、地层成因、古气候、古人类、动物群、文化、牙齿病理、CT 研究、孢粉、测量、年代、资料等在内的研究组，对金牛山遗址进行综合研究。那几年，时常有各学科多位专家从北京等地赶赴现场考察、取样，一时成为辽宁考古的盛事。科学细密的工作，明确了 A 点洞穴地层是连续形成的原生性堆积而非不同时期堆积的复合体，并在建立标准地层的基础上，对人类化石的出土层位反复校正，确定其年代为中更新世晚期。还对金牛山地区的地质构造、第四纪气候变迁、环境变化、A 点洞穴发育过程和古人类活动时间进行了科学鉴定分析乃至重建。不同意见的交流，推动学科发展，金牛山遗址的发掘和研究的不断深入，再一次证明了这一科学发展规律。

金牛山遗址发现的意义是多方面的，报告对此有全面论述。除了上述人类化石和洞穴堆积在讨论中逐步达成共识以外，我体会较深的，还有几点。

一是关于古人类发展演化的不平衡性。这是贾兰坡先生于 1985 年在北京大学临湖轩举办的金牛山人鉴定会上提出来的。据说，那次会的召开，是高等教育部出于对文科奖励无理工科那样的标准，想以金牛山项目作为试点，所以部里和学校都很重视。我有幸参加了那次鉴定会。会上对金牛山人类化石测定年代较早而体质特征较为进步这种似乎矛盾的现象，出现了不同的解释。对此，贾兰坡先生提出：金牛山遗址的人类化石进步，更接近于现代人，但动物化石古老，有肿骨鹿，是周口店代表性化石，年代在距今 50~20 万年，剑齿虎更早，是原始动物与进步人类共存，这是否说明在与周口店同时的其他地区，已有更进步的人类出现？此后，贾先生著文对这一观点有更为明确的表达："人类在演化上的重叠现象不能忽视。人类演化不可能一刀切，即当某种人绝种之后，才出现有进步性质的新人。这就是说，我们还得承认，当北京人仍然生存于世，具有进步性质的金牛山人在世界上早已出现。"（《贾兰坡说中国古人类大发现》，香港商务印书馆，1994 年）此后这方面研究的进展如王幼平同志所述："随着这种兼具较原始与较进步体质特征的人类化石的发现越来越多，上述疑虑已逐渐冰释。"（王幼平：《旧石器时代考古》第 183 页，文物出版社，2000 年）

与此有关，我还想到一件事情，是吕烈丹女士曾告诉我，有外国学者著文，提出金牛山人是"现代人非洲起源说"的反证，并寄来了英文材料。由于金牛山遗址位于东亚地区的东部沿海，又是在非洲人踏入亚洲大陆之前就已演化为早期智人的，所以此论很值得重视。金牛山遗址发掘报告根据金牛山人类化石标本研究的丰硕成果，对人类起源这一前沿课题有更为详尽和有说服力的论证。

二是关于人类居住面的确认。旧石器时代由于年代久远和地质变化多而剧烈，居住面的保存和发现远较新石器时代难度为大，在人类活动面或居住面的确认上经常引起争议是可以理解的。金牛山洞穴内人类居住面的揭露，从吕先生对整个发掘过程的描述看，当时既注重根据现场堆积的判断有针对性制订发掘方法，更在于有寻找居住面的强烈意识。这在旧石器时代考古以建立年代序列和遗物研究为主的 20 世纪 80 年代，是具有前瞻性的。

其实，早在 1984 年发现人类化石时，根据同层位有敲骨吸髓后扔弃、散布稀密有所不同的动物碎骨片、灰烬和烧骨等，发掘者就意识到可能有居住面的存在。1987 年在检验人类化石地层时，发现以出人类化石的层面为界，可明确分出上、下层，是确认居住面的进一步证据。所以在金牛山遗址发掘暂停数年后于 1993 年至 1994 年的继续工作，是以揭示居住面为工作主要目标的。具体的操作除了进一步从已暴露剖面确认以居住面为界，上、下层堆积的结构和性质完全不同以外，主要是辨认出文化层非水平分布，北部高，南部低，向西南倾斜，层面内包含骨片等极为丰富且可能是有规律分布的遗物。于是决定采用平面与剖面相结合、野外剥离、测量与室内标本清理、登记紧密配合的发掘方法，两年来发现各类动物骨片上万件，这些以人工敲骨吸髓为主的碎骨片，与大量烧骨、石制品等一起，围绕着九个原位埋藏、大小不一的灰堆从密而疏分布，这就使 20 多万年前金牛山人生活场面的复原，建立在更为科学基础上。在这次发掘期间，我曾到过现场，对在吕先生严格指导下工作的一丝不苟有亲身感受。

三是关于金牛山遗址在东亚早期历史上的地位。苏秉琦先生于 20 世纪 90 年代倡导"古史重建"时，曾提出辽河流域"先走一步"的观点，红山文化是这一观点的主要依据，向前则追溯到金牛山和附近旧石器时代晚期的小孤山遗址。

在 1991 年发表的《关于中国史前史的思考》一文中，苏先生引用和归纳了金牛山遗址发掘研究成果："另一个例子是发现于营口的金牛山人文化，其年代经测定在 20 多万年前，不论从地质年代还是动物群，都表明它与北京人文化晚期有相当一段时间是共存的，但金牛山人的体质特征都远较北京人为进步，吴汝康先生认为金牛山人已属于早期智人。这说明，不仅在文化发展上存在着不平衡，在人类体质进化上也存在着不平衡。就金牛山人本身的体质形态来说，其身体的不同部分也有进化快与慢的差别。"在大约同时发表的《重建中国古史的远古时代》一文中，苏先生除再次强调金牛山人是"体质特征进化最快的一个代表"以外，还提到金牛山人对东北亚远古文化的影响："由于中国东北的旧石器文化有时表现得比较先进（如金牛山人和小孤山文化），对周围的影响自然会比较大些，例如朝鲜和日本的旧石器文化就曾受到中国东北旧石器文化的影响，甚至有人类迁移过去。"

四是关于劣质石料。金牛山遗址的发掘，一直存在的一个问题，就是石器的发现不理想。对此，吕先生在论及金牛山遗址出土的 200 多件石制品时，提到劣质石料问题："综观金牛山人的石制品，数量不多，制作技艺水平也不高。石器类型简单，以中小型为主，真正可称作器的数量很少。这种情况可能和石制品的原料有关。利用的石英多为小型块体，且含大量杂质并有错综复杂的纹裂，因此使用这种劣质原料很难制作大型石器，也无法进行精致的加工。"（吕遵谔：《金牛山遗址 1993、1994 年发掘的收获和时代的探讨》，《东北亚旧石器文化》第 135 页，1996 年）对此，苏秉琦先生也谈到过周口店遗址的类似现象："北京人是用劣质的脉石英来制作小型石器的，有它自己的特点，有它自己的文化源流。"（《关于重建中国史前史的研究》，《考古》1991 年第 12 期）2016 年我有机会参观法国、西班牙旧石器时代各遗址，北大西洋东海岸在与金牛山同时期前后，气候条件相对稳定，天然食物资源也较为充足，更以优质石料制作的形体较为规整的大型石器为主要特征。相对而言，金牛山人是在自然环境变化较为频繁复杂、物质资源较为有限的情况下，体质特别是大脑快速进化并取得有效控制和保存火源等成就的。由此想到张光直先生对东西方文明所经历的不同道路的论述，看来中国古人对待大自然从敬畏到和谐共处的"连续性文明"道路，从旧石器时代就已开始。

金牛山遗址发掘已经三十多年了，有不少值得回忆的事。当时辽宁省在金牛山、牛河梁和姜女石三大遗址分别设立考古工作站，比较起来，金牛山站的条件稍差，但吕先生对金牛山工作站情有独钟，差不多每年或隔年都要来住上一段时间，特别是1993～1994年的发掘，他一住就是三个月。那年10月，辽南突然提早降雪，吕先生仍忙碌于从遗物的野外现场观察到站里楼上楼下的标本处理，对天气的骤变似乎并不知觉。想到我们多次到工作站时，吕先生指导我们辨认人类敲骨吸髓与动物啃咬不同痕迹的认真态度，文物保护专家王㧑先生用界面渗透法成功提取人骨后，正在筹建文物保护专业、时任副系主任的吕先生求贤若渴的神态，为争取早日建起遗址保护界墙与当地政府人员反复沟通的急切心情，以及吕先生为金牛山遗址的发掘、研究和保护所做的艰辛而科学严谨的工作和在他率领下参加金牛山遗址发掘的各位的贡献，总是时时浮现。正如报告后记所记，金牛山遗址发掘报告的出版，是对吕遵谔先生最好的纪念。

（原载于北京大学考古文博学院、辽宁省文物考古研究院编著《金牛山古人类遗址》，文物出版社，2019年）

《西丰西岔沟古墓群发掘报告》序

西岔沟古墓群考古报告终于要出版了。这是一件大家都企盼的事，也是一件值得回忆的事。

西岔沟古墓群的清理发掘，是20世纪50年代辽阳汉魏墓群发掘后辽宁省博物馆（当时为东北博物馆）一项很有影响的考古工作。那次清理发掘，野外工作历时三个多月，清理发掘面积较大，加上发掘期间文物保护政策的宣传，筹备展览，发动群众，回收文物，现场核对，以及此后数年的室内整理编写报告，动用行政和专业人员较多；而且20世纪50年代辽宁在全国有影响的考古工作不多，西岔沟是一个，尤其是辽东地区，这样丰富的资料罕见。1959年中国历史博物馆新馆陈列，西岔沟古墓群出土文物占了差不多整整一个展柜。大约是1964年，《考古学报》编辑部曾致函辽宁省博物馆，希望西岔沟古墓群的考古发掘报告列入"中国田野考古报告集"系列，据说是夏鼐先生十分重视这批资料。我曾看到过这个函件，是《考古学报》的红色信签，工整的毛笔楷书，非常正式。后可能与形势有关，终未实现。20世纪80年代初省馆文物工作队由陈大为先生负责曾酝酿再启动报告的编写，当时我与陈先生在位于十纬路老博物馆后院西平房的同一办公室，看到他借出的档案材料不少，包括部分琉酸纸描绘的线图和拓片，已接近出版水平。后可能因为涉及太多头绪，工作仍然没有继续下去。以致西岔沟古墓群发掘报告的编写发表，成了辽宁省博物馆至少是老博物馆人的一个待解的情结。

关心西岔沟的人总会想到孙守道先生。孙先生对西岔沟古墓群的清理发掘、整理和研究参与最多，材料最为熟悉。我在追忆孙守道先生的文章中提到："1956 年西丰县西岔沟古墓群遭大规模盗掘，时年 25 岁的孙守道先生担当起考古现场清理抢救负责人的重任，面对千疮百孔的墓地和散落在老乡手里的上万件文物，他逐件文物和逐个墓葬地核对，尽量复原共存关系。他并以初生牛犊不怕虎的锐气，给上级写信，使这次古墓群遭严重破坏的事件在《人民日报》发表，引起社会各界关注，成为当时文物考古界的一件大事。"近又读到有关资料，得知孙先生当年给《人民日报》的信发表后，影响确实很大，直接上级行政单位还作了公开检查，这是文物保护工作很有超前性的一件事。当然，更值得称道的还是孙先生对墓地复原工作所作的贡献和他的研究成果。孙先生撰写的《"匈奴西岔沟文化"古墓群的发现》（《文物》1960 年第 8 – 9 期）和由此引起的有关族属的争论，争论的一方居然是我们尊敬的吴荣曾先生（笔名曾庸）。以后由于吉林榆树老河深墓地的发现，一度盛行西岔沟"夫余"说，2000 年前后辽宁省博物馆对通史陈列修改时，西岔沟部分也采用过"夫余"观点。当时孙守道先生曾对我讲过，匈奴文化系统和匈奴族不完全是一回事，可惜终未能看到他新的研究成果。

　　关于墓地的复原，我也曾断断续续听孙守道先生讲过他们当年在"对付"扰乱坑、从中辨别墓葬和逐人逐事逐件登记回收核对文物的艰辛经历。这次读到原稿，得知他们在面临几乎所有墓葬特别是中心区墓葬被掘毁，几乎所有重要文物被挖出后到处流散甚至被拆毁变卖的惨状下，根据"为原地扰乱，就整个墓地来说，文物大体保持在原来位置上"和"墓群时代的一致性，墓葬性质的一致性"的现场判断，断然定下将濒死的材料复活、复原墓地的工作目标，发掘方法也有针对性的采取既严格遵循田野考古操作规程，又根据现场实际情况，将分区即探方与扰乱坑即清理坑相结合，以清理坑和少量完整或少扰动的墓葬作为基本单位，对发掘、清理及回收的各类文物依出土状况的不同程度，对其可能的出土单位、配套组合、共存关系，出土位置甚至出土状态，分等级判别归位，尽可能把一个从支离破碎到趋向完整的墓地和一批由零散到重新组合起来的文物群及复原过程呈现出来。对于 20 世纪 50 年代一个地方博物馆的考古队来说，这是一次水平很高的田野考古工作，所以西岔沟考古在辽宁考古史上确应大书一笔。

　　当然，这次墓地复原工作之所以能够坚持下来并取得意外成效，主要还是同李文信、孙守道等先生对这批材料学术价值的充分认识分不开的。我读报告原稿的一个深刻感受，就是发掘者在复原工作过程中对墓地整体性的认识：墓葬的排列"杂而不乱"，局部"各排墓葬行列整齐，疏密均匀有致"，"极有组织，井然有序"；墓葬的方向不受地形变化的影响，包括葬式都"完全一致"；遗物"出土位置，也都各有规律，其种类、数量亦因死者的社会地位不同有所变异"；从而"本墓群在形成过程中表现了极有秩序，各种性质的墓葬分别形成各自墓群，它们之间，相互联系着，不可截然分开，形成一处完整统一的墓群"。

随着这些认识在墓地及出土文物复原过程中的逐步深化，发掘者提出将这批材料称为一个考古学文化——西岔沟文化。

受此启发，我想到的是：

西岔沟古墓群所拥有的多元文化因素，当年除了所知的北方草原和汉文化因素以外，已同内蒙古和东北地区同时期前后有族属特征的文化遗存有所比较，根据此后的新发现，又可辨认出有来自松嫩平原和东辽河流域的文化因素。它们各自的来源清楚，特征各有不同，易于辨别；同时各类文化因素所占比例虽有差别，但无大的悬殊；特别是，这些来源不同、区别明显的文化因素，在这个墓地里的融合程度甚高。这在报告中多有论述，如具汉书二期文化特点的曲颈壶附具当地特点的横桥状耳，陶器与装饰花纹的类似结合现象；具汉式特点的泥质和具当地制法的夹砂两类不同质料的陶豆，中原和北方式的两类铜铃，改造为铜剑把加套环的汉式铁剑与北方和东北式铁剑；经修补或似仿制的汉式铜镜，以及不同来源的各类文化因素之间的共存甚至可能的配套组合关系等等，是既泾渭分明，又融为一体的多元文化集合体，如发掘者的体会是"相互依存和相互渗透"的关系，展现的是一幅"经济、政治、军事和文化上的密切联系和相互交往的图景"，以至其文化的主体，是邻近文化的迁徙还是当地文化，并不突出。这一群体的出现与文化的形成，既是同该人群游动性大、开放性强，与不同文化间的接触交流甚为活跃有关，同时也同该文化群体自身发展的相对稳定性有关，墓地整体性是集中反映，也同该墓地所表现出的经济形态即游牧为主、兼营农牧业，且有一定程度的定居生活相一致。所以西岔沟古墓群所代表的，是一个特色鲜明、充满活力的文化共同体。从目前的有关发现看，其丰富程度和所具有的典型性，是一个可与周边诸文化进行比较的不可替代的标尺，把西岔沟古墓群定名为一种考古学文化，仍然是要认真对待的。

发掘者在分析西岔沟与周边诸文化主要是与汉文化的关系时，还强调了西岔沟古墓群所处的特殊位置："恰在汉代辽东郡外北边"，是"汉代辽东郡和外族接触最频繁的地方"。由此我想到的又一点是，西岔沟古墓群的年代从西汉早期晚段开始到西汉中晚期，以西汉中期为主，这一时期正是西汉帝国强盛时期，也是汉王朝积极开拓辽东的重要时段，包括汉四郡的建立。在此形势下，有这样一支强盛的游牧民族活跃于紧靠汉王朝的边塞地带，将他们视为神圣的墓地置于与汉郡接触的前沿，而且在将大量汉文化因素融于本文化时，一直保持着自身文化的独立性，这对于了解当时汉王朝与周边民族文化关系，是一个很值得注意的历史文化现象。至少说明，这一人群除了自身发展具有相对稳定性以外，与汉文化等相邻文化的接触交流，也是在彼此之间相对稳定的环境下才可能实现的，虽然延续时间不长。报告原稿中也说："汉族文物，在这批出土物中，占有相当显著的地位。它深入这个部族人民生活中各个领域。从生产到生活，普遍地存在着。"进而在与西汉辽东诸郡的互动比较中，关注与汉文化的双向交流，也值得深入分析，这在报告中也有实例举出。同样，从当时的历史背景看，这一时期，也是高句丽文化在辽东山区形成时期。西岔沟所在地区与辽东山区从西到东紧相连结，后又成为高句丽文化的分布区。高句丽文化研究者已在从西岔沟古墓群与早期高句丽文化某些共同文化因素中探讨其间的关系，报告也指出横贯耳陶壶与桓仁望江楼墓群为代表的早期高句丽遗存有一定相似之处，都是很值得关注的新课题。

最后要说到的是，西岔沟古墓群从现场清理发掘到资料整理和编写报告，经历半个多世纪，当事人已陆续退去，而原文物与原档案保存情况又累积了一些不尽人意之处，如一些重要文物多方借展，原始编号与馆藏编号交错替代，博物馆迁馆和馆所分家，文物及档案随之转手接交，还有原始档案不全、个别器物原始编号缺失等令人遗憾的事发生，给再整理编写报告又徒增不少难度。在这种情况下，辽宁省博物馆、辽宁省文物考古研究院公开资料，与吉林大学边疆考古研究中心合作，引进人才，一起整理研究。潘玲同志知难而进，带领团队将这些多年积累下来的复杂头绪一一理顺，出色地完成了任务。特别是在妥善处理与原报告的衔接上下了苦功夫，现稿在忠于原稿不同于一般考古报告的材料组织、编写体例等基础上，尽量将原始材料与发掘者的判断加以区分，客观地交代被扰动墓葬的清理发掘过程，被破坏墓葬即清理坑的清理过程，回收器物的现场核对过程，在此基础上对材料再加编排，提高了资料的研究价值。

西岔沟古墓群自发现与报道以来，鉴于其资料的丰富和重要性，一直没有淡出研究者的视野。此后多年来吉、黑、内蒙古等兄弟省区有关新材料的不断发现，也并未使西岔沟边缘化，反而因为比较材料的增多而使西岔沟古墓群的面貌越趋清晰，也更显示其在研究汉代东北以至北方草原地区古代民族文化关系中的重要地位。现在随着这批特色鲜明的资料的全面发表，必将对有关课题的研究有大的推进。

（2020 年 4 月写于海南省东方市八所镇剪半园村汇艺蓝海湾）

《东北亚考古学论丛》序

辽宁省文物考古研究所与日本奈良国立文化财研究所以"3至6世纪中日古代遗迹出土文物比较研究"为题进行的为期四年（2002~2005年）的合作研究已进入尾声。这次合作研究的成果集中反映在这本论文集中，但又远不止如此。

公元3到6世纪是中国中原及其周边地区古代历史上一个十分重要的时期。随着秦汉帝国的解体，周围各地区各民族纷纷建立政权，并在大迁徙、大融合中不断创造出极富生气和特色的地域文化，加速了历史发展的进程，为隋唐帝国的建立和进一步繁荣准备了条件。地处东北亚南部的辽宁是这一时期多民族多文化活动比较频繁的一个地区，这里先后出现了公孙氏、慕容鲜卑族和高句丽民族建立的政权，他们所创造的文化既各有自身的渊源、文化发展序列、民族和区域特色及发展道路，又始终与中原王朝和汉文化保持着密切关系，从而为中国东北和东北亚古代历史续写出光辉的篇章。已故中国考古学会理事长苏秉琦先生在关于中国文明起源"三部曲"（古国—方国—帝国）与"三模式"（原生型、次生型、续生型）的系统论述中，把包括东北民族在内的北方地区诸民族在秦汉以后所走过的文明起源进程，称为"续生型"国家模式，其特点就在于它们也都经历了类似当地先秦时期的古国—方国—帝国的发展历程，而且是"骑马得天下，统治的是汉族人，继承的是汉文化，汉文化从此也长上翅膀，更有活力了"。从而在中国统一多民族国家发展历史上继续起到独特作用。

这一时期，也是东西方文化交流十分活跃的一个时期，地处东北亚与欧亚大陆接触地带的中国东北南部，是这一交流路线东端的一个枢纽，这一地区正在发生的历史变革和文化创新，随着东西方交流的持续与延伸，也波及朝鲜半岛和日本列岛，从某种程度看，对后者的影响更值得深入研究。因为朝鲜半岛和日本列岛的文明起源进程和国家的建立，都是在这一时期出现或成熟的。不同经济类型、不同文化传统的文化之间的接触、碰撞、融合，以对先进文化的大幅度吸收为主流的相互影响，以至人群的迁移，这些文化交流的多种形式，成为包括日本列岛在内的东北亚诸多民族跨入文明时代的重要推动力。

为此，中日考古界都十分重视这一时期中国东北南部古文化与日本列岛古文化的比较研究和新的考古资料的积累。其中辽西地区两晋十六国时期由慕容鲜卑族为主创造的三燕文化，由于同日本古坟文化有许多相似甚至相同的文化因素，又是大家最为关注的一个课题。可喜的是，近年在慕容鲜卑族建国前后活动中心的辽宁西部的朝阳地区，对三燕时期的墓地和遗址有较大规模的考古发掘工作并连续取得系统材料，也自然被列为这次合作研究的重点。中日双方学者通过对朝阳三燕龙城城址、北票喇嘛洞三燕时期墓地等考古工地的实地考察和观摩出土文物，对三燕时期的一些代表性器类如金步摇冠饰、金属马具、带饰、甲胄和铁兵器、工具等，做了系列的类型学比较，对这些重要遗物的制作工艺进行了反复细致的观察和实验，对其所反映的埋葬制度、骑马文化特色有多角度的分析，对三燕文化与中原文化的关系以及它在东西方文化交流中的作用，特别是对三燕文化与日本古坟文化之间的源与流关系，从而对兴起于辽宁西部的骑马文化向东北亚传播的途径和方式，有了进一步的认识，这样就使这次的合作研究，以前辈工作为基础，在某些中日双方共同关注的重大学术问题上有了较大深入，也为下一步的继续研究提出了不少新的课题。本文集收入的论文，绝大部分是这方面的研究成果。

在这次中日合作研究过程中，双方取长补短，相互尊重，相互学习，达到了共同提高的预期目的。参加这一合作研究的中国学者通过与日本学者的接触和对日本多处考古工地、已经展示开放的遗址和博物馆的考察，普遍感到，日本考古和文物博物馆界的同行们，不仅在考古研究上学风严谨，而且在考古资料的收集、高科技手段在考古发掘和文物保护方面的利用、大遗址保护与利用等方面都取得了显著成绩，这些成果和经验，对正在开展这方面工作的中国文物考古界有许多值得借鉴之处。辽宁省的文物考古学者将会把这次中日合作研究所取得的成果，运用到今后的工作中去，进一步推动东北亚地区的历史考古研究。

（原载于辽宁省文物考古研究所、日本奈良文化财研究所编著《东北亚考古学论丛》中文版，科学出版社，2010 年）

《两河流域史前时代》评介

　　正当中国文明起源研究不断深入、并越来越注重与世界诸文明古国相比较的时候，杨建华《两河流域史前时代》一书的出版，为这一课题的研究，提供了一本很有价值的参考书。全书分为：自然环境与文化环境、史前文化的发展和文明起源与形成过程的考察共三大部分。作者力图运用正确的考古方法论，在对大量丰富的考古资料整理分析的基础上，对两河流域史前文化的形成和文明的起源提出自己的看法。

　　两河流域史前文化的发展是全书的主要内容。它以考古学文化为单位，运用缜密的地层学、类型学和考古学文化分析方法，把一大批资料构成一个有创见的时空体系，将两河流域史前文化发展分为最早的定居、农业村落的发展和城市的发展三个阶段。这是利用考古资料重现历史的一个尝试。

　　两河流域本是世界最早进入文明社会的地区之一，这里的文明甚至被一些学者看作西方文明的源头，然而这一文明的创造者苏美尔人的来源却一直是一个争论不休的问题。新的考古发现不断地修改着已有结论。1989年发掘的乔加·马米遗址揭示了苏美尔人与萨玛腊文化之间的承袭关系，20世纪80年代发掘的欧威利遗址使这一关系更加明朗，也更加复杂。该书根据中国考古学中的文化因素分析法提出一种假说：在萨玛腊文化发展到第二期时，便出现了一个向南迁徙的分支。这一分支的一部分在两河南部的瓦尔卡地区形成最早的过渡性遗存，它在欧威利遗址第 11～9 层和埃利都第19 层逐渐发展成为欧贝德文化；这一分支的另一部分仍保持线纹传统，并受到北部萨玛腊文化影响，形成最晚的过渡性遗存（见乔加·马米遗址）。

这一假说还有待新的考古发现来验证。

该书在研究史前文化发展中，不同于以往过多地强调年代序列的纵向发展研究，而是同时注重了空间层次的研究以了解当时的社会结构。哈拉夫文化分布范围之大，以及在该文化分布区内文化面貌的一致性，都是史前文化中罕见的。该书根据前人所作的陶器中子活性分析和遗址之间文化相似度的分析，提出哈拉夫文化晚期有普遍的陶器专业化生产和陶器贸易。这些制陶中心和输出陶器的范围可以分为小河流域的地区性中心、东西区的文化区域中心和整个文化中心三个不同层次。遗址间文化的相似程度更多地是由它的功能和地位而不是由相互之间的距离决定的，证实了史前考古的中心—边缘理论。

文化传播理论是史前考古比较常见的解释模式。两河史前文化中文化传播是一个普遍现象。但本书对文化传播现象的研究不是从文化因素的相似程度、传播速度和方式等原有模式来考察，而是从功能、社会结构等新角度出发。文明前夜的欧贝德文化有一次大规模的文化传播，遍及整个两河流域和西亚部分地区。该书把如何解释这次传播和文明形成之间的关系作为研究的出发点。首先，该书根据各地区欧贝德文化因素所占比例及其相似程度将所有含有欧贝德文化的地区分为欧贝德文化本土、变体区、殖民地、同源共振区和文化波及区等不同层次。然后进一步从功能的角度分析各地区为什么有些遗存吸收欧贝德文化因素，有些则保留当地传统，其中着重分析了各地都在彩陶碗上模仿欧贝德文化的原因以及彩陶碗的功能。最后指出了这次传播对文明形成所起的作用。这项研究不仅揭示了这次大传播对其后乌鲁克进入文明所起的"催化"作用，而且对于文化传播的研究具有方法论的意义。

该书最后一部分"文明的起源与形成过程的考察"是作者试图超越时空的限制对人类发展的几个主要方面做逻辑的考察，寻找事物之间存在的内在联系的尝试。在考察中，该书是按着生产力的发展、社会结构的变化和宗教的发展这三条线索进行的。作为全社会发展基础的农业，从最初的定居发展为简单灌溉。这种灌溉多以天然沟洫为灌渠，只需稍加修整，所以不会由此形成大规模的管理机构，自然也不存在什么"水利国家"。两河流域真正的大规模的灌溉系统出现在国家形成之后的早王朝时期。农业的发展是一个缓慢的过程，虽然它是两河文明赖以生存的基础，但是无阶级社会向阶级社会的过渡主要体现在社会结构的变化上。社会结构的变化在考古上最容易识别的标志是公共建筑的发展和聚落种类、等级之间的变化。这一变化的直接原因是社会分工和交换的发展。在两河流域，分工和交换早在农业定居时期就已存在，如乌姆·达巴吉亚遗址的野驴贸易。造成分工和交换的原因是聚落所在的自然条件的差异。发达农业阶段的分工以哈拉夫文化制陶中心为例，它是由各聚落在长期生产中所形成的优势决定的，这时期分工引起的聚落之间的差别只体现在聚落内遗存的质量和种类上，而聚落的面积尚未出现差别。进入欧贝德阶段，聚落之间才出现明显的几个小遗址围绕一个大遗址的布局。因此聚落之间的分化是功能差别在前，地位差别在后，这里体现了一种因果关系。

在整个社会结构的研究中，本书紧紧把握住了分化和整合两条线索。在分化和整合的过程中，宗教扮演了一个重要角色。以宗教建筑为标尺，宗教的发展经历了祭室在住宅中间、祭室与住宅分开、各聚落祭室出现差别、祭室加侧厅的神庙出现和神庙附属设施（如台基、柱廊）大发展等几个时期。这个过程反映了人人可以祭神到祭祀权被少数人垄断并借此提高个人地位的过程。各聚落之间祭室的差别说明大祭室是由若干聚落共同使用的，体现了宗教在社会分化和整合中的作用。侧厅的出现说明祭司阶层已住在庙宇内，并形成一定的庙产。神庙成为城邦的中心，它不仅是宗教中心，而且是政治中心和经济中心，是财产的集中和再分配地点，祭司则是当时的管理人员。神庙附属设施的大发展说明祭司在"神"的名义下不断地提高、巩固自身的统治权力，最终导致早王朝Ⅱ出现了宫殿，因此两河文明中神权早于王权，国家产生之后先有一个神权政治，经过权力的不断集中才出现了真正意义的"王"。祭司是最早的统治者、文字使用者；神庙是最早的统治机构；宗教为早期国家提供了最早的统治模式。

该书是第一个中国人研究外国史前考古的成果。由于作者较好地把理论和资料有机地结合起来，克服了在这个研究领域中以往单纯资料排比和纯粹理论模式阐述的两种倾向，所以不仅对中国而且对世界各国文明起源研究都有参考价值。当然，由于作者是学考古的，在社会发展理论的把握程度和所总结的历史发展规律上尚有可商榷之处，好在书中对考古资料的叙述翔实而客观，读者完全可以从这些客观材料中得自己的见解。

（原载于杨建华著《两河流域史前时代》，吉林大学出版社，1993 年。后转载于《考古》1996 年第 7 期）

《辽宁文物古迹大观》序

　　辽宁是一个历史悠久又具有光荣革命传统的省份。近十多年来开展的全省文物大普查和一系列重大考古发现，进一步加深了对辽宁地区在中华统一多民族国家形成发展史上重要地位的认识，列为各级文物保护单位的数量也随之大幅度增加。到 1988 年，省级以上文物保护单位已从过去的 48 处增加到 159 处，其中全国重点文物保护单位更从 5 处增加到 19 处。省文物管理委员会办公室的同志们在进行"四有"（即文物保护单位有保护范围和建设控制地带、有标志说明、有记录档案、有保护机构和人员）工作的同时，将省级以上的文物保护单位的文字说明和论著编写成册，大致可以反映出辽宁的历史发展脉络。

　　辽宁地区自古以来就是一个文化交汇之地，历史文化的发展也极具特色。早在旧石器时代，从营口金牛山到海城仙人洞，都表现出相当的进步性。进入万年以内，以阜新查海为代表的新石器文化已率先跨入文明起步阶段。朝阳牛河梁红山文化坛庙冢大型礼仪性建筑群，辽西夏家店下层文化绵延数十里的城堡群和渤海湾北岸绥中秦始皇碣石宫遗址，是中华五千年古国—四千年方国—两千年大一统帝国这一国家形成时期三大发展阶段完整序列的实证。秦汉以后，活跃于辽宁大地的鲜卑和高句丽、契丹、女真等诸北方大族，与中原王朝交往密切，有的还入主中原，在历代改朝换代中唱过主角，直到满族入关，建立起中国最后一个封建王朝清帝国。遍布辽河两岸的古遗址、古城址、寺塔、陵墓、石刻等，真实地记录了他们的业绩。在近现代史上，辽宁人民站在反帝反封建斗争的前线，留下无数可歌可泣的英雄事迹，各类革命纪念地成为人们缅怀先人的理想场所。

历史的发展是漫长的，也是曲折的。由于自然和人为因素，大量历代文物古迹受到不同程度冲击，幸存下来并能完好保存就显得更为珍贵。这本书中收入的辽宁省的各类文物保护单位就是其中最精华部分，它们是辽宁人民引以为自豪的重要文化遗产。把它们保护好，宣传好，传之子孙万代，是我们这一代人义不容辞的责任。我们希望，这本书的出版，能为我省文物工作走向法制化管理轨道，为弘扬中华优秀传统文化，进行爱国主义教育，研究辽宁历史，进行乡土教育，为世界各国人民了解辽宁，起到积极作用。

（原载于辽宁省文物管理委员会办公室编《辽宁文物古迹大观》，辽宁大学出版社，1994 年）

《朝阳历史与文物》序

朝阳是我国北方地区一个重要历史文化区。它所在的辽西丘陵山地，以西南至东北走向的努鲁儿虎山和松岭山脉为屏障，有大凌河和老哈河及其支流贯穿其间，由此东隔医巫闾山与松辽大平原毗邻，西越燕山山脉可直达华北大平原，北经内蒙古赤峰地区的西辽河流域通往蒙古草原直至欧亚大陆，南以渤海为出海口与东北亚广大地区相联系。独特的地理形势形成稳定而不封闭的文化环境，吸引了历代不同经济类型、不同文化传统的古文化到这里汇集，使朝阳地区的历史文化具有连续性强、内涵丰富、典型又多样化等诸多特点。

朝阳地区一直是我省文物考古工作的重点市。在 20 世纪五六十年代工作的基础上，从 70 年代起，朝阳地区的文物考古工作进入一个大发展时期。重大考古成果的连续报导，重要学术课题的不断提出和大规模文物普查、保护、维修工程的迅速开展，已可以将这短短十几年的工作分出几个各具特色又相互衔接的阶段，即 20 世纪 70 年代、1979 ~ 1982 年和 1983 年至今。

20 世纪 70 年代工作的重点在青铜时代。北票丰下和建平水泉遗址的发掘，是 70 年代在朝阳地区进行的两次规模较大的田野考古发掘工作。所获成批资料表明，时代上限可早到 2000BC 的夏家店下层文化遗址，在朝阳地区分布十分密集，文化堆积丰厚，这是朝阳地区历史上空前繁荣的一个时期，说明在夏到早商时期，辽西地区有一个与夏为伍的强盛方国，他们同步发展，相互影响，并可能与商文化的起源有关。继 20 世纪 50 年代初喀左马厂沟以燕侯盂为代表的西周窖藏铜器群发现之后，从 1971 年起，在马厂沟附近的大凌河川两侧，又接二连三地发现了北洞、山湾子、小波汰沟等窖藏商周青铜器群，其中已有明确的商器发现。喀左和尚沟、朝阳魏营子还发现了西周早期墓葬和随葬的青铜器，这就进一步证实，周初封燕，势力直达辽西，是以包括殷遗民在内的当地土著民族文化为背景的。1979～1982年是全省文物大普查时期，朝阳地区作为这次普查的试点市，集中了全省上百名文物干部，共发现不可移动的文物点3000余处，占全省此次文物普查点的三分之一以上，再一次确立了朝阳地区在全省文物考古领域中的重心地位。著名的东山嘴、牛河梁红山文化遗址和玉器，朝阳十二台营子西汉柳城遗址，凌源安杖子战国—西汉右北平郡址，都是在这次文物普查中发现和被确认的。这次文物普查的成果也为明确全省和朝阳地区文物保护、考古研究的重点项目提供了科学依据。在这次文物普查的基础上，从1983年起，朝阳地区的文物考古工作进入了一个崭新的飞跃发展阶段。这一新阶段的开始，是以这一年夏在朝阳召开的"燕山南北地区考古"座谈会和1983年秋牛河梁红山文化坛庙冢遗址群的发现为标志的。中国考古学会理事长苏秉琦先生在这一阶段考古大发现的前夕亲赴朝阳和东山嘴遗址现场，并在讲话中预言：朝阳在辽宁范围内是一个地区，在燕山南北这一区块中只是一角，但在这一大范围内有它的特殊性。它是连接北边昭盟跟燕山南侧的重要环节，又是连接燕山南北这一大地区与辽东、东北和东北亚地区的重要环节，包括朝阳地区在内的燕山南北长城地带，又是连接我国中原与欧亚大陆北部广大草原地区的中间环节。在我国古代文明缔造史上占有特殊地位和发挥着特殊作用。我国统一的多民族国家形成的一连串问题似乎最集中地反映在这里。不仅秦以前如此，就是以后，从"五胡乱华"到辽、金、元、明、清，许多"重头戏"都是在这个舞台上演出的。就在这次朝阳会议和苏先生这个讲话后不久，牛河梁红山文化坛庙冢遗址群被全面发现，牛河梁这一20世纪80年代中国重大考古发现，提出了中华五千年文明起源和古文化古城古国出现，辽河文明先于黄河文明，五帝传说及其在北方地区活动的可信性，东西方文明比较和相互关系，中华古代传统溯源等中国古史一系列带有突破性的重大课题，这一发现的影响也已远远超过历史考古界，扩大到文化史、思想史、美术史、建筑史、宗教史等研究领域中，并引起社会各界和海内外炎黄子孙到这里寻根问祖，其势头正方兴未艾，持续不衰。朝阳文物考古工作进入新阶段的又一标志是

"三燕考古"的提出。从 3 世纪前后起，随着秦汉大帝国的解体，周边民族纷纷建立国家，建都于今朝阳市区的鲜卑族慕容氏就是在北方建立国家的草原民族之一。与之有关的是，随着骑马民族的兴起，连结东西方的北方草原丝绸之路进一步活跃起来。当时西亚地区的东罗马帝国，萨珊王朝和中亚诸国的诸多先进文化因素，如金步摇冠和玻璃器等，就是通过这条草原丝绸之路传入朝鲜半岛和日本列岛的，而朝阳地区是必经之路。近年随着朝阳市郊和北票境内大凌河中游两岸三燕时期墓葬的发现，龙城遗迹在朝阳老城内线索的不断扩大，以及朝阳北塔维修中三燕和北魏佛寺遗迹的发现，表现出鲜卑族在接受中原文化的同时，大幅吸收中、西亚文化因素，形成多彩的"三燕文化"，并对高句丽和朝鲜半岛新罗诸国以及日本古坟文化产生重大影响，有力地证明，在 3 ~ 5 世纪东西方文化频繁交汇中，朝阳地区既是草原丝绸之路东端的起点，也是东北亚地区的重心所在。此外，最近几年，距今 1.2 亿年前后晚侏罗纪—白垩纪的鸟化石在朝阳县和北票县连续被发现，它们具有代表不同发展阶段、成群和多形态等特点，其中时代最早的标本已相当于德国著名的始祖鸟，从而为研究在恐龙灭绝过程中鸟类的起源提供了迄今世界上最丰富的一批科学标本。也表明朝阳不仅在人类社会发展史，而且在自然演变史上也占有重要位置。

朝阳地区文物考古工作的丰硕成果是地方各级领导、基层干部、广大群众和专业工作者共同努力的结果。这里丰富、典型而多样的文物遗存还是培养一代又一代文物考古工作者的一块沃土。参加 1972 年北票丰下遗址发掘和 1979 年朝阳、凌源、喀左三县文物普查试点时所举办的全省文物干部培训班的学员，现在大部分已成为全省各地的文物行政领导和业务骨干。走遍了朝阳大地的广大文物考古工作者，对朝阳的山山水水有着深厚的感情，他们同朝阳的干部和群众一起在思考一个问题，世界古文明的发祥地，由于过早过量地开发，使植被减少，气候干燥，水位下降，土壤沙化，最终造成近代的衰落，如何发挥文物优势，为朝阳地区创造现代文明做出贡献？可喜的是，古代繁荣与近代贫困这一矛盾的统一过程，体现为文物有效保护和合理利用与自然环境恢复的相互促进这一跨世纪的世界潮流，正在被祖祖辈辈生活在这块有着深厚历史土壤上的朝阳人所理解，所接受，以牛河梁红山文化遗址和朝阳市郊三燕遗迹为重点的全市文物事业的总体规划，都坚持了既保护文物本身又更注重历史环境保护的原则，就很说明这一点。朝阳市博物馆在这个时候及时编辑和出版《朝阳历史与文物》一书，对系统了解朝阳历史，增强全社会保护文物的意识，开展爱国主义和热爱乡土的教育，以及从对历史进程发展的科学总结中寻找今后地方经济文化的发展规律和特点，都会有积极意义的。在中华文明发展史上曾先走一步，可与世界诸文明古国相媲美的朝阳地区，必将以古代文明与现代文明协调结合的新姿，面向全国，走向世界，跨进21世纪。

（原载于朝阳市博物馆编《朝阳历史与文物》，辽宁大学出版社，1996年）

《朝阳龙城出土文物精粹》序

龙城区博物馆有编写出土文物图录的计划，李道新同志邀我写个序，答应下来后却一时理不出头绪。因为在我的印象里，朝阳市区的文物工作特别是出土文物部分，上有市，邻有县，区一级要开展的工作较为有限。不过，当我阅读了图录文稿，回忆起多年来与龙城区文物工作者的接触和对区文博工作的了解，对龙城区的文物工作又有了新的认识。觉得龙城区虽然建区时间不长，管辖范围又几经变化，但文物工作却从建区开始就走向正轨，而且一直坚持下来，从文物普查、考古发掘到考古发掘资料的编写、报道、研究，从古建筑维修到移动和不可移动文物的资料登录、保护，全面展开，做得有声有色。在全省县区一级是走在前列的。这当然同当地历届领导和社会各界的关心重视是分不开的。这本书的编辑出版就很说明这一点。

朝阳市是我省乃至全国的文物大市，特别是地下文物不仅极为丰富，成序列，而且级别高，从史前到辽金甚至清代，多具中心规格，如汉代柳城，十六国时期三燕都城——龙城，北魏隋唐时期的营州，辽代的霸州到兴中府，金元的兴中州，还有清初的三座塔厅，如果将牛河梁红山文化遗址也包括在内，则朝阳地区在东北乃至全国的中心地位一直可追溯到上古时期。龙城区占了朝阳市老城区外以西的一大部分，是朝阳市地上、地下文物最为丰富的行政区之一，与我省各市的行政区相比较，文物存量也名列前茅。从图录收入的内容看，各个时代都有代表性遗存：除出有丰富第四纪动物化石、为寻找古人类活动遗迹提供线索的边杖子马山洞以外，新石器时代、青铜时代、汉魏十六国到隋唐时代和辽及以后都不断有新发现，其中有不少亮点，如：

上河首夏家店下层文化遗址。我曾到过现场，这处遗址最重要的发现当然是古井。这座古井以石砌壁，很有特点，也为众多已发掘的夏家店下层文化遗址所仅见，十分珍贵，因是配合基建工程的发掘，遗迹现场不知是否得以保存。此前，在朝阳市郊曾发掘过同类的朝阳热电厂王八盖子遗址，此遗址规模不大，但所见遗迹和遗物却都较为精致，房址密集，有白灰居住面的不在少数，出土石器和陶器丰富，而且彩绘陶和黑陶都较为多见，可能时代上限较早。此遗址就位于朝阳城边，区里曾于1986年发掘后设想开辟为遗址博物馆，这在当时是文物保护和利用方面比较超前的想法，后未能实现，成为憾事。

小波赤青铜短剑墓。此墓为扰动后清理，所获文物不多，有关简报认为近于十二台子青铜短剑墓而年代稍晚。在22件各式铜泡中，有一件正面所饰几何形纹与青铜短剑墓常见的铜镜所饰花纹一致，为前所不见。想到1971年冬我曾到边杖子村调查在铁岭冶炼厂拣选的青铜短剑的出土地，可知龙城区为青铜短剑文化分布较为密集的地区。

朝阳老城区作为三燕都城、北魏和隋唐、辽时期州城所在地，周边时有同时期墓葬发现。龙城区所辖地区这一时段的重要墓葬有保存家居、庖厨等内容壁画的北燕石椁墓、出有墓志的唐代高英淑四室墓、杨律墓、孙默墓（据田立坤同志考证，高、杨为唐初内附契丹人，孙为北朝遗民）和出多类彩俑的七道泉子陈氏墓等，而以辽代墓最为丰富。辽代的朝阳地区是汉人墓葬集中分布区。龙城区所属的刘承嗣和耿延毅这两组家族墓地，因有多方墓志出土，年代始于五代和辽早期，且都为辽王朝的汉族重臣，志铭所涉政事又较多，遂引起多位辽史专家的关注。已有朱子方先生等对从五代到辽建国前的刘、耿家世，后唐、后晋等与契丹王朝的交结，辽建国初契丹王朝对汉人上层人士的接纳，汉人贵族与契丹皇室互为婚姻，汉文化与契丹文化的相互影响等方面进行考证，对五代史和辽史多有补正。

我这里要说的是，对辽代墓地的整体认识和相应的田野考古工作的改进。对此，我省经历了从单个墓葬到墓群再到墓园的从不自觉到自觉的不断认识过程。早在20世纪50年代初李文信先生在主持义县清河门辽萧慎微祖墓群发掘时，就有了对整个墓地全面勘察并发掘的意识，如发掘报告中提到的"族墓园"概念和对墓地正前方（东南方向）"小丘前方有一砖瓦建筑古址"的注意并判断"可能与墓地有关"。此后因受各种条件所限，对辽墓的考古工作多是对单个墓葬和多个墓葬的清理发掘，罕见有对墓园全面勘察资料的报道。龙城区的刘、耿家族墓地虽也都为间断性的被动清理发掘，但已注意到墓群所在特定地势和诸墓葬间在年代、位置上的关系，特别是由王成生同志执笔的《辽宁朝阳市刘承嗣族墓》一文已提到"该墓地残存辽代碎瓦，当初是否有墓园的附属建筑有待进一步工作"（《考古》1987 年第 2 期），可以说是处于这一认识过程的过渡阶段。近年有李宇峰等同志对彰武朝阳沟辽代墓地南祠堂的清理，尤其是阜新关山、法库张家窑等辽代墓地，都已按整个墓园设定勘探发掘方案并逐年实施，所取得成果的学术价值是单个或几个墓葬远远不能相比的。可见，提高对辽代家族墓园整体认识的意识十分关键。下一步的工作，可以考虑结合被列入各级文物保护单位的辽墓群的建档工作，对已经过考古工作的诸多重要辽代墓地进行全面勘探或补充发掘。我们相信，随着诸多辽代墓园整体资料的不断积累，对不同区域、时代、族别、等级、信仰在墓园制度、礼仪方面共性和差别的认识，必会将辽墓群的科学保护和辽代考古提高到一个新的水平。

最后要谈的，是我了解较多、也是近年龙城区文物工作重点的半拉山红山文化积石冢。

龙城区所在的大凌河中游，是红山文化密集分布区。以新近发掘的半拉山红山文化积石冢最为重要。从 2016 年全国评选重要考古发现时的讨论看，对半拉山的学术价值有再加以强调的必要。

半拉山除墓葬和随葬玉器在已发掘的单元积石冢中发现数量最多以外，有若干学术价值更高的发现：一墓有玉璧上压石钺、旁置玉雕龙的出土状态，与良渚文化钺璧琮的组合与出土状态（如石钺压玉璧上）有相似处，应非偶然，可知这是红山文化墓葬随葬玉器的一组典型组合；钺的柄末端置兽首状石饰，为一批传世同类兽首榫端的玉石件的功能找到了宝贵证据；坑底正置一件斜口筒形玉器的祭祀坑，表明这类土坑确具祭祀功能，而且可证明作为红山文化玉器中出土数量较多的斜口筒形玉器（我们以为是龟壳的抽象化形态），不仅用作随葬品，也确为祭祀物。当然，半拉山最为重要的发现，是建筑址的后（北）部正中部位揭露出的有前后（南北）三排

7 个柱洞的庙址及与之有关的陶石雕人像和石建筑构件。冢墓上置庙一类建筑，初见于河南省固围村魏王陵，后在河北省中山王陵（兆域图）和更早的商晚期殷墟妇好墓和大司空村商墓也有发现，为此，历史考古界曾有过有关汉代之前有无墓祭的讨论，半拉山则是"古有墓祭"的更早实证。特别是庙在北部的布局，与东山嘴、草帽山的建筑群相互印证，可以得出红山文化祭祀建筑具有规范化的特点。对于红山文化"坛庙冢"祭祀建筑群，一直多着重于对每种类型的分析，对三合一的布局关系着眼不够。因为东山嘴前（南）有坛，后（北）部的方形建筑址内外未见冢与庙的迹象；草帽山前（南）有坛，后（北）也为方形建筑址，这同于东山嘴遗址，且建筑址内有冢，但无庙，不过北部出有石雕人像。而半拉山的发现将前两者联系起来了。因为半拉山虽前未见坛的迹象，但长方形建筑之前（南）为冢，后（北）有庙。将东山嘴、草帽山和半拉山三者相互比较，有坛者皆在南部，有冢有庙者皆在北部，庙又在冢北。总体是前坛后冢庙、南北一线的布局。尤其重要的是，这一布局也引起了对牛河梁遗址第一地点和第二地点关系的重新思考。之前是将牛河梁女神庙所在的第一地点和祭坛所在的第二地点依各自所在的地点进行组合关系和布局来判断的，如第一地点的"庙台"组合布局和第二地点的"冢坛"组合布局，未将这两个地点联系起来考虑问题。半拉山庙址在北的发现和由此联系东山嘴和草帽山得出的"北庙南坛"的布局，引发的对牛河梁遗址的思考是：牛河梁第二地点特别是第二地点中部的祭坛恰在第一地点的正南方稍偏东，原来牛河梁也是"北庙南坛"的布局！这一判断极为重要，一是将牛河梁诸地点以"北庙南坛"的组合与布局为主干联系起来，使遗址群的形成和组合布局关系更有科学依据；一是 5000 年前红山文化"北庙南坛"的组合与布局为主的祭祀建筑群的规范化以至所见祭祀礼仪的制度化，一直延续到明清时期北京的天坛与故宫和太庙，充分体现了中华文化传统、特别是礼制从起源到形成、发展的历史渊源之深。正如苏秉琦先生三十多年前在东山嘴遗址刚发现时所预言："坛的平面图前部像北京天坛的圜丘，后部像北京天坛的祈年殿基。""发生在距今 5000 年前或五六千年间的历史转折，它的光芒所披之广，延续时间之长是个奇迹。"

由于半拉山发现的重大学术价值，这处遗址又位于朝阳市区的北郊，位置险要，视野开阔，展示条件甚为优越，如在保护基础上着手建设考古遗址公园，将为朝阳市和龙城区提供一个展现辽河流域五千年文明的亮丽景点。

龙城区以三燕都城"龙城"命名，行政单元以古代都城命名，这在全国并不多见。龙城区对历史文化遗产的保护、传承所取得的丰硕成果，不愧此名。今后要做的重要的、有意义的工作已摆在面前，只要精心规划，踏实苦干，年有积累，取得更大成果是可以预期的。

（原载于朝阳市龙城区博物馆编《朝阳龙城出土文物精粹》，辽宁人民出版社，2018 年）

《德辅典藏》序

　　王冬力先生兴办德辅博物馆多年，我到朝阳时曾参观过，但接触较多也是印象较深的，是近两三年以来的几次交往，一次是2017年8月在朝阳举办的"虎文化研讨会"，一次是2018年夏季的敖汉旗古遗址考察，还有就是2018年年底在牛河梁遗址博物馆为我举办的祝寿活动。在各次活动的坦诚交流中，感到冬力先生对人对事业，有热情，善谋划，更执着。《德辅典藏》图录的编辑出版就是其中一个突出的例子。

　　这本图录，内容丰富，标本依已定名的考古学文化和各自的分期加以组织，年代和历史文化的发展序列条理清楚。在科学的大框架下，每件标本的文字说明都下足功夫，器物描述详尽准确。同时每件标本不仅有尺寸，还都标有重量和文物级别，这在一般所见文物图录中是不多见的。每件文物照片拍摄用心，重点文物既有标准照片，又有细部照片，还有从多角度的拍摄，有的还做了精致的拓片和线图。特别是立拓技术的熟练掌握。使读者尽量有接近实物的感觉，总体上是一本水平较高的图录。也如冬力先生在前言中所述，这确是经过数年思考和准备的心血之作。

　　从图录内容所见，德辅博物馆的文物藏品，集中于新石器时代和早期青铜时代，包括熊尊和陶鼓等一批精品。表现出强烈的时代性，这就使德辅博物馆的藏品具有自身特点。一个博物馆，自身特点鲜明，就有生命力，就能立足于省内外博物馆之林。不过，如单从文物的收藏角度来看，其精美和贵重程度可能有所遗憾，但历史价值甚高，这也许是冬力先生和德辅博物馆办馆的宗旨和追求吧。因为从新石器时代到早期青铜时代，恰是包括朝阳地区在内的西辽西流域历史文化发展的一个高峰期，也是这一地区走在全国前列的一个时段，许多包含丰富艺术思维的杰作都是在这一阶段创作的，如新石器时代各个阶段的雕塑，赵宝沟文化的线刻图案，红山文化的玉器，夏家店下层文化的彩绘陶器等等。德辅博物馆立足朝阳，反映地区历史最辉煌的时代，正是抓住了"牛鼻子"。

据了解，该馆于 2017 年积极向省市文化主管部门申请，对馆藏文物进行了全面鉴定，利用这次机会，不仅将重点藏品做了科学鉴定和再观察评估，而且严格按照文物保管规则的要求，逐一登记、造册，既达到藏品管理的正规化，又纳入到政府的文物保管体系中来，为德辅博物馆热心公益事业、紧密配合当地中心工作的宗旨的实现，打下很好的基础，使德辅博物馆成为朝阳乃至辽西地区公共文化事业中有影响、不可或缺的一员。

对一个博物馆的长远建设来说，藏品是基础，科学研究则是博物馆的灵魂。本图录对学科有关时段研究成果有准确把握，在对重点文物的具体分析和广泛比较中，在引用已有研究成果的同时，还经常提出自己的见解，尤为可贵。这与平时对馆内业务人员的培养是分不开的。德辅馆拥有了一支成长迅速、工作高效的团队，这也是我在近几年活动的接触中有较深体会的。特别是 2017 年德辅馆联合吉林师范大学举办的"虎文化研讨会"，是选择了与馆藏品有关的课题，使那次研讨会的题目集中，讨论深入，并及时在《吉林师范大学学报》上发表，效果较好。举办学术会议，在民间博物馆是不多见的，对提高单位的整体研究水平、人才培养和推进有关课题的进展都是英明之举。我自己也因为应邀参加那次研讨会，在准备发言稿查阅资料时，发现在考古发现的早期虎题材中，以虎与人的组合更为重要，进而扩展到人与鸟兽的组合，并引申出一个"人兽组合与神巫定位"的新的研究题目。

作为一个文博工作者，我一直关注企业文化的发展。在虎文化会议召开期间，我就此请教冬力先生。他毫不回避地告诉我，博物馆作为企业的一个组成部门，对企业的发展起到了促进作用。因为博物馆在管理上坚持严谨的科学性，也是对企业管理水平和质量的检验，从而提高了企业的诚信度，起到相互促进的作用。在这方面，德辅馆的志愿者队伍值得一提。馆里联络的市内外一批志愿者，他们热心祖国文化遗产事业，热爱乡土，且有广泛代表性，馆里定期进行培训，还有计划地组织大家到外地文博单位和考古工地参观，不断提高业务水平。也通过联系各领域，扩大了社会影响，是我省博物馆界一支较为活跃的志愿者队伍。

当然，民间博物馆的建设与发展，在我国还是新事物，也必然遇到各种问题。如如何理清藏品的来龙去脉，特别是一些重要文物明确的出土地。无来源又流传无序的藏品，学术价值会大为降低，这是博物馆收藏的大忌，是要大力加以避免的。德辅博物馆的这本图录有对重要文物的出土地加以标识的，如陶鼓就标明了明确的出土地点，这既提高了文物的可信度和科学价值，也为进一步工作提供了线索。与此有关的是，文物的征集和收藏如何更规范化，还有就是与国有博物馆的相互配合，都是要探索的问题。

随着形势的发展，民间博物馆作为国有博物馆的补充，是我国博物馆事业发展的必然趋势。我们可喜的看到，经过多年反复，有代表性的民间博物馆，正在逐步明确不为赢利，以对祖国文化遗产的热爱为出发点，加强文物保护意识，以保护和利用文物并举为办馆方向，并为此不懈努力，不断取得良好的社会效果。德辅博物馆有基础，有作为，应在文物博物馆工作上积累更多经验，为推动地区文化建设做出新贡献。

（原载于《德辅典藏》，辽宁教育出版社，2019 年）

《千秋历史话鞍山》序

鞍山是祖国著名的钢都。这里也有悠久的历史和灿烂的文化。从旧石器时代直到明清时期，鞍山地区的历史得以延续下来，并给我们留下了珍贵的遗迹和遗物。这从阅读鞍山市博物馆编著的《鞍山文物藏品精华》与陈宝峰、黄河浪、唐凯编著的《千秋历史话鞍山》能够得到系统的了解。

据我所知，鞍山地区的文物考古工作，有几个闪光点特别值得一提。

以田野考古为标志的中国近代考古学是 20 世纪初起步的，时间一般以1921 年瑞典地质学家安特生发掘河南省渑池县仰韶村遗址为起始点。近年，研究中国考古学史的学者提出，中国近代考古的开始还有个"萌芽期"。这个"萌芽期"始于 1895 年，那一年的 4 月甲午战争后，日本与清政府签订了不平等的《马关条约》，同年 8 月，被誉为日本民族学先驱的人类学家鸟居龙藏博士（1870～1953 年），就受东京人类学会委派到辽东半岛徒步进行考古调查，那次他调查的一个重要项目，就是海城县的析木城石棚。也许是因为这次调查是鸟居氏一生多次在海外进行考古学和人类学调查中最早也是较重要的一次，所以他去世后在他的家乡四国德岛县将他的墓设计成一个以析木城石棚为原型的石棚形。

20 世纪 50 年代初，配合第一个五年计划中鞍钢等项目的基本建设，当时以李文信先生为首的东北文物工作队，曾在鞍山、辽阳一带开展大规模的考古发掘工作。其中发掘的上千座汉魏晋墓葬，对研究公孙氏割据辽东以后的历史，包括魏晋时期中原王朝和北方地方政权与朝鲜半岛以至日本列岛的交往，都具有十分重要的价值。那次发掘，是辽宁省于新中国成立以来开始最早、参加人数较多、规模较大的一次考古发掘，培养了一大批业务骨干，对我省文博事业以后的发展具有深远影响。

1983 年海城仙人洞旧石器时代晚期洞穴遗址的考古发掘，是鞍山地区一次重大考古发现。这次发掘发现了上万件以打制石器为主的文物，这在旧石器时代考古上是不多见的。其中的骨制鱼镖，两侧都带双倒钩，有"栏"，是我国发现较早也是形制较进步的一件重要捕鱼工具标本。这个洞穴遗址发现的骨针、装饰品，与著名的北京山顶洞人遗址所出十分相似，骨针钻孔的做法还较山顶洞剔孔的做法进步，但年代却较山顶洞人为早，是辽河文明曾在某些阶段"先走一步"的一个较早的证据。骨针可缝制皮衣用以有效防寒，扩大了古人类的活动范围，这就为人类越过白令海峡进入新大陆创造了条件。所以，小孤山的发现还是研究新旧大陆文化交流和人类从旧大陆向新大陆迁移的重要实证。

小孤山遗址发掘的另一个重大收获，是发现了新石器时代陶器。这批陶器为夹砂筒形罐，饰压印"之"字纹，与沈阳新乐遗址和大连小珠山遗址下层出土的陶器接近，距今 6000 年前。这是鞍山地区首次明确发现的新石器时代遗存，此前由于缺乏标准器，常把一些采集的磨制石器断为新石器时代，其实那些不少是青铜时代的东西。而且小孤山发现的新石器时代遗存，远不止这些陶器。1985 年小孤山遗址发掘后的第二年，我同孙守道先生到现场考察，在洞内保留的地层断面上，发现新石器文化层的最底部是一层黄土建筑面。在此前的小孤山洞穴遗址发掘中，曾在将新石器文化层清理完之后，发现过一具完整而无石化迹象的人骨，其时代一时无法判断。这具人骨就出在这个建筑面下，位置在建筑面的中央部位，屈肢式，正对洞口。可以断定，这个完整人骨不是旧石器时代的，而是属于新石器时代的，而且是一个奠基人！这个建筑面可能与祭祀有关，新石器时代生活在这里的先人，曾利用小孤山洞穴举行过祭祀活动。这无疑是一个十分重大的线索。因为明确的奠基人在我国新石器时代还没有发现过。可惜堆积保留部分已很少，不能取得更多资料了。

小孤山遗址还有用玉石制作石器的报道。这个旧石器时代晚期玉石的发现，被海内外研究者誉为中国迄今为止最早用玉的实例，这自然也涉及岫岩玉矿的早期开发史。此后，随着玉器和玉文化研究的开展，玉料产地成为一个关注点。以红山文化为代表的东北地区，作为玉文化分布的中心之一，其玉料来源及其与岫岩玉矿的关系更为研究者所注目。一般将红山文化玉器与岫岩玉料直接联系起来进行比较，其实，岫岩玉矿邻近地区史前玉器的发现应是更为直接的比较材料。近年，在岫岩及周围地区陆续有玉器发现，如岫岩县城郊的北沟遗址，黄海沿岸的东沟县（今东港市）后洼遗址，大连及海岛的旅顺区郭家村，长海县广鹿岛小珠山、吴家村，庄河县（今庄河市）北吴屯，营城子文家屯、四平山积石冢，下辽河流域的新乐遗址等，这其中，又以岫岩玉矿生成地带北沟遗址发现的玉器最值得注意。北沟遗址所出玉器，据报道，有蛇纹岩玉质工具、管钻后的废材玉芯共11件。近年，鞍山博物馆也在岫岩玉矿附近地区收集到新石器时代晚期的玉质工具，它们应是研究岫岩玉矿早期开发史的第一手资料。

　　这里我想特别谈一谈冶铁史方面的问题。鞍山是钢都，谈到鞍山历史和考古，不能不较多涉及鞍山的冶铁历史。虽然目前在鞍山地区明确发现的冶铁考古材料是辽代的，但也已有汉代甚至战国的冶铁线索露头。附近的辽阳三道壕西汉时期的居住址中，曾发现大量铁农具。辽阳三道壕遗址的铁器经过鉴定，有铸件，也有锻件，有使用金属范的铸件，还有锻制的钢器，表现出相当高的工艺水平。其实，包括辽西和辽东地区在内的燕国疆域内，早在战国时期就已有比较发达的冶铁业并大量使用铁器。河北省易县燕下都发现的铁五齿耙、小铁锄等翻土起垄和中耕松土的农业工具，已有依不同用途采用不同铸造方法的技术；而在发现较多的兵器中，铁兵器数量已远远超过铜兵器，表明燕国在列国中较早开始了由铜兵器向铁兵器的过渡，并出现了形制进步的铁长剑和"卜"字形铁戟，特别是已能铸造钢质武器，它们有的是用块炼法使海绵铁渗碳来制造的高碳钢，有的是低碳钢，而且已掌握了取得高硬度和高韧性综合功能的淬火技术，所出淬火钢剑、钢戟等，是我国已知最早的一批钢质武器实例。远离燕国都城、靠近辽河流域的燕山山地，则发现了著名的兴隆铁范组。这些都反映出燕国在战国时期的冶铁技术发展中是处于前列的，甚至超过了铁器制作技术誉享天下的楚国。由于燕国冶铁业的发达，很快就传播到广大东北地区，在燕长城沿边地带的抚顺莲花堡、宽甸、大连普兰店市高丽寨以至朝鲜半岛，都有成批战国时期燕国铁器出土。这些铁器，不大可能都是由燕国中心区输入的成品，而更可能是在当地冶铸的。鞍山地区作为铁矿蕴藏的集中地区，很有可能找到时代更早的有关冶铁的考古资料。西鞍山古矿洞和附近鞍山驿堡辽代城址所发现的古代采矿和冶炼遗迹，就是很好的线索。所以，冶铁考古应该作为鞍山文物工作的一个重点。

《鞍山文物藏品精华》与《千秋历史话鞍山》这两本书，除了收有一大批有特色的当地出土文物以外，还有一个重要内容，那就是鞍山市博物馆多年来从各个渠道征集上来的民间收藏文物。从目前馆藏品的组成情况看，鞍山市博物馆馆藏文物中，征集文物占有相当比重，这在我省各市级博物馆中是比较突出的。就全省来看，除了辽宁省博物馆、沈阳故宫博物院和旅顺博物馆这三个老馆以外，鞍山市博物馆征集文物是处于前列的，而且其中不乏精品。当年元代青花八棱罐的征集曾在一时被传为佳话，显示出鞍山地区民间收藏文物底蕴很深。1973 年从北京故宫博物院调入的一批漆木家具在鞍山市博物馆馆藏品中也占有很重的分量。我曾参与过那次调拨工作。时过近三十年，2000 年在鞍山市博物馆鉴定二级文物，看到这批文物虽然由于条件限制，保存情况不尽如人意，但经过多年，仍完好保存，深感欣慰。不过，这批家具和陈设大件多，家具的陈列还需营造一个协调的环境，这是鞍山今后博物馆建设应予特别考虑的。

随着社会全面、协调发展逐步成为人们的共识，包括文物博物馆事业在内的文化事业将会有更快更好的发展。文物作为一个地区历史发展的实物见证，对认识和发展城市的个性，培育和提升人民的素质，陶冶人们的情操，是必不可少的依托，文物的保护、发掘、研究和利用，正在为越来越多的有识之士和广大人民群众所关心。从这一点看，这两本书的出版，应该是鞍山文化建设中一件值得称赞的盛事。

（原载于陈宝峰、黄河浪、唐凯编著《千秋历史话鞍山》，辽宁人民出版社，2003 年）

《葫芦岛文物》序

　　地处辽宁西大门的葫芦岛市，作为辽西走廊的西段和环渤海北翼的中心地带，在东北地区历史发展进程中，曾起过重要的枢纽作用，遗留下丰富且具有特色的历史文物和革命文物。

　　说起葫芦岛市的文物考古工作，首先要提到的是南票区的沙锅屯洞穴遗址。1921 年 6 月，应中国政府之聘来华做地质调查的瑞典人安特生曾到这里调查发掘，发现彩陶等遗物，由于发表及时，遂与河南省渑池县仰韶村遗址同时成为 20 世纪 30 年代寻找中华远古文化的重要线索。1991 年在纪念仰韶村遗址发现 70 周年之际，学术界有提出仰韶村遗址虽为 1919 年发现，但正式进行田野考古发掘是在 1921 年秋，而沙锅屯洞穴遗址是在仰韶村遗址发掘之前于 1921 年夏发掘的，也就是说，将田野考古技术引入中国后第一个进行正式考古发掘的是沙锅屯遗址，这在中国考古学史上具有里程碑的意义。不仅如此，当 20 世纪 80 年代朝阳牛河梁、东山嘴红山文化考古新发现提出中华五千年文明起源的课题以后，在追溯红山文化考古发现史的过程中，沙锅屯洞穴遗址虽主要是距今 5000 年以后的"后红山文化"的遗存，但已有明确的红山文化遗存发现，这要早于 1935 年发掘的内蒙古赤峰市红山后遗址，所以，沙锅屯遗址还是红山文化发现史上最早的一章。

　　葫芦岛市文物考古工作再度辉煌是 20 世纪 80 年代中期以后的事，这就是绥中县姜女石秦汉行宫遗址的发现。1983 年 11 月在参加了锦州市文物工作会议之后，我和孙守道同志一起到姜女石遗址考察，此前在编写《辽宁省文物志》翻阅文物普查档案时，得知绥中县万家镇墙子里村海边出有"千秋万岁"瓦当，这种汉代高等级的建筑构件何以出在海边？后有说是陶窑址也不大可信，遂有此一行。不料一到海边，在极为开阔的海面上赫然屹立的姜女坟礁石群与距海边仅 10 米的夯土高台遥遥相对的形势一下子把我们吸引住了。地面散布秦砖汉瓦，遗址属秦汉行宫性质已可当场认定。临上车时，孙守道同志又顺手捡到夔纹大瓦当一角，回到绥中招待所，放在脸盆上一比，大小相差无几，这种高浮雕夔纹的巨型瓦当，此前只在陕西省临潼秦始皇陵出土过一件，是秦始皇专用的建筑材料，这不就是秦皇汉武东巡碣石的所在吗？兴奋之余大家凑诗一首：

> 海涛筑琼台，惊是帝王缘。
>
> 碣石遗篇在，秦砖汉瓦间。

回沈后查阅有关资料，得知碣石在何处的争论已经上千年，近年已趋向于"碣石是石不是山，位置在渤海边而不在内地"，姜女石遗址的发现可以说是以充足的考古证据为千年碣石之争划上了句号。隔年当我们把发掘出的完整夔纹大瓦当拓片送给中国考古学会理事长苏秉琦先生看时，他当场拍板："碣石宫！"这是借用《史记·孟子荀卿列传》邹衍入燕，燕昭王"筑碣石宫"的典故。隔年河北省北戴河发掘出与姜女石遗址同时代、同性质的金山嘴秦宫遗址，同时山海关附近也有同类遗址发现。对此，苏先生认为，从绥中姜女石到河北北戴河金山嘴沿渤海北岸绵延百余华里为一体建筑，规模和形式近阿房宫，《史记·秦始皇本纪》有"择地作东门"的记载，这里应就是秦始皇统一中国后所选择的"国门"所在，以辽东半岛南端旅顺到山东长山列岛北城隍岛之间的渤海海峡为大门，以渤海为门厅，以姜女石—金山嘴一线宫殿群为屏障，这是何等宏大的气魄，以它作为中华统一多民族国家形成的象征，是当之无愧的。近年，中国和日本同时掀起"徐福热"。《史记》记载：秦始皇二十八年（公元前 219 年）徐福上书云，海中有三神山，名曰蓬莱、方丈、瀛洲，仙人居之。秦始皇两次遣徐福携童男童女三千及五谷百工入海求仙，徐去后不归，相传三岛即日本。日本从民间到学界都有肯定徐福东渡为史实的，中国日本史研究者也多持肯定态度，江苏连云港、山东黄县、河北盐城县都传有徐福故里，但均无实证。中国东北地区南部与日本列岛从万年前就有交流，从公元前 3 世纪开始的日本弥生文化以陶壶、细形青铜短剑、支石墓等为主要文化特征，与辽宁青铜文化关系最为密切，近年又重提日本弥生文化水稻传入的东北路线说。徐福是否真有其人其事尚可以讨论，但秦始皇统一中国后以渤海湾一带为基地，继续开拓海东，应是历史事实。姜女石等遗址的发现为此提供了迄今唯一实证。

当然，葫芦岛市的文物古迹远不止这两处。现市文管办将全市重要文物汇集成册，这对于系统认识葫芦岛市的历史、进行爱国主义和乡土教育，有效保护和合理利用历史文物和革命文物，配合对外开放，都具有积极意义。有着辉煌古代历史和光荣革命传统、作为古代辽宁对外开放门户的葫芦岛市，必然有着更加光辉的未来。

（原载于葫芦岛市文化广播电视局、葫芦岛市文物管理委员会办公室编《葫芦岛文物》，内部资料，1996 年）

《葫芦岛文物精粹》序

1995 年葫芦岛市文化广播电视局与葫芦岛市文物管理委员会办公室筹划编辑《葫芦岛文物》一书时邀我作序，我曾回忆起与孙守道先生一起发现姜女石遗址的那段难忘的经历。那是一次无论从我省秦汉考古研究，还是省市文物保护工作，都具有打开局面意义的重大考古发现。十多年过去了，葫芦岛市文物考古工作又有新进展，而且仍然有影响全局的重大考古项目，那就是建昌县东大杖子墓地的发现。

记得是 1999 年初冬雪后的一天，我到省考古所办事，辛占山同志告诉我厅里刚来电话，说葫芦岛市送来一批涉案文物，让他去鉴定，问我有没有兴趣看一看，于是我有机会接触到那批文物，主要是两件高 30 厘米左右、盖有捉手、通体饰蟠螭纹的铜壶。在辽宁地区，除了喀左一带在 20 世纪 80 年代以前经常有商周青铜器发现以外，近些年来还从未发现过大型青铜器，特别是体积这样大、花纹这样精细的铜壶，大家对其真伪、时代一时议论纷纷，葫芦岛市公安局和市博物馆的同志们则在焦急地等待着鉴定结果，这不仅是因为他们是冒着大雪连夜从尚未正式通车的沈山高速公路赶到沈阳的，更因为他们为了破这个案还有一段颇为冒险曲折的故事。在了解情况的同时，在我的脑海里，浮现出 1923 年山西省浑源县李峪村发现的那批著名的春秋战国之际的燕代铜器，其中的铜壶，从造型特别是有浮雕感的蟠螭纹，都与这两件有相近之处，以前北票也出土过战国时期的燕式大铜盘，所以辽宁地区出现这类铜器是完全可能的。于是，被盗掘多年的东大杖子墓地终于进入了考古工作者的视野。这个墓地现已钻探出 54 座墓，有成套燕式铜、陶礼器和当地铜、陶器共出，有 3 座墓出土的曲刃青铜短剑竟配以金柄套，还出有被日本历史考古学界视为目前正在开展大讨论的弥生时代年代"突破口"从而格外备受关注的"异形戈"。不过经发掘的这些墓，都属于中小型墓，已探出长10米的大墓，附近还可能有具城址规模的遗址。显然，这是一处极不寻常的高等级墓地，有学者已在考证其与战国时期燕国辽西郡的关系，不是没有道理的，因为青铜时代的古国中心所在往往发展成为战国秦汉时期的郡址。但这处学术价值可与姜女石遗址相媲美的墓地，以后的工作却不尽如人意，主要原因是墓地上坐落着一个现代村落，发掘工作零敲碎打，保护工作尚未提到日程，宣传报道自然也没有抓住机会，无法形成气候。我曾经总结文物保护工作的两条经验教训，一是"避免因学术争论影响保护决策"，一是"认识程度决定保护力度"。东大杖子墓地的学术价值似无大争议，但保护力度却有待于各级决策者们认识的不断提高。我们希望将来公布的考古资料不是一个个孤单的墓葬而是一个完整墓地，更希望一个反映距今2500年前多民族融合的考古现场早日呈现于世人面前。这批资料对于探索春秋战国之际前后有关燕文化与辽河流域古文化关系等一些重大学术问题的价值，对于推动葫芦岛及相邻地区文物工作进一步开展的意义，最终是不会被淹没的。

当然，葫芦岛市近年来文物工作的成果还有许多。

在锦州市博物馆陈列着几件新石器时代玉器，有3件玉玦和1枚玉珠，是20世纪50年代收集的，地点在绥中县高岭镇。这批玉器虽质地一般，但具查海—兴隆洼文化特征，尤其是玉珠形体甚大，前所未见。附近沿海发现过大约同时期遗存，如连山区塔山乡的杨家洼遗址。说明葫芦岛市的历史至少可以推到8000年前。夏到早商时期，辽西走廊地区是夏家店下层文化的分布区。20世纪80年代中期曾在兴城市西南文家乡发掘过仙灵寺遗址，这处遗址距渤海只有10千米左右。苏秉琦先生曾观摩过这批文物，认为这处遗址所处位置在离开夏家店下层文化分布中心区的海边，但年代在该文化中并不晚。由于夏家店下层文化与山东岳石文化有不少共同的文化特征，年代也相近，夏家店下层文化开始时间可能略早。有人推测是夏家店下层文化影响到岳石文化，其交流就是以渤海为通道的。据说在渤海湾的海中，曾发现有岳石文化时期的沉船。联系锦州市郊水手营子发现的那件著名的体身连铸的铜柄戈，夏家店下层文化在渤海湾北岸活动及与环渤海湾地区诸古文化交流的一些景象已初步有所显现，由于夏家店下层文化的年代在距今 4000 年前后，所以其在以夏和早商时期渤海湾地区民族活动为主的环渤海考古以至航海史上的学术重要性都是不言而喻的。

谈到水下考古，1991 年开始的绥中县三道岗元代沉船的调查与发掘是葫芦岛市近年文物考古工作的又一亮点。由中国历史博物馆主持的这次发掘历时 7 年，共进行了 5 个年度的发掘，是国内已开展的水下考古项目中延续时间最长的一次。由于发掘现场和技术条件所限，该沉船的主体堆积尚待今后的继续工作，不过目前当地已收集和中国历史博物馆水下考古队发掘的磁州窑瓷器中，有近 30 件大件的罐和盘，它们的器形和花纹都得以完整保留，这在水下考古中是十分不易的收获。已出版的发掘报告在论述考证环渤海海上交通的历史后认为，这批磁州窑瓷器出自滏阳河上游的彭城窑，是经河运至直沽口又转海运沿渤海湾北岸到东北某地区的。我曾随俞伟超先生乘船到打捞现场，又参观过在日本东京举办的"中国南海沉船文物为中心的遥远的陶瓷海上之路"展览。虽然三道岗水下考古的这批磁州窑瓷器是作为这个展览的附属部分参加展出的，且还不能证明与朝鲜半岛和日本已发现的磁州窑瓷器的关系，但在整个展览内容中仍然显得十分醒目。有一点感触是，这批瓷器出水后都已被清洗，其实有选择地保留一些典型的原生埋藏形态，可能更有价值。

图录还收入一批地上建筑。葫芦岛市的绥中县是明代辽东长城的西端起点，在这方面，社会上较为关注跨河而建的九门口长城段和城墙本体及环境原状保留较多的西沟长城，其实，出山海关向东一线的卫（兴城宁远卫）、路（绥中县前卫乡的前屯路城）、所（绥中县前所镇的中前所城）、堡（如蓟镇长城与辽东长城衔接处及附近的铁厂、永安诸堡）、台（如绥中县三台子烽火台）等，大都在现交通线和经济较发达地带，却多数都有幸整体保存下来，它们类型不同，等级依次，与驿路、海防设施相间相辅，作为一组明代长城较为完整的系列建筑群，是对明代军事防御体系最典型的展现，更是一段连贯关内关外、反映明清战事和中国最后一个封建王朝兴盛的文化线路，如从整体即文化线路而不是一个个孤立的点看待，这段长城防御体系保护的价值还可以得到很大的提升。当然，整体保护的标准更高，任务也更为艰巨。此外，一批辽金时期的塔和清代寺庙，点缀于各县区山川之间，形成又一种景观。其中的一批古建筑群，时代虽都晚到清代中后期，规模也不大，但布局、结构、工艺手法都各具特色，虽然已进行的维修在保留原生态方面不尽如人意，但随着科学的规划和环境、交通的逐步改善，它们仍将会成为有吸引力的参观点。

葫芦岛是一座新型的海滨城市，却有着深厚的历史积淀。已有全国重点文物保护单位6处，是我省拥有国家级重点文物保护单位最多的市之一。近年随着现代化意识的加强和社会的进步，越来越多的有识之士强烈地感受到，文物也是资源，而且是不可再生的资源，是祖先留给我们并要传之子孙后代的遗产。葫芦岛市在《葫芦岛文物》出版十多年后，继续编辑出版一本内容更为丰富、装帧更为精美的图册，既显示出辽西走廊地区历史的悠久和留存文物的丰富，也说明当地各级领导对保护、宣传文化遗产的格外重视。为此，我们有理由对葫芦岛市文物工作今后的前途寄予希望。

（原载于葫芦岛市博物馆编《葫芦岛文化精粹》，辽宁美术出版社，2008年）

《兴城境内的万里长城》序

一谈起长城，我总会想到这样一个问题，历代长城都是军事防御工程，是民族冲突的产物，为什么却被视为中华民族的象征？谈到兴城境内的长城时，自然也有这方面的联想，因为兴城是我国现保存较为完整的四座明代古城（其他三座为西安、荆州和平遥）中唯——座与长城有关的城池。这里在明清之际，曾发生过影响全局的事件，如书中提到的宁远大战、宁锦大战等，一些叱咤风云的著名历史人物如袁崇焕、努尔哈赤、皇太极等，都曾因在这里惊动天地的壮举而记入史册。长城的军事防御功能，在兴城长城发挥得可以说是淋漓尽致，以致在明清之间的朝代更替过程中，兴城成为一个具有标志性的地点。不过，每当我们重温那段历史时，大家在赞叹明代将领抵抗清兵英勇悲壮的事迹和气节的同时，也不能不承认，生气勃勃的满族替代日渐衰落的明朝入主中原，不久出现康乾盛世，使中国历史上最后一个封建王朝，成为中国历史的集大成者。这是历史的进步。

本书作者在评价有关历史人物和历史事件时基本持这种历史观，从而已触及多民族关系、主要是汉族与北方诸民族相互之间关系在中国统一多民族国家形成发展历史进程中的作用，这实际上就是在回答上面提出的问题。对此的进一步认识其实就是在对长城史的不断深入研究中得到的。那就是，长城不只是一条线，而是一个地带。考古学文化区系类型在划分考古文化区时称之为"燕山南北长城地带"。在这一"长城地带"活动的诸多民族有一个重要特点是，既有多民族文化在这里交汇，又是古代文化发展的一个相对稳定地区，以致最终演变为中华传统的某些先进文化因素最先是在这一地带开始出现，所以有学者据此称长城地带是中华民族的"脊梁骨"。就是从具体功能来说，长城除了在战时起防御作用以外，在平时或民族关系相对稳定时期，曾使长城内外诸民族间的交往"有序化"，从而大大促进着各民族之间交流与融合的深度，从战国秦到明代的历代长城都体现出这种功能。明代在长城的边关内外普遍设有马市，就是最好的证明。

辽东和兴城境内长城也都很典型地说明了长城的这些功能。如本书中对兴城明清以前的历史，特别是有关考古发现所作的概略介绍。其中的新石器时代、早期青铜时代和战国汉代遗址，大都包含有燕山南北长城地带多民族文化交汇的因素在内，如书中提到的夏家店下层文化由石城堡群组成的"原始长城"，它们都是与长城史有关的文化遗存。

同时，由于兴城紧靠渤海湾北岸。特殊的地理位置，使兴城作为明代辽东长城的组成部分，集陆防与海防为一体，卫、所、堡、台与海防线齐全。书中对兴城长城的这一部分资料，做了较为系统而详尽的介绍和分析，从而十分突出了兴城境内长城的这些特点，自然也表明，兴城境内的长城在整个万里长城中具有的重要地位。

目前，一项长城资源的全面调查和研究活动正在全国铺开，可以预见，在这次史无前例的长城调查基础上，即将出现一个长城研究、宣传和保护的新高潮。我省正在开展的这项工作证明，辽东长城兴城段是辽东长城保存最好的地段之一，这是兴城保护历史文化遗产传统的体现，也是兴城人民的骄傲，当然这也为兴城各级领导和广大群众保护长城增加了更为繁重的任务。在此时此刻有《兴城境内的万里长城》一书出版，从一个行政区划对长城作系统介绍和研究，这既为长城研究史增添了一项新内容，也为长城的宣传和保护工作提供了一本有价值的参考书。所以，我对郭长林同志在繁忙的行政工作之余，辛勤耕耘并取得丰硕成果，表示敬意和祝贺。

（原载于张恺新、张一逢编著《兴城境内的万里长城》，世界知识出版社，2008 年）

《负山阻海　地险而要》序

　　近些年，因为参加省内一些全国重点文物保护单位和省级文物保护单位保护规划的论证，与规划编制单位及参与规划的学者有所接触，在论证过程中向他们学习了不少有关规划方面的知识，并体会到，文物保护规划不仅是对规划对象认识的扩展，更是一次升华，为此需要文博考古与规划这两个学科的有机结合和有关学者的密切配合。

　　在这方面，东南大学城市保护与发展工作室做得较好。这套包括长城资源在内的有关辽宁文物研究和保护的集子的出版就是很好的说明。

　　东南大学城市保护与发展工作室从 2005 年开始在我省进行文物保护单位的规划编制工作。他们在我省编制的首项文物保护单位——抚顺市平顶山惨案遗址的保护规划，就获得教育部 2005 年度优秀规划设计一等奖。此后的八年时间里，他们先后承担了清永陵、铁岭龙岗书院、九门口长城、小河口长城、前所城、北镇庙、龙岗墓群等 10 余处全国重点文物保护单位和省级文物保护单位的保护规划编制。其中与本册有关的长城保护项目的规划，从长城墙体的本体如小河口长城、九门口长城等的保护规划，扩展到与长城相关的卫所如兴城古城与前所城等城镇的保护规划，表现出编制参与者规划领域的开拓和专业研究水平的提升，使他们的工作成为我省文物保护的有力支撑。

　　以收入本册的兴城古城和前所城这辽东镇的一卫一所的保护规划为例。在进行规划编制过程中，规划参与者并不局限于对规划对象本身的了解，而是对相关历史背景主要是辽东长城所具有的"负山阻海"的整体防御体系，作尽可能全面地了解和研究。从收入本册中对明代辽东镇的全面介绍和研究部分看，他们除了参考我省编写、反映近年辽东长城调查最新成果的《辽宁省明长城资源调查报告》中有关长城资源调查所取得的各类文字、表格、图纸、照片等成果资料以外，还查阅了其他相关史料，尤其对并未列入具体规划项目的辽东镇都指挥司使所在地、辽东长城的指挥枢纽——明代辽阳城着墨较多。这就使每一个具体规划项目能够建立在较为广阔和深入的历史文化背景基础之上，以作进一步的挖掘和更深入的理解，编制出来的规划自然也会较为符合历史实际，更接近于对历史原貌的复原，从而使规划的保护目标和展示效果尽量达到上佳。

在项目的具体规划过程中，他们也不满足于已有资料，而是坚持进行实地的深入调查，取得第一手资料，从而也不断有新的发现和理解。这以兴城古城的规划较为显著。从古城保护要求的标准看，兴城古城的优势在于城内几乎没有高度超过城墙的建筑，这在全国现存的明代古城中，是很少见的，在快速发展的城市建设中，也是十分难得的，这就为古城规划的编制，从指导思想到具体操作，都提供了十分有利的条件和发挥的空间。不过兴城古城的保护，也曾经历过一个不断加深认识的过程，由 20 世纪只保城墙，到现今包括城内几处古代庙宇和近代建筑群分别列入国家和省级文物保护单位。与此同时，也逐渐觉察到对散布于城内各处的民居进行保护的重要性，但一直未能开展全面调查，缺少这方面的系统资料，使对古城以内实施总体全面保护缺少依据，以至有关方面曾酝酿过对城内实行全面改建的设想。委托东南大学城市保护与发展工作室做兴城古城的保护规划项目后，规划参与者除对已定为国家和省级的文物保护单位进行全面细致的调查和分析以外，对尚未公布为保护单位的各类民居和其他历史建筑物也进行了全面摸底和仔细调查，取得了城内近代民居的全面系统资料，并认识到对这类具有辽西地域特点的囤顶式民居在民居建筑史上的重要学术价值和采取保护措施的必要性，这就为对兴城城内进行总体全面保护提供了科学依据，使兴城古城的保护，从格局和肌理，都比以往充实了许多。

还要提到的是，兴城古城保护规划将兴城的外城也纳入到规划中。兴城有外城，这在明代《辽东志》上有所体现，但外城遗迹在地上早已不存，也一直未进入保护视野。为此，规划参与者在文献提供线索的基础上，对外城做了反复的实地调查和知情人的采访，并在规划文本中加以确认。目前兴城古城的内城以外建筑，从街路走向到建筑风格、高度以至建筑密度，都与古城的风貌甚不协调，如何改善，一直是兴城古城及环境保护的一个难题，这次规划中外城的提出，为扩展保护范围和现兴城内城以外建筑的控制提供了又一科学依据，也十分有助于古城保护规划与地方城市总体规划的衔接。

近些年，随着我国文化遗产保护事业的迅速发展，已编制通过并实施和正在编制的文化遗产保护规划项目越来越多，这对我国的文化遗产保护事业来说，是一件好事，也是一件新事。为此，有学者已提出不妨将规划项目的进度放缓一些，冷静下来做些总结。东南大学将规划过程中所取得的研究成果和规划文本纳为一体，编辑成书，这种做法也可视为对前一段规划工作的一次总结，是文化遗产保护规划编制工作中事半功倍的扎实工作，值得推广。

（原载于周小棣、李向东、黄欢、沈旸著《负山阻海　地险而要——明长城防御体系之辽东镇卫所城市》，东南大学出版社，2013 年）

《本溪文物精粹》序

在辽宁省各市的行政区划中，本溪市是较为特殊的一个，它的地理范围横切千山山脉，东西甚长而南北甚短，形成一山——大凹岭，分二水——入渤海的太子河与汇鸭绿江入黄海的浑江的态势。这一自然地理特点，孕育了本溪地区悠久、独特、多元的古文化，创造出众多文物精华。

这早在本溪地区上古历史上就已有所表现。旧石器时代的庙后山是我省最早人类活动地之一。庙后山遗址出土的大型石器很有价值，因为辽宁其他旧石器时代遗址所见石器个体较小，属于华北小石器系统，庙后山是目前所知辽宁唯一出有大型石器的旧石器地点，而且时代甚早，同类大型石器见于相邻的东北亚其他地区，所以，庙后山遗址大型石器的出土，可能说明这里曾是与东北亚地区旧石器时代联系的一个重要通道。本溪地区的新石器时代，以不同类别的玉质工具的发现最为引人注目。史前时期，玉器较为发展的区域在东部沿海地带，东北是其中发达最早的地区之一，本溪目前新石器遗址发现少，工作也少，就有多件玉器露头，说明本溪地区也是东北地区史前玉文化的重要成员。

青铜时代的本溪地区有较为系统和完整的资料。太子河畔的马城子等地的青铜文化，以壶为主体的陶器群，磨制甚精、棱角显明的石锛等石器群，尤其是以山崖洞穴为墓地，又有东邻高台山文化和西邻西团山文化因素，区域特色极浓，却并不封闭。马城子文化随葬陶器中，出有一件弦纹陶壶，很为学术界所关注。因为这类陶壶，广泛分布于辽宁东部到鸭绿江右岸，是那一时期这一地区最具代表性的器物，又被称为"美松里壶"。更由于这类弦纹壶与早期的辽宁式曲刃青铜短剑共出，被视为追溯辽宁式曲刃青铜短剑起源的一条有效途径。这类弦纹壶，都为手制，且陶胎夹砂，烧制火候也不高，却器形规整，尤其是器壁薄如蛋壳，其制陶技术达到一个新的高度。新近在本溪县新城子大片地石棺墓群发现的弦纹壶，不仅出土数量为迄今为止最多的一次，而且件件典型，是一批少见的陶制精品。辽东这一青铜文化常见的曲刃青铜短剑，在本溪地区有甚晚的形制，且与典型的战国晚期燕式陶器共出，它们与一批中原式的兵器、货币等文物，是燕文化与当地土著文化融合的重要实例。这一文化融合延续到秦汉，是中华统一多民族国家形成和发展的真实写照。

高句丽文化的研究和保护，是本溪地区文物工作的一个重点。辽宁的高句丽文化，优势条件有三，一是汉四郡及高句丽的起源，二是高句丽早期遗存，三是有规律分布的高句丽山城城址群。这三个优势条件大都集中在本溪地区。继五女山城多年发掘之后，附近的望江楼墓地再次进入人们的视野，这批具有积石冢性质的墓群，结构尚具原始性，却规模甚大，出土文物规格较高，是桓仁地区作为高句丽早期政治中心的又一见证。

保存于本溪地区的晚期历史文化遗迹，要特别提到的，还有明代长城。辽东地区作为万里长城的起点段，已得到学术界和社会各界的公认，但辽东地区保存下来的长城墙体遗迹甚少，本溪的同行们经过多年艰苦调查，在李家峪找到一段，有一定长度，且保持着原生态，为了解明代辽东长城的走向、结构，意义重大，是十分难得和珍贵的历史文化遗产。

二十多年来本溪市文博工作发展迅速，特别是这些年来在本溪开展的三次规模较大的考古发掘：20 世纪 70 年代庙后山旧石器时代洞穴遗址的发掘，80 年代初对马城子等青铜时代遗址和墓地的发掘，90 年代对五女山地区高句丽早期都城和墓地的发掘，为本溪考古研究奠定了坚实的基础。以上对本溪地区历史的认识，就是以多年考古工作成果为基础提炼出来的。随之而来的是对这些来之不易的成果加强保护、研究与展示，为大家所切盼。在新馆开馆之际，又编辑出版以这三次发掘成果为主要内容的图录，既是对过去工作的总结，又是新的开始。随着本溪地区近年在第三次文物普查和考古发掘中，又不断发现新线索，研究有新成果，本溪地区文博事业已展示出更加美好的前景。

（原载于本溪市博物馆编《本溪文物精粹》，辽宁美术出版社，2011 年）

《蒙古贞文物集萃》序

　　阜新县蒙古贞博物馆出版馆藏文物图录，邀我写个序言，使我回忆起到阜新考古的那些愉快和难忘的日子。

　　我第一次到阜新考古是 1971 年初冬。那些年不断有从铁岭炼铜厂拣选出来的一些商周时期青铜器，其中有一件商代铜鼎，还有铜戈、铜杯和铜爵各一件，记录是 1967 年来自阜新收购站。寻找典型的商周文化遗存，是辽宁甚为重大的学术课题。抱着探索的欲望，我同方殿春同志一起，带着两件商代青铜器和一些文物出土线索出发到辽西，追寻这些拣选文物准确的出土地点，第一站就是阜新。那次虽然在阜新没有找到与这几件商周青铜器有关的直接线索，但在县外贸收购站也打听到几处出土青铜短剑的地点。当时还是"十年动乱"期间，文物工作因恢复较早，阜新市也已有文物组成立，设在文化服务站。由于阜新的文物非常丰富，又经历几年的工作停顿，经常从乡镇或老乡那里传来考古发现和文物保护方面的消息，文物组的李明楼、欧阳宾和新调入的刘葆华等几位同志大部分时间都在乡下调查。功夫不负有心人，不久阜新就传来振奋人心的消息，是从阜新县化石戈公社收集到的一批包括龟、鸟等在内的玉器，并打听到出土地点在公社北部的胡头沟。于是，地处僻静的胡头沟村进入考古工作者的视野。

　　我是 1973 年 6 月参加了喀左县北洞商周窖藏青铜器奖励会后赶到现场的。与已在现场的徐秉琨等同志会合。出土地是紧临牤牛河东岸的一个黄土岗丘，岗丘已被河水冲刷近半，出玉器的墓就是被河水冲出来的，从断崖看，墓的位置正好在岗丘正中的下部约 3 米处，为一座石板砌筑的墓葬。岗丘顶部清理出一道围绕岗丘中心呈圆形的石墙，石墙下面压着成行排列的无底筒形器。这种堆积情况，既不同于遗址，也不同于一般所见墓葬，如何判断地层叠压关系和各自的时代成了问题。从筒形器看，为泥质红陶，绘黑彩，虽然形制特殊，但肯定是属于红山文化时期的，石圈和彩陶筒形器像是一起的，那么石圈、彩陶筒形器和石圈中心下部出玉器的墓葬是什么关系，出玉器的墓葬上面又压着出青铜短剑的墓葬，个别玉器上也偶见铜绿锈，当时阜新报纸上报道玉器的时代时就暂将其定为春秋时期。由于当时条件有限，不能再细作解剖，我们只好带着满腹疑问离开胡头沟村，后赶来的孙守道先生则开始考虑中心墓葬和收集玉器与红山文化的关系。此后赤峰巴林右旗、敖汉旗、朝阳建平等县，省和阜新、昭盟文物店又不断有这类玉器的收集品，范围不出辽宁西部和内蒙古东南部，但均无像胡头沟那样的明确出土地点。红山文化玉器年代的最终确定，是六年后的1979年喀左县东山嘴和凌源县三官甸子的试掘，主要是1981年到1983年牛河梁遗址发掘以后的事。但最早看到红山文化积石冢，见到形制独特的彩陶筒形器，领略到造型和工艺进步的史前玉器，特别是第一次将这些遗迹和遗物与红山文化联系起来，都是在胡头沟。胡头沟是第一次确认的红山文化玉器出土地点，而且至今也是牛河梁遗址以外出土红山文化玉器数量、种类最多也最精美的地点，所以，胡头沟在红山文化考古发现和研究史上占有开拓性的重要地位。

接着是1979年开始的全省文物普查。那次普查在阜新地区的一个重要收获，是于1982年在沙拉乡发现了查海遗址。考虑到这处保存较好、年代较早的遗址对辽宁及邻近地区新石器时代研究全局可能产生的影响，从1986年起就着手发掘，直到1994年。期间几乎年年都有新收获。先是成行排列的房址和房内居住面上满布的石器和陶器，接着就是玉玦和玉匕形器的出土，还多次在房屋居住面下发现墓葬，这些居室墓葬内也出玉器。这批玉器经地质部地质研究所闻广先生鉴定，全部为透闪石软玉，被视为世界上发现的时间最早的真玉。1990年在大连市举办的"环渤海考古"会上展示查海出土的玉玦时，曾引来到会的海内外学者的一片惊愕，大家都想不到这种古代常见的玉器种类，最早年代竟可提前到七八年前，而且是出现在辽西地区。会后不久就有日本学者撰文，认为日本列岛绳纹时代出土的玉玦是从辽西传过去的。查海遗址更重要的发现是有关龙的题材。先是在两块陶器残片上有浮雕的类龙纹图案，一团身，一卷尾，接着有饰蛇吞蛙（蟾蜍）的可复原的筒形陶器出土。更于 1994 年在遗址中心揭露出一条人工摆塑、长近 20 米的似龙形象的遗迹。它们是不是可以称为龙，事关重大，为慎重起见，特请正在辽宁考察的原北京故宫博物院院长张忠培先生和我们一起到现场鉴定，他认为，此遗迹肯定为人工所为，位置在遗址中心，同一遗址又有类似题材的陶片发现，应是与当时先人们创造的崇拜对象有关，可称为"龙形堆石"。一个玉，一个龙，这两种中华传统文化的精华在史前时期出现是 20 世纪最引人注目的考古发现之一，而又以查海的发现为最早。1991 年苏秉琦先生在接受阜新文物工作者采访时兴奋地题词："文明发端，玉龙故乡"，并以查海玉器为主要依据，提出"上万年文明起步"的重要观点。当然，查海遗址发现的又一个重要意义在于先红山文化的确立。牛河梁遗址发现后，经常被问到，为什么被认为古文化不发达的山海关外的辽西地区，会出现象征中华五千年文明的红山文化。查海遗址的发现，以及后来附近内蒙古敖汉旗兴隆洼遗址的发现，为红山文化找到了源头，证明红山文化是以当地发展为主并吸收周围文化先进因素发展起来的。近年专门研究史前玉器制作工艺的香港中文大学邓聪先生又从查海发掘报告中辨认出可能是用于玉器管钻孔的轴承一类石器，并于 2013 年在澳门举办的"古代玉器制作工艺研讨会"上公布。此项成果若能进一步确定，那查海就是最早机械工具的发现地了。

　　阜新地区也是距今 4000 年前后的夏家店下层文化分布区。夏家店下层文化遗址在辽宁西部到内蒙古东南部分布最为密集，在夏商历史上作为"与夏为伍"的方国文明雄踞北方，可能是先商文化的一支。从 1973 年开始，我省在北票县丰下和建平县水泉进行过规模较大的发掘。在阜新地区有关该文化的考古不多，不过我仍然经历过两项重要工作，一是 1990 年秋至 1991 春与日本学者对化石戈乡二色村下新丘村南梁遗址的调查勘察，一是找到夏家店下层文化墓葬线索。南梁遗址规模较大，保存较好，四周城墙清晰可辨，十分适于做地面调查和测绘，该城址准确的测图已成为了解夏家店下层文化石城址的典型实例。特别是夏家店下层文化自 20 世纪 60 年代确定和命名以来，遗址发现已达数千处，但墓葬发现甚少，以前也只在靠近阜新和北票的内蒙古敖汉旗大甸子和范杖子有规模较大的墓地。而在阜新县却已不止一地发现有夏家店下层文化墓地线索，如化石戈乡的上新丘，这是十分难能可贵的。

阜新还经常有夏家店下层文化与其东邻的高台山文化因素共出的实例，如紫都台乡双井子村平顶山遗址和旧庙乡代海遗址。这种反映夏家店下层文化与高台山文化接触交流的材料，以前只在敖汉旗大甸子墓地有所露头，被视为社会组织由氏族的血缘纽带向地缘关系过渡的典型例证。阜新地区特别是在代海墓地，同时随葬这两种早期青铜文化陶器的墓葬更多，其中的高台山文化因素也更浓。代海墓地级别较大甸子墓地为低，表明由氏族的血缘纽带向地缘关系过渡的变化，确已渗透到当时的社会最基层组织。

说到高台山文化，这是主要分布于辽河下游、与夏家店下层文化东西相邻的一支早期青铜文化，在阜新地区也时有发现。其中于 1991 年发掘的勿欢池墓地，周围有多条沟槽环绕，现象比较特殊。我同孙守道先生曾到工地现场考察，觉得这些沟槽肯定是人工开凿的，而且根据水渠的宽窄深浅和互通布局，可分出主渠、支渠和毛渠，尤其是渠与渠之间的交汇处往往有对称柱洞，似设有水闸遗迹。由此，发掘者推断应为一处高台山文化农田灌溉系统，可能与古代稻作有关。当时我省考古界正在同日本中国考古学会进行以"东北亚古代文明"为题的合作研究，稻作东传是重要课题之一。当年比较盛行的观点是日本列岛在距今 3000 年以后开始、主要是弥生时代（公元前 3 世纪到公元 3 世纪）普及的稻作技术，来自大陆的东南部、距今六七千年前的史前文化，但彼此之间年代差距过大，后在大连市的大嘴子遗址发现有 3000 多年前的双坨子上层文化炭化粳稻实物，与日本列岛稻作开始的年代前后相接，地缘相连，文化面貌相近，稻作种类（粳稻）也相同，说稻作经过辽东半岛传入日本较为贴近，但日本古代稻作已是水田，大嘴子标本是旱作还是水作，无法确定。勿欢池水渠的发现，如与当时的水稻种植有关，将为此重大课题提供新资料。

阜新县境是战国燕到秦汉长城经过之地。共两道，南道过牤牛河后迹象不清，多年来找不到更为确凿的新证据，于是在阜新地区寻找这段早期长城几乎成为长城研究者们的一块心病。直到 2001 年在他本扎兰镇高林台城址和附近山上的长城遗迹发现后，才将这条长城线延长到阜新以东。但调查取得的材料能辨认出的都为西汉时期。2015 年为配合沈京高铁线路建设对该城址进行发掘，发掘成果除以西汉为主以外，明确有战国瓦当等高等级建筑遗存，而且又意外地发现了唐代瓦当，说明高林台城址从战国经汉代到唐代都是重镇所在。这对唐王朝与正在当地兴起的契丹族的关系以及对辽东的经营都具有非常重要的价值。写到这里要特别提到热心于长城保护事业的吉昌盛同志。高林台城址的发现，吉昌盛同志功不可没。老吉长期担任省长城办负责人，他虽不是专业人士，但为寻找秦汉长城，非常执着，与省所金光远和阜新市县王久贵、罗显明、王庆余等热心人士，或步行或雇个小三轮车，走遍阜新及邻近地区的山山水水，认准了专找具时代特征的绳纹灰陶片，结果真的在高林台找到了。而这一发现涉及的学术课题已超出长城史研究。前后回忆这些往事，还真称得上是阜新考古史的一段佳话。

　　阜新辽代遗存极为丰富，辽代考古在阜新地区开始也较早。辽史研究专家根据史书所记北魏时迁契丹族"内附止于白狼水以东"（《辽史·世表》）认为，阜新是辽代契丹族的发源地之一，也是辽代皇族、后族聚集之地，所以阜新的辽代遗存很有特点。这除了辽代城址多，主要是头下州多，与辽城有关的辽塔也多，属于辽代皇族与后族的贵族墓葬多以外，阜新辽代考古还不断有独具特色的新发现。2000 年发掘的关山辽代萧氏后族墓地中规模最大的萧和墓，有场面宏大的壁画，特别是天井南北两壁各绘一高达 4.8 米的门神，墓道南北两壁分别绘汉族和契丹族出行、反映分俗而治的场面，为辽墓所仅见。我也考察过阜新红帽子城址北山辽塔，该塔的空心内塔身有砖砌阶梯，而且是以转梯直至塔的顶部，这在辽塔的结构中也是罕见的实例；还在阜新近郊见一辽墓墓门绘有驾鹰待猎的壁画，甬道一侧有砖封的五个壁龛，龛内各存有一具鸟骨，如鉴定与海东青有关，当是反映契丹族生活习俗的形象例证。

　　阜新县内地上文物建筑除辽塔外，以清初始建的喇嘛庙最多。清初信奉藏传佛教，满族入关后，清帝多次东巡，沿途广建喇嘛庙宇。从承德向东，凌源有万祥寺，朝阳有佑顺寺，北票有惠宁寺，进入阜新后喇嘛庙宇和摩崖刻石造像布局更为密集，还建成规模宏大，号称"东藏"的佛寺镇瑞应寺，我曾走过几处，所见原汁原味地保持着原建筑材料、工艺、彩绘壁画的不在少数，十分珍贵，也十分难得。它们基本呈东西一线分布，是清初以和睦的民族政策替代长城的有力证据。

　　阜新地区的文物不仅丰富，而且很有地域特点和民族特点。这同阜新的地理位置有很大关系。医巫闾山是辽西和辽东古文化的分水岭，也是辽西和辽东交汇之地。阜新正处在这一交汇地带，是中华万年文明起步、五千年文明曙光和统一多民族国家历史文化发展演变的重要历史舞台。所以，加强阜新地区的文物考古工作意义重大。从历年在阜新地区进行文物普查的翔实程度分析，广袤的阜新地区还是我省文物考古的一块处女地。目前阜新地区有待加强的课题如：寻找旧石器时代和旧、新石器时代之间的遗存，发现更多的查海类型遗址和红山文化遗址，确定青铜时代可能存在的新类型，还有燕秦汉长城在阜新县东部的分布遗迹，契丹族早期活动遗迹和辽代早期遗址的发现等等。近年在与阜新北邻的内蒙古通辽地区有两项重要的史前考古发现，一是科左中旗舍伯吐镇发现的埋有上百个个体人骨和红山文化式玉器的房址群的哈民哈忙遗址，一是扎鲁特旗南宝力皋吐发现的小河沿文化和偏堡文化陶器共存的墓葬群，这两处遗址都距阜新不远，应给我们今后的工作以重要启示。

　　阜新县领导和社会各界长期重视当地民族历史、文物保护和考古博物馆工作，建成颇具规模的博物馆，现又筹划编辑出版全面反映当地多民族历史文化的图录。我们期望，近年如能将较为详细的文物普查工作列入阜新市或县的"十三五"规划，争取国家和省的支持，一定会有新的重要发现，从而为中华国家和多民族的历史文化做出更多贡献。

（原载于童立红主编《蒙古贞文物集萃》，辽宁大学出版社，2016 年）

《北京审美文化史》序

由邹华先生主编的《北京审美文化史》，提出北京地区古代审美文化发展"三边构架"和"三点轮动"的研究成果，作者提到，这是他们吸收了包括考古学在内的学术界最新成果提出来的。在这里，我仅从考古学方面对《北京审美文化史》这一具创新性的研究成果谈一点感受。

从 20 世纪 80 年代初以来，中国考古学提出了考古学文化区系类型理论。这一理论的精华，在于揭示出中国各地古文化既各有自身的发展序列、特点，发展水平又大致同步，并在相互频繁交流中向一起汇聚，成为中华文化与文明起源与发展的原动力和主要导向。其中以彩陶、尖底瓶—鬲为主要考古文化特征、以粟作农业为主要经济活动的中原文化区，以鼎为主要考古文化特征、以稻作农业为主要经济活动的东南沿海及南方文化区，以筒形陶罐为主要考古文化特征、以采集和渔猎为主要经济活动的东北文化区，这三个大区从史前到秦统一的历史发展进程中所起历史作用最大，这三大区的文化交汇也最为频繁。

《北京审美文化史》提出，北京地区在不同的历史时期，曾是这三大文化区交汇的中心和重心，从考古学上看，是有所依据的。这尤其表现在距今 5000 年前后这一阶段。这一时期，北京地区分布有属于东北文化区的红山文化和与红山文化有关的史前文化，此后的昌平雪山一期文化具有被称为后红山文化的小河沿文化特征。与北京地区同属永定河流域的桑干河上流则有蔚县三关遗址群和阳原县姜家梁墓地的有关发现。三关遗址群出有较多中原地区仰韶文化庙底沟类型的花卉纹彩陶和小口尖底瓶，但该遗址群也出有少量"之"字形篦点纹等燕山以北地区红山文化的代表性纹饰，特别是四十里坡遗址出土的一件饰龙鳞纹的垂腹罐，更是红山文化的典型器物和典型花纹。阳原县姜家梁墓地位于著名的泥河湾盆地，埋葬盛行仰身曲肢葬式，挖土洞墓穴，随葬器物有折腹盆、豆和双耳小口壶，有彩绘陶，无论葬式、墓葬结构和共出器物，都与北京昌平雪山一期同属小河沿文化。小河沿文化曾受到来自东南沿海地区史前文化的强烈影响，出现了具山东大汶口文化因素的镂孔豆和高领壶以及项环和臂环等装饰品代表的习俗，又有由燕山南北地区南下的趋势。

这样，根据以上北京及邻近地区的考古实证，可以描绘出距今 5000 年前后中华大地南北之间和东西之间的两幅文化交汇图。南北之间的交汇图为：源于关中盆地的仰韶文化的一个支系，即以成熟形玫瑰花图案彩陶盆为主要特征的庙底沟类型，与源于辽西走廊遍及燕山以北西辽河和大凌河流域的红山文化的一个支系，即以龙形（包括鳞纹）图案彩陶为主要特征的红山后类型，这两个出自母体文化而比其他支系有更强生命力的优生支系，一南一北各自向外延伸到更广、更远的扩散面。它们终于在永定河流域及其支流的桑干河流域相遇，然后在辽西大凌河上游重合，产生了以龙纹和花结合的图案彩陶和"坛庙冢"三位一体为主要特征的新的文化群体。东西之间的交汇图为：山东以泰山为中心分布的大汶口文化先向西挺进中原，出现以东方发达的鼎、豆、壶类替代仰韶文化彩陶器的趋势，接着又沿渤海湾向北方延伸，在燕山以北继红山文化之后生成了小河沿文化，小河沿文化向南推进的势头甚至超过红山文化，不仅有燕山南麓的北京雪山一期和河北阳原姜家梁等同类文化遗存，而且向南跨入华北平原南部和山西汾水流域。被学者普遍视为尧都的山西省襄汾陶寺遗址，就包含了不少红山文化和小河沿文化因素。

在这两幅文化交汇图中，前述三大文化区的诸考古学文化如燕山南北地区的红山文化、小河沿文化，东南沿海的大汶口文化，中原地区的仰韶文化，先后扮演了交汇的主要角色，而北京地区所在的永定河及其上游的桑干河流域先是南北交汇的对接点，接着又是受东方强烈影响的小河沿文化由东到北再向南移动的重要通道。

这两幅文化交汇图极为重要，因为这使我们联想到文献记载五帝时代诸主要人物的活动轨迹，这就是《史记·五帝本纪》所记黄帝与炎帝、蚩尤的涿鹿、阪泉大战。多位古史专家将文献记载与考古发现相结合，考证黄帝部族来自北方，炎帝部族来自中原，蚩尤部族来自东方。其实，古史传说所记战事多是文化交汇的一种形式，从而所记黄帝与炎帝之间的战争，可以理解为仰韶文化与红山文化南北交汇的反映，黄帝与蚩尤之间的战争，则最可能与东方大汶口文化和小河沿文化之间的交汇有关。"阪泉之战"与"涿鹿之战"这两次战争所在地，又是包括北京地区在内的永定河及其上游桑干河流域作为三大文化区交汇地带的真实写照。表明在这一维系中华民族历史命运的重大事件发生和演变过程中，北京及邻近地区是一个重要舞台。

《北京审美文化史》则从审美文化的角度对考古与古史传说结合的这一成果加以深化，以为这三大族团向北京地区的集中，实际上就是三大文化在北京地区的交汇；就审美文化而言，也就是以山野玫瑰、太阳飞鸟和石玉群龙为标志的三大文化的审美取向、审美底蕴和潜质在这里的碰撞与融合。

山野玫瑰是中原仰韶文化彩陶的主体图案，太阳飞鸟一般被视为东方的主要崇拜物，而石玉群龙则是燕山南北地区红山文化的文化创新。联系这三大区考古学文化特征和经济类型的差异及相互密切关系，展现出距今5000年前后是一个各区域诸考古学文化以个性得以充分发展为主又频繁交汇、你中有我、我中有你、文化不断组合与重组的时代，最终导致由四周向中原汇聚走向最初文化共同体的过程。

然而，当时各区域诸考古学文化之间从经济基础到文化传统是如此不同，文化多元性的发展导向，却不是各自分道扬镳，而是在发展个性的同时向一起聚集，不同区域文化首先实现了文化上的认同，正是这一"认同的中国"，为中国历史奠定了第一块基石。对于影响中华文化和文明起源与发展全局的一次重大历史抉择，中国考古学文化区系类型理论的创始人苏秉琦先生在中华文明起源讨论中提出了"汇聚—突变—传递"的观点。他以为，中国文明起源研究的最终学术目标是"从考古遗迹、遗物中寻找在历史上长期起着积极作用的诸因素，是如何从星星之火扩为燎原之势，从涓涓细流汇成大江长河这解开中国文化传统的千古之谜"，是揭示"文明火花的迸发、传递，最后连成一片，最终成为炫人眼目的熊熊烈焰"的历史进程。距今 5000 年前后在文化交汇中异常活跃的红山文化与仰韶文化之间花与龙的结合，作为中国古代礼制重要载体的"鼎豆壶"源于东方并为中原所接受，作为文化交汇迸发出的文明火花，都是在中国历史上长期起着积极作用的代表性文化性因素。值得特别提出的是，从考古材料揭示出的与民族文化传统有密切关系的这些文化因素，不是物质生产方面的，而都与精神领域有关，突显出中国文化与文明起源发展有着自己的道路和自身的特点，即视精神文化重于物质的历史观和价值观。

由此看来，北京地区作为三大区文化交汇点并以此为背景形成的古代审美文化"三边构架"和"三点轮动"，其蕴藏的历史文化内涵和在中华文化传统传递过程中的历史地位和作用，还都有待更深入的挖掘和评估。

（原载于邹华主编《北京审美文化史》，北京大学出版社，2013 年。《北京日报》2013 年 11 月 18 日转载）

《韩国青铜器时代文化研究》序

　　两年前，经日本考古学家三宅俊成先生介绍，我与全荣来教授在通信中结识。在频繁的通信往来和资料交换中，我感受到全先生对东亚考古探究的强烈愿望，尤其是读到他寄来的《韩国青铜器时代文化研究》一书，不仅使我了解到丰富的朝鲜半岛考古资料，更感受到他勤奋、严谨的学风。

　　今年三月，我有幸与先生在日本九州大学会面、席谈并同台演讲，虽是初次见面，但以往的感受更为深刻。他关于"朝鲜半岛支石墓型式学的展开"的学术报告，选择材料典型，分析细致入微，给我很大启发。

　　东亚地区的青铜时代因涉及辽东半岛、朝鲜半岛以及日本列岛诸民族文明起源的历史，所以是这一区域考古中最重要的时期之一。从辽东地区的发现看，其考古文化以区域类型多为特点，相互交流频繁，文化关系也十分复杂多变。其间如果有一个"东传"的大趋势，那么也不会是简单的一条传播路线。从约3000多年前金属铜在辽东地区出现、发展，到朝鲜半岛演化，在日本列岛生根，经过了近千年的历程，其间必然有一个与当地文化结合、创造出新文化特点的问题。为此，需要在系统编年的前提下，进行多种文化因素的综合研究。

　　全先生在成批资料少、有准确年代可供比较的材料少的情况下，重视考古学方法论的运用，在编年谱系方面下了很大功夫，并在此基础上，抓住稻作在东亚起源和传播这一大课题，对磨制石器（主要是磨制石剑和石农具）、青铜器（主要是剑和镜）、铁器、陶器以及居住址、各种类型的墓葬（主要是支石墓），从分类分型分式、共存关系、分布范围等进行了多方面多角度的比较分析，并追根溯源，把这批考古资料中的规律性现象与其历史背景，如古文献所记重大历史事件，特别是民族的迁移、兴衰结合起来，从而得出可信的结论。可以说，这是一本研究东亚青铜时代考古的必读书。

在东亚青铜文化研究中，中国东北地区的辽河流域是一个十分关键的地域，这在先生的大作中已有充分体现。我曾断断续续向先生谈起辽河流域、主要是辽宁地区青铜文化近年来的新发现和研究新成果，对此，先生已十分敏锐地感到，这些新成果可能对今后东亚青铜文化的研究产生重大影响。为此，他希望我能有机会向同行们做系统、全面的介绍。

可见，辽河流域青铜文化的新发现和研究成果，已如全荣来教授所言，不仅为东亚青铜文化的深入研究提出许多新课题，更为加强有关地区的交流合作展现出令人兴奋的前景，而先生《韩国青铜器时代文化研究》一书的正式出版，必将对这方面的研究和交流起到很大推动作用。

谨以此小文对先生丰富的学术成果表示深深的敬意。

（原载于全荣来著《韩国青铜器时代文化研究》，日本新亚出版社，1991 年）

《龙的历程》序

打开《龙的历程》书稿，不禁引起了我对20世纪70年代末到80年代初从考古上追溯龙的起源的一段回忆。记得那时牛河梁遗址才刚被发现，正式发掘还未开始，红山文化玉雕龙的确切年代还在考证之中，我们有点唐突地提出了龙的起源猪龙说。不想此后，有关考古资料不断被发现和公布，长篇研究文章、大部头专著相继问世，龙的研究热热闹闹地开展起来，赫然成为20世纪80年代在中华大地上掀起的文化热的一个亮点。星德当时刚从北京大学考古系毕业，分配到辽宁省博物馆，曾到牛河梁工作，亲手发掘过红山文化玉器墓和女神庙，读研究生后接着到大学从事教学工作，对史前考古继续有深入研究。从书稿中可以看出，她为编写这本书，不仅查阅了能找到的几乎所有资料，将各家观点作了较为全面而系统地归纳和评述，而且充分发挥了个人的优势，从考古材料入手，运用考古类型学方法对丰富而有些庞杂的材料进行科学分类，从多角度分析，在此基础上特别注意在变化过程中考察，如龙的功能从图腾到通神，龙的形象和内涵随时代而变化。同时，对龙的多元性与综合性，龙的主体与多种类，龙出现和演变的历史文化背景，都阐述了个人独到的见解。

在阅读书稿过程中，我总在思考一个问题，二十多年来在龙的研究上究竟取得了哪些新成果？我想至少有以下两个方面。一是龙作为诸多动物的神化，是史前人类以动物作为沟通人与天、人与神间的媒介而产生的，而通神及其独占，是中国各个主要文化区域跨入文明门槛的一个共同特点。二是龙由多种动物的神化进而演变为它们的结合体，与中华多元一体的进程和格局是相辅相成的。正因为龙的演化历程与中华文化和文明、中华国家、中华民族的发展历程息息相关，所以，几千年来龙一直被视为中华民族的象征。这在星德的书稿中都有详细论述。

但龙的标准形象到底应该是个什么样子，是不是不那么张牙舞爪？这是"龙的传人"普遍关心的一个问题。近年我形成一个看法，龙的定型应该是在中国文明初现时期，也就是距今5000年。此后各个时代的龙形象，千变万化，那已是龙形象的异化形态，但万变不离其宗，其渊源都可追溯到5000年前。形成这一看法主要的依据是史前考古资料，特别是辽河流域发现的史前考古资料。就在红山文化玉雕龙出土后不久，附近的内蒙古敖汉旗属于赵宝沟文化的小山遗址就发现了距今6000年的刻划龙纹，阜新查海遗址更发现了距今8000年的龙形堆石和陶器上浮雕的龙纹，在红山文化的彩陶罐上也分辨出龙鳞纹图案。为此，苏秉琦先生提出"上万年的文明起步"，指的是龙形象在距今8000年左右出现，表现出当时已有了与氏族社会不协调而与文明起源相关的新因素。不过，查海的龙形象，无论是堆石还是陶塑，虽然都具备了龙的基本特征，如盘龙形、行龙形和陶塑龙体上压印鳞纹，但形象还不够明确，我们称之为"类龙纹"。赵宝沟文化的刻划龙纹，头部分别有猪、鹿和鹰，体躯卷曲如蛇，似在天空遨游，是由各种动物神化为龙进程中的一个承前启后的重要阶段和典型代表，是探索龙起源的十分重要的实物证据，但动物头部的神化程度仍然遮盖不了写实的本体。只有到了距今5000年的红山文化后期，才在玉石上完成了龙的全部神化，卷曲的体躯则朴素无纹，其圆润光泽和高度抽象，令人爱不释手，又催人探索不止，那大概是古人以玉的自然特性能达到通神最佳效果的纯真而神圣的追求吧，其中包含了先人对数千年甚至上万年从思维观念到工艺手法的厚厚积累，无怪乎在后世的玉龙和其他形态的龙上都可以看到它的影子。与玉雕龙共出的彩陶上的龙形图案，虽无头部，然而体躯上的鳞纹已十分规范而成熟，商周青铜器上的龙鳞纹几乎就是对它的完全模仿。两个实例相互补充，都在暗示，红山文化应该就是龙经过了数千年的演变后的定型期，红山文化的龙是最标准的龙形象。我们曾把龙形象的最初出现作为文明起源的结晶和标志，由此又有了进一步的认识，那就是，龙从孕育到定型与文明起源的进程是同步的。星德书中称红山文化的龙为"原龙形"，意思应该是相近的。

　　书稿还对龙与天象、龙与君象等等，特别是龙的时代精神发表了很有启发性的见解，也提出了不少感兴趣的问题，需要逐一认真思考。在历史考古界对古代人类思维观念方面的研究还比较薄弱的时候，这方面的研究成果尤为珍贵。全书还力求做到深入浅出，通俗易懂，确实是一本值得一读的好书。我也相信，这本书的出版将会对龙和中国古文化的研究有所推动。

　　（原载于张星德著《龙的历程——龙的观念与图像研究》，开明出版社，2002 年）

《红山文化研究》序

自从 20 世纪 80 年代初在辽宁西部山区的东山嘴和牛河梁红山文化遗址发现祭坛、女神庙、积石冢以及以龙形玉为代表的玉器群以来，红山文化如异军突起，由一支长期被视为受中原文化影响下发展起来的边远地区的史前文化，一跃而成为史前文化研究的一个重点，在社会上的影响也越来越大，且持续二十多年而不衰。但相对于社会影响而言，有关红山文化的研究和成果却发表不多，多少有点社会热而学界冷的现象。所以，当我看到张星德同志的《红山文化研究》一书时，十分高兴。

星德于北京大学考古系本科毕业后分配到辽宁省博物馆工作。期间，正赶上参加牛河梁遗址的发掘。正如她在自序中所言，她有幸亲身经历了那段不寻常的发现过程。她亲手发掘过第二地点一号冢第 14 号墓，体会过玉器出土时的喜悦心情，也参加过女神庙的发掘。还曾经护卫着女神头像驱车从工地赶到兴城请正在那里疗养的苏秉琦先生观摩研究，并聆听了苏先生关于"辽西古文化古城古国——当前田野考古工作的重点和大课题"的著名学术报告。她在吉林大学读研究生期间，在张忠培先生指导下撰写的毕业论文《论红山文化的分期》，在材料较为零散的情况下，尽量收集有共存关系的典型单位和典型文化因素进行比较，由于方法得当，结论较为可靠，是目前有关红山文化分期的较为可信的论著之一。而这段难得的学习经历，也为她到辽宁大学执教以后的教学工作和对红山文化的继续研究，打下了坚实的基础。

《红山文化研究》一书，在资料收集方面较为全面，而且注意介绍各种观点，包括不同观点，这是十分可贵的。所发表的自己的研究成果，也有不少新意。如关于红山文化分期，作者在硕士论文的基础上，又补充了不少新材料，结论也有深入。在红山文化与周围诸文化的关系方面，她也下了很大功夫进行比较研究，其中如提出红山文化与赵宝沟文化不是前后继承关系，而是时间大体平行且互有影响的关系；又如红山文化与小河沿文化的关系，在将小河沿文化划分类型的前提下将两者进行比较，认为红山文化的后续也不是一条线的简单继承关系。关于红山文化与内蒙古中南部庙子沟文化的关系，作者也提出不是小河沿文化对庙子沟文化单方面的影响，而是在小河沿文化形成过程中，庙子沟文化也是其中的一个来源。这些观点，都论述有据。

关于牛河梁女神庙遗址及有关的宗教祭祀的研究，是本书的一个重点。有关史前祭祀方面的研究，一直是我国史前考古研究中的一个薄弱环节，自从红山文化大规模祭祀遗址和其他地区有关发现以后，这方面的研究开展较快。作者在书中仔细分析了牛河梁遗址发现的有关当时人类举行祭祀活动遗迹与大地的密切关系，提出红山文化女神像首先是土地神，继而注意到女神庙在牛河梁遗址群的中心地位，提出由土地神演变为至上神，分析了土地神与祖先神的关系。并以此作为探索当时社会变革的主要依据。书中还引用了国外这方面的资料和研究成果。在这个领域的研究仍然不足的情况下，作者能从多角度进行比较分析，并旁征博引，实属不易。

这里要特别回顾一下红山文化的考古新发现引发的中国文明起源问题。这是红山文化引起广泛重视的一个主要原因，也是引起争议较多的一个问题。二十年过去了，中国文明起源的研究仍方兴未艾，认真回顾和总结，可以少走弯路。记得 20 世纪 70 年代末到 80 年代初我们开始将红山文化与中国文明起源联系起来考虑问题时，当时的主要依据：一是东山嘴遗址南圆北方、左右对称的建筑布局，一是玉器的高度规范化和龙形玉器的出现，前者已有中国古代建筑布局的传统思想，后者则已受固定思维的制约，这些都已不是原始氏族社会所能拥有的，而应该是一种新的社会关系在思想观念上的反映。通常以城市的形成、金属铜的发明和文字的出现这三要素作为文明起源的标准，但这些已不能解释红山文化新的发现及其所反映的社会现象和观念，于是我们当时提出了一个"原始文明"的概念。在这方面，苏秉琦先生有更为深入的考虑。早在1985年，苏先生就提出了"古文化古城古国"的概念，认为应把"古城古国与史前文化联系起来"来理解红山文化出现的这些新因素，更把这一概念作为指导田野考古实践的一个中心环节，即把寻找高层次的中心遗址作为田野工作的重点。我和同事们曾多次议论过如何理解"古文化古城古国"提出的学术意义。有学者对此有切身体会，他们说20世纪70年代到80年代各地都发现了一批距今四五千年、属于新石器时代晚期的中心遗址和高等级遗迹与遗物，对它们代表什么社会发展阶段，一时有些迷茫，"古文化古城古国"在这时提出，起到了理论指导实践的作用，并将中国文明起源的讨论引向深入，所以古文化古城古国的观点与考古学文化区系类型一样，也是中国考古学理论的组成部分。苏先生还在东山嘴、牛河梁遗址发现后，将坛庙冢与古代帝王的祭祀礼仪联系起来，说牛河梁遗址的发现"丰富了我们对当年在这一带几百平方公里内存在的大建筑群的社会历史意义的认识"。"值得注意的一个现象是：在它们之间的广阔地带没有发现过和它们属于同一时期的古遗址和墓群，却连续发现过相当殷周之际的青铜器群窖藏达六处之多。我们有理由推测，这里还有可能发现与窖藏同一时期的、具有特殊意义的建筑物或建筑群遗迹。这里的'坛'（东山嘴）、'庙'（牛河梁）、'冢'（积石冢）和窖藏坑，我们是否可以理解为四组有机联系着的建筑群体和活动遗迹？远在距今五千年到三千年间，生活在大凌河上游广大地域的人们，是否曾经利用它们举行重大的仪式，即类似古人传说的'郊''燎''禘'等祭祀活动？这是值得深入研究的。"他还提出红山文化与仰韶文化的碰撞，是红山文化进入文明时代的一个重要推动力，这些都已涉及中国文明起源的机制、道路与特点问题了。《红山文化研究》一书，在论述红山文化的社会变革时，遵循着"古文化古城古国"的理论，同时对文明起源所涉及的一些理论问题，也提出了自己的理解和看法。尤其是书中通过筒形陶器使用的变化，与古史"绝地天通"的记载相联系，有一定道理。

近年，牛河梁遗址的发掘和研究又不断有新的进展，周围地区也不断有新的发现。这些发现和研究成果表明，西辽河流域在史前时期确有较为进步的史前文化，它们既有鲜明的区域特点，又有较强的连续性，并在史前时期处于较为领先的地位，是探索中国文明起源的一个重点地区。随着中华文明探源工程的开展，红山文化也会引起更多的重视，《红山文化研究》在此时出版，相信会有助于这方面研究的深入。

（原载于张星德著《红山文化研究》，中国社会科学出版社，2005年）

《辽西古塔寻踪》序

辽宁塔多，辽代塔尤其多，它们矗立于辽沈大地，是 10 世纪前后北方契丹民族兴衰及辽宋北南交辉的一个显著的历史和地理坐标。省内外文博界的朋友们曾多次议论过，要把这些辽塔汇编成集，尚未能实现，所以看到王光女士系统收集和论述辽塔的文稿，对她的执着与丰硕成果，顿有感慨。

我早在六七年前就认识王女士了，真正对她事业的了解，还是在去年省里评审非物质文化遗产过程中。在那次评审的诸多项目中，"医巫闾山满族剪纸"是评委们一致认为较为符合条件、也是申报国家项目中较有把握的一个项目。一个重要原因，就是王光女士多年来坚持深入医巫闾山区，在实地考察、研究的基础上，对这个富有民族特色却又濒临灭绝的文化遗产的抢救、传承和发扬，倾注了巨大的热情，给予了具体指导和培育。此后，她在民俗文化的研究中，又把辽西古塔列入其中，且很快取得成果，也是意料之中的事。

初读文稿，感觉与考古文章有所不同，不仅有详细的记录和描述，有文字考证和历史追溯，而且把每一座塔建造的历史背景，以生动的语言，娓娓道来，常在讲述历史故事的同时，融入当地风情的介绍和今人的引导，在抒发历史情怀过程中，将遥远的古人拉近，读来让人耳目一新。谁都知道，做这样详细的古塔调查，很不容易，且不说野外工作的辛苦，仅就要时时仰首瞭望那一座座高耸的立体建筑，既要从总体上把握，又要不放过每一个细部的观察，从环境、历史背景，到塔的概貌和雕塑题材、文字、色彩，全面而详尽地进行识别、记录，没有坚强的毅力，是很难坚持到底的。

当然，我最为感兴趣的，还是这本书的资料性与科学性。

我对辽代历史考古没有深入的研究，但长期在辽宁从事考古，经常会遇到一些辽代材料，并对包括辽塔在内的辽代考古，也形成了一些不成熟的想法。

塔常常是寺院建筑的一个组成部分。就辽宁来说，现在几乎所有的辽代寺院都已不存，或为后世改造，而塔却由于其特定的建筑结构和材料，许多得以保留，且除少数经后世维修有较大改变以外，大多数仍为原貌。其实，辽宋时期的佛寺，正处于佛寺布局演变的一个关键阶段，即由北魏及此前的塔在中心或近于中心、以塔为主、殿堂出现、绕以回廊的布局到唐宋辽时期殿堂的地位提高、塔的地位逐步让位于殿（或塔移寺院以外）、回廊加配殿的过渡阶段。这一演变反映的是对崇拜对象的转变，即由对塔的崇拜为主到以殿和佛像的崇拜为主，可见，这是佛教传入中国以及东北亚以后一个十分重要的阶段性变化。但中国一直缺乏辽宋时期佛寺布局的实例，研究者多引用日本古代佛寺布局的材料。其实，在辽西地区辽塔及有关遗存中，已透露出一些当时佛寺布局特点的迹象，如书中所收锦州广济寺建筑虽多为清式，但有的学者在考察后以为，该寺总体布局和有的建筑基础（如大殿的须弥座）似仍可能保持着辽代的一些特点，广济寺塔位于寺院的中轴线上，也是较早期的布局形式。而北镇双塔则可能与宋辽时期塔移寺院以外、另设独立塔院的演变有关。更为重要的实例在义县奉国寺。1984 年利用大殿维修动迁的机会进行的考古发掘，找到了辽代奉国寺寺院内的部分遗址，正是具宋辽佛寺布局时代特点的回廊加配殿的形式，这可能是国内目前所知早期佛寺布局唯一的实例。王女士文中专对"塔寺一体"有所论述，是很有意义的。

不过，辽宁地区古塔中最重要的，是朝阳北塔。如书中所论，这座"五世同堂"的古塔，最早建于北魏时期，那是一座木塔，现存方形夯土塔基和石柱础网。据辽代地宫发现的砖铭，北魏之后，在此基础上还建有一座隋塔，因有"隋文帝敕建"字样的砖铭，可知是隋文帝仁寿年间（601 ~ 604 年）在全国颁赐所建的塔之一，那可能还是一座木塔。现存密檐砖塔则先是唐初所建，后辽代两次外包。显而易见，北塔中最为重要的，是北魏的塔基。它坐落在三燕龙城宫殿的基础之上，印证了文献中关于北魏冯太后"思燕浮图"的记载。也如书中所述，北塔所在的北魏时期佛寺，正是塔近中心的布局，而且它的年代在 5 世纪后半叶（约 480 年），要早于著名的洛阳北魏时期的永宁寺（516 年）。如将现知从中原和辽西到朝鲜半岛和日本列岛的佛寺布局实例按时间做一排比，朝阳北塔是排在最前面的。这就涉及东亚佛教一个重大的课题，那就是佛教的东传。一般以为，佛教东传到朝鲜半岛和日本列岛可分为南北两路。论证南路的较多，而北路较少。北路的证据，早期实例除朝阳北塔以外，还有较早的北燕冯素弗墓所出的一件鎏佛像纹步摇金铛，时代在 5 世纪上半叶。义县万佛堂石窟现存大佛与日本奈良飞鸟寺大佛在作风上的相近，也常被作为其间关系的证据，然而那已到 6 世纪以后了。而文献记载佛教向东传入高句丽是在 4 世纪后半叶（372 年"秦王符坚遣使及浮屠顺道，送佛像经文"为佛教传入高句丽之始）。不过辽阳上王家两晋之际壁画墓中有佛教装饰题材——莲花，其具体时间以壁画内容相近而有纪年的朝鲜黄海南道安岳郡东岳三号墓（357 年）为准，约在 4 世纪中叶，早于文献记载佛教传入高句丽数十年，正是佛教东传的更早线索。可知，佛教从北路东传是由辽西，经辽东到达高句丽，再向南传播的，朝阳北塔是其中一个重要实证。正如宿白先生所言，朝阳北塔是现知距离高句丽最近的一处以塔为中心的佛寺。我还曾想，当时佛教由北路的东传，可能与北方的骑马民族有关，日本奈良藤之木古坟出土的马鞍桥（7 世纪）有佛教题材，可以为证。

当然，由塔而牵涉的辽宁历史特别是辽代历史考古问题，还有许多，如书中对辽塔在识别辽代交通和州城重要性的论述。当然，辽塔作为佛教在辽代兴盛的见证，主要是契丹民族精神生活的反映，书中对此作了重点论述，特别是谈到契丹民族佛教信仰及其与西域文化的关系问题。

近年的辽代考古发现主要是墓葬和塔宫的发现，证明契丹族的精神生活是十分丰富多样的，但这方面的研究却较少。为此，我想在这里介绍一点我接触到的海外学者在这方面的研究情况。可能与近年辽代考古的开展和辽墓遭盗掘相应，在海外正在悄悄掀起一个辽文物收藏热和辽文化研究热。我是从 1998 年开始注意到这个现象的。那年我在台北鸿禧美术馆观摩到一个古代金属装饰品展，其中主要展品是辽代的，冠、腰带、项饰各有几类，有的尺寸之大、雕铸之精、造型之奇特，是前所未见的。收藏者是香港人士。此后不久，我接待了英国牛津大学墨顿学院罗森教授的三位博士研究生，其中两位是以辽代塔基（沈学曼）和辽代葬俗（木下宏美）为论文题目的，另一位（卜丽娅）则对辽代与西方的文化交流感兴趣。香港中文大学艺术系苏芳淑教授的博士生许晓东也以辽代玉器为论文题目来辽宁收集过资料。原来海外收藏家曾因红山文化和良渚文化玉器的发现掀起的玉器收藏热，这时，也由早期转向后期，主要是辽代玉器。2001 年我终于结识了在台北展出辽代金银装饰品的收藏家——"梦蝶轩"主人卢茵茵和朱伟基夫妇，并曾陪同他们到辽宁和内蒙古赤峰市考察辽代文物。2004 年我还参加了在香港中文大学文物馆举办的"梦蝶轩"收藏的辽代文物展"松漠风华"。又听说美国纽约亚洲博物协会和堪萨斯博物馆都正在开办或酝酿辽代文物展览的事。从美国学者艾玛·邦克（Emma C. Bunker）等所写的文章中可知，海外对辽代文物有两个特别关注点：一是契丹民族在大幅度吸收汉文化的同时，是如何保持和发展本民族特色的；一是辽文化与西域文化的关系。他们以为，契丹族以"二元"化的政治制度和婚姻制度作保障，在保持和发展本民族特性方面，取得了杰出成就，突出表现在辽代文物所透露出的一种新意，一种强大的生命力，这不仅在中国多民族的历史上，就是在世界历史上也是十分突出的。就佛教信仰而言，有学者以为，辽代的佛教，以密宗最盛，而当时密宗在中原地区已有衰落之势，独北方辽王朝盛行，这同契丹族的原始宗教萨满教与佛教密宗在信仰内容上有若干共同点有关，当是契丹民族的又一创造，这反映在佛寺建筑上，如八角形砖塔的盛行、建筑上的藻井等，都是契丹族对中国古代文化的贡献。

　　至于契丹民族与西域文化的关系，文献记载和有关论著较多，本书也有精彩论述。这里要提到的是海外学者对辽代琥珀的考证。辽墓多有琥珀饰件出土，这些琥珀原料的来源，过去有以为是就地或就近取材，如多煤炭储藏的抚顺地区。但 Curt W. Beck 和 Edith C. Stout 经过红外线光谱分析，认为其成分与盛产琥珀的波罗的海琥珀一致而不同于抚顺产琥珀。据此，苏芳淑、许晓东等认为，辽代大量使用的琥珀，是波罗的海琥珀由中亚地区转输到辽王朝的，从而为辽代仍然畅通的草原丝绸之路增添了一项新内容。有趣的是，在辽代考古中发现以琥珀用作佛教题材的实例渐多，如巴林右旗庆州白塔天宫内发现仅有的两尊佛像，其中一尊观世音像的基座为饰莲花和龙纹的木雕，而观世音像则以琥珀雕出，另出有一件琥珀制舍利瓶；阜新塔营子塔基的"叠胜"琥珀盒，海外学者有认为其重叠菱形图案设计源自印度，与佛教影响有关；而辽墓所见的璎珞，本源于佛教，在辽代也喜用琥珀料制作。以上实例，都可能为辽代的佛教信仰与西域的关系提供更多证据。

古塔研究涉及历史考古、古建筑、宗教、民俗等多个学科，受条件所限，本书尚无法全面收集辽代佛塔资料，研究也受到制约，但由于契丹民族精神生活和辽代佛塔的研究较为薄弱，所以本书的出版，必将有益于这个领域研究的进展，更会对发掘和展示辽宁的历史文化特色做出贡献。

（原载于王光著《辽西古塔寻踪》，学苑出版社，2006 年）

《李宇峰考古文集》序

1971 年冬天，当时合在一起办公的辽宁省图（书）博（物）馆，迎来了一批从农村抽调回来的优秀下乡知识青年，他（她）们年轻，有朝气，分在文物队的几位男生，还可以凑成一个颇具实力的篮球队，打遍省直文化系统，经常名列前茅。李宇峰是其中的积极分子，他司职中锋，却满场都可看到他的身影，全场打下来，神态上看不出有什么疲倦。李宇峰的这种勤奋精神，在做学问过程中，有更为充分的体现。

渴望学习，是当时这批刚从农村回来的年轻人的普遍愿望。记得"批林批孔"时，博物馆批起"小老道"来，是说这些青年中有的要以自学成才的孙守道先生为榜样，只钻业务，不图政治上进。已被无端剥夺上大学权利，失去了在最佳年龄段得到正规学习的机会，现在面对陌生而深奥的文博考古业务，本来学习起来难度就很大，又加极"左"政治不断的干扰和折腾，自我控制能力在考验着这些刚刚走上人生道路的年轻人。李宇峰是其中比较清醒的一位。

考古是一门讲究实证的学科，就是在那种不正常的形势下，实践的机会也很多，关键看个人努力。比如 1973 年在北票丰下遗址举办的有辽宁大学学生参加的考古发掘培训班就是如此，尽管经常有政治学习、参加劳动等，但当时贯彻的是毛主席"文科要把整个社会作为自己的工厂"的方针，考古发掘就是一个实践的工厂，所以考古工地从未停过工，包括宇峰等馆内青年在内的全省业务干部，不少都是从丰下遗址的发掘中锻炼出来的。宇峰参加的考古调查和发掘项目较多，除丰下遗址的发掘以外，20 世纪 70 年代以来辽宁几个有影响的考古调查和发掘项目，他大都参加过。如查海遗址的第一次发掘，大南沟和大甸子墓地的发掘与发掘报告的编写，姜女石遗址的最初发掘，燕秦长城调查等。可贵的是，每次调查发掘工作，凡条件允许，宇峰都争取将材料及时整理出来并写出报告，或将自己分担的部分按时完成，不留欠账，还经常结合考古实践，发表个人的研究成果。

在这方面，给我留下深刻印象的是，宇峰从不计较环境和条件，争取机会多做些研究工作。如 20 世纪 70 年代末到 80 年代初，当时文物队外出临时调查的一些材料，往往因为材料零散和调查者事后忙于其他事情，采集回来的标本大都堆放在博物馆地下室，再无人过问。宇峰在野外工作之余，注意留心这些材料的重要性，征得有关同志的同意，抽空参与调查简报的整理编写。他所撰写的《内蒙古翁牛特旗两处新石器时代遗址》和《建平县红山文化考古调查》，就是在这种情况下完成的，并很快分别在 1984 年的《考古与文物》与《内蒙古文物考古》上刊登出来，成为东山嘴、牛河梁遗址发现前后较早发表的有关红山文化的材料，也锻炼了他单独整理考古资料和编写考古报告的能力。赤峰市大南沟新石器时代墓地和大甸子夏家店下层文化遗址和墓地，是我省于 20 世纪 70 年代末到 80 年代初，分别与赤峰市博物馆和中国社会科学院考古研究所联合发掘的项目。我省参加这两个项目的人不少，到资料整理和编写报告时，因为当时赤峰市已划回内蒙古自治区，于是只有宇峰和我代表辽宁省参加。整理地点分别设在赤峰和承德。我那时因为馆内经常有事，不能长期待下去，宇峰则一直坚持下来，一蹲就是几个月。在此期间，他除了每天参加材料的整理以外，还逐天写好详细的工作日记，这使我返回后能及时了解我不在时的工作进度和成果。由于大南沟和大甸子是东北南部地区早期考古资料中难得的比较系统完整、有共存器物的单元多的两批材料，又有中国社会科学院考古研究所刘观民、徐光冀、刘晋祥、杨虎等诸位师友的指导，北京大学考古系同学在邹衡先生和李伯谦先生率领下，也曾到承德参加过大甸子墓地材料的短期实习，特别是那时苏秉琦先生还几次到承德观摩大甸子材料。有了这一段不寻常的工作经历，不仅使宇峰得到类型学等基本方法的训练，而且对当时正在兴起的燕山南北地区考古和全国考古界在理论上正在变革的大局也有所领悟，这无疑十分有助于他以后在专业上开阔眼界，少走弯路。

　　1980 年以后，针对队里和所里包括分配来的大学生在内的年轻一代人的不断增加，大家经常谈起个人的成才道路，有通才还是专才的争论。我是主张至少在一段时间里应专攻某一段或某一专题的，以为这样研究容易深入下去，也有利于个人尽快成材。但当时文物队和以后的省考古所，田野考古工作头绪繁多，应急的工作随时都有，业务人员又相对不足，临时抽调人员十分正常，对每个业务人员来说，哪个地区哪个时段都可能摊上，容不得挑选，这样虽然可以多接触实际，得到全面锻炼，但深入的专门研究则往往受到影响。能不能钻下去，在某一领域成为有所建树的专门家，这是在已没有了极"左"思潮干扰，提倡人才成长的新形势、新环境下的又一次考验。在这方面，宇峰似乎有自己的打算和安排，表现得比较成熟。他虽然从新石器时代到辽金元，从辽西到辽东，参加的调查发掘项目繁杂，也都写过有一定分量的文章，但又不是没有重点。从他近年所发表的文章看，显然在辽代考古方面下的功夫较多，研究成果也较为显著。2002 年在阜新辽金史学会后，我和宇峰对辽代考古曾有一次较长时间的谈话。我自己对辽代考古没有深入的研究，受那次会的感染也关心起辽代考古来。那次谈话的内容主要是关于辽代考古的方法论问题，有对辽代家族墓地全面发掘的必要性和可能性，契丹民族通过"二元"制度在大量吸收汉文化的同时保留和发展本民族特色等。特别是宇峰在为阜新会提供的论文中提到辽代考古分区问题，使我很受启发，于是辽代考古分区和包括医巫闾山在内的阜新地区应视为与西辽河流域并立的又一辽文化大区，成了那次谈话的重点。也是从那时起，我对宇峰在考古研究特别是辽代考古研究方面的努力和成就，有刮目相看之感。

　　记得 1994 年我从文物行政岗位退下来并做好退休准备时，当时还健在的苏秉琦先生赠我一句话："六十岁，新起点"，我想这也是对我们这一代同行朋友们在各自的专长上继续有所发挥的殷切期望。随着年龄的增长，大家从事田野考古实践的机会少了，但学术研究是无止境的，尤其是考古资料在日渐积累，要研究的题目越来越多，希望宇峰今后继续发扬他勤奋好学的优势，在学术上不断有新成果。

　　（原载于李宇峰著《李宇峰考古文集》，中国社会出版社，2012 年）

《采铜集》序二

这些年关心辽宁考古的老先生们议论学科发展现况时，提到田立坤同志，总会寄予较多期望。这是因为随着一代代新人的成长，立坤同志不仅是学科带头人，还担负着承前启后的重任。读到反映立坤同志学术成果的《采铜集》文稿，更加深了这一感受。

立坤同志于20世纪80年代初从吉林大学考古专业毕业后分配到朝阳工作。朝阳地区在辽宁省属后进地区，却是一片考古沃土，在这里培养了数代考古学家。立坤同志刚到朝阳工作时，正值全省第二次文物普查即将结束。那次普查在朝阳六个县（包括后划入葫芦岛市的建昌县）发现古代遗存3000余处，虽然调查的翔实程度与此后相邻的敖汉旗文物普查成果相比并不够理想，但积累的各个时代各类遗存的系统实物标本和文字档案，已是历年来所没有的，也为立坤他们这一代人继续深入研究提供了很好的条件和机会。

立坤同志在朝阳工作期间长期担任朝阳市博物馆馆长，每天面对的，是庞杂的行政事务，频繁的陈列更换，还有市博物馆所在地的清初佑顺寺古建筑群的历年维修，但他仍坚持尽量抽较多时间到考古第一线。立坤同志参加过辽宁省文物考古研究所在朝阳地区的一些重要发掘项目，对一些重要出土文物线索做过深入调查。特别是他参与主持了喇嘛洞墓地的发掘。调省工作后，又主持了配合朝阳老城区改造的考古发掘。北票喇嘛洞三燕文化墓地考古，是对辽西地区鲜卑—扶余族墓地的第一次全面科学的考古发掘，所获为辽宁省十六国时期最为系统科学的一批考古资料。有关课题以往以收集的零碎资料至多是单体发掘资料为主的状况由此得以改变，从而把辽宁省这一时期的考古研究推进到一个新的阶段。由他主持的配合朝阳市北大街改造工程进行的抢救性考古发掘，虽然面对工程全面铺开的不利形势，但他清醒地意识到这是抢救保护朝阳老城区地下遗存、主要是魏晋十六国到北魏时期包括三燕龙城等遗存在内的一次难得的机会，于是反复协调与地方各方面的关系，努力争取资金和时间，在极其困难的条件下，坚持进行了四年发掘，终于揭露出龙城宫城有三门道结构的南城门遗址及其上的北魏、隋唐、辽代遗迹，从而解决了十六国时期三燕都城——龙城的具体位置和基本布局这一长期不能确认的重大问题。对朝阳老城区历代变化也取得了第一手科学资料，还为朝阳市的规划建设提供了重要参考。长期坚持考古实践，使立坤同志熟悉朝阳的山川地貌，对朝阳地区的古代遗存有普遍了解，又根据辽宁省考古的实际需要和本人的特长，在考古研究领域选择魏晋南北朝到隋唐为研究的主要时段，将十六国时期以慕容鲜卑族为主的三燕考古和朝阳城市考古作为自己的研究重点。

立坤同志时与我谈起他刚参加工作时就遇到在朝阳举办的"燕山南北考古"座谈会和东山嘴、牛河梁红山文化遗址的发掘，聆听过苏秉琦先生在原朝阳博物馆后院西厢房座谈会上的"燕山南北地区考古"讲话。他还同我谈起过对宿白先生石窟寺的类型学研究及有关鲜卑、高句丽考古论著的学习体会。我想，立坤同志亲身经历20世纪七八十年代学科发展、主要是考古学文化区系类型理论形成和对学科指导过程中的一些重大事件，对他的学术经历和研究是有很深影响的。

立坤同志研究的重点区域在辽西。这一区域有近海的丘陵山地间河川的良好环境，是文化的生长点，同时由于地处东北与中原、北方草原接触的前沿，又是一个多文化汇聚和频繁交汇地区，而且常为具代表性的主流文化和高层次文化的汇聚。其中青铜时代的辽西地区，既有当地土著文化，又有来自中原和北、西、东四方的农耕、草原游牧、东北渔猎文化以及它们之间的相互交流，这种多方位民族文化关系的格局，经历燕秦两汉郡县建立后诸民族势力的消长与反复，到了魏晋十六国各民族文化空前大融合时期，被连续下来并有所延伸，也是历史的必然。

对此立坤同志很早就有所感悟。1990年他为在大连召开的"环渤海考古会"提交的论文中最初提出三燕文化的概念时，就对这一考古学文化包含内容的复杂性有较充分的估计，注意从时代、地域、文化共同体、渊源及鲜卑族内部、与汉文化及其他同时代民族文化关系等多方面进行分析。这是他研究三燕文化较早的一篇文章，说明他在这个领域的研究起点较高。

此后立坤对以上各方面继续做深入研究。如将东部鲜卑与拓跋鲜卑的渊源与发展演变进行比较和区分，以准确掌握东部鲜卑的活动轨迹和文化特点。特别是通过对袁台子壁画墓属辽东大姓和喇嘛洞墓地所表现出的不同于慕容鲜卑而接近于老河深中层扶余族葬俗特点的比较分析，认识到三燕文化中不仅有鲜卑族汉化和汉人鲜卑化的多民族文化交流，更包含有不同族别文化相对独立存在的内容。还有对这类错综复杂民族文化关系有针对性的动态分析：在分期前提下提出三燕文化墓葬形制的种类早期较少、中期剧增、晚期又减少的规律，由此反映出慕容鲜卑进入辽西之后与其他民族文化交流并最终融为一体的过程。

这里还要提到立坤同志运用类型学方法对三燕文化及有关文化遗存的分析，其中有单种器物标本和遗存的分类比较，如马镫和墓葬形制；有器物组合的分类比较，如由鞍桥、马镳和马镫组合的马具，还有由马具和人具组成的更为持重的甲骑具装；有典型遗存共存关系的分类比较，如不同类型的马鞍桥包片、马镫、马镳的对应共存关系，马具与棺制和各类陶器及金饰件的共存及差别。分类标准则考虑多种因素及其因果关系，如马镫依据选用材料和制作方法不同导致的形制变化，分为屈木、揉木和斫木为镫三类，头饰步摇依质地、形制结构及用法的区别分为垂珠、爵兽、花树三类等。其中不少涉及材料、制法、结构及复原、纹样、用途的分类、分析、比较以及与历史文献的相互印证，近于细致入微。考古类型学是学科的基础性方法，就考古学的本质来说，类型学更具学科特点，是作为一个考古学者的看家本领。历史时期考古由于面对的研究对象更具多样性和相互间的关联，类型学方法的运用有自己的特点和难度，类型的划分却可能更接近于历史实际。立坤同志在这方面的实践和已取得的成果，主要是由此辨别出不同族属及各自的文化特征、文化源流与文化关系，为他对三燕文化及相关遗存认识的不断深化打下了厚实的基础。

所以到了2000年以后，立坤同志在对资料系统分类和分期的前提下，对三燕文化有了更全面的认识和准确的表达，提出三燕文化墓葬包含了慕容鲜卑、扶余、中原汉文化、辽东汉魏文化、辽西土著五种各具自身渊源的文化因素。得出以国别命名的三燕文化，是分布于以辽西为中心、以慕容鲜卑为主体，在汉文化影响下，同时吸收了匈奴、乌桓、扶余、高句丽、拓跋鲜卑等多种文化因素的一种考古学文化。从而使三燕文化的定名及内涵，建立在较为可靠的材料和研究基础上。这与此前的认识相比，前后相距不过十年，可见他在这个领域中，是逐年或隔年就有新的成果，研究的深入速度较快。

　　三燕文化时期还是东西方文化交流十分活跃的一个时期。据研究，东西方的文化交流，自古以来就在北方形成一条"草原丝绸之路"。地处东北亚南部的辽宁处于东北亚与欧亚大陆的接触地带，而朝阳作为三燕文化的政治文化中心，又是这一时期东西文化交流与传播向朝鲜半岛和日本列岛延伸的东端起点和枢纽。这一时期的朝鲜半岛和日本列岛，正处于民族文化形成和文明起源进程从出现到走向成熟的重要时期。文化交流的多种形式，包括不同经济类型、不同文化传统的文化之间的接触、碰撞、融合，以对先进文化的大幅度吸收为主流的相互影响，以至人群的迁移，成为这一时期东北亚诸多民族跨入文明时代的重要推动力。自然，在其中担当交流使者的三燕文化越来越引起学术界的关注，尤其成为近些年韩日考古学家们研究的一个重点。立坤同志在近年的文章中对这一课题已多有涉猎。他通过陶器、马具和甲骑具装、带扣、步摇及有关纹样和工艺研究，立足辽西三燕文化，比较和研究范围从追溯鲜卑族渊源的北方鲜卑早期遗存和中原地区的汉魏晋遗存，到进一步涉及西从甘肃、新疆到中西亚，东从辽东、东北到东北亚的朝鲜半岛和日本列岛；还有对日本马具的具体分析和与日韩学者在观点上的交流，已表现出立坤同志这方面的研究正在向深度迈进，这在当前我国考古界走向世界的趋势中，是难能可贵的。

　　当然，东西方交流研究涉及方面甚广，现在仅是开始，深入研究需要做多方面准备。更重要的是三燕文化本身的挖掘，如这一时期在朝阳地区的成片墓地应远不止喇嘛洞一处，北票大板揭露出有围沟环绕且结构和布局都有自身特点、可能具祭祀功能的建筑群（立坤近有"庑庙"说），朝阳北塔北魏塔基遗有三燕龙城宫殿边长达 1.3 米、雕龙虎和凤鸟的大型覆斗式石柱础，这些都在暗示三燕文化考古令人向往的前景。三燕文化所处的 3 ~ 6

世纪前后，虽然经历了秦汉帝国解体后的阵痛，但周边各地区各民族的兴起并在大迁徙、大融合中不断创造出的极富生气和特色的地域文化，加速了历史发展的进程，为其后隋唐帝国的建立和进一步繁荣准备了条件。钱穆先生以为，在十六国时期各民族中，包括慕容鲜卑在内的鲜卑族是汉化最深的一支，前燕更入主中原，并一度具有了统一北方的实力。可见，对慕容鲜卑族为主体的三燕文化在中华统一多民族国家从秦汉帝国到隋唐帝国之间这一重要历史阶段的作用和地位的认识和评价，还有考古发现和研究等许多工作要做。

20 世纪 90 年代我将退休时，当时还健在的苏秉琦先生曾鼓励我说："六十岁，新起点"。现在将这六个字转赠于立坤同志和他们这一代朋友们，希望大家珍惜时代，开阔视野，引领后学，不断有新的研究成果问世。

（原载于田立坤著《采铜集》，文物出版社，2016 年）

《营口历史与文物探微》序

　　谈起省内文博系统人才的成长，大家都会提到各市的一批中年学者。他们有事业心，勤实践，肯钻研，常有成果问世，为全省文博考古研究撑起了一片天。营口市博物馆的阎海同志就是其中之一。《营口历史与文物探微》反映了他近年新的研究成果。

　　我与阎海同志接触机会不是很多，印象较深的是 2015 年在熊岳温泉镇召开的一次有关温泉汉城址与平郭县的讨论会。那次会由营口市历史学会主办。会上会下了解到，营口市历史学会常年有学术活动举办，而且总是围绕与营口历史有关课题的不同学术观点和问题开展讨论或实地调查，这既有助于解决一些历史悬案，对地方历史研究不断有所推进，又活跃了学术空气。对于一个地方民间学术团体，能不间断地召开学术会议和开展各种活动，而且办得有声有色，是非常不易的，这同营口市浓厚的文化底蕴和体制内外有识人士荟萃从而得以长期坚持是分不开的。阎海同志长期担任该学会的负责人，我推想，他一方面要联络各方，组织筹备，还要自己写文章作发言，就更是难能可贵。

　　初读阎海同志这本新文集的印象，一是从青铜时代到清末民国，时代跨度大，却从考古资料分析、历史考证到人物评说甚至风土民情，都有较深入研究；二是文献与考古的结合较为贴切；三是十分尊重他人成果，每文必先详细叙述课题研究史，再谈个人观点，这在当前的学术气氛中并不多见。细读下去感觉是，作者的研究，既立足当地，又联系省内外有关各地，还不时与整个东北甚至东北亚相比较，研究视野较为开阔。这里仅就有关青铜时代的石棚遗迹和汉代考古谈点具体感受。

　　石棚遗迹作为巨石文化的一部分，是从大西洋到环太平洋的世界现象。包括辽东半岛、朝鲜半岛和日本九州地区北部在内的东北亚地区，共同点较多，可作为其中一个文化大区对待。一般以为，时代较早的石棚遗迹多在辽东半岛，是由北向南扩展的。营口和邻近的大连地区北部，又是石棚分布最多的地区。特别是大石棚数量多，辽东以至东北亚规模最大的几座大石棚，几乎都集中在这个地带。所以石棚遗迹应该是营口市考古研究和文物保护的一个重点。多年来，有关石棚的研究以时代和功能，起源与去向为主要课题。可能与具体工作和发表资料的局限性有关，有关论述多是对大石棚的单独介绍分析，所以虽发现研究百余年，尚未从根本上解决问题。其实，石棚所在地多为墓群，石棚应是墓群的组成部分，如具代表性的普兰店双房六号墓，就是这类大石盖墓与石棚共有的一个墓地。阎海同志在有关论述中将大石棚与大石盖墓、石棺墓、积石墓等相提并论，对石棚和其他类型墓葬都有具体分析，包括石棚和墓地所处位置和葬俗，所以结论是有说服力的。

　　汉代是营口地区历史考古研究的重点。我对汉代无深入研究，只于20世纪70年代初参加过九垄地汉墓发掘，因墓葬大都被扰动破坏，出土物甚少，印象不深。2015年熊岳温泉镇汉城址研讨会之所以邀我参加，大概是与我2008年去熊岳考察，在温泉汉城址遗存分布的地表偶然采集到一件卷云纹瓦当残件有关。当时以为瓦面有"千秋万岁"字样，复原后辨认是卷云纹。不过阎海同志和营口市历史学会诸位都是有心人，终于在文献中查到此城址确实出土过"千秋万岁"瓦当，而且两种瓦当规格都较大，由此可知熊岳温泉汉代城址规格较高。阎海同志从考古资料到文献做全面系统考证，力主此城址为汉平郭县，特别是文献中记载平郭县设有盐官和铁官，级别和影响都要高于一般县城，所以指熊岳温泉汉城址为平郭县，是有充足依据的论断。

　　中国历史以多元一体为主要特点，诸多大小区域各有自身发展序列，区域特点，大致平行发展又相互交流，共同为统一多民族的中华民族、中华国家的历史做出贡献。所以做区域史、地方史研究大有可为，也是历史考古和有关学科研究的大趋势。就营口地区来说，地处辽东半岛北端、辽河平原与辽东山区辽南半岛之间，千山山脉西麓，背山面海，既属辽东文化区，又是环渤海文化圈的组成部分，还是辽河口入海处，形成自身地域文化特点是完全可以理解的。为此，对营口今后的历史考古工作，我根据自己的认识，谈几点想法：一是在我省的三普工作中，营口是做得较细的，其中在山顶上发现的青铜时代遗址不在少数，据文物点登录表，时代可到商周甚至夏商时期，此为以前所不知。阎海同志文中也提到熊岳镇西南正红旗村的团山遗址和鲅鱼圈烙铁山青铜时代山城。估计这种山上遗址的文化面貌接近于大连地区的同类遗存，应与辽东地区的青铜文化起源有关，十分重要，需要继续做些复查和选点发掘。二是汉代考古。邻近的大连地区近年在普兰店张店汉城址附近发掘的姜屯汉墓群，除多随葬成组陶器外，有几座墓随葬鎏金车马器和铜鹿镇，一座规模不是很大的墓葬中，还随葬有玉覆面特别是玉圭璧组合，还有大连营城子早年出套室结构的壁画墓，近年又有随葬成组龙纹的金带扣的汉墓发现。营口地区虽尚未有高等级墓葬的发掘，但熊岳温泉镇、盖州城和大石桥汤池英守沟三大汉代城址的近距离分布是更重要例证。反映两汉之际前后辽南地区的繁荣，应再做系统工作，如熊岳温泉汉城址就应该做点发掘工作，搞清城址范围和建城开始年代与延续年代，这也有利于城址的科学保护。三是盐业考古。这在本书中有专门论述，我读后很受启发。盐是人类生存的必需品，虽然可从多种食物中获得，但盐资源和专门的制盐业从史前就已开始，现四川和三峡地区及山东从新石器时代晚期到商周时期盐业考古不断有新成果，我省有2000余千米海岸线，适于制盐自然条件的地段不在少数，盐业考古很有前途，但目前仍是薄弱环节。书中提到文献记载战国燕、汉和明代辽东和营口地区都有发达的官营煮盐业，考古材料也有不少线索，如从一般陶器中辨认出与煮盐或储盐有关的大型圜底白陶瓮器皿等，看来如列为专门课题，很快会取得成果。四是放眼东北亚。辽东半岛与东北亚古代历史关系从史前到历史时期都极为密切，有不少共同课题。本书中有关盖州烟囱山山城的调查和讨论，说明这方面的工作，国家和省级研究机构在做，市里也可以有所作为。

最后要谈到阎海同志对我个人有所帮助的两件事。2017年初我的考古文集出版，阎海同志第一个向我索书，而且很快从我校对过多次的文集中又挑出两个错误，一处是插图的编号与隔页的正文对不上，一般很难发现，阎海说他主要不搞早期，可见他看得有多耐心和认真。二是他对金毓黻先生学术成就有较深研究，文中多次引用《静晤室日记》，金先生日记我觅求多年而不得，去年经他介绍，得吉林省社会科学院历史研究所赠我1993年辽沈书社版，成为案头常备书，并按日记指引到辽阳市灯塔八家子拜访考察金先生故居，后得初国卿先生支持提出加以恢复保护的动议，据说已得到辽阳市重视，如能实现，阎海同志将功不可没。

在为阎海同志这本文集写序时，北京正在举办纪念考古学家宿白先生的活动。宿先生是沈阳人，一生做学问做到极致，是我们共同学习的榜样和努力方向。愿与阎海同志及省内各地同行学者们共勉。

（原载于阎海著《营口历史与文物探微》，辽宁民族出版社，2017年）

《东北史前玉器研究》序

　　与鹏飞同志接触交流，感到他是一个爱学习、勤思考的人，特别是他从事文物鉴定工作以来，感受又深。不过，当收到他有关红山文化和东北史前文化玉器鉴定和研究的数十万字文稿，邀我修改并作序时，仍然感到有点意外。据我所知，文物鉴定工作者普遍积累了丰富的实践经验，却大多长于言传身教，难以记录成文，能动笔写成文章的不多。鹏飞同志这次工作，虽然是他所在单位布置的任务，但他将这次任务当作学术问题加以探讨，不仅查阅了大量考古资料，而且尽量学习、借鉴考古学基本方法，如考古学文化的定名、类型学等，选题也从考古学领域选择，引文能抓住重点和关键，对各种观点不时加以归纳并表达个人想法，有的不乏新意。

　　当然，鹏飞更多的是从他本职的文物鉴定工作入手进行研究，所收入的标本中有一定数量的私人收藏品和涉案文物。离开出土关系或缺少流传过程的文物，仅凭文物自身表现出的特点，鉴定起来确实难以把握。鹏飞同志除将重点放在文物本身的细部观察和比较，如玉料及在不同环境下的变化、工艺及具体实施程序以外，还采取现场调查的办法，亲自到可能的出土地区和地点进行实地调查，甚至还到制作仿品的地点进行采访。在获得第一手材料的前提下，尽量复原它们的流传过程，同时以考古出土品和博物馆旧藏品为主进行多方面比较，之后才进行论述。这样做可进可退，留有余地，应该说方法是可取的。

　　这里要特别提到，鹏飞的文章以对勾云形玉器的论述为主，共3篇，另有2篇是探讨红山文化与新发现的哈民文化的关系，这5篇文章占到全书内容的三分之二以上。勾云形玉器和新发现的哈民文化与红山文化的关系，这是红山文化及相关课题中正在讨论尚未取得一致意见的两个题目，鹏飞能分别加以介绍和分析，提出自己的见解，难能可贵。在这里我也就这两个题目主要是勾云形玉器，再谈一点个人体会。

关于勾云形玉器，这是红山文化玉器中出土数量最多的器类之一（牛河梁第十六地点还有以勾云形玉器残件随葬的墓葬，后世所见这类玉器也多为残件），也是红山文化玉器中特征最显著的玉类之一，更是红山文化制玉工艺最具代表性的玉类。对这类玉器的讨论，主要集中于造型与功能，对其工艺的复杂性也时有探讨。

鹏飞对勾云形玉器的类型划分在以往研究基础上加以补充，并试图从造型和工艺的变化中寻找其时代差别。有关勾云形玉器的制作工艺，是文章中着墨较多的部分。鹏飞作为一名鉴定工作者，尤其重视对器物细节处理的观察和痕迹识别，如宽窄比例、薄厚，打孔位置，孔眼的分布、组合，透光度，实用性等，并力图从中寻找规律性。

我从20世纪70年代开始对勾云形玉器进行研究。最初的印象是从卷曲的造型和花纹中，感到这种玉器不同于史前时期所见包括彩陶花纹在内的较为自然随意的装饰花纹，而是带有一种特殊的神秘感，这主要是其花纹结构和风格十分接近于商周青铜器花纹。此后认识的加深是从两个方面入手的，一方面是勾云形玉器的工艺，另一方面是从出土状态探讨这类玉器的原型和功能。勾云形玉器的工艺，也是在红山文化玉器工艺水平中具代表性的。一是此类玉器虽然是片状，但一般个体较宽较高，体面的面积大，却又甚薄。这首先需用大块玉料。对于以透闪石软玉特别是以河磨玉为主要玉料因而十分重视节省材料的红山文化玉器来说，制作勾云形玉器选料的特殊化足以显示对此类器的珍视。再就是大面积的片切割成型，有的如牛河梁第二地点一号冢27号墓宽达28厘米、厚仅0.5厘米的大型勾云形玉器，是在完全以水加砂手磨的条件下，掌握了熟练切割技术又颇费工费时才能做出这样大面积的平而薄的玉坯的。二是纹饰的加工。一般将勾云形玉器上的纹饰称为"瓦沟纹"。顾名思义，这种纹饰的制作，不是阴刻，也不是后世如商周玉器多见的以一侧打洼为主的起地阳纹，而是从两边对称打洼，形成以两侧凹沟衬托起中间的主纹凸棱，凹沟甚浅，棱线又极细，走向却要随着勾云形体态的变化而反复旋转。与红山文化另一类饰瓦沟纹的器类——玉臂饰相比，后者所见起棱为规整的平行线，每个瓦沟纹的宽度和深度近于相等，十分规范，而勾云形玉器的瓦沟纹虽然多弯曲变化，但凹沟的宽度和深度也大都甚为均匀，而凸起的细棱线则极为流畅，做工之细，令人惊叹。而且勾云形玉器不少是两面雕纹的，要在薄板状体的两面打洼，竟未见有打透的实例。无论从哪方面衡量，制作难度都要更高，没有相当成熟的技术，是根本做不到的。创造和熟练使用当时最先进的制玉工艺又不惜工时，其目的显然是在刻意追求以棱线和凹沟在平板上随光线角度的变化而呈现出时隐时现的效果，突显出无论是选料、切割还是饰纹，勾云形玉器都寄托着红山人深邃的精神思维，如从通神工具理解，则是在天地神人之间进行沟通效果最佳的一种器类。无怪乎饶宗颐老先生称其为"红山文化的第一重器"。

关于这类玉器的原型和具体功能，众说纷纭。我一直坚持，以出土情况为主进行造型和功能的比较分析，可能更接近于原真。勾云形玉器所见甚多，有明确出土信息的只见于经正式考古发掘的牛河梁遗址，共13例（包括残件3例，其余单勾型与双勾型各5例）。出土关系明确的有5例可寻出共同特点，这一是竖置，一是反面朝上，一是出土位置多在右胸侧，有的如牛河梁第二地点一号冢27号墓随葬的最大一件勾云形玉器，竖置于左肩以上，只有一例为横置于腹下。其出土位置和出土状态，同我们最初称其为勾云形玉佩即是作为佩饰横置于胸前的想法完全不同。特别是这种出土状态可以与造型特点相互印证。如背面的四个隧孔，只有竖置时才两两相对或使用穿孔时才是最合理的，所以应非佩饰。基于此，我们采取了一种中性的命名办法，改称为"勾云形玉器"。鹏飞在文章中也采用了这一称呼。还有，单勾型勾云形玉器与双勾型勾云形玉器应为一大类，双勾型应为单勾型的合体，因为两型都由卷勾组成，出土位置大都在胸部偏右侧。一般以双勾型勾云形玉器中心对称双孔为睛、长侧一边多排齿状突为牙齿而将其视为兽面，其实双勾型勾云形玉器横置时大多一端宽一端窄，并不完全对称，中心的双孔是卷勾与器体的结合，而非眼睛，一侧多并齿是众多卷勾的一端，也非兽的牙齿，形象当然也非兽类。而且单勾型也有并齿，内勾也有成孔如睛的，加上竖置和反面朝上的出土状态，都启示我们对勾云形玉器原型的探讨应另谋思路。至于勾云形玉器的功能，我们从其出土位置近于史前时期诸考古文化中的斧钺出土位置推测，勾云形玉器应是一种有柄的复合器，是墓主人执此物表示权力的。此权力当然是神权，这也同红山文化神权至上的思想相吻合。以上无论从工艺特点，还是从出土状态来考证其造型和功能，越接近真实就越有利于把握鉴定的思路。鹏飞同志在这类玉器上肯下功夫，可以说是抓住了鉴定和研究红山文化玉器的一个重点。

哈民文化的提出是近年西辽河流域史前考古新成果。哈民遗址墓葬发现甚少，都位于房址之间，尚未见成片墓地。所出玉器都在房址内，不少房址内都出有成堆人骨，最多达 200 余个个体，人骨上偶见玉器。令人特别关注的是，哈民遗址所出玉器的玉料、造型多同于红山文化玉器，不过造型主要为较简单的环璧一类，这是东北地区史前文化玉器所共有的。独具红山文化玉器特点的仅一件勾云形玉器的残件。但陶器的自身特点较多，主要是饰非"之"字纹和压划纹的一种近于细方格纹的麻点纹筒形罐，是东北地区筒形罐的一种新类型。对此，有人认为属红山文化的一种类型，有人认为应单列一种考古文化，按考古文化定名标准，可能后者更具合理性。鹏飞在文中也发表了个人观点，主要是以玉器为主来划分的，也可备一说。在谈到哈民文化的发现时，使我联想起，2000 年我随台北故宫玉器研究专家邓淑苹女士到吉林做史前玉器的考察，当时吉林省博物馆正处于闭馆待建新馆的特殊时期，无历史陈列，馆藏文物也都已装箱。得到吉林省文化厅和吉林省博物馆的热情帮助，将馆里旧藏有关标本尽量寻找出来供我们观摩，其中就有 20 世纪 50 年代初从吉林省西北部白城子地区镇赉、洮安两县试掘和采集的多件玉器和有关文物。当时感觉这些玉器等文物可大致分属两类，一类是近于其西部西辽河流域红山文化的玉器，一类是近于其东部嫩江支流其他文化类型的玉器和石器。前一类可能就同近年来发现的哈民文化有关。其中有的玉斧个体甚大，鹏飞文中也引有类似的大玉斧。至于鹏飞文中对哈民文化玉器中含有其他红山文化玉器的判断，还有待于哈民文化更多发现的证实。

自 20 世纪 80 年代初红山文化玉器被确定以来，不过三十个年头，研究进展很快，且持续不衰。爱好者和收藏者的队伍也在不断扩大，我以为吸引力在于红山文化玉器内涵中所透露出的浓厚中华传统文化特色。希望今后红山文化继续有新的考古发现，研究和鉴定不断有新进展，也希望鹏飞这本书的出版能在其中起到积极作用。

（原载于张鹏飞编著《东北史前玉器研究》，文物出版社，2018 年）

《牛河梁遗址红山文化晚期社会的构成》序

　　随着 20 世纪 70 年代末到 80 年代初东山嘴、牛河梁遗址的发现和"燕山南北地区考古"课题的提出，红山文化研究有了突破性的进展，但相对于同时代其他地区的考古文化而言，仍有很多薄弱环节，如分期和地域文化类型划分等基础性研究。这种情况随着牛河梁遗址发掘和研究的进展，特别是 2012 年《牛河梁——红山文化遗址发掘报告（1983—2003 年度）》（以下简称《牛河梁》，文物出版社）的发表，逐渐有所改善，但仍有不少差距。郭明同志选择牛河梁遗址为重点做红山文化晚期社会构成方面的研究，并已拿出系列成果，自然应引起关注。

　　分期一直是红山文化研究中一个未完全解决且仍有较大难度的课题，这同红山文化遗址普遍堆积较薄而大面积发掘甚少、缺少系统发掘资料有关。牛河梁遗址资料虽相对完整，但遗存的地层（如石砌遗迹和相应的文化堆积）和遗物（玉器和非实用陶器）有诸多前所未遇的特殊性，尤其是墓葬多只葬玉器，基本无陶器随葬，这些都迫使我们在墓葬分期方面不得不另辟蹊径。在牛河梁遗址发掘报告中将有明确地层关系和陶器对应变化的遗存从总体上分为三期，主要是下、上层积石冢的区分，成为当时解开牛河梁遗址诸多问题如遗址群形成的一把钥匙，至于各地点间、每个地点诸积石冢间、诸冢中墓葬间的时间早晚关系，受材料所限，未做进一步探讨，只尽量提供了原始资料。郭明同志在运用类型学方法进行分期研究方面下了很大功夫。在《牛河梁》发掘报告分期的基础上，对以筒形器为主的陶器做了进一步的型与式的划分，将 A、B 型都做了分式，B 型还细分了亚型。以此为前提将下层积石冢分为两段，上层积石冢分为五段，从而使牛河梁遗址的分期有所推进。

不仅如此，郭明同志还将类型学运用于对积石冢的分析中，将积石冢各自结构上的差别做了细致的排比，依据地层关系对包括外界墙、内界墙、冢台和冢内诸墓间关系的判断；圆形冢与方形冢的分类比较；墓葬结构结合头向的不同对各冢内墓葬及与冢体的早晚关系的比较；头向和墓葬顶、底板的有无对应的分段研究；等等。在此基础上将积石冢从建造、使用到废弃过程分别加以分析，这对下一步积石冢的发掘和研究都会有所启示。

社会形态研究作为本书的重点，作者不仅把诸多积石冢及其结构细部的区别与社会形态的变化紧密结合，更坚持从理论上加以探讨，如聚落的共时性与历时性；从陶器和玉器制作分工看神权社会中社会管理方式及变化，生产组织方式及权力来源；酋邦社会在中国的适应和名称使用问题；随葬特殊玉器和多数量玉器的一致与区别看富与贵的一致和区别等等。这些都增加了本项研究的深度。

读郭明同志的论著，也引起我对牛河梁遗址一些问题的回顾和思考。

2012年底《牛河梁》报告正式出版，报告虽然是对三十多年发掘工作的总汇，但也只是阶段性成果。这是因为除了牛河梁遗址区内多数遗址点尚未发掘以外，在报告编写过程中，又不断有新的课题提出。

提到目前牛河梁遗址用于包括分期在内的材料的局限性，我的体会是，出土量最大的 B 型筒形器，通体复原者甚少，大量的口部和大量的底部，彼此无法对应，这就使从体型上进行分析比较受到很大限制，也对准确划分型式造成困难；A、B 型筒形器与下、上层积石冢的划分，虽然已可定论，但由于都为下、上层积石冢的叠压关系，如 N2Z4、N5Z2 和 N16 的 1979 年发掘部分，而上层积石冢都规模较大，高平低垫，使直接叠压在下面的下层积石冢几乎全被严重扰动而很不完整，所以对下层积石冢的了解十分有限。郭明在行文中已注意到这些不利因素。下一步的工作需在牛河梁已有资料和提出问题的基础上有针对性地进行。从牛河梁以往调查材料看，筒形陶器仍然是分期主要依据。除最多见的 B 型筒形器以外，需选择较单纯的下层积石冢即只出 A 型筒形器的积石冢进行系统发掘，还有出折领筒形器或 A 型筒形器和折领筒形器共出的遗存也应引起注意。这在调查材料中已有些线索。例如凌源市区附近有只出 A 型筒形器的遗存，又如目前只见于第一地点的折肩型筒形器（本书划为 C 型），也见于未经发掘的 N9地点。本书提供的 2014 年调查材料也有可喜线索，如 N8、N36 只采集到 A型，南营子东梁为 A 型与折领筒形器共出。这些都应列为今后工作的重点。

至于对牛河梁遗址进行社会形态方面的研究，这是从牛河梁遗址发现之初就已开始的课题，也是对牛河梁遗址关注的焦点所在，虽然这项研究是从多方面展开的，但社会结构无疑是其中的核心内容。牛河梁作为红山文化级别最高的一处中心聚落，在反映社会结构方面当然更具典型性，同时遗存保存相对较好，不仅各地点之间都独占山头，每个地点的诸冢之间也都保存有包括冢的界限在内的地上部分，这就使各个地点和各地点诸积石冢及它们所代表的不同层次的社会单元，可以有比较明确的区分。冢内则有中心大墓与同冢中其他墓葬不仅在规模上而且也在位置上的明显区分。这些都显示出牛河梁遗址在探讨社会结构方面独有的优势。

不过，对红山文化进行社会变革的研究，需要把握的最大特点也是切入点，是神权至上。本书对这一重要特点也有较为准确的认识和把握。神权社会自有其发展规律和进程，就我们目前所能认识到的，如在物质条件不足的前提下，精神领域得到超前发展；与此相应的，是对非实用的具精神内涵的因素如玉器及非实用的陶器，在自身发展演变、传统的延续和文化交流中的活跃程度的估计，这些与以往和生产生活有密切关系的因素有所不同的新的研究对象，需要有个摸索适应过程和与通常考古研究方法相衔接的新的研究方法。对此要有充分估计。本书对这些方面也都做了有益的探索。

规模宏大的牛河梁遗址群，历经五千年风雨沧桑，却从地下、地上遗存到周围环境，无论单体还是组合，都能得以基本保存，少有晚期扰动，这是极为难得的。应作为一个整体，做出独立的长期考古规划，在以往工作经验包括教训的前提下，及时提出新课题，有针对性地开展工作，坚持年年有成果，不断积累，一定会对牛河梁遗址和以它为代表的中华五千年文明起源的自身发展道路、特点及其在中国乃至东亚和世界的地位，有更全面的揭示。郭明同志对牛河梁遗址的研究成果，也一定会在其中起到积极作用。

（原载于郭明著《牛河梁遗址红山文化晚期社会的构成》，社会科学文献出版社，2019 年）

《查海遗址研究》序

　　查海遗址从 1982 年辽宁省第二次文物普查时被发现，历经 1986 年至 1994 年的七次发掘，1988 年、1996 年分别公布为辽宁省级和全国重点文物保护单位，和在此前后的遗址保护、遗址博物馆建设，已经过去二十多年了。期间不乏研究成果发表，包括 2012 年遗址发掘报告的编写出版。但熟悉遗址整个工作过程和遗址及博物馆实际情况的当地学者参与较少。今读到查海遗址博物馆副馆长李井岩同志的《查海遗址研究》书稿，令人欣慰。书稿查阅大量资料，对查海遗址有全面论述，在与同类遗存的比较时能放眼全国，还有对各种观点的引用，对以往工作成果的尊重，以及遗址的保护和展示筹建过程，都十分可贵。

　　读了李井岩同志的书稿，也引起我对查海遗址的回忆。

　　查海遗址发掘期间，正是牛河梁红山文化遗址发掘进行并不断有新的资料发现之际，但查海遗址的发掘成果并未因红山文化的发现被忽视，而是每一次新发现都会引起持续关注。这充分说明查海遗址的重大学术价值。

　　查海遗址最早的重要发现是玉器。先是在地层发现的玉玦，后又在一座小墓（F7M）中有多件玉匕形器出土。经闻广先生鉴定，都为透闪石软玉，被誉为世界最早的真玉器。正好 1990 年秋在大连市召开第二届环渤海国际考古会议，查海发掘资料成为那次会议的亮点，有明确出土关系和年代的玉器的展示，引起与会者特别是海外学者的普遍关注，按日本学者秋山进午先生的形容，大家是"一片惊愕"。因为此前所知，玉玦多见于中原地区商周时期的玉组佩中，20 世纪 70 年代在浙江河姆渡遗址有发现，但为石质。日本列岛则在距今六七千年的绳纹时代早期起多有发现，所以大连会后立刻有日本学者中山清隆撰文，认为日本海沿岸的发现是受到辽西的影响。由于日本海沿岸也是玉玦与玉匕形器的组合，所以这一观点是可信的。《查海遗址研究》一书中，从玉料及来源、玉器工艺、功能、传播等方面，对查海遗址出土玉器有较为详细的论述。

接着是1994下半年在查海遗址中部发现的用石块摆塑的龙形象。因为是地面摆塑，石料非特选也无明确加工，与其下的石脉在石质、色泽上相近，不易分辨。媒体闻讯要报道，大家都持谨慎态度。当时正好张忠培先生到辽宁，我与孙守道先生请他一起到现场鉴定。经观察，又听发掘者介绍，共同的认识是，这种摆塑技法的龙形象，此前也见于年代在距今6000年前后的河南濮阳蚌壳摆塑龙虎墓和湖北黄梅县卵石堆塑龙，而且查海遗址的摆塑龙位置正在房址围绕的聚落中心，尤其在此之前的1990年，已有两件浮雕饰鳞纹的龙体残陶片出土，还得知陶器上有蛇吞蟾蜍的浮雕题材，遂趋向于肯定。为留有余地，建议称为"龙形堆石"或类龙形象。《查海遗址研究》一书中对各地发现的早期龙的类型、与龙崇拜有关的蛙和蟾蜍进行综合比较，突出了查海龙和蟾蜍崇拜在龙起源过程中的源头地位，还有对其出现的自然和社会文化背景分析，颇有新意。

还有就是居室葬。考古发掘的房址，一般到居住面为止，而且多年积累的经验证明，居住面以下为生土，不必再向下挖掘了。查海遗址房址居住面下墓葬的发现，既有自身的特定条件，即烧土面不够平整，有向下再挖掘的趋势，也有发掘者的细心。终于在烧土居住面下发现了墓葬，且出有玉器。此后，兴隆洼遗址对已发掘房址做过再清理，在居住面下有更多墓葬发现，与查海遗址相互补充，使居室葬被列为查海—兴隆洼文化的一项重要文化特征。

查海遗址还有一项重要发现，就是石轴承。这是在发掘报告发表后的一次再发现。发掘报告中将这类标本通称之为"石钻"，正在研究史前玉器工艺中旋转技术的香港中文大学邓聪先生则坚信这类标本是石轴承。我和辽宁省博物馆孙力同志利用在澳门召开"澳门黑沙史前轮轴机械国际会议"撰写论文的机会，从辽宁省文物考古研究所调出这件出土物进行了观摩并做了细部拍摄，从颈部旋转等痕迹可进一步证明确为石轴承。邓聪先生有专门文章论述，认为是迄今所知最早的石轴承。类似石轴承在查海博物馆还有几件收藏，暗示遗址附近可能有玉石作坊存在。而且这类原始机械备件，对于工业史，特别是对制造业大省的辽宁有特殊意义。预料今后会引起有关各方的浓厚兴趣。

提到兴隆洼遗址，现为该类考古学文化的命名地，并将查海遗址也包括在内。其实查海与兴隆洼这两个相距不远的遗址相比较，以共同性为主，但差别也不少，这其中，有地域差别，也有年代及延续时间长短的差别。《查海文化研究》一书对这两处典型遗址进行了多方面较为翔实的对比，得出了查海遗址发展演变更具完整性，兴隆洼遗址处于这个文化发展中的一个阶段的结论，从而提出命名查海文化的理论根据和必要性的观点，是有说服力的。近更有学者提出"查海时代"，即将中国新石器时代的先仰韶时期以查海通名（见赵宾福在 2018 年中国考古学会成都年会的发言），应与查海遗址在同时期诸遗存中具先进性有关。当然，考古学文化的命名经常是约定俗成的事，目前以兴隆洼遗址命名该考古学文化已被较多引用，只要不忽略其间的差别从而影响研究的深入，两种命名方法都是允许的。但无论如何，这类先红山文化的发现，共同为红山文化在当地找到了来源。这对于建立当地史前考古文化发展序列，尤其是红山文化的来源从而对红山文化高度发展水平的理解，学术意义都十分重大。

《查海文化研究》一书中多次提到苏秉琦先生。确实，查海遗址的发现得到苏秉琦先生高度关注。1986 年在沈阳召开的中国考古学会第六次年会后，先生到兴城疗养期间，点名要看查海陶器。因为苏先生在当时学界聚焦红山文化、社会掀起"红山文化热"的情势下，更多是在冷静思考红山文化在当地的来源，因为红山文化毕竟是在文化发展相对多变化的北方，无论年代还是发展演变过程，都要做得更扎实。所以兴隆洼、查海遗址发现后，先生对这两处遗址出土陶器及饰纹多次仔细观摩，确认其不仅年代早，而且先后演变序列清楚，于是此后有对红山文化源远流长的多次论述及与中原发展过程的对应比较。尤其是 1991 年 8 月，先生应阜新市政府之邀畅谈查海遗址的研究和保护时，主要依据查海遗址出土玉器提出了"万年文明起步"的新颖观点。此后该文化陆续有新的发现，如兴隆洼遗址 F180 - M108 以一雄一雌两只整猪随葬的首领级人物墓葬；M130 一对玉玦除内外径相同外，重量竟然也一致所表现的精湛玉器工艺；兴隆沟遗址采样孢粉中鉴定出人工栽培的黍及粟，成人男女二人葬（F36－M23），多件石、骨、贝质小型人面像（以贴贝齿石人面像和人头盖骨雕人面像为重要），猪头骨下的身躯以石、陶片摆塑的一对猪首龙形物（H35）等。尤其是新近在查海遗址附近的他尺营子遗址发现了一件刻划神人面纹的石牌饰，此前公布过巴林右旗采集的一件形状、尺寸、刻划纹饰相近的神人面石牌饰。这样，可以将查海—兴隆洼文化的成就归纳为"玉、龙、轴、神"四大发明，它们的先后问世，都一再证明着苏先生的预言。

最后想借此机会介绍一位热爱辽宁古代文化、与查海遗址很有缘分的日本友人内藤真作先生。内藤先生是日本富山电视台社长。1992 年辽宁电视台与富山电视台联合制作《辽河纪行》电视片，内藤先生是策划人，在他的建议和组织下，将查海遗址以及金牛山、牛河梁、姜女石等辽宁省那些年的重要考古发现都纳入其中。我是在拍摄过程中与内藤先生结识的。在第一次会面时得知内藤先生在头一天特地到查海遗址考察，考察的方式别开生面，是在午夜十二点准时从阜新市赶到查海遗址，将耳朵贴在遗址地面，为的是夜深人静，"可以倾听到一万年前的灵气"。而那时内藤先生已是动过大手术的一位 70 多岁老人。这部电视纪录片还包括了满族民俗和环境治理方面的内容，曾获 1992 年日本电视节奖，并获准在联合国总部放映。内藤先生重视辽河文明，更重视辽河文明的研究者，特别是当他得知苏秉琦先生是辽河文明研究的指导者时，极为尊重。1992 年和 1994 年他曾专门到北京采访苏先生，并很快将与苏先生关于《环渤海考古》的访谈记录整理出来。他自己还专门撰写了满怀情感的回忆文章。1997 年内藤先生故去时，其遗言就是将部分骨灰撒入辽河。

查海遗址得到各方关注不是偶然的，是这处遗址在辽河流域、东北到东北亚和全国史前时期历史发展进程中的重要地位决定的。随着查海遗址发掘资料的全面发表，查海遗址及有关遗存的研究和保护的下一步工作规划，已提上日程。就研究课题来说，除围绕"文明起步"进行系列研究以外，如这一时期房址普遍无门道、居室葬的习俗，还有石容器的多见，与西亚地区多有相似，很值得关注。本书作者作为查海遗址博物馆负责人之一，除对遗址的研究进行了较为全面的回顾以外，对查海遗址的保护现状、存在问题和旅游资源价值也做了认真的分析和评估，并提出进一步改进和发展的可行措施，多有可取之处。查海遗址有优越的地理位置和较为完好的原始环境。随着京沈高铁的通车，附近医巫闾山辽陵考古和保护的进展，牛河梁遗址博物馆和国家考古遗址公园的建设，一条辽西历史文化寻根之旅正在形成。查海遗址作为其中重要一环，未来的发展前景十分可观，让我们共同期待。

（原载于李井岩著《查海遗址研究》，陕西科学技术出版社，2019 年）

附 录

六十岁　新起点

"六十岁是新的起点"，这是我即将退休时当时还健在的苏秉琦先生对我的嘱咐，我想这也是先生对我们这一代同行朋友们在各自的专长上继续有所发挥的殷切希望。那么，我的新起点在哪里？还要做一点回顾。

我总爱回想在校时的考古实习，那不仅是因为在专业入门上实习往往有高于课堂教学的效果，而且我在大学两次实习都是洛阳王湾遗址的新石器时代发掘材料，研究生实习先是整理山东大汶口墓地，后到江浙地区观摩崧泽、良渚等环太湖地区的新石器文化，以后的二十多年里，尽管中国史前考古有了突飞猛进的发展，但这几处遗址仍然都保持了典型性和标尺的位置。所以那几次实习对我在专业指导思想上的影响是不言而喻的。

王湾遗址所在的洛阳盆地属中原地区，不过那里发现的仰韶文化与关中地区已有所不同，特别是仰韶文化晚期，这一带的彩陶简化快，黑灰陶出现早，尤其是出现了大量"鼎豆壶"系列，这种不是中原地区原生的文化因素，大有替代原有文化因素如彩陶、小口尖底瓶、钵盆的趋势。究其原因，当时考虑较多的是仰韶文化向龙山文化的过渡。直到两年后接触到山东大汶口材料后才有些新的理解。大汶口墓地133座墓的上千种陶器，几乎每一种器物（鼎、鬶、豆、背壶、尊、杯）的主要部位都有比较敏感的时代差别，变化节奏极快，尤其是"鼎豆壶"的序列完整，典型性强，江浙地区也有相似现象。这时，苏秉琦先生《关于仰韶文化的若干问题》（《考古学报》1965年第1期）发表，文中有一个鲜明的观点：以大汶口文化为代表的东南沿海地区新石器文化与中原仰韶文化之间，前后期的发展阶段大致同步，互有交流，但东南沿海社会发展水平渐高于中原，并逐渐对中原古文化产生了更大的影响；豫西地区的王湾遗址在仰韶文化晚期出现，后成为商周时期礼器典型组合的"鼎豆壶"序列，就是受了东南地区大汶口等文化影响的结果。这对当时占绝对统治地位的以中原为中心的传统史学观是一次挑战。我在校学习的 20 世纪 60 年代初，考古学文化区系类型理论还在酝酿之中，但在北京大学已经有了以这一理论的一些基本思想指导的教学实践，我有幸成为受益者。分配到辽宁后，得到发现和发掘牛河梁红山文化遗址这样难得的机遇，对辽西史前文化在中华文明起源史上"先走一步"的观点比较容易接受。

牛河梁红山文化遗址，包括石头建筑的祭坛、积石冢群和以玉雕龙、凤为代表的玉器群，前所未见，女神庙和大型塑像更被誉为"海内孤本"，是中华五千年古国的象征。尤其难能可贵的是，不仅遗址保存较好，历史环境风貌也得以完好保持，身临其境，有"圣地感"。当时（1983 年）我已分配到辽宁省文化厅主管全省文物工作，深感这件事不仅学术意义甚大，社会各界对由于这一发现而引起的中华文明起源的大讨论表现出特殊关注，全力保护，刻不容缓。于是征地、建工作站，批准为第三批全国重点文物保护单位，公布了 50 平方千米的法定保护范围，还争取到世界银行贷款，列入申报世界文化遗产预备名单，并按遗址整体保护规划，建成国家考古遗址公园。2018 年，以"牛河梁"被命名为京沈高铁站为标志，这一考古遗址正在走近寻常百姓家。

当然，我的主要精力仍放在对以牛河梁遗址为中心的红山文化和辽河流域文明起源的研究上。目前已涉及史前考古与古史传说的整合。在考古学科成熟的学科理论指导下，这一长期以来困惑学界的课题已步入正轨，五帝时代的图景已渐在展现，红山文化是其中一个重要角色。为此，我撰写了《追寻五帝》（香港商务印书馆，2000 年；辽宁人民出版社，2010 年），还协助苏秉琦先生编著了《中国文明起源新探》（商务印书馆香港有限公司，1997 年，2019 年繁体字版再版；生活·读书·新知三联书店，1999 年，2019 年再版；辽宁人民出版社，2007 年再版；人民出版社，2008 年再版）。近年较多思考的课题是中华文化与文明的起源，以为礼制的起源及其传承，是中国文明起源的主要道路，也是区别于西方古文明的自身特点，而"礼有五经，莫重于祭"（《礼记·祭统》）。红山文化"坛庙冢"祭祀遗址群的类型、结构、组合、布局及其对后世直至明清时期强大的传承力，是典型实例。希望今后在这方面不断有新的收获和体会。

（2000 年《难得重逢——北京大学历史系 1957 级学友随感录》的修改稿）

通神礼玉　问祖寻根

——郭大顺先生专访

记者：郭先生您好！感谢您接受中国考古网的采访。咱们先从您的大学时代谈起吧，在北大的四年您觉得收获最大的是什么呢？

郭大顺：我在北大学习的时间可不止四年，算起来有十一年吧。1957年入学，到1962年本科毕业，然后读研究生。研究生应该是三年，到1965年毕业前，先后到通县（今通州区）、顺义参加"四清"，接着是写毕业论文，然后就赶上"文化大革命"，拖到1968年8月才离开学校分配到辽宁省博物馆。

说到在北大学习时的收获，2012年北大考古系成立六十年前夕，杭侃副院长安排我去系里就苏秉琦先生的学术思想给他们研究生做一次讲座。讲座结束之后，有个关于六十年系庆的采访，采访者问了一个大致同样的问题，说你在北大，印象最深的是什么？当时觉得一两句话说不清楚。回沈阳以后想到，应该是大师的熏陶吧。我们在校的20世纪50年代末到60年代初，学校各系的老先生们都健在，在学校随时可以接触到受大家仰慕的各位先生，有本系的，也有外系的，有的听过课，有的听过讲座，有的做过采访或一起开过讨论会。北大有名教授为低年级学生讲课的传统，我们刚入学就有幸听到张政烺、胡钟达先生分别讲授中国上古史和世界上古史，业余时间还听过哲学系冯友兰、中文系吴组缃等先生们的周末讲座。更多是在校园里远远看到老师们在燕南园、未名湖畔散步的身影，或在宿舍里相互评说先生们做人做学问的传奇故事，那种感受对学生们来说更多是无形的，却影响一生，是最珍贵的记忆。

另一个印象深的收获就是考古实习。我们那个年级，按苏秉琦先生的设计，是三次实习，两次论文。三次实习，一次叫参观实习，一次叫生产实习，一次叫专题实习。两次论文就是学年论文和毕业论文。这样完整的教学计划就是从我们五七级开始的。我们班参观实习的地点是1958年在周口店和1960年在中国历史博物馆（今中国国家博物馆，下同）；生产实习是1960年在洛阳王湾，参加发掘和整理；1961年我的专题实习也是整理洛阳王湾遗址的新石器时代部分，所以对这部分资料记忆比较深。读研究生的时候，按苏先生设计的教学方向，实习地点安排到东南地区。先到山东，接着到江浙，大部分时间是在山东济南整理大汶口墓地1959年发掘的133座墓葬资料，主要是陶器。这批资料归济南市博物馆管，但有上千件陶器存放在山东省博物馆一间大屋子里，就我一个人，整天和那上千件陶器打交道，画图、排队。王湾遗址的新石器时代遗存从仰韶时期一直延续到龙山时期，延续时间较长且较为连续，分的时段也比较清晰，在豫西地区具典型性。最下层属于仰韶文化较早期，晚的龙山文化也可分两段，而以仰韶文化与龙山文化之间的部分最为丰富，当时称为"过渡期"，即从仰韶文化向龙山文化的过渡。"过渡期"的典型单位（从早到晚如H215、H165、H149、H194等灰坑）、典型器物、典型组合（灰黑陶的鼎、豆、小口罐和图案逐步简化的彩陶钵、罐共出）及其阶段性变化都较为显著、完整，可明确分作四期。大汶口那133座墓的随葬陶器属于大汶口文化中晚期，也是差不多每座墓葬都有以"鼎豆壶"为主的基本陶器组合，每种器物甚至每类器物细部的时代对应变化都非常敏感，排队分期可以做得很细。这两处遗址的材料系统、典型，给学生实习提供了十分有利的条件。后来认识到，王湾和大汶口还有文化上的联系，而且更多的是东方大汶口文化对中原仰韶文化的影响。想到从20世纪五六十年代到现在，全国的新石器时代遗址发掘了那么多，但这两个遗址到现在仍然具有代表性，我赶上了以这两处遗址作为实习对象，是非常幸运的，不仅得到了考古学方法论的正规训练，而且对到辽宁工作后逐步自觉地依考古学文化区系类型理论为指导进行实践和研究，都受用无穷。

记者：现在的年轻人，刚走上工作岗位的时候，常会比较迷茫，不知道如何尽快展开自己的研究。您刚参加工作时，是否有同样的困惑呢？

郭大顺：这个情况不一样。现在年轻人的迷茫，我没有切身体会，我们那个时代情况不一样。我在学校待了十一年，最后赶上"文化大革命"，就没有专业学习的机会了，当时就觉得老在学校待着干什么？想快点到工作岗位去，到哪去都行。我是张家口人，怕热，在济南实习的时候，住在现在山东省文物考古研究所所在的叫广智院的万字会旧址大院里，亲身体验过夏天的那个热。晚上在屋里待不住，当时没有空调，深夜里就抱个被子在院里走廊转来转去找个风凉的地方。当时研究生分配是一个萝卜一个坑，有个岗位是东北辽宁，我就主动提出去辽宁，因为那儿的气候同我们家乡差不多。至于到辽宁干什么，当时没有想法。因为在学校听课所知辽宁的考古材料很少，对辽宁的印象好像是"无古可考"，但那时候也管不了那么多，去了再说吧。我就希望到了工作岗位赶紧开始工作。到辽宁之后，先到黑山县抗旱，接着下盘锦五七干校，那时脑子里一片空白，什么也不想，就是劳动干活。半年多后的 1969 年初从干校调回沈阳让搞业务，觉得能工作就非常满意了，当时就这么个心情。好在一开始接触业务就发现，在辽宁做考古工作，还是一个大有可为的地方。

我最先接触到的是青铜器。当时在铁岭有个炼铜厂，有从全国各地"破四旧"送来的废旧铜制品，其中有不少是文物，于是特地派业务人员进行拣选。拣选出来不少是出土的青铜器，有的是辽宁本地青铜时代风格的，有的是其他地区如西北地区风格的。大家都知道，辽宁喀左县 20 世纪四五十年代就出过商周青铜器，70 年代以来又不断有商周青铜器出土，其中的燕侯盂、有"亚冀"和"筥竹"铭文的方鼎和涡纹罍等，对揭示辽宁西部地区商周时期的历史有很高的学术价值，但都是窖藏，是否当时埋藏还有疑问，如果找到当时的墓葬，问题就解决了。正好在铁岭炼铜厂拣选到一批青铜车马器等，不少都带着土锈，像是刚出土不久，而且可能就是墓葬出土品，并已有线索说是出在辽西朝阳。于是我就和同事背着这些铜器，到朝阳去找这批铜器的出土地点，结果真的就在朝阳县南部偏僻山沟里一个叫魏营子的村旁小凌河畔发现了西周木椁墓。这是在辽宁也是东北地区首次发现的西周早期墓葬，也为不断发现的窖藏商周青铜器得到合理的解释。后来是调查发掘丰下和大甸子等夏家店下层文化遗址和发掘大南沟小河沿文化墓地。大南沟墓地是 1976 年秋天发掘的，这处墓地在翁牛特旗解放营子乡二道杖房大山深处一座高山的南山坡，离村庄非常远，要翻几道梁，我们每天耗费在上下工路上的时间就得近四个小时，深秋季节山里亮得晚黑得早，每天待在工地的时间不过中午那两个多小时。好在这个墓地和墓葬都规模不大，距地表也较浅，最终获得一批较为完整的小河沿文化墓地材料。夏家店下层文化遗址则是辽宁西部和内蒙古东南部最为多见的，它们的分布密度常常超过近代村落，后来以普查工作做得较细的敖汉旗为依据推算，在辽宁西部的五六个县和内蒙古东南部的五六个旗县，夏家店下层文化遗址的总数量达上万处。为了更多地了解这类遗址的情况，我曾跑遍了喀左全县和其他一些旗县的山山水水，最初的直觉是采集到的绳纹灰陶片，其质地、硬度、薄厚与我们在学校实习时在洛阳工作站看到的二里头、东干沟的陶器有许多相近的地方，但遗址不仅在河旁台地有，更高的山坡、山岗甚至山顶都可见到，呈一种立体式分布；而且不少遗址由于没有被后期扰动，房址、砦墙至今还清楚地保存在地面上。还有 1973 年在北票丰下发掘时所见房址居住面连续叠罗的不间断居住、土坯砌墙、白灰面铺地等习俗以及由此形成的厚达 3 米到 6 米甚至更厚的文化堆积，都有在中原地区做考古的感受。特别是 1976～1983 年参加了大甸子遗址和墓地的发掘和整理，800 多座墓密集分布在 6 万多平方米范围内，却无一打破关系；出土的彩绘陶器以兽面纹、目雷纹、圆涡（回）纹等为母题和三分面布局都与商代青铜器十分接近；墓葬还有明确的等级划分，深达六七米的大型墓葬有陶鬲、爵、玉（石）斧、钺、漆觚、铜玉饰件等随葬品。从中体会到，这是一个文化面貌与发展水平都与同时期中原地区夏商文化相近的考古学文化，虽然文献上罕有记载，但在夏商时期却曾雄踞北方，苏先生称为"与夏为伍的方国"。

20 世纪 70 年代参加工作不久的这段经历令人难忘，现在还经常与同行朋友们回忆起在敖汉旗文化馆邵国田同志引领下，攀登大甸子遗址附近海拔近千米的佛爷岭山顶，发现夏家店下层文化石砌建筑址后的意外和沉思；在发掘大甸子 726 号大墓时吊在滑轮上下到 8 米深墓底清理的冒险场面；在老乡家土坑上剔除一件彩绘陶器上的土锈找到兽面纹眼睛的激动心情；回忆起在承德避暑山庄工作站与刘观民先生、徐光冀先生及我的同窗刘晋祥、杨虎一起，一边将大甸子陶器楼上楼下搬来搬去，一边谈论分期排队、解析彩绘图案新收获的热烈情景。我也在这段难忘的工作实践经历中越来越强烈地感受到，辽宁不仅有古可考，而且在中国历史上还占有很重要的地位。所以当年刚参加工作时，虽然政治环境、生活待遇等各方面条件远没有现在优越，但年年有新的收获体会，好像没有什么困惑的感觉。

记者：那您什么时候开始转向对红山文化的研究，发现牛河梁遗址群的呢？

郭大顺：先从红山文化玉器说起吧。20世纪70年代初，在辽宁省文物店见到从辽西一带收购的一些形制特别的玉器。随后，辽宁省在赤峰、朝阳、阜新各旗县设立专职文物干部，这类玉器又不断在这些市县旗收集到。接着出土地点也有了线索。先是1973年听说内蒙古昭乌达盟（现赤峰市）翁牛特旗出了一件大玉龙，隔年又在乌丹旗文化馆见到那件大玉龙，当文化馆的同志刚把它从柜子里拿出来时，不禁心头一震，墨绿色玉，龙首长吻，卷体有力，长鬃飘扬，个体特大，拿在手上沉甸甸的。这样的玉器出在中原地区也是重器，怎么会出在西辽河地区？当时觉得把它放在辽西地区历史发展的哪个阶段都不合适，就暂时定在战国以前。看了东西后又去乌丹镇以北的赛沁塔拉村看当地村民回忆的出土地点，发现那附近就有红山文化遗址，当时还没有将遗址与大玉龙联系起来考虑。期间阜新胡头沟也收集到这类玉器，有龟有鸟，是老乡从河边断崖冲刷出的一座石棺墓中取出来的。胡头沟遗址地表就有红山文化遗迹，但因为不知道与这些玉器在墓里共存的陶器是什么样，难以通过陶器断代。当时辽宁省博物馆的孙守道先生比别人考虑的要深一些，觉得这些玉器可能与红山文化有关。但大家都接受不了，它怎么能有红山文化那么早呢？因为当时普遍认为红山文化就是受中原仰韶文化影响的一个地方文化，怎么能出这样造型、工艺都十分进步的玉器呢？以后得知，这类玉器早在20世纪初就在海内外博物馆和收藏家处有零散收藏，但年代也都定得较晚，剑桥大学费芝威廉姆博物馆（Fitz william Museum）收藏的一件人熊结合的红山文化玉器甚至被内定为中南美洲的玛雅文化。看来要确定这些玉器的年代和文化所属，需要更确切的证据。于是就开始了以寻找玉器出土确切地点和出土关系为目标的调查工作。

正好从 1979 年开始，辽宁省开展第二次文物普查，以朝阳市喀左、朝阳、凌源三县为试点。我负责喀左县，与省内各市调来的队员们一见面就提出把寻找红山文化遗址作为普查重点。东山嘴遗址就是在那次普查时发现并做了试掘。当时在东山嘴和凌源三官甸子已有玉器发现，但地层关系仍不够确切。1981 年普查到了建平县，我们办了培训班。这个县一共 32 个公社，一个公社来一个文化站长。我在讲课时，特地提到正在寻找玉器出土地点的事。当时富山公社的文化站长说他们公社的马家沟村老乡家有个"玉笔筒"。培训班一结束，我们就借了几辆自行车，骑车 15 千米赶到马家沟。在马家沟生产队长家里还真见到一件玉笔筒，放在他家的地柜上，里面插着几支笔。我一看，这哪是什么笔筒，这不就是我们要找的斜口筒形玉器吗，于是急切地向主人询问出土地点。主人领我们到了村西部国道 101 南侧一个山梁上，这里正是建平与凌源两个县交界处梁顶的一块耕地。我们在地表采集到红山文化陶片和石器，这是一处单纯的红山文化遗址。正好在地头有村民起石头时露出一块人骨，我们就做了简单的清理，发现是个石棺墓，墓主人头部有个玉环。仔细分析地层，发现石棺上头就是一层黑土，黑土里有白色石片夹着红山文化的红陶片、彩陶片，遗址单纯和清晰的地层，使我的心里终于有了底，可以肯定墓葬的时代就是红山文化的。这是个很重要的发现，也是红山文化玉器第一次正式出土。依据这个资料，加上赛沁塔拉大玉龙和阜新胡头沟石棺墓玉器的材料，以及赤峰和朝阳、阜新各地收集的一些玉器，我和孙守道先生就合写了一篇文章，讨论赛沁塔拉玉龙的年代和龙的起源问题，文章提交给 1981 年底在杭州召开的中国考古学会第三次年会。我们在文章里提出龙的起源可以追溯到五千年前，以龙的出现为象征的中华文明起源也可追溯到五千年前。龙的起源，文明起源，这两个问题在当时属于"禁区"，仅根据一些调查和采集的材料就谈这么大的课题，而且是在被普遍认为属于受中原影响的山海关以北的辽西地区，不会马上被接受是可以理解的。所以，我们那篇文章也未能收入到年会论文集。

不管怎样，1981 年我们在牛河梁的发现是十分重要的线索。本来应该马上继续追下去，但因为当时有个规定，普查期间不准发掘，所以对我们的做法还有所批评。1983 年秋，我被调到省文化厅，于是赶紧请孙守道先生带人到马家沟一带继续调查。当时就在 1981 年发现出玉环的那座墓葬的耕地里揭露出积石冢，附近山头上也调查出几座积石冢。有墓就应该有相应的居住地，新石器时代房址的主要特征就是有红烧土。果然在山梁顶部一条冲沟里发现了红烧土，不过这些红烧土块不是居住面，而是人的塑像残块，这些人像残块个体甚大，大概相当于真人的二倍。接着在冲沟东部进行试掘，结果是将一座堆满红烧土块的庙宇遗址揭露出来了，还获得了一尊基本完整的女神塑像头。因为此前东山嘴已有红山文化人体塑像出土，对于女神庙和人体塑像的发现，我们并不感到特别意外。到第二年（即1984 年）八月份，正式发掘积石冢，就出了那个四号墓，墓里面随葬有红山文化代表性的玉龙和斜口筒形玉器，这批玉器的年代和文化所属终于有了确切的考古证据，我们称为"一锤定音"。庙宇遗址、女神头像加上积石冢和龙形玉雕，在中国五千年前的新石器时代晚期遗址还从来没有见过，我们甚至想也没有想过。我们意识到这不是一般的发现，可能要引起考古界很大的反响。我们不仅要把地层、年代等工作做扎实，还要考虑遗迹保护。特别是女神庙，虽然地层关系明确，遗迹轮廓清楚，按考古常规，完全可以继续发掘，但考虑到这种庙宇遗址，在中国不仅在史前时期是唯一的，就是夏商周三代甚至更晚，也缺少类似发现（苏先生称为"海内孤本"），所以我们决定工作暂缓，待条件具备后再考虑正式发掘。其他积石冢的发掘也是以揭开表土为主，尽量少做解剖，为以后建"遗址博物苑"保留原迹，当时我们称为"保护性发掘"。不过为此有时做得过于谨慎，不仅发掘速度太慢，而且因为有的陶器和人骨未及时提取，造成浸蚀残碎，无法复原。所以是有经验也有教训。

东山嘴、牛河梁遗址发现消息的报道也很有意思。因为考古消息的新闻报道，往往有些夸大的语句，所以当时考古界一般都对记者有所提防。东山嘴、牛河梁遗址发现的消息，最初也只在《沈阳日报》发了一个短消息，说辽西发现了原始神殿。但消息已不胫而走。到了 1986 年，新华社辽宁分社有位叫卜昭文的老记者，她意识到这个发现的特殊价值，多次找我，后商定先发内参，稿子写好后我让她到北京先找国家文物局和苏先生把关。没想到正在思考这个发现重大学术价值的苏先生一见到她就说，东山嘴、牛河梁发现的祭坛、女神庙和积石冢，相当于明清时期北京的天坛、太庙与明十三陵。她凭着一个资深记者的敏感觉得只发内参不够了，就与《光明日报》总编辑商量，马上公开报道。于是，在1986年7月24日的当天夜里，新华社发了通稿，第二天早7点中央广播电台新闻联播播了近3分钟，中央、地方报纸、港台报纸都在显著位置刊登出来，《光明日报》头版占了通版，下午日本等域外各大报纸都加以转载并配有专家采访。都说牛河梁的发现将中国文明史提前了一千多年，三皇五帝找到了实物证据。中国文明史有没有五千年？中国作为世界四大文明古国的证据是什么？这些对当时正在向世界开放、思想比较活跃的中国，是亿万中华儿女都热切关心并希望得到确切答案的热点问题。于是在社会舆论的关切和推动下，在学术界掀起了一场中国文明起源的大讨论。考古界与新闻媒体的关系也密切起来。

红山文化发现的这段经历给我们的体会是，考古发现有很多偶然性，但是，偶然性中总蕴含着必然性，这是科学发现的规律，考古学也不例外，红山文化玉器和牛河梁遗址的发现就很能说明这一点。

记者：您和苏秉琦先生情谊深厚，能否谈一下苏先生对您的影响。

郭大顺：我在学校读本科的时候，与苏先生接触很少。我也不像有的同学，在中学的时候就对文史很感兴趣，有较好的基础。我在张家口一中读中学的时候，本来想考的是理工科，检查身体时发现我的左眼弱视，《考生手册》说眼睛弱视没有立体感，报理工科要吃亏，所以临时就改报文科，后来就考了北大历史系。入学第一年不分专业，第二年按专业分班，考古一个班，历史两个班。考古班三年级的崔璿（后到内蒙古社会科学院工作）是我张家口一中的学长，他建议我报考古班，于是就学了考古。1962年本科毕业分配的时候，正赶上困难时期，大多数省都不要人，我们班考研究生的多，苏先生最初招的是秦汉方向，后改招新石器方向，这样我就跟苏先生读了研究生。那时苏先生主要在社科院考古所上班，正常情况下每周四来北大，学校给苏先生安排了一个房间，健斋203，我每周四下午去和苏先生见面。苏先生带研究生不大布置学习任务，多是谈些学习体会。

当时正是苏先生考古学文化区系类型理论的酝酿时期，他在带研究生时，也在试图贯穿这个思想。我们在洛阳专题实习期间，常有学者到工作站后院王湾材料整理室来。生产实习的时候就听说，因为王湾遗址的材料比较丰富，也有一定复杂性，比如红陶、彩陶与黑陶共存。这个遗址是北大单独做的，由于是学生实习，大家都关心发掘质量。经常有学者前来观摩，可能有的是从检查发掘质量角度来的。1961 年秋，夏鼐先生与苏先生也一起来到洛阳工作站，在我们的整理室，苏先生给我的印象就是反复摸陶器。地上摆的那件龙山文化大瓮，他在地上蹲了很长时间，摸来摸去，摸得满手都是灰。我印象比较深的是他说的一句话："四面八方"。后来理解了，那时候都说在王湾遗址发现了比较完整的仰韶文化向龙山文化的过渡期，但苏先生当时不完全那么看。他注意到遗址里有些因素来自东方大汶口文化，有的来自南方江汉地区的屈家岭文化，他已经从区系类型观点考虑王湾这批材料了。

接着就是 1962 年考研究生，考场在北大文史楼。考题我还记得——用考古材料说明：一、夏商周各自的主要活动地区；二、夏商之际、商周之际他们的接触地带。我当时怎么答的记不起来了，只记得平时准备的都没用上，课间操广播一响就交卷了。后来知道，苏先生当时就在考虑，先周活动在西边，先商在东或者东北，夏在东南，中原是他们的主要交汇地带，可以看出来，考试题也已贯穿着区系类型观点。后来念研究生期间，他安排我到东南地区实习也是这个指导思想。虽然当时新石器考古以中原为中心占优势，但是大汶口墓地和苏北刘林、大墩子一些遗址的发掘材料报道以后，苏先生已感觉到对东南地区影响中原应该给予特别关注。后来他在1965 年发表的《关于仰韶文化的若干问题》一文中，提出仰韶文化前期以中原对周围的影响为主，但到了仰韶文化后期，文化交流的导向有所变化。仰韶文化本身东部和西部发展不平衡，它的东部，就是洛阳到郑州这一带，发生突变，出现了鼎、豆、壶。这个鼎、豆、壶系列，虽然后来长期成为中国礼器的基本组合，但它不是中原地区本身的，它应该是从东南方向过来的。他安排我去大汶口实习，就是希望把这个课题深入研究下去。可见，20 世纪五六十年代虽然是考古学文化区系类型理论的酝酿阶段，但在教学中已有所体现，我有幸成为受益者。

分配到辽宁工作以后，与苏先生经常有信件联系，每到北京也必去他办公室或家里。苏先生对每一项考古发现都感兴趣，并提出有启发性的意见。那时，我们在学校学的还是以中原材料为主的，所以在我参加工作之初，苏先生总是不断强调，要在建立当地文化序列上下功夫，把搞清当地的文化序列以及它的特征等放在第一位，与其他地区的比较是第二位的。上面提到的喀左一带窖藏青铜器发现之后，我到北京去请教各位先生，苏先生就说既要征求各家意见，更要有你们自己的观点。后来我参加翁牛特旗大南沟小河沿文化墓地和大甸子墓地资料整理时，正好社科院考古所在承德避暑山庄西北沟设了工作站，大南沟、大甸子发掘材料都曾集中暂存在那里。因为那里离北京比较近，也很清静，苏先生去那儿的时间比较长，我在那里同苏先生在一起的时间也比较多。对于大南沟和大甸子材料的整理，开始时大家都急于分型分式，特别是大甸子，因为陶器中同类器的组合非常多，一般都是鬲、罐、壶，但因为每种器物的连续性很强，阶段性变化不是很明显，加上都没有单位间的打破关系，所以分的结果并不理想。苏先生就从方法入手进行启发。他先从大南沟墓地入手，因为那处墓地规模小，只有七十多座墓，而且明确可以分为三个区，每个区内分行也比较清楚，按头尾顺序可以将陶器排出早晚来。大甸子墓地虽然规模要大得多，但八百多座墓，方向都一致，形成一个比较完整的墓地，只是墓葬分布甚为密集，区界、行界及行间的头尾不明显，但仍然可以寻找墓葬的分布规律作为分析墓地的突破口。于是我们同苏先生一起，先试着分区，区里面找成行的排列，再在行内找头尾排列顺序，以此为前提再去进行陶器排队，这样做了，果然有效果。这就是苏先生后来在嘉兴和福州开会时讲到的，平面的也要作为立体的来看。有时墓葬排列不够清晰，就主要找器物变化规律作依据，苏先生称为历史的与逻辑的相结合，这使我们对类型学的独立性等考古方法论深层次方面的问题也有所体会。至于大甸子与夏商文化之间的关系，如陶鬶、爵与二里头的关系，彩绘是不是青铜器花纹的前身等，苏先生认为大可不必着急。

　　大南沟、大甸子的工作基本告一段落以后，从20世纪80年代初，随着东山嘴特别是牛河梁红山文化遗址的发现和发掘，苏先生将辽西地区作为他的研究重点给予了更多关注。我同先生的接触就更多了，不仅发掘研究而且遗址的保护，都得到苏先生指导。80年代前后，全国各地与辽西一样，也常有出人意料的新发现，不少是苏先生预言过或在苏先生意料之中的，先生当然十分兴奋，也会随时迸发出一些启人心扉的观点。我每次听苏先生谈话，都觉得有新意，我也意识到苏先生这些想法的价值所在，应该记录下来并尽快传播出去，于是也尽量创造条件，通过讲座、座谈或谈话的形式，让先生把他的想法系统地讲出来，记下来，先生也总是在会前临时写个提纲，更多的是在会上发挥，我们马上整理出来，就是一篇精彩的学术论文，并争取及时发表，与学界和师友们共享。到了先生晚年，他仍然不断有新的想法产生，一有人来访，他就更愿意多谈一些。那时我在省文化厅已不再担任实职但还没有退休，有时间也还有便利条件，就通过打电话或到苏先生家里，随时做记录。特别是1996年初，苏先生应香港商务印书馆邀请到深圳边疗养边写作，我作为陪同，与苏先生朝夕相处整四十天。所以我离开学校后，与苏先生的接触好像比在学校的时间还要多，而且每次见面谈话都同各地实际工作和学科迅速发展的形势有关，所受教益也更多。

记者：苏先生是什么时候开始关注辽西地区的呢？

郭大顺：如果向前追溯，早在20世纪40年代他写斗鸡台报告时就引用过在热河小库伦采集的陶鬲；60年代他在呼和浩特做关于内蒙古考古的报告时，把赤峰视为内蒙古三大重点地区之一；60年代初夏家店下层文化发现后，先生特意请刘观民先生到北大做过专题讲座。前面提到在承德整理大甸子材料时，先生曾三次到工作站，有七次谈话。但对辽西地区特别关注是从东山嘴遗址发现以后。按他自己的说法，说他像一只老鹰在天上盘旋，最后看准了辽西。这还要从1982年河北蔚县现场会说起。20世纪80年代初以来，苏先生提倡召开考古工地现场会，围绕一个重要考古发现召集研究共同课题的学者参加，人数不要多，大家不必写文章，也不必搞开幕式，当地官员也不必出席，大家都带着问题结合考古工地现场进行讨论。第一次现场会是1982年在河北蔚县三关遗址开的，观摩的发掘材料有三关遗址的新石器时代遗存、筛子绫罗遗址的龙山时代到商代遗存等。这是苏先生建议吉林大学与河北省文物研究所在蔚县境内的桑干河上游壶流河流域选点进行教学实习的几个遗址点，结果在这一地区发现了南北文化交汇的重要资料，特别是既有仰韶文化庙底沟类型的彩陶盆，也发现了具有红山文化特点的彩陶罐。苏先生对这一发现格外重视。那段时间在社科院考古所七楼他的办公室里，一进屋放着个纸箱，那里面就装着这两件陶器，它们一直在先生办公室放了近一年。在蔚县会上，我介绍了东山嘴的发现，提到遗址所处面对河川和大山山口的高岗以及南圆北方有中轴线布局的石头建筑址。此前李仰松先生到东山嘴考察后曾向苏先生做过汇报，苏先生觉得这个发现不寻常，可能关系到桑干河交汇的结果，于是就提出下次现场会在辽宁朝阳开，看东山嘴遗址。

　　但到了第二年7月，我们辽宁有些准备不足，会开与不开也没有最后定下来。但苏先生决心已定，并已带领北京和河北、内蒙古等各地的19位学者在承德等消息。苏先生为什么如此执着地非要亲自到东山嘴这样一个小遗址来考察？当时大家可能并不完全理解苏先生的想法，但都觉得既然先生这样执意，就全力以赴。时任国家文物局文物处处长的黄景略先生特意给辽宁省文化局打了招呼，吕遵谔先生是从营口金牛山工地赶去的，俞伟超先生当时也在外地，特意到沈阳转车赶到喀左。从这次会上苏先生讲话和会前、会后他的一些谈话可以了解苏先生对东山嘴遗址特殊关注的原因。东山嘴会前的当年5月，中国考古学会在郑州开第四次年会，会议期间到嵩山中岳庙参观，苏先生很有感触，为此给我写了封信，说中岳庙四周环山，北面嵩山高耸，南面有颍水从西向东流过，庙位置坐北向南，庙后是高高在上的一座方亭式建筑，庙前是长甬道通双阙，那个形势，与他想象的东山嘴很相似。当时他还没去过东山嘴，他就想象着东山嘴遗址应该就是这种气势。那段时间同在承德的刘观民先生夫人和徐光冀先生夫人后来也同我讲到，在承德等待朝阳会议消息时，苏先生同她们聊天时说过要去"寻根"。到了开会的前夕，在喀左县招待所大家一见面，苏先生就说，四五千年有分量的材料，从全国看，能拿出来的为数不多，长城内外，喀左是一个，大汶口是否有文字还有争议，这比大汶口文化的文字符号重要；还说司马迁写的五帝传说是人不是神鬼。看来苏先生已在从中捕捉到文明的信息。第二天冒着酷热，先生同大家一起登上东山嘴所在山岗。接着就是到朝阳开会。苏先生发表了那篇著名的"燕山南北地区考古"的讲话，特别强调了以燕山南北、长城地带为重心的北方地区在我国古代文明缔造史上的特殊地位或作用，并建议我们在喀左、建平、凌源这三县交界地区多做工作。会后不久，就有了前面所讲到的牛河梁积石冢和女神庙的发现。第二年在《文物》发表东山嘴会议发言纪要时，苏先生又特意写了《我的一点补充意见》，把这一带几百平方千米内 5000 年前的"坛"（东山嘴）"庙"（牛河梁）"冢"（积石冢）与 3000 多年前的商周青铜器窖藏坑联系起来，以为这四组有机联系着的建筑群体与古代帝王所举行的"郊""燎""禘"等祭祀活动类似。1985 年，又在兴城作了"古文化古城古国"的讲座，将牛河梁作为五千年古国的实证。可见，苏先生当时已想得很深，有些还需要我们继续理解。

不过牛河梁发现后，苏先生反而不着急了。1986 年在沈阳召开中国考古学会第六次年会后，与会的一百多位专家到牛河梁考察。苏先生没有同大家一起去，而是到兴城边疗养边观摩查海和辽西走廊早于红山文化的一些材料，以追寻红山文化新发现的渊源，并在兴城作了"文化与文明"的讲座。史前时期裂变、碰撞和融合等三种文化交汇形式就是在那次讲座时提出来的。第二年秋，苏先生终于到了牛河梁，在工作站住了三天，登上了女神庙和积石冢所在的山岗。临走时我们请先生题个字，他不假思索写下了："红山文化坛庙冢，中华文明一象征。"

记者：您觉得苏先生对中国考古学的主要贡献是什么？

郭大顺：苏先生离开我们快二十个年头了。我注意到，他的影响不是越来越小，而是越来越大。而且不限于考古界。去年由中央文史馆主编、每省一卷的《中国地域文化通览》和袁行霈先生撰写的"总绪论"中都提到苏先生学术思想的影响。可见，谈苏先生的贡献，可以列为一个专门课题，随着时间推移会不断有新认识。目前考古学界的主流评价认为，苏先生是中国考古类型学的主要奠基人，而他的主要贡献在学科理论方面，具体就是考古学文化区系类型理论的创建和中国文明起源的系统观点的形成。不过在这方面从各个角度理解，评价的程度也有所不同。许倬云先生认为苏先生的理论将引发如科学史家孔恩（Thoman Kuhu）所说的"学科革命"。邵望平先生也认为考古学文化区系类型理论的提出，为建立一个新的古史框架和体系奠定了理论基础，实现了史学领域的一次变革。张文彬同志有一次同我谈起他读苏先生的《中国文明起源新探》后的感想，说一个学科的发展，有没有学科自身的理论大不一样，但并不是每一个学科都已建立了自己学科的理论。中国考古学因为有苏先生为代表的一代人为建立学科理论所做的贡献，使我们少走弯路，是幸运的。文彬同志担任过河南省委宣传部长，我想他的感受是有根据的。

就我与苏先生长期接触中对他学术思想的理解，觉得苏先生有一个坚定的信念，那就是中国考古学要走自己的路。为此，他非常赞赏时任中国社会科学院院长的胡绳同志于 1975 年提出的建立中国学派的想法，而苏先生自己从 1981 年起就多次提出要建立具有自己特色的中国考古学派。苏先生从他多年治学的切身体验中认识到，要达到这一目标，要做的事情很多，但主要的是要摆脱中华大一统观念和把马克思主义思想指导简单化的倾向，苏先生称之为"两个怪圈"。要绕出这两个怪圈，建立自己的学科理论，考古学才能突破"证经补史"的范畴，以独立学科探讨如中华文化起源、中华民族的形成、统一多民族国家的形成等重大学术课题，将中国的历史说明白。而运用马克思主义思想理论指导学科，不是作为框框，将材料往里面套，苏先生称为"穿鞋戴帽""对号入座"，而是要正确理解和贯彻马克思主义思想的精髓，如考古学既然是以实物为研究对象的，那就更要注重实事求是，具体问题具体分析。苏先生对研究中嫌麻烦、简单化的做法批评得很重，说那就等于取消了考古学。为此，他身体力行，从 20 世纪 70 年代以来他走遍了大江南北、长城内外的大多数省和一些重点市地县，每到一地，他总是从这一地区考古资料归纳出当地历史文化发展的特点，并根据各地不同的工作基础，提出下一步要求。对唯物辩证法在考古学上的运用，苏先生经常列举 20 世纪 60 年代仰韶文化的研究。那时他针对 1958 年学校教育改革时学生提出的考古教学中存在的"见物不见人"的偏向，在仰韶文化研究中就试图将唯物辩证法运用到考古学文化研究中来，他抓住仰韶文化诸多文化因素中三类六种主要文化因素，归纳出仰韶文化的主要文化特征、发展演变规律、分布范围、东西分支和与周边的文化关系，勾画出仰韶人共同体的社会发展及前后期社会文化面貌的变化的大致轮廓。他后来谈到那一段研究历程的体会，就是将考古学文化的本质作为一个运动的事物的发展过程，而不是静态的或一成不变的种种事物或现象。这是从唯物辩证法在考古学研究的运用中得出的新认识。苏先生并由此对马克思主义理论与学科理论之间的关系有一个深刻体会，那就是，马克思主义理论与具体学科的理论不属于同一个层次，我们的任务就是要在马克思主义基本理论指导下创建学科自己的理论。

就普遍认同的考古学文化区系类型理论和文明起源研究的系统观点来看，大家现在的理解也不尽一致，也在逐步深入。就我现在的理解，苏先生是把这两个大的课题联系在一起来推进学科建设的。就他20世纪50年代有关洛阳中州路东周墓葬的分期研究，60年代关于仰韶文化研究和在考古学文化区系类型理论形成过程中对石峡文化、"几何印纹陶"文化以及燕山南北和环太湖地区的考古研究来看，每个时段都会触及社会变革问题。所以在20世纪80年代初考古学文化区系类型理论提出不久，80年代中期就开始了中国文明起源的讨论，前后的紧密衔接不是偶然的。考古学文化区系类型理论提倡各大区系每个地区都有自己的发展道路、特点，各地区发展水平是大致同步的，影响也不是单方面的，而是相互的，同时，各区系间又不能同等对待，它们之间又是有先有后的，影响也是有主有次的。各地区的考古研究者接受苏先生这一指导思想，就不再受中华大一统观的局限，而是都集中思考自己区域古文化的发展过程、特点和水平，这自然就会提出本区域由原始社会向文明社会过渡的问题。就苏先生自己对文明起源的研究来看，当时大家普遍关心的，一是文明的标准，一般以三大要素——金属、城市和文字作为衡量标准；二是文明起源的时间，到底是定在4000年，还是4500年，还是5000年？苏先生不大谈这个，而是从各地古文化的实际材料进行分析。1985年到兴城，刚下车他就说这次谈古文化古城古国，我说那就组织一次讲座吧，于是召集省内同行到兴城，请苏先生作了"辽西地区古文化古城古国"的学术报告。在这次学术报告中，他没有谈文明起源的标准和时间，而是从"古城古国"讲起，说以前只讲古城古国不够全面，现在应把它们与当地古文化联系起来。几个月后，他在山西就有了"华山玫瑰燕山龙"那四句话，提出红山文化坛庙冢是南北交汇的后果。几年后，他又在为中国历史博物馆建馆80年的题词中，在"五千年的古国"之前，增加了"超百万年的'根系'"和"上万年的文明起步"。可见，按苏先生想法，文明起源是考古学文化区系类型理论与实践发展的必然结果，而文明起源的讨论，又强化了对各区系发展特别是区系间关系的认识，所以这两者又是互为因果的。

　　这是就课题本身来说的。苏先生的考古学理论还有一层意思，就是他在思考和创建学科理论时，时刻都在想同现实中国的联系。苏先生最初划分六大区系，当然是以各地考古学文化特征不同为依据的，但同时也考虑到 20 世纪 50 年代初全国所划分的六个大行政区的历史连续性。他还经常强调考古学文化区系类型的根本学术目标，是要揭示现今中国十亿人民、56个民族是如何凝聚在一起的基础结构问题。他认为这同民族团结、振兴中华的现实目标是一致的，是一个伟大的系统工程。以后随着文明起源讨论的深入，苏先生更注重从文化传统方面来谈中国文明起源。1994 年初他为"海峡两岸考古学与历史学学术交流研讨会"所提交的文章提要，题目就叫《国家起源与民族文化传统》，认为这是国史的两个核心问题。2012 年在江苏张家港召开的"中国文明起源与形成学术研讨会"上，我介绍了苏先生这方面的思考。苏先生在考虑，世界诸文明古国中，为什么只有中华文明能连绵不断，原因就在于从史前时期起，在中华大地上多元、多样的文化区系相互反复交汇，你中有我，我中有你，交汇产生文明火花，他称这些文明火花为在历史上长期起积极作用的因素。中国文明之所以独具特色，丰富多彩，连绵不断；中华民族之所以能够形成一个统一的多民族的国家并在数千年来始终屹立在世界的东方，原因都在于此。苏先生说，我们就是要着重研究这些文明火花是如何迸发、传递，从星星之火扩为燎原之势，从涓涓细流汇成大江长河，从而解开中国文化传统的千古之谜。苏先生认为这也是文明起源要讨论的主题和根本学术目标之一。我记忆犹新的还有苏先生 1986 年在兴城作"文化与文明"讲座时将文明起源讨论的现实意义与现代化建设联系起来的那段话。他说："我们建设的现代化，如果是建设日本式的，新加坡式的，是单纯学美国、学西欧、学日本，那怎么能是千万仁人志士抛头颅洒热血奋斗的目标？不是。我们要建设的是同五千年文明古国相称的现代化。这就自然而然提出，我们这个具有五千年古老文明的民族的灵魂是什么？精华是什么？精神支柱是什么？我们要继承什么？发扬什么？大家都在思考这个问题。"在中国改革开放、新的现代化进程刚开始的二十多年前，在回头总结现代化进程中经验教训的今天，我们都会感觉到苏先生的这段话确实掷地有声。

苏先生晚年常讲"其大无外，其小无内"。这是引《庄子》中的一段话来比喻中国考古学方法论的。苏先生自己解释说，他从研究一种器物（瓦鬲）到解剖一个考古学文化（仰韶文化）再到考古学文化区系类型理论的形成，就是从其小无内到其大无外。其实苏先生的学术经历中这样的实例很多，比如他从张家口吉大实习工地和内蒙古准格尔旗发现的最晚的尖底瓶和最早的袋足器——原始斝鬲之间制法和形体结构的相似，摸出了三袋足器的起源和仰韶文化与青铜文化的联系，以为这是龙山时代出现的"风源"所在，并引申到甲骨文干支中"酉"字和"丙"字等文字的起源，就是一个例子。苏先生晚年讲中国考古学与世界接轨，与未来接轨，讲用考古材料回答人与自然的关系，讲动态考古学和考古哲学化，都是从具体考古材料及其比较中入手归纳出大课题的。2009 年在编辑《苏秉琦文集》时，张忠培先生给我打电话，说据他对苏先生的观察，苏先生的思想，特别是到了晚年，达到了"悟"的境界，已发现的考古资料他大部分都了解，有的已经亲手摸过了，文献过去也细读过，他把这些结合起来，他在悟中国的历史发展到底应该是什么样子。俞伟超先生则对苏先生"古今一体"的历史观有深刻体会。俞先生回忆说，苏先生在晚年时已把寻找中华古文明的民族灵魂和精神支柱，作为思考的重心，已领悟到"古今一体"是人类社会的本质性能，正在寻找古今文化的内在联系，这已触及到了考古学最根本的价值，深入到了考古学生命之树的根系。为此，他在苏秉琦先生 85 岁诞辰时题写了"历史已逝，考古学使他复活。为消失的生命重返人间而启示当今时代的，将永为师表"的祝寿词。

苏先生的学术成就得到社会的认可。由俞伟超和张忠培两位先生编辑的《苏秉琦考古学论述选集》获首届国家图书奖，那次人文科学个人著作获得国家图书奖的只有钱锺书的《管锥编》和孙冶方的经济学著作，其他都是提名奖。1987 年他为《中国建设》所写的《华人·龙的传人·中国人——考古寻根记》那篇 2000 字的短文，以内容的科学性、语言的准确性和阐述的逻辑性被选为 1988 年高考语文阅读题。苏先生的学术经历和学术成果在他的最后著作《中国文明起源新探》一书中有较为全面的体现。这是一本将他个人经历与学科发展融为一体的书，也是实现他提倡的科学化与大众化兼顾的一本书。1997 年他去世的那一年由香港商务印书馆出版，后来三联书店出内地版时，没有把它作为纯专业书，而是说这本书主要是给非专业人士看的，所以第一版就印了一万册，很快售罄，又印了五千册，现在在书店里也很难觅到了。十年版权到期后，辽宁人民出版社和人民出版社又接着出新版，还被国家新闻出版署推荐为 2009 年度的"经典中国对外推广工程"项目，现已译成英文，准备在国外出版。2009 年由中国大陆、中国港台地区与日、韩组成的出版人会议将苏先生这本书选入 20 世纪"东亚人文 100 部"作品之列。可见，苏先生这本书影响之大，在考古书籍中是罕见的。费孝通先生读了这本书很有感慨，称这本书"是中国人对自己文化的自觉"。

一个偶然的机会，我读到刘梦溪先生的一篇文章，是谈学术史发展规律的。文章大意是说，一个学科中，专家几年几十年就出一批；大的专家可能几十年上百年就有一批；但是既是专家又是思想家的，几百年也不一定出一个。苏先生是无党派，也没有担任过什么行政职务，是个布衣教授，但他却成为考古学界的思想家，他的学术思想将会长期影响着学科的发展方向。就像严文明先生和张忠培先生在辽宁朝阳召开的纪念苏先生百年诞辰会时所说，苏先生是我们永远的导师和永驻的丰碑。

记者：苏秉琦先生曾提出牛河梁女神庙中的女神像是中华民族的共祖，这其中有什么深意？

郭大顺：这是为北京科教电影制片厂拍摄的中华文明曙光系列片撰文中的一段话。这段话的全文是："'女神'是由五千五百年前的'红山人'模拟真人塑造的神像（或女祖像），而不是由后人想象创造的'神'，'她'是红山人的女祖，也就是中华民族的'共祖'。"

苏先生提出女神庙出土的头像是红山文化的女祖，又是中华民族的共祖，直接的理解就是，他认为女神庙的性质应该是祖先崇拜。这与他 1984 年在《文物》上发表东山嘴座谈会纪要时所说的女神庙、祭坛等类似古代帝王以祭祀祖先为主的"禘""郊""燎"等祭祀活动的观点是一致的。更主要的是，苏先生之所以将注意力转到辽西地区，就是认为在中国文化起源和文明起源过程中，红山文化所起的作用不限于本区域，也不限于当时，而是牵动全局的。在"共祖"这段话后，他紧接着就说，以仰韶文化与红山文化南北交汇产生文明火花和"花与龙"的结合就充分说明了这一点。他还讲到仰韶文化和红山文化的结合使中华文化史为之一新。前面已谈到，苏先生从一开始就将东山嘴、牛河梁的祭祀遗迹与明清时候北京的天坛、太庙和明十三陵相联系，认为中华五千年前后有传承。他还将中华文化喻为一棵大树，有主干，有根系，根系里有直根系，直根系就从红山文化开始。我们可以从这个角度理解苏先生关于"共祖"的说法。

记者：您认为红山文化与其他地区的考古学文化相比，有什么特色？

郭大顺：红山文化有自己的地域性特点，这是肯定的。从石器上看，磨制石器、打制石器和细石器是共存的。从陶器来看，它是东北筒形罐系统，有饰压印纹的夹砂筒形罐，也有与中原地区近似的红陶器和彩陶器。本来这是两种不同传统文化的陶器，但是在红山文化里它们是融为一体的。还有墓葬，中原地区都是土坑墓，这里的墓葬是积石，这是一个很大的区别。但女神庙是土木建筑的，这又同中原地区相同。2013 年 6 月我为三门峡彩陶会（编者注：首届中国史前彩陶学术研讨会）准备文章时，想到彩陶和玉器的问题。这是两种质地、技法完全不同的艺术形式，在距今 5000 年前后的考古学文化中，东南地区都是玉器比较发达，彩陶不发达，仰韶文化是彩陶发达，玉器不发达，而红山文化既有发达的玉器，又有发达的彩陶。所以从陶器、石器、建筑和玉器等多个方面来看，红山文化很重要的一个特点就是它的文化多元性，是从物质层面到精神领域多层次的多元性。红山文化为什么会将这么多不同的文化因素融为一体？文化交汇是一个重要推动力，除了南北交汇以外，还可以考虑同域外文化的交流。2013 年 8 月在赤峰召开的红山文化学术会上（编者注：中国赤峰红山文化国际学术研讨会），我提交了一篇从世界史角度研究红山文化的论文。这是受在伦敦大学教中国考古学的汪涛先生的启发。他 1989 年到牛河梁来参观时对我们说，西方学者已经从报道上知道了牛河梁的发现，西方学者对牛河梁的石头建筑、神像、庙宇很感兴趣，认为红山文化这套东西跟他们那边接近。所以汪涛先生参观后留言时写道：从世界史角度研究红山文化。从地图上也可以看出来，辽西地区处于亚欧文明带和环太平洋文明带的交汇位置，所以红山文化的对外关系不只是限于同中原地区的南北交流，还要从西到东、从渤海湾到环太平洋更广阔的范围来考察。这也许就是红山文化在同时期诸多考学古文化中能"先走一步"的原因所在。

记者：您认为红山文化在中国文明起源中扮演了什么样的角色？

郭大顺：还是先走了一步吧。还有就是前面已说到的，在中国文化起源和文明起源过程中，红山文化所起的作用不限于本区域，也不限于当时，而是牵动全局的。因为距今5000年前后这一段，各地都发现了一些比较先进的文化。除红山文化以外，中原地区有仰韶文化庙底沟类型晚期的灵宝西坡遗址，东南地区有凌家滩文化、崧泽文化，都很发达。但都没有像红山文化那样，有以庙宇为中心，祭坛、女神庙和积石冢这样组合完整、超大型的配套的建筑群，还有已相当成熟的龙凤及其合体等玉器，有学者称这种同类或异类动物合体的玉器具有"超前性"。所以红山文化在距今5000年的中华大地上，既先走一步，又具区域性和全局性，对当时和后世中国历史文化的发展应该都产生过很大的影响。

记者：那您如何看待中原在中国文明起源中的作用？中原是否发挥了核心作用？

郭大顺：在中国的区域文化里面，中原是一个大区，而且起了主要作用。前面说到各区域的发展既大致同步又不平衡，有先有后。中原地区肯定是走在前列的。但是，如苏先生所说，中原地区与周边地区的关系，不是如蜡烛那样由中心向四周扩散为主的导向，而是如车毂由四周向中间汇聚为主的导向。中原地区的优势在于它的凝聚力，它能够把四周先进的因素都聚到一起，所谓"逐鹿中原"不仅在春秋战国时期，从史前时期就是这个趋势。你看陶寺遗址就是如此，既有当地的特色，也有受辽西影响的彩绘和玉器，有三北地区来的袋足器，也有东南良渚文化来的玉器和俎刀。徐苹芳先生任社科院考古所所长时期，曾组织过探讨文明起源的有关学者参加的两次文明起源研讨活动，采取先考察后座谈的形式。1991年我们到陶寺遗址，在工地库房里看到墓里出土的陶器，当时邵望平先生就说，这里怎么好多陶器都跟大汶口晚期的东西一样啊？确实，主持陶寺墓地发掘的高炜先生后来写文章说，其中有十种陶器很像大汶口文化的陶器。陶寺大墓里面那些陶器主要作为礼器，它大量吸收了东方的元素。所以说中原地区有很强的凝聚力，这也是后来为什么夏商周都在中原这儿定都的缘由。

最近在浙江余杭开夏代玉器会，我准备谈大甸子出土的玉器。大甸子的墓葬里，长条形的斧和近于方形的钺是有明确区分的。斧类中有六件玉斧，大都薄而磨制精，斧面、边缘和顶端甚至刃部都十分整齐，很像龙山文化开始出现的玉圭，这让我想到从斧追溯圭的起源问题。为此也查了灵宝西坡出土的材料，西坡墓葬里都出长条形玉斧，令人感兴趣的是它们的出土状态，都不是一般斧钺那样横着放的，而是与身体方向一致，是竖着放的。发掘报告说，这些玉斧的刃部都没有使用痕迹，穿孔及周围也没有捆绑摩擦痕迹，又竖着放，刃部朝上，这不是与圭的起源有关的最早一批实例吗？可见，中原地区自有其先进文化因素，但更主要的还是凝聚力。

记者：您曾经提出红山文化的"熊"崇拜，并与"黄帝有熊氏"的文献记载联系起来，现在是否还持此观点呢？您认为古史记载是否可信？

郭大顺：牛河梁遗址和赤峰地区白斯朗营子等几个小河沿文化遗址都出土了熊的资料，有的是熊骨，有的是熊的陶塑像，我觉得这同红山文化的经济生活有关，即渔猎经济在红山文化仍占有重要地位，而主要不是农耕。至于红山文化与古史传说的关系，我曾在 1998 年北大百年校庆国学研讨会上提交了一篇《考古追寻五帝踪迹》的文章，提到文献中的一些记载显示黄帝部族有北方特征。比如"迁徙往来无常处"，一些部落都是以野兽为名等等。过去有些学者觉得黄帝与在北方的活动有关。这个题目在深圳陪苏先生时被香港商务印书馆张倩仪总编辑助理看到了，她鼓励我以此为题写一本专著，于是就写了《追寻五帝》。

我从考古上探讨五帝时代，也是受了苏秉琦先生的影响。苏先生把以史前考古复原古史传说视为考古学界一个不可推卸的任务，他自己也一直在思考这个问题。在由他主编的多卷本《中国通史》第二卷的序言里，他从考古和历史结合的角度，提出了史前考古与古史传说五帝时代结合的两个非常重要的观点，那就是五帝时代的时空框架与时代特点。苏先生提出，五帝时代可以分前、后期，一般按《史记》说的黄帝、颛顼、尧、舜、禹为五帝的话，黄帝、颛顼是前期，尧、舜、禹是后期。郑州大学历史系的李民先生有一次同我谈起，说苏先生的这个分法有道理，因为《尚书》就只有《尧典》和《舜典》，前面的黄帝与颛顼不提，说明这是两个大的阶段。从史前考古来看，从仰韶时代到龙山时代有很大的变化，所以苏先生认为，五帝时代的前期就应该是仰韶文化晚期，五帝时代的后期就是龙山时代。从空间上看，五帝时代的活动范围不局限于中原，这应该与区系类型的研究成果结合起来，苏先生特别强调史前时期起较大作用的中原、北方和东南地区，那应该是五帝时代主要代表人物活动的主要地区，所以他说，华山一个根，泰山一个根，北方一个根，三个根在晋南汇聚在一起，这就是五帝时代的背景。

对于五帝时代的时代特点，苏先生从文献记载上归纳：五帝前期的主要事件是战争与宗教改革，后期的主要事件是治水，由治水不成功到治水成功。有一次他在社科院考古所他的办公室同我谈起《史记·五帝本纪》所记的"神农氏衰，诸侯相侵伐"，他说这句话反映两件事，一是记了两个时代，神农氏是一个时代，"诸侯相侵伐"是一个时代；二是记载了后一个时代也就是五帝时代的前期，是一个文化频繁交汇的时代。"诸侯相侵伐"说的是战争，战争也是一种文化的交流。从考古研究成果看，在仰韶文化的后期，各地的文化交流十分频繁，就是这个时代特点在考古上的反映。对于五帝时代后期的时代特点，苏先生从陶寺墓地早期的几座大墓中看到，有北方红山文化的玉器、龙鳞纹彩绘和小河沿文化的朱绘陶器，有良渚文化的俎刀和玉琮，有山东大汶口文化的陶器，有三北地区来的袋足器等，是四周向中原汇聚的形势，苏先生称陶寺具有综合体性质。特别是前面说到陶寺早期大墓随葬陶器中大汶口文化晚期的陶器有近十种之多，为此，苏先生引《孟子》记载，说舜继帝位要"之"（到）中国，是说舜的原活动地区并不在中原，这同考古资料是可以相互对应的，也证明有关文献记载是有根据的。我受苏先生的影响，在红山文化发现之后，也开始思考这个问题。从红山文化的牛河梁遗址，再看大汶口文化、良渚文化和长江中游地区考古学文化，再到仰韶文化，在那个时期都发展到一个比较高的程度，相对而言都有一个中心区域：良渚文化就是良渚遗址群，红山文化就是牛河梁遗址，大汶口文化估计就是大汶口遗址和墓地。中原地区以河南灵宝西坡遗址的发现最为重要，那里找到了仰韶文化末期规格较高的墓地和带回廊的很大的房址，也接近中心区域。这种文化格局应该就是五帝时代的背景。

所以我认为，中国近二十多年来史前考古的最大成果，就是证明了中国历史上确实有一个五帝时代。这一点对研究中国历史非常重要。因为从龙山时代以后到夏商周时期，不管是从中原到周围有多少个方国文化，各地区是以共同性为主的。但是在五帝时代前期不同，辽西和东北是筒形罐，中原是彩陶和尖底瓶，东南地区是鼎、豆、壶，完全不一样；辽西是以渔猎为主，农业有一点，中原是粟作农业，东南是稻作，经济生活不一样，文化传统不一样；但是，它们没有分道扬镳，而是向一起汇聚，才有了后来的夏商周三代，才有了后来的中华国家。所以五帝时代在中华民族历史上，是一个起到奠基作用的非常关键的时代。至于这五帝到底是哪五个，各与哪个考古学文化相对应，那可以继续研究，因为文献记载的五帝只是其中最有影响的几个集团，当时肯定有很多部族集团，文献也记黄帝时"监万国"，尧时"协和万邦"，禹会诸侯也是"执玉帛者万国"。所以对五帝时代这段历史，应该抱积极态度，根据现有的考古资料和研究成果与古史传说进行有机结合，大书特书，而不是一笔带过。

记者：请您展望一下红山文化研究的未来，并对我们这些后学提出些建议吧。

郭大顺：现在红山文化发现的新材料越来越多，越来越感觉我们现在掌握的资料还是不够全面。内蒙古通辽新发现的哈民忙哈和南宝力皋吐遗址，它们各自都有自身的特点，也同红山文化和后红山文化有密切关系。看来由红山文化提出的许多课题的研究包括诸如分区与分期、类型划分等基础性研究，现在才刚刚开始，都还需要继续深入研究下去。红山文化的经济生活是以渔猎为本，有一些农业，但并不发达，赵志军研究员他们做的植物考古的采样分析提供了重要的科研成果。但是为什么一个以采集渔猎为主、农耕并不发达的考古文化，在意识形态方面发展到那么高的一个程度？牛河梁遗址的发现还将宗教考古提到学术前沿，我们在这个领域的研究一直很薄弱。其实这恰恰是中国历史上非常重要的一方面。你看史书记载，从王室、诸侯到各个阶层以至家庭，从政治到生活中，祭祀都是很重要的一件事。还有前面提到从世界史角度谈红山文化的对外交往，但是具体通过什么方式、通过什么通道交往，都有哪些因素，交往在红山文化的形成过程起了多大作用，这些都要继续研究。另外就是红山文化对中国历史发展的影响，这方面还有不同观点，也还有好多问题需要研究。

我早已退休，与年轻同志交往不多。我的体会是，考古资料是无字地书，你要一页一页地翻好它而不至于翻乱，就要掌握正确的理论和方法。我们现在不可能完全理解古人，但方法正确，你就可能接近古人，不然就可能越研究越远。现在各种科技手段引入，材料这么丰富，条件这么好，希望大家在实践上多下功夫，也多思考摸索理论方法方面的问题。我在这里还要强调一个问题就是要重视学科史、课题史和选题的研究史，我看有的文章对以前的成果，只引材料不引观点，或只引相同观点不引不同观点，或者相反，这除了少数学风方面的问题以外，主要还是平时的积累问题。其实重视研究史，会了解观点形成的来龙去脉，你的观点会得到支撑，也会在原有研究基础上不断选出适合的题目。这还涉及田野考古，因为做田野工作，什么情况都可能碰到，有的重要考古现象，一瞬即得，也可能一瞬即逝。功夫都在于平时的积累，才可能在田野第一线随时保持学术上的敏感。

记者：多谢您的精彩阐述！

（感谢辽宁省文物考古研究所李龙彬副所长、郭明女士协助录制采访音视频。见中国社会科学院考古研究所主办中国考古网"人物专访"栏目。又刊载于王巍主编《追迹——考古学人访谈录Ⅱ》，上海古籍出版社，2015 年）

后　记

2019 年 10 月在沈阳举办"又见红山"展览和"红山文化研讨会"期间，与应邀参会的文物出版社张自成社长谈起想将个人新近写的文章编辑出版事。自成同志坦诚地说，文物出版社作为文博考古界的专业出版单位，十分重视学术研究，有责任将学者们的成果向外推广。很快黄曲同志就来电话告诉我，社里已对编辑出版我的文集作了安排。

接着是整理材料。因为 2017 年由辽宁人民出版社编辑出版的我的考古文集，收入文章以 2013 年为限，2013 年以后这些年又有 20 多篇，其中部分未发表过，有的尚未完稿，待补充修改；记录苏秉琦先生学术活动和学习苏先生学术思想的研读笔记也已积累多篇。除此而外，还有历年对各位师长的回顾、考古随想、序文和海外见闻，这部分除了海外见闻尚不成熟外，其他内容也可编辑成册。于是就作了个出三本书的计划，对此，社里仍然给予了全力支持。

多年学习和研究的一个心得是，考古学文化区系类型理论揭示出中华古文化是以"汇聚"为发展交流主要导向的，从而在以实证阐明 56 个民族 10 亿人民是如何凝聚在一起的基础结构；中华文明起源研究重在"传递"，以回答为什么在诸文明古国中只有中华文明能连绵不断，所以论文集部分就以《汇聚与传递》为书名。《捕捉火花》是我陪同苏秉琦先生的切身体会，因为先生总是在忆人忆事、触景生情的气氛中不时迸发出思想火花。考古随想类以《山海为伴》为题，则是对牛河梁、姜女石和新近发掘的辽代帝陵等辽宁重要古文化遗址所具有的自然与人文景观高度融合特点的描绘，也是想表达文化遗产保护应越来越重视环境保护的愿望。

　　在这三本册子陆续出版之时，再次对文物出版社和张自成社长、张广然总编辑、黄曲责任编辑的支持和辛勤工作表示感谢。

2020 年 10 月于沈阳御林家园